Ensino e aprendizagem de língua portuguesa e cultura brasileira pelo mundo:
Experiências do Programa de Leitorado do Brasil

2ª Edição com o apoio do Departamento Cultural e Educacional do Ministério das Relações Exteriores do Brasil

Organizadores

Bruna Morelo
Universidade de Estudos Estrangeiros de Cantão

Everton Vargas da Costa
Universidade de Harvard

Fernanda Farencena Kraemer
Universidade de Pretória

Copyright © 2018 Boavista Pres

All rights reserved.

ISBN: 1944676023
ISBN-13:978-1944676025
Roosevelt, NJ

ÍNDICE

Agradecimentos	7
Prefácio	9
Mapa dos Leitorados	11
Apresentação	13

1 O Leitorado Brasileiro na Universidade de Pretória: 21
Gêneros do Discurso nas Práticas de Sala de Aula
Brazilian Lectureship Experiences:Living the
Portuguese Language in Czech Republic
Fernanda Farencena Kraemer

2 Ensino da Literatura Brasileira em Cabo Verde: Relato 43
de Experiência
The Brazilian Literature Teaching in Cape Verde:
Experience Report
Gildaris Ferreira Pandim

3 Reflexões sobre o Leitorado Brasileiro em Vancouver, 60
Canadá: por Uma Pedagogia Multilíngue
Reflections Upon the Brazilian Lectureship Program
in Vancouver, Canada: for a Multilingual Pedagogy
Pedro Lázaro Dos Santos

4 Avaliação e Autoavaliação – Instrumento de 75
(Auto)Conhecimento dos Discentes no Leitorado da
Pontifícia Universidade Católica de Santiago – Chile
Evaluation and Self-Assessment – Instrument of (Self)
Knowledge for Lectureship Students at the Pontifical
Catholic University of Santiago – Chile
Mônica Baêta Neves Pereira Diniz

5   O Leitorado Brasileiro na Universidade de Estudos   103
    Estrangeiros de Cantão: Experiências com Oralidade
    no Sul da China
    The Brazilian Lectureship at the Guangdong
    University of Foreign Studies: Experiences with
    Orality in Southern China
    Bruna Morelo

6   Planejando uma Disciplina de Negócios e   124
    Comunicação Intercultural: um Relato de Experiência
    do Leitorado Brasileiro na Dinamarca
    Planning a Business and Intercultural Communication
    Course: an Experience Report of the Brazilian
    Lectureship in Denmark
    Camila Dilli

7   *Não sei que te diga...* Percepções de uma Leitora de   150
    Português do Brasil Ensinando Língua e Cultura a
    Espanhóis
    Não Sei Que Te Diga... A Brazilian Lecturer's View on
    Teaching Portuguese Language and Brazilian Culture
    to Spanish Speakers
    Ida Maria da Mota Rebelo Arnold

8   O Leitorado em Harvard: Articulação do Trabalho   171
    Pedagógico por meio de Projetos
    Lectureship at Harvard: Articulation of Pedagogical
    Work through Project-Based Learning
    Everton Vargas da Costa

9   Imigrações Lusófonas e Contribuições Linguístico-   192
    Afirmativas na Jurisdição do Leitorado Brasileiro em
    Davis
    Lusophone Immigrations and Linguistic Affirmative
    Contributions in the Jurisdiction of the Brazilian
    Lectureship in Davis
    Eugênia Magnólia da Silva Fernandes

10 O Leitorado Brasileiro na Itália: Experiências e 206
    Propostas
    The Brazilian Lectureship in Italy: Experiences and
    Proposals
    Lívia Assunção Cecílio

11 O Ensino do Português no Instituto Politécnico 226
    Nacional (México): Conquistas e Desafios
    Teaching Portuguese at Instituto Politécnico Nacional
    (Mexico): Achievements and Challenges
    Andressa Dorásio Parreira

12 Experiências do Leitorado Brasileiro: Viver a Língua 244
    Portuguesa na República Tcheca
    Brazilian Lectureship Experiences: Living the
    Portuguese Language in Czech Republic
    Graziela Zanin Kronka

13 O Leitorado Brasileiro em São Tomé e Príncipe 264
    The Brazilian Lectorate in São Tomé and Príncipe
    Eliane Vitorino de Moura Oliveira

14 Programa de Leitorado e Educação Intercultural: 279
    Relato de Experiência na Universidade de Hanói
    Lectureship Program and Intercultural Education:
    Report of the Experience at Hanoi University
    Pamela Andrade

AGRADECIMENTOS

O livro *Ensino e Aprendizagem de Língua Portuguesa e Cultura Brasileira pelo Mundo: Experiências do Programa de Leitorado do Brasil*, primeiro volume dedicado inteiramente à publicação de artigos dos professores leitores do Itamaraty, foi elaborado inicialmente com o objetivo de ser uma fonte de consulta dos trabalhos realizados pelos leitores e uma ferramenta de troca de experiências, que pode impactar a formação de novos ocupantes dos cargos de leitorado pelo mundo. O volume que aqui apresentamos, para além de nossos objetivos iniciais, constitui-se em uma rica coleção de práticas e reflexões sobre ensino de língua portuguesa, literatura e cultura brasileira que confirma o advento do interesse pela nossa língua e o profissionalismo dos professores-leitores em todo o mundo. Inicialmente, um projeto de três colegas-leitores que ansiavam por trabalhar colaborativamente, o produto final é um mosaico, um retrato profissional dos leitores que generosamente compartilharam suas práticas e trajetórias reflexivas. Portanto, agradecemos primeiramente aos autores dos artigos deste volume pela sua vontade, parceria e excelência.

É importante reconhecer também o trabalho voluntário dos pareceristas, especialistas em Linguística Aplicada, cuja leitura cuidadosa contribuiu para a qualidade discursiva dos artigos. Além disso, gostaríamos de agradecer aos departamentos que nos acolheram como leitores de língua portuguesa e que nos apoiaram para a execução do projeto deste livro: ao Departamento de Língua Portuguesa, da Universidade de Estudos Estrangeiros de Cantão; ao Departamento de Línguas Românicas e Literatura, da Universidade de Harvard; e ao Departamento de Línguas Europeias Modernas , da Universidade de Pretória. As embaixadas e os consulados com os quais trabalhamos em nossos postos também contribuíram para que esta obra conseguisse se concretizar e para que nossa atuação fosse sempre mais significativa. Portanto, agradecemos ao Cônsul-Geral do Brasil em Cantão Embaixador José Vicente da Silva Lessa, à Cônsul-Geral do Brasil em Boston Embaixadora Glivânia Maria de Oliveira e sua equipe e ao Embaixador do Brasil na África do Sul Embaixador Nedilson Jorge e sua equipe. Agradecemos à Professora Doutora Margarete Schlatter, da Universidade Federal do Rio Grande do Sul, pela contribuição com o texto de apresentação dos artigos e pela formação que proporcionou aos três organizadores que assinam o presente texto. Agradecemos também ao artista e ilustrador Daniel Machado pela cuidadosa e criativa elaboração da arte para a capa deste volume. Finalmente, agradecemos ao Professor Doutor Luis Gonçalves, da Universidade de Princeton, e à editora BoaVista Press por terem nos acolhido e tornado possível a edição e a publicação deste livro.

Desejamos a todos uma ótima leitura-viagem ao redor do mundo, visitando salas de aula, interações virtuais, exposições de arte, seções de formação de professores, colaborações com as comunidades imigrantes e muitas outras experiências de ensino e aprendizagem de língua portuguesa.

Bruna Morelo
Universidade de Estudos Estrangeiros de Cantão

Everton Vargas da Costa
Universidade de Harvard

Fernanda Farencena Kraemer
Universidade de Pretória

PREFÁCIO

O Programa de Leitorados, iniciado ainda na década de 1960, é uma das mais longevas e bem-sucedidas políticas públicas culturais do governo brasileiro. Em vista da importância estratégica da promoção de nossa língua e cultura, o Brasil dispõe de uma extensa rede de Leitores em universidades estrangeiras. Da perspectiva do Itamaraty, o envio de profissionais da educação altamente qualificados para trabalhar junto a futuros formadores de opinião é um ótimo investimento na imagem do país, que pode ser difundida em centros de excelência acadêmica ao redor do mundo.

Por esse motivo, é com satisfação que apresento esta publicação, resultado da experiência dos nossos Leitores nos mais diversos países. Em certa medida, seu trabalho assemelha-se ao do diplomata: devem promover uma imagem atualizada da realidade do país no exterior, transmitindo nossos valores e estimulando a cooperação junto às comunidades onde atuam. *Ubique patriae memor* - o lema do Barão do Rio Branco, que orienta a ação de todos os diplomatas brasileiros - poderia bem ser usado por nossos Leitores.

Recentemente, temos buscado especializar o escopo do Programa de Leitorados e integrá-lo a outras políticas culturais e educacionais do Itamaraty. Uma importante medida nessa direção foi a de circunscrever o Programa ao ensino da língua portuguesa no exterior, de modo a centrar esforços na internacionalização do idioma. Procura-se, assim, estimular a atuação dos Leitores como multiplicadores de conhecimento, fomentando a criação e o aperfeiçoamento de currículos de português no exterior, a qualificação desses profissionais e a conexão de professores e pesquisadores estrangeiros com universidades brasileiras.

A seleção das instituições que recebem os Leitores brasileiros passa por rigoroso processo de análise, em que são avaliadas não apenas as condições de trabalho e as contrapartidas oferecidas, mas também a potencialidade e a relevância da região para a política linguística do Brasil no exterior. Cada um dos Leitores brasileiros é criteriosamente selecionado por meio de edital, cabendo à universidade a indicação do perfil mais adequado à sua realidade. A vitalidade e eficiência dessa política pública são qualidades reconhecidas por interlocutores internos e internacionais, tornando o Programa de Leitorados motivo de orgulho para todos aqueles envolvidos em sua execução. Ao felicitar os Leitores pelo extraordinário trabalho que desempenham ao redor do mundo, reitero nosso desejo de aprimorar constantemente o Programa e de fornecer as melhores condições possíveis para o desempenho de uma das mais nobres profissões: a de professor.

Departamento Cultural e
Educacional do Ministério das
Relações Exteriores do Brasil

Experiências do Programa de Leitorado do Brasil

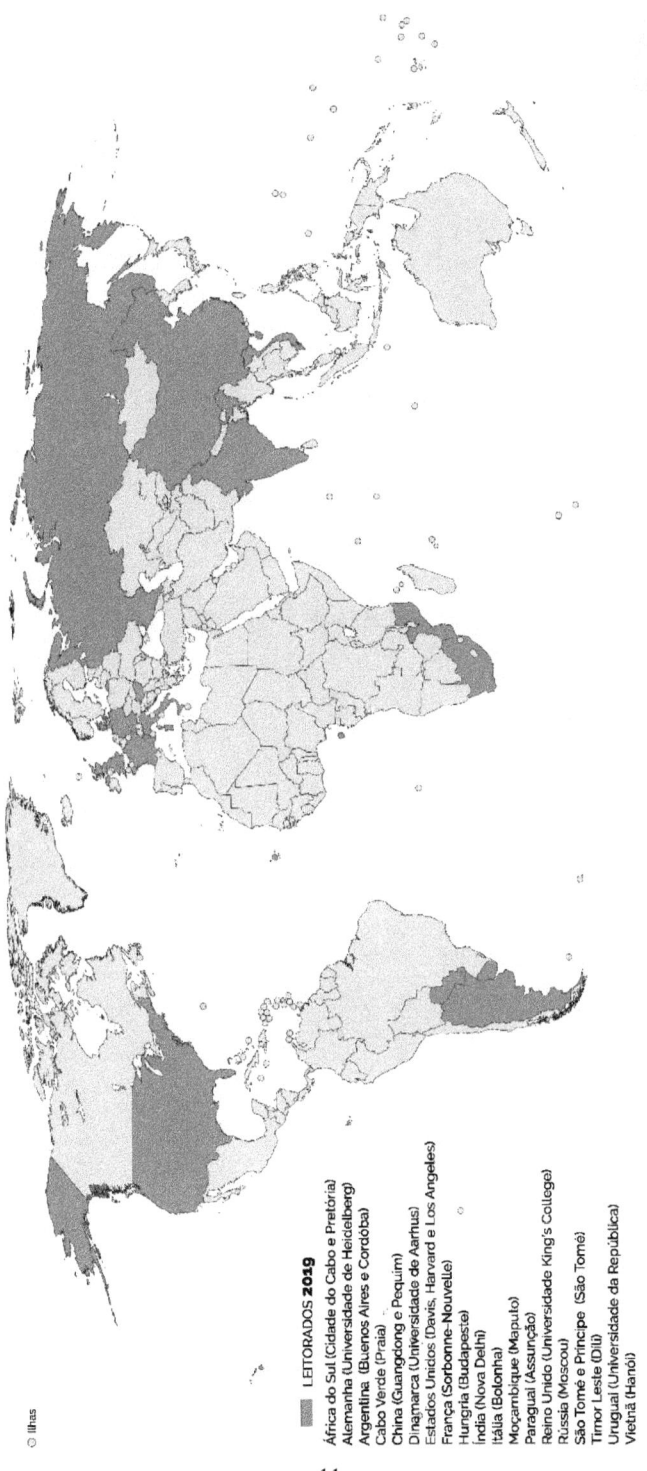

APRESENTAÇÃO

A coletânea de artigos que compõe o livro "Ensino e aprendizagem de língua portuguesa e cultura brasileira pelo mundo: experiências do Programa de Leitorado do Brasil", organizado por Bruna Morelo, Everton Vargas da Costa e Fernanda Farencena Kraemer, é um panorama abrangente e diverso de experiências e reflexões sobre as atividades de leitores brasileiros em diferentes países e instituições universitárias estrangeiras.

Promovido e financiado pelo Ministério das Relações Exteriores (MRE) e pela Coordenação de Aperfeiçoamento de Pessoal de Nível Superior (CAPES)/Ministério da Educação (MEC), o Programa de Leitorado está em atividade desde 1999[1]. De acordo com o artigo primeiro da Portaria Interministerial [MRE e MEC] Nº 1, de 20 de março de 2006, o leitor brasileiro é

> Art. 1º [...] o professor universitário, de nacionalidade brasileira, que se dedica ao ensino da língua portuguesa falada no Brasil, e da cultura e da literatura nacionais em instituições universitárias estrangeiras.

Consta da última edição do Edital do Programa de Leitorado que o leitor deverá cumprir a carga horária mínima de 20 horas semanais, dedicadas a ministrar, "na Instituição de Ensino Superior a que estiver vinculado, ou em local por ela indicado, disciplinas relacionadas ao ensino da língua portuguesa, literatura e manifestações culturais brasileiras" (Edital nº. 14/2015, item 5). Deverá também

> (...) colaborar na realização de projetos acadêmicos voltados para a divulgação da língua portuguesa e da cultura brasileira, na orientação de projetos discentes nesses temas, bem como desempenhar outras funções definidas pelo contrato de trabalho a ser assinado entre o Leitor e a Instituição de Ensino Superior. (Edital nº. 14/2015, item 5, p. 3)[2]

---

[1] http://www.capes.gov.br/cooperacao-internacional/multinacional/programa-leitorado, acesso em 30 de maio de 2018.
[2] http://www.capes.gov.br/images/stories/download/editais/2082015-Edital-14-2015-Leitorado.pdf, acesso em 30 de maio de 2018.

Com base nas descrições dos leitores-autores dos artigos desta coletânea, essas atividades envolvem:
- ministrar aulas de português (com diferentes ênfases e para fins específicos), literatura brasileira, cultura brasileira, em cursos de graduação, pós-graduação, extensão;
- criar e atualizar cursos, programas e currículos, consolidando a institucionalização da área de português nas instituições;
- elaborar e atualizar materiais didáticos para os cursos oferecidos, levando em conta as demandas e características institucionais, o perfil dos alunos e abordagens contemporâneas para o ensino de língua, literatura e cultura;
- promover atividades de formação de professores na universidade e na educação básica;
- divulgar a língua portuguesa, literaturas e culturas brasileiras e o exame Celpe-Bras;
- aplicar o exame Celpe-Bras nas universidades ou outras instituições no país;
- articular e promover eventos culturais nas comunidades acadêmicas e circundantes, como também nas comunidades de imigração brasileira;
- registrar as atividades desenvolvidas e divulgá-las em eventos da área, relatórios, notícias no Portal da Rede Brasil Cultural[3], entre outros.

Como você poderá conferir nos 14 artigos que compõem esta coletânea, os espaços de atuação formam um panorama complexo de funções que o leitor assume como representante do Estado brasileiro em diferentes países. Dos 21 leitorados brasileiros hoje em atividade[4], as vozes dos autores narram, descrevem e refletem sobre desafios e iniciativas pedagógicas e culturais em treze países de quatro continentes – África: África do Sul, Cabo Verde, São Tomé e Príncipe; América: Canadá, Chile, EUA, México; Ásia: China e Vietnã; e Europa: Dinamarca, Espanha, Itália, República Tcheca –, visibilizando comunidades que mantêm relações muito diversas com a língua portuguesa, literatura e cultura brasileira e que, como o Brasil, também se caracterizam como espaços plurilíngues e multiculturais. São Programas de Leitorado em 14 universidades, todas elas de excelência e prestígio no país. Com diferentes trajetórias, algumas instituições têm uma tradição consolidada em língua portuguesa, literaturas e culturas lusófonas, e outras inauguraram a área nesta década, demandando, assim, atuações bastante diferentes dos leitores, como você poderá constatar nos artigos.

Em linhas gerais, todos os leitores-autores apresentam e descrevem a

---

[3] http://redebrasilcultural.itamaraty.gov.br/noticias2, acesso em 30 de maio de 2018.
[4] http://redebrasilcultural.itamaraty.gov.br/menu-a-rede/menu-leitorados, acesso em 30 de maio de 2018.

instituição onde atuam, contextualizando suas atividades em relação ao ensino, à criação e atualização de cursos, à elaboração de materiais didáticos, à divulgação da língua e da cultura em parcerias com a Embaixada do Brasil, Centros Culturais e outras entidades. Fundamental em todas as reflexões é o encontro com o outro e a importância da alteridade na (re)construção de si próprio como representante do Brasil em uma instituição universitária estrangeira. Isso se concretiza na apresentação das características dos cursos ofertados, das práticas acadêmicas que cada autor encontrou ao chegar, e como foi gradativamente conhecendo as necessidades e objetivos de aprendizagem da comunidade, levando em conta a pluralidade cultural e linguística, as relações mais ou menos distantes com a língua portuguesa, literatura e cultura brasileira, as culturas de aprender.

Outro ponto comum dos artigos é a articulação das práticas relatadas com conceitos e abordagens contemporâneas de ensino e aprendizagem de línguas em contextos multiculturais. As reflexões tratam de aprendizagem da língua em uso e para o uso; ensino por tarefas e a integração entre compreensão, produção oral, leitura e produção escrita a partir de materiais autênticos e gêneros do discurso; ensino contextualizado de recursos linguístico-discursivos e culturais; interculturalidade e relações entre língua e literatura; superdiversidade, translinguismo e pedagogia multilíngue; projetos interdisciplinares, aprendizagens colaborativas e práticas de ensino a distância (teletandem).

Fernanda Farencena Kraemer, leitora na Universidade de Pretória (África do Sul), por exemplo, apresenta uma tarefa pedagógica para iniciantes e discute modos de colocar em prática o ensino integrado de leitura e produção escrita a partir de materiais autênticos e gêneros do discurso e de justificar a seleção de recursos linguístico-discursivos e culturais em um ensino que visa o uso da linguagem em interações sociais. Gildaris Ferreira Pandim, leitora na Universidade de Cabo Verde (Cabo Verde), propõe estratégias para aproximar o ensino de literatura brasileira da realidade dos estudantes, estabelecendo relações entre autores brasileiros e cabo-verdianos com vista a uma maior identificação sociocultural com o conteúdo e aproximações entre língua e cultura.

Em uma reflexão crítica sobre o uso da língua portuguesa em sala de aula, Pedro Lázaro dos Santos, leitor na University of British Columbia (Canadá), aborda a mudança de perspectiva bilíngue para multilíngue em suas aulas, no intuito de acolher a superdiversidade linguística e cultural dos alunos. O estímulo ao uso dos diferentes repertórios linguísticos dos participantes implicou em adaptações de materiais didáticos e novas dinâmicas, potencializou a aprendizagem e a conscientização linguística dos alunos, e tornou as atividades em sala de aula mais significativas na medida em que se assemelhavam às práticas cotidianas. O diálogo continuado com os alunos também é o tema do artigo de Mônica Baêta Neves Pereira Diniz, leitora da Pontifícia Universidade Católica de Santiago (Chile), que apresenta os resultados de questionários de (auto)avaliação utilizados nas disciplinas ministradas. A escuta das opiniões e sugestões dos alunos em relação a vários aspectos relacionados ao curso e às atividades desenvolvidas, ao desempenho docente e discente e ao interesse em língua portuguesa e cultura brasileira possibilitou ações de melhoria nas práticas de ensino e fundamentou uma solicitação de reestruturação de cursos na instituição.

Bruna Morelo, leitora na Universidade de Estudos Estrangeiros de Cantão (China), trata do ensino de gêneros orais para refletir sobre a necessidade de rever noções generalistas sobre uma participação pouco ativa de aprendentes chineses em sala de aula. Adotando uma visão aberta, heterogênea e não essencialista sobre língua, cultura e identidade, a autora propõe expor os alunos desde os níveis iniciais a práticas pedagógicas que privilegiem o trabalho com a oralidade, ilustrando como isso pode ser feito por meio de uma sequência didática envolvendo a compreensão e a produção de propagandas em vídeo. Em um contexto que privilegia um currículo interdisciplinar, Camila Dilli, leitora na Universidade de Aarhus (Dinamarca), reflete sobre a trajetória percorrida no planejamento de uma disciplina de língua portuguesa para negócios e comunicação intercultural. A autora analisa como as estratégias adotadas – o trabalho por meio de projetos pedagógicos e a formação de uma rede de colaboração com profissionais mais experientes – possibilitaram reconfigurações no que diz respeito a conceitos de identidade e cultura e a elaboração de um programa de ensino visando a aprendizagens significativas, circulação e publicação de textos produzidos e troca de conhecimentos interdisciplinares.

Considerando que seus alunos são falantes de espanhol e que transitam em diferentes contextos em que usam o português europeu, Ida Maria da Mota Rebelo Arnold, leitora na Universidad de Valladolid (Espanha), reflete sobre modos de potencializar esse conhecimento prévio no ensino do português do Brasil. Ao tratar do ensino de vocabulário e de tempos verbais do modo subjuntivo, a autora relata estratégias pedagógicas que utiliza para promover um ensino orientado para o uso e a construção de significados. Desde uma perspectiva de aprendizagem de uma língua para participação social, Everton Vargas da Costa, leitor na Universidade de Harvard (EUA), discute o ensino de português por meio de projetos. Ao apresentar o projeto "Exposição Arte-na-Mente" – organização de uma mostra de obras de jovens fotógrafos brasileiros por alunos de nível intermediário para a comunidade da universidade –, o autor sistematiza as motivações da iniciativa, a relação da proposta com os conteúdos previstos para a disciplina, a opção por tarefas pedagógicas que promovessem a interlocução, as etapas desenvolvidas pelos alunos como organizadores e curadores de uma exposição fotográfica, os desafios enfrentados e as aprendizagens alcançadas.

Leitora na Universidade da Califórnia (EUA), Eugênia Magnólia da Silva Fernandes reflete sobre as contribuições do Programa de Leitorado na criação de ações afirmativas de difusão e reafirmação da língua portuguesa junto a comunidades de falantes de português como língua de herança. As estratégias envolvem, por um lado, a oferta de uma série de oficinas de formação continuada de professores nas áreas de letramento, educação de falantes de herança e bilinguismo e, por outro, o fortalecimento dos programas de língua portuguesa em escolas. Contribuindo para o debate sobre as funções e o prestígio da posição de leitor, Lívia Assunção Cecílio, leitora na Universidade de Bolonha (Itália), levanta alguns descompassos entre o que é esperado do professor-leitor e o que efetivamente ocorre na prática nas universidades italianas. Além disso, apresenta resultados de um levantamento feito com alunos sobre a participação no Projeto Teletandem, em que salientam como pontos positivos: praticar o que aprendem em aula, interagir com brasileiros e compartilhar com eles conhecimentos culturais.

O artigo de Andressa Dorásio Parreira, leitora no Instituto Politécnico Nacional (México), também trata de atividades pedagógicas e culturais bem sucedidas, tais como: a "Sexta-Feira Cultural", um encontro mensal para apresentação de aspectos linguísticos, literários e culturais brasileiros; oficinas de português para fins específicos; confraternizações em datas de festas típicas brasileiras; simulações de tarefas do Celpe-Bras; alterações no sistema de avaliação, tanto nos instrumentos (mais comunicativos) quanto nos critérios (mais qualitativos); e o aperfeiçoamento dos materiais didáticos utilizados. Graziela Zanin Kronka, leitora na Universidade Carolina (República Tcheca), discorre sobre os desafios e as conquistas do Programa de Leitorado, trazendo um relato pessoal do trabalho desenvolvido principalmente em relação à construção teórico-metodológica dos programas para as disciplinas ministradas, a explicitação dos objetivos a serem alcançados em relação à integração entre os aspectos linguísticos e culturais, e os aportes da Sociolinguística, Linguística Textual e Análise do Discurso para a compreensão das características do português do Brasil e de outras variedades lusófonas.

Leitora na Universidade de São Tomé e Príncipe (São Tomé e Príncipe), Eliane Vitorino de Moura Oliveira faz um relato sobre sua atuação na universidade e em parceria com o Centro Cultural Brasil São Tomé e Príncipe e outras instituições locais na promoção de ações como: o "Projeto Café com Letras" – encontros para promover a leitura de obras brasileiras e que teve grande impacto no aumento da retirada de livros na biblioteca –; a implantação e a aplicação do exame Celpe-Bras; e a oferta de cursos de formação continuada para professores do ensino básico (Educação Infantil até o 6º ano). O artigo de Pamela Andrade, leitora na Universidade de Hanói (Vietnã), encerra a coletânea refletindo sobre como a construção de práticas interculturais entre leitor, professores locais e estudantes pode criar um ambiente propício para um ensino de português intercultural, caracterizado por atitudes de curiosidade, flexibilidade e abertura para a compreensão de outras culturas e relativização de sua própria com vistas a uma atuação como mediador intercultural.

Em um mundo marcado pela superdiversidade, pelo multilinguismo e por fluxos contínuos, espera-se que a educação para o exercício da cidadania inclua o trânsito por várias línguas que possam ser usadas de modo integrado e criativo para construir sentidos na interlocução com o outro em práticas sociais que irão demandar convivência e proficiência intercultural. Os artigos desta coletânea abordam modos diferentes de lidar com os desafios e tensões da contemporaneidade apresentando, a partir de práticas de escuta, planejamento e desenvolvimento de projetos pedagógicos, respostas que foram sensíveis às demandas locais e situadas. De modo diverso mas complementar, pode-se constatar que os leitores-autores tratam dos princípios que García e Sylvan (2011) propõem para uma educação multilíngue:
– heterogeneidade e singularidades na pluralidade;
– colaboração entre os estudantes;
– colaboração entre os professores;
– aulas centradas nos estudantes;
– integração entre língua e conteúdo;
– plurilinguismo a partir dos repertórios dos estudantes;
– aprendizagem a partir da experiência;
– autonomia e responsabilidade locais e situadas.

Por meio de relatos e tomadas de posição na interlocução entre pares, da produção e apreciação compartilhada de materiais didáticos e do registro e reflexão sobre as práticas vividas (GARCEZ; SCHLATTER, 2017), os leitores que aqui se manifestam tornam-se assim professores-leitores-autores-formadores, responsabilizando-se pela formação de novos leitores como também de outros professores interessados em trocar experiências na área de ensino de língua, literatura e cultura.

Finalizo cumprimentando os organizadores deste livro, Bruna Morelo, Everton Vargas da Costa e Fernanda Farencena Kraemer, e a Editora Boavista Press pela iniciativa de compilação e publicação dos trabalhos. A coletânea traz contribuições ímpares para a construção de conhecimento sobre ensino e aprendizagem não só no âmbito do Programa de Leitorado, mas também criando redes de contato profícuos entre polos de ensino e divulgação de língua portuguesa, literatura e cultura brasileira. Que esta seja a primeira de uma série de coletâneas que possam contribuir para o fortalecimento das políticas públicas, internas e externas, na área de Português como Língua Adicional.

Margarete Schlatter[5]

Referências Bibliográficas

GARCÍA, O; SYLVAN, C. E. Pedagogies and practices in multilingual classrooms: singularities in pluralities. *The Modern Journal, 95*, 2011. p. 385-400.

GARCEZ, P. M.; SCHLATTER, M. Professores-autores-formadores: Princípios e experiências para a formação de profissionais de educação linguística. In: MATEUS, E; TONELLI, J. R. A. (org.) *Diálogos (im)pertinentes entre formação de professores e aprendizagem de línguas*. São Paulo: Blucher, 2017. p. 13-36.

---

[5] Professora da Universidade Federal do Rio Grande do Sul. Doutora em Linguística Aplicada pela Pontifícia Universidade Católica do Rio Grande do Sul. margarere.schlatter@gmail.com

1
O LEITORADO BRASILEIRO NA UNIVERSIDADE DE PRETÓRIA: GÊNEROS DO DISCURSO NAS PRÁTICAS DE SALA DE AULA

THE BRAZILIAN LECTURESHIP AT THE UNIVERSITY OF PRETORIA: SPEECH GENRES IN CLASSROOM PRACTICES

Fernanda Farencena Kraemer[1]

Introdução

Entendo que cada experiência de leitorado é singular e importante para a construção de uma política linguística que busque promover a língua e a cultura brasileira no exterior. Portanto, registrar e compartilhar o que acontece em que cada uma dessas experiências é relevante para se entender o que é ser leitor e qual é o seu papel dentro das diversas instituições em que atua e, desta forma, tornar público um trabalho que, muitas vezes, é desconhecido pelos próprios colegas de profissão.

Este artigo pretende registrar o que foi realizado após um ano e meio de trabalho do primeiro leitorado brasileiro na Universidade de Pretória (UP), na África do Sul, isto é, de janeiro de 2015 a julho de 2016, e refletir sobre a experiência de ensino dentro dessa instituição por meio da apresentação de uma tarefa de leitura e produção de texto realizada no módulo de língua portuguesa para iniciantes. Com esse objetivo, inicio o artigo fazendo uma contextualização do local em que o leitorado está inserido (país, cidade e instituição) e, em seguida, exponho as possíveis razões para a existência de um leitor nesse contexto e qual o seu papel.

Na terceira parte do artigo, apresento o perfil dos alunos, a organização das disciplinas oferecidas e também a Seção de Português. Posteriormente,

---

[1] Leitora da Universidade de Pretória. Mestre em Linguística Aplicada pela Universidade Federal do Rio Grande do Sul. fernandafkraemer@gmail.com

abordo os conceitos que norteiam as práticas de ensino desenvolvidas. A partir desses conceitos, apresento um exemplo de tarefa de leitura e produção textual realizada com os alunos de graduação da turma de primeiro ano (iniciante). Nas considerações finais, retomo alguns apontamentos feitos ao longo do trabalho e discorro sobre os impactos deste leitorado na promoção da língua portuguesa e da cultura brasileira na África do Sul.

O contexto de atuação

A África do Sul é um país multicultural e multiétnico, possuindo as maiores comunidades de europeus, indianos e mestiços[2] do continente africano. Com 70% da sua população composta por negros, esse grupo é bastante diversificado e abrange várias etnias falantes de diferentes línguas. A Constituição do país reconhece 11 línguas oficiais: africâner, inglês, ndebele, xhosa, zulu, sepedi, soto do sul, tswana, suázi, venda e tsonga[3].

A Universidade de Pretória está localizada na cidade de Pretória, capital executiva (administrativa) do país. Pretória é a quinta maior cidade da África do Sul, com aproximadamente 2 milhões de habitantes. A cidade fica na província de Gauteng, onde também se localiza Joanesburgo, a maior e mais importante cidade do país. Na província de Gauteng, há três instituições de ensino superior que oferecem cursos de português, sendo que em uma delas os cursos são somente a distância.

A Universidade de Pretória (UP), a maior universidade do país, é uma instituição pública, que teve origem em 1908, e atualmente possui mais de 50 mil estudantes, sendo uma das instituições de ensino superior mais importantes do país e do continente africano. Buscando respeitar e valorizar a diversidade linguística de seus alunos, a universidade usa duas línguas oficiais, inglês e africâner, e algumas vezes uma terceira língua, o sepedi, sendo estas as três línguas mais faladas na região. Na política linguística da UP, consta que se deve promover o desenvolvimento não só das línguas oficiais do país, mas também de outras línguas usadas na comunidade sul-africana[4].

Dessa forma, pode-se pensar que uma das razões para se ter um leitorado brasileiro na UP é o contexto de multilinguismo presente na cidade e no país. Acredito que o multilinguismo ajuda a estabelecer ligações entre as diferentes culturas e a promover a tolerância e a inclusão social, pontos tão significativos na África do Sul. A UP busca fomentar a aprendizagem de diversas línguas

---

[2] No contexto da África do Sul, o termo mestiço, *coloured* em inglês, é utilizado para se referir a um grupo étnico de pessoas com miscigenação entre africanos, europeus e asiáticos.
[3] Disponível em: https://pt.wikipedia.org/wiki/%C3%81frica_do_Sul. Acesso em: 20 de setembro de 2016.
[4] Disponível em: http://www.up.ac.za/en/about-up/article/1900223/language-policy. Acesso em 15 de junho de 2016.

para permitir que seus alunos tenham acesso a um leque mais amplo de possibilidades no mercado de trabalho e mesmo de estudos futuros em outros países. Além disso, de acordo com um texto publicado pela Comissão Europeia (2007), ser multilíngue melhora a capacidade de comunicação, aumenta a confiança e a autoestima, eleva as expectativas e também abre portas para o mundo, o que gera, em meu ponto de vista, interesse da UP em ofertar cursos de línguas.

Outra motivação para a abertura de um leitorado na África do Sul foi o estabelecimento do BRICS em 2006, grupo político de cooperação econômica formado por Brasil, Rússia, Índia, China e África do Sul, sendo esta admitida em 2010. Desse modo, pode-se dizer que o objetivo de haver um leitorado de português do Brasil em uma universidade sul-africana é promover intercâmbios acadêmicos e culturais bilaterais entre esses dois países.

O número de brasileiros que vivem na África do Sul é pequeno, sendo que, nos dois Consulados existentes no país, são aproximadamente 2.000 brasileiros registrados. Apesar de esse número ser apenas uma estimativa, visto que muitas pessoas não estão matriculadas nos Consulados, podemos ter uma ideia de que não há muitos conterrâneos em território sul-africano. Em contrapartida, há muitos angolanos, moçambicanos e portugueses ou lusodescendentes. Entre portugueses e lusodescendentes, há cerca de 500 mil pessoas, o que faz da África do Sul um dos maiores polos da diáspora portuguesa no mundo[5]. Devido a isso, muitos dos alunos de português da UP são lusodescendentes que buscam aprender a língua dos seus pais ou avós para se comunicar com seus familiares e para aprender mais sobre a cultura de seus antepassados. Dessa forma, um dos desafios do leitor brasileiro é mostrar para esses alunos que a língua portuguesa é pluricêntrica[6] e possui mais de uma variante, sendo tanto o português europeu quanto o português brasileiro importantes para o contexto sul-africano.

O papel do leitor de português na UP é primeiramente o de elaborar e ministrar aulas para os três anos de graduação. No entanto, as suas funções vão além disso. Como a oferta de disciplinas de português na UP iniciou-se em 2014, o trabalho do leitor em relação à institucionalização do curso de português na universidade é primordial. A fim de divulgar as disciplinas de português na UP, o leitor brasileiro, juntamente com os leitores portugueses, participa dos eventos promovidos por ambas as Embaixadas e divulga-os

---

[5] Disponível em: http://www.embaixadaportugal.org.za/comunidade.htm. Acesso em: 01/10/2016.
[6] Segundo Batoréo (2014, p. 2), "São consideradas tipicamente pluricêntrica as línguas que apresentam diferentes variedades faladas em diversos países ou regiões distintas, com um ou mais núcleos nacionais, isto é, com uma ou mais normas nacionais próprias, substituindo este modelo uma perspectiva mais antiga que considerava as variedades mais distantes do *standard* tradicional e historicamente estabelecido como 'desvio' da norma".

entre os alunos; faz divulgação das disciplinas oferecidas na universidade aos alunos do ensino médio que estudam português[7]; participa de eventos promovidos pela universidade, como o "Open Day" ou o "International Students Day", nos quais se divulgam os diferentes cursos oferecidos. É também função do Leitor divulgar o exame Celpe-Bras entre os alunos e informá-los acerca das vantagens de fazer o exame e obter o certificado, além de ajudar na aplicação do exame no Centro Cultural Brasil-África do Sul, aplicado na Embaixada Brasileira. O leitor também ajuda no estabelecimento de acordos de cooperação entre a UP e outras universidades. Por último, é papel do leitor trabalhar em parceria com os leitores portugueses na realização de eventos culturais para a promoção da língua portuguesa e da cultura dos países lusófonos.

Na próxima seção, apresento o enquadramento do leitorado brasileiro dentro da Seção de Português, contextualizo as disciplinas ministradas e apresento o perfil dos estudantes de português.

O ensino de português na Universidade de Pretória

O leitorado brasileiro na UP está inserido na Seção de Português no Departamento de Línguas Europeias Modernas (DLEM) da Faculdade de Humanidades. Além da Seção de Português, fazem parte do mesmo departamento as Seções de Alemão, Francês e Espanhol. O Alemão é um dos cursos mais antigos da universidade, tendo sido ensinado desde o ano de sua fundação em 1908. Em 1993, os Departamentos de Alemão e Francês se juntaram para formar o DLEM. No ano de 2008, houve a inclusão do ensino do espanhol. Mais recentemente, em 2013, foi assinado um acordo de cooperação entre a UP e o Instituto Camões e, a partir de 2014, a língua portuguesa também passou a ser oferecida no DLEM. Nesse mesmo ano, a UP assinou outro acordo de cooperação, desta vez com o governo brasileiro, passando a contar também com um leitor brasileiro no ano posterior.[8,9] No segundo semestre de 2016, há cerca de 650 alunos no DLEM, dos quais 41 estão atualmente cursando as disciplinas de português (exclusivamente ou ao mesmo tempo em que estudam outras línguas).

A oferta do curso de português iniciou-se no ano de 2014, com um módulo básico para alunos sem conhecimento da língua; outro módulo para

---

[7] O Instituto Camões oferece gratuitamente o ensino de português em escolas de ensino primário e secundário na África do Sul.
[8] Informações retiradas do *site* da universidade. Disponível em: http://www.up.ac.za/en/modern-european-languages/article/39479/history-of-department. Acesso em 20 de setembro de 2016.
[9] A posição de Professor-Leitor do Itamaraty foi publicada no edital número 44 da Coordenação de Aperfeiçoamento de Pessoal de Nível Superior (CAPES), divulgado em 2013.

alunos que já haviam estudado português na escola; e um terceiro módulo básico para alunos do Mestrado em Direitos Humanos e Democratização da África, da Faculdade de Direito. No segundo ano, ou seja, em 2015, acrescentaram-se aos módulos do ano anterior mais quatro disciplinas de segundo ano de português intermediário; duas no primeiro semestre e duas no segundo.

A partir de 2016, a Seção de Português passou a oferecer dois módulos para alunos de terceiro ano, no qual os alunos concluem o seu Bacharelado em Letras. Neste ano, teremos os primeiros alunos a concluírem o curso de português (6 alunos). O processo de abertura do curso de "Honours"[10] em língua portuguesa está em estágio inicial, pois há o interesse de alguns alunos em continuarem os seus estudos para se tornarem professores, mas não há, todavia, o apoio da universidade, pois um curso de "Honours" implica a contratação e o pagamento de um novo professor.

As disciplinas oferecidas pela Seção de Português atualmente estão organizadas conforme mostra a Figura 1:

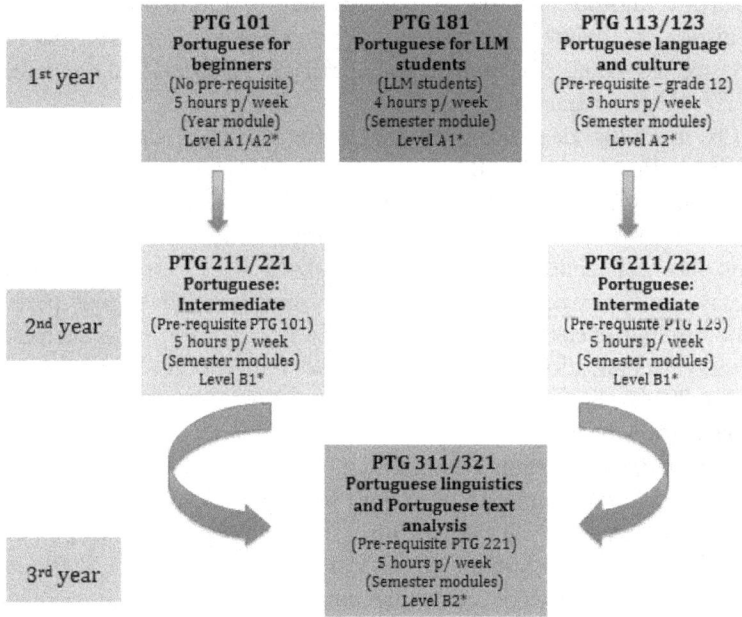

Figura 1: Organização dos cursos de português na UP (formulada pela autora).

---

[10] Na África do Sul, o "Bachelor Honours Degree" é um curso de pós-graduação subsequente à graduação de Bacharel. Os Bacharelados não profissionais, como por exemplo, o curso de Letras, são graduações de três anos, e o "Honours" é um quarto ano opcional para aqueles que desejam ter uma qualificação adicional e mais especializada. No caso do curso de Letras, essa especialização pode ser a de tradutor ou a de professor, por exemplo.

No primeiro ano dos cursos de graduação, é ofertado um módulo básico de português "Portuguese for beginners" de 5 horas/aula[11] semanais (140 horas/aula anuais) para os alunos que não possuem conhecimento prévio da língua. Também há um módulo aos alunos que já possuem conhecimento da língua, geralmente por já terem estudado o idioma na escola ou por terem algum contato com o português no ambiente familiar, chamado "Portuguese language and culture" de 3 horas/aula semanais (84 horas/aula anuais). Além dessas duas disciplinas, há um módulo elaborado exclusivamente para os alunos de Mestrado em Direitos Humanos e Democratização da África da Faculdade de Direito "Portuguese for LLM[12] students" de 4 horas/aula semanais (56 horas/aula semestrais), o qual ocorre somente no primeiro semestre do ano letivo. Já no segundo ano, são ofertados dois módulos intermediários, os quais possuem o mesmo nome devido a razões administrativas "Portuguese: Intermediate", mas que são separados em: ex-alunos do módulo PTG 101 e ex-alunos do módulo PTG 123, pois esses alunos possuem níveis diferentes de conhecimento da língua portuguesa. No terceiro e último ano de graduação, há os módulos de "Portuguese linguistics" no primeiro semestre e "Portuguese text analysis" no segundo semestre, os quais possuem carga horária de 5 horas/aula semanais (70 horas/aula semestrais).

Os módulos de português são oferecidos nos programas de "BA Extended Programme", "BA Humanities", "BA Languages" e "BA Law"; sendo que os alunos podem optar por estudar português como um módulo eletivo ou principal a depender do curso que estudam. Por exemplo, se um aluno cursa o Bacharelado em Letras "BA Languages", ele deve escolher duas línguas como principais e pode escolher uma ou mais línguas para cursar como disciplinas eletivas. No momento da escrita deste artigo, há três alunos fazendo Bacharelado em Letras - Português e mais outra língua.

Em 2016, a Seção de Português está composta por uma leitora brasileira e dois leitores portugueses, sendo estes uma leitora em tempo integral e um leitor com três horas/aula semanais.

O currículo do curso de português foi organizado tal qual os currículos das outras línguas do DLEM, as quais seguem o Quadro Europeu Comum de Referência para as Línguas (CONSELHO DA EUROPA, 2001), ou seja, existe uma uniformidade curricular entre as quatro línguas ensinadas no DLEM. Esse ponto foi um certo entrave inicial para o meu trabalho como leitora brasileira, pois a expectativa que eu tinha, de acordo com as atribuições listadas no meu contrato, seria a de que eu pudesse organizar e implementar um currículo de português segundo os padrões brasileiros. No entanto, isso não foi autorizado pelo Chefe de Departamento, visto que, para a

---

[11] A hora/ aula corresponde a 50 minutos.
[12] Sigla utilizada para Mestrado em Direito.

universidade, há um só português e não é possível ofertar aos alunos módulos de português do Brasil e módulos de português europeu.

Outro aspecto nevrálgico do início do leitorado brasileiro na UP foi o fato de não haver qualquer material didático disponível de português do Brasil, mas somente os livros didáticos portugueses utilizados pelos leitores do Instituto Camões[13]. A solução encontrada foi, portanto, elaborar todo o material didático a ser utilizado. Foi solicitado o apoio da Divisão de Promoção da Língua Portuguesa para a aquisição de livros didáticos para os alunos, o que aconteceu no segundo semestre para o módulo intermediário do segundo ano[14].

Acredito que um ponto que merece muita atenção e discussão dentro do Programa de Leitorado é em que medida as universidades aceitam haver uma distinção entre o ensino das variantes brasileira e europeia e, por conseguinte, como os leitores devem se posicionar em relação a isso para poderem trabalhar em conjunto na promoção da língua portuguesa e da cultura dos países lusófonos.

O DLEM não oferece nenhum apoio financeiro para a realização de atividades culturais, principalmente devido a restrições orçamentárias, o que faz com que os professores busquem apoio nas Embaixadas e Institutos, como Goethe, Aliança Francesa e Camões. Além da parceria para a organização de eventos culturais, as Embaixadas e os Institutos ajudam na divulgação dos cursos oferecidos na universidade e fazem doações de livros e materiais de divulgação de suas respectivas línguas e culturas.

Os alunos que estudam português na UP, em sua grande maioria, fazem os módulos de português como eletivos, o que parece ter implicações no tempo dedicado aos estudos e na importância dada a esses módulos; por essa razão, há alunos que abandonam as disciplinas de português alegando que precisam se dedicar aos módulos principais. Sendo assim, a Seção de Português e o DLEM precisam tornar o estudo de suas línguas atraente e, ao mesmo tempo, criar mecanismos para manter os seus alunos e mostrar a importância de se estudar uma língua adicional[15].

Conforme já exposto, uma parte razoável dos alunos que estudam português são lusodescendentes e têm algum contato com a língua no ambiente familiar, em especial com a língua oral, mesmo que esporadicamente. Desse modo, esses alunos têm uma boa compreensão oral

---

[13] Os livros didáticos utilizados pertencem à coleção "Português XXI".
[14] Foram adquiridos 12 exemplares do livro "Novo Avenida Brasil 2". Esses livros foram utilizados pelos alunos durante o ano letivo e devolvidos para a Seção de Português ao término das disciplinas.
[15] Neste trabalho, adoto o termo língua adicional – e não língua estrangeira – em consonância com o trabalho de Schlatter e Garcez (2009), os quais propõem a adoção deste termo para expressar que a língua adicional pertence à pessoa que a utiliza (não é algo estrangeiro a ela) e que ela escolhe acrescentá-la ao seu repertório de línguas para poder participar em diferentes práticas sociais.

da língua e conhecem um vocabulário básico do dia a dia. Não obstante, há também os alunos, majoritariamente sul-africanos, que não possuem nenhum contato com a língua e nunca estudaram outra língua próxima ao português, tendo estes que se dedicar muito mais ao aprendizado da língua. A língua oficial de instrução[16] é a língua inglesa, sendo essa língua falada por todos que estudam português.

Dentre as motivações dos estudantes para aprender português, pode-se citar as relações familiares (ter algum parente que fala a língua), o interesse por línguas de forma geral, a possibilidade de estudos ou negócios futuros e também o turismo. Em relação ao conhecimento que os sul-africanos possuem sobre o Brasil, de forma geral, pode-se dizer que eles conhecem algo sobre nossa música, nosso futebol, nossas belezas naturais e também algo ligado à violência e à corrupção. Com exceção dos alunos que já possuem algum interesse específico em aprender o português do Brasil, muitos possuem pouco conhecimento sobre a nossa cultura, reduzindo-se aos tópicos mencionados ou a nomes de pessoas famosas, como Neymar, ou de cidades, como Rio de Janeiro, para citar alguns exemplos.

A seguir exponho as perspectivas teórico-metodológicas que embasam o trabalho desenvolvido pelo leitorado brasileiro na UP.

O uso da linguagem e os gêneros do discurso no ensino de português língua adicional

De acordo com Rodrigues (2005, p. 193), desde meados da década de 1980 as ideias do Círculo de Bakhtin têm impulsionado discussões teóricas e desenvolvimentos pedagógicos na área do ensino de línguas. Apesar de o foco central de atenção do Círculo não ter sido o ensino e a aprendizagem de línguas, suas considerações a respeito dessa temática são atuais e questionam o ensino de línguas a partir de um sistema abstrato e desvinculado de seu uso.

> (...) na prática viva da língua, a consciência linguística do locutor e do receptor nada tem a ver com um sistema abstrato de formas normativas, mas apenas com a linguagem no sentido de conjunto dos contextos possíveis de uso de cada forma particular. Para o falante nativo, a palavra não se apresenta como um item de dicionário, mas como parte das mais diversas enunciações dos locutores A, B ou C de sua comunidade e das múltiplas enunciações de sua própria prática linguística. (...) Em suma, um método eficaz e correto de ensino prático exige que a forma seja assimilada não no sistema abstrato da língua, isto é, como uma forma sempre idêntica

---

[16] No presente momento, a UP está passando por uma mudança na sua atual política linguística, na qual consta como línguas de instrução o inglês e o africâner. A UP adotará o inglês como única língua de instrução.

a si mesma, mas na estrutura concreta da enunciação, como um signo flexível e variável. (BAKHTIN / VOLOCHÍNOV, 2006, p. 98). Dessa forma, a inserção de textos de diferentes gêneros do discurso como objetos de ensino-aprendizagem nos cursos de língua adicional encontra seu respaldo na necessidade de compreensão e domínio dos modos de produção e significação dos discursos das diferentes esferas sociais, criando condições para que os aprendizes construam os conhecimentos linguístico-discursivos requeridos para a compreensão e produção desses gêneros, caminho para a atuação e o posicionamento crítico diante dos discursos na comunidade em que estão inseridos (RODRIGUES, 2000).

A filosofia da linguagem do Círculo de Bakhtin é uma reflexão centrada no pressuposto de que a "a realidade fundamental da linguagem é o fenômeno social da interação verbal" (BAKHTIN / VOLOCHÍNOV, 2006, p.127). O Círculo adota, assim, uma concepção de linguagem como atividade humana, de caráter social, em que a interação é essencial para a sua existência. Nesse sentido, de acordo com Faraco (2003, p. 106),

(...) a linguagem verbal não é vista primordialmente como sistema formal, mas como atividade, como um conjunto de práticas socioculturais – que têm formatos relativamente estáveis (concretizam-se como diferentes gêneros do discurso) e estão atravessadas por diferentes posições avaliativas sociais (concretizam diferentes vozes sociais). (FARACO, 2003, p. 106).

A concepção de linguagem do Círculo é chamada de concepção dialógica da linguagem porque propõe que a linguagem e os discursos têm seus sentidos produzidos na interação (mutuamente constitutiva) entre sujeitos. Os sujeitos da linguagem são, pois, sujeitos interagentes, que agem na presença (física ou não) de outros agentes (SOBRAL, 2009).

A concepção de uso da linguagem como "uma forma de ação conjunta, que é aquela ação levada a cabo por um grupo de pessoas agindo em coordenação uma com a outra" (CLARK, 2000, p.49) da qual parto para pensar e organizar as práticas de ensino e aprendizagem de português como língua adicional (PLA) vai ao encontro da concepção de linguagem do Círculo de Bakhtin. Em outras palavras, "a linguagem é usada para fazer coisas" (CLARK, 2000, p. 49), e ser proficiente não é apenas conhecer o sistema abstrato da língua, mas saber usá-la nas mais variadas situações, tais como: concordar com o ponto de vista de alguém, perguntar o preço de um café na cafeteria, pedir uma informação na rua, entre outras. Nessa perspectiva, a sala de aula de PLA torna-se um espaço em que as pessoas têm a oportunidade de interagir por meio da linguagem para "fazer coisas" em conjunto e, assim, praticar e aprender a língua portuguesa.[17]

---

[17] Com base neste pressuposto, Kraemer (2012) propõe a organização de um currículo para

Em consonância com Schoffen (2009, p. 163), pode-se dizer que a noção de gênero do discurso pode ser usada como unidade para a operacionalização do construto de uso da língua para desempenhar ações no mundo, visto que, para Bakhtin, a ação humana está sempre relacionada ao uso da língua, a qual se organiza por meio dos gêneros do discurso, nas diferentes esferas da atividade humana. Se buscamos que os alunos se tornem proficientes em língua portuguesa, ou seja, que estes a usem adequadamente para desempenhar ações no mundo – considerando que a prática da língua portuguesa deve levar em conta os interlocutores, o propósito e as demais condições de produção da interação – precisamos proporcionar a eles o contato e a reflexão sobre diferentes gêneros do discurso.

No caso do ensino e da aprendizagem de língua adicional com base na perspectiva adotada aqui, é importante realizar um trabalho com tarefas que proponham o uso da língua para realizar ações, sendo estas ações realizáveis por meio de textos (orais ou escritos), ou seja, por meio dos gêneros do discurso.

Segundo Bakhtin (2003, p. 284-285), a dificuldade na comunicação está associada com a falta de experiência do usuário da língua com determinados gêneros do discurso em diferentes esferas de atividade humana. A respeito disso, pode-se depreender que quanto mais se tem conhecimento dos gêneros por meio de experiências de uso da linguagem, mais se desenvolvem as habilidades e competências para se comunicar. Dessa forma, acredito que o ensino de PLA deve criar condições para a aprendizagem em uma perspectiva de uso da língua em diferentes práticas sociais. Conforme os Parâmetros Curriculares Nacionais (PCN)+:

> Para além da memorização mecânica de regras gramaticais ou das características de determinado movimento literário, o aluno deve ter meios para ampliar e articular conhecimentos e competências que possam ser mobilizadas nas inúmeras situações de uso da língua com que se depara, na família, entre amigos, na escola, no mundo do trabalho. (BRASIL, 2002, p. 55).

Em resumo, nosso objeto de ensino e aprendizagem "é o conhecimento linguístico e discursivo com o qual o sujeito opera ao participar das práticas sociais mediadas pela linguagem" (BRASIL, 1998, p. 22). De acordo com os PCN, organizar situações de aprendizado que visem a conquistar esse objetivo supõe:

> (...) planejar situações de interação nas quais esses conhecimentos sejam construídos e/ou tematizados; organizar atividades que procurem recriar na sala de aula situações enunciativas de outros espaços que não o escolar, considerando-se sua especificidade e a

---

um programa de português para estrangeiros em uma universidade brasileira.

inevitável transposição didática que o conteúdo sofrerá; saber que a escola é um espaço de interação social onde práticas sociais de linguagem acontecem e se circunstanciam, assumindo características bastante específicas em função de sua finalidade: o ensino. (BRASIL, 1998, p. 22).

Com vistas a operacionalizar as perspectivas discutidas nesta seção, a seguir apresento uma tarefa de leitura e produção de texto de nível básico.

O uso da linguagem em uma tarefa de leitura e produção de texto

Referenciais de ensino como os PCN (BRASIL, 1998) e os Referenciais Curriculares do Rio Grande do Sul (RS, 2009) possuem como pressuposto que o ensino da língua adicional precisa proporcionar o desenvolvimento da competência comunicativa[18] dos aprendizes por meio de tarefas que os ponham em contato com textos de diferentes gêneros do discurso fazendo uso das mais variadas competências e habilidades, bem como de recursos linguísticos que possibilitem compreender e/ou produzir esses gêneros.

Buscando promover o desenvolvimento da competência comunicativa de meus alunos, o material didático elaborado especificamente para o módulo PTG 101 possui unidades de estudo ao longo das quais os alunos se apropriam dos recursos linguísticos que utilizarão em uma produção escrita final como fechamento dessas unidades. As tarefas finais de cada unidade permitem que os alunos reflitam e se apropriem das características discursivas e linguísticas dos gêneros do discurso que são alvo da produção final da unidade. Essas sugestões de tarefas finais evidenciam um interesse em se propor tarefas voltadas para o uso da língua em situações do cotidiano.

A tarefa apresentada a seguir foi realizada no módulo PTG 101, ou seja, o nível básico, na unidade 3, a qual trabalha a temática de comidas e bebidas. Ao longo dessa unidade, os alunos aprendem a falar sobre alimentação, fazer pedidos em restaurantes, fazer convites para comer, ler e entender receitas e falar sobre diferentes lugares para comer. Para concluir a unidade, os alunos têm uma tarefa avaliativa, que chamo de trabalho final. Na unidade 3, o trabalho final é o seguinte:

---

[18] De acordo com Almeida Filho (1997, p. 57) "Competência é um conhecimento abstrato subjacente, é a habilidade de uso não só de regras gramaticais (explícitas ou implícitas) como também de regras contextuais ou pragmáticas (explícitas ou implícitas) na criação de discurso apropriado, coeso e coerente".

 **Trabalho final**
Você trabalha em uma agência de turismo e é o responsável por elaborar um panfleto de dicas a ser distribuído a um grupo de turistas brasileiros em Pretória. Escreva sobre três lugares para comer e beber na cidade e/ou região. Fale sobre as comidas e bebidas imperdíveis da África do Sul. Use os textos do exercício "lugares para comer e beber" como exemplo para o seu próprio texto.

Quadro 1: Trabalho Final

Na situação de comunicação estabelecida a tarefa proposta, o aluno deve assumir o papel de **agente de viagens** (quem fala) responsável pela elaboração de um panfleto de dicas por meio do qual ele busca **informar** os seus leitores sobre as comidas e bebidas imperdíveis da África do Sul (propósito) para um grupo de **turistas brasileiros** que visitarão Pretória (interlocutores). Esses elementos vão estabelecer as formas de dizer mais adequadas à situação.

O objetivo da tarefa apresentada é expor os alunos a uma simulação de uma situação de comunicação em que eles tenham que usar a língua não somente em termos de manipulação de formas e regras linguísticas, mas também de regras de comunicação e a sua adequação social. Os três aspectos avaliados na tarefa apresentada são, portanto, os mesmos avaliados no Exame de proficiência Celpe-Bras, a saber, "adequação ao contexto (cumprimento do propósito de compreensão e de produção, levando em conta o gênero discursivo e o interlocutor), adequação discursiva (coesão e coerência) e adequação linguística (uso adequado de vocabulário e de estruturas gramaticais)" (BRASIL, 2011, p. 6).

Anteriormente à realização do trabalho final, os alunos fazem uma tarefa preparatória, isto é, uma tarefa que os auxilia a ativar os seus conhecimentos prévios sobre o gênero que será produzido e também a desenvolver as competências e habilidades necessárias para isso. A tarefa preparatória está ligada à tarefa de produção textual e nela os alunos leem um texto e analisam os recursos linguísticos-chave para a sua compreensão por meio de perguntas relativas à compreensão do gênero do discurso e da análise dos recursos linguísticos foco da unidade estudada e que servirão para a produção final.

O uso de materiais autênticos para a elaboração de tarefas de leitura e compreensão é extremamente importante, visto que, ao se trabalhar com textos autênticos, pode-se explorar aspectos extralinguísticos, como a fonte ou o suporte dos textos e a sua influência na linguagem utilizada, o público-alvo, os efeitos de sentido estabelecidos pela organização textual, entre outros. No entanto, quando não se está no país em que a língua estudada é a língua oficial, por vezes o leque de textos autênticos disponíveis em seus suportes originais fica um pouco prejudicado, fazendo-se necessário utilizar os materiais disponíveis na internet, como foi o caso dos textos utilizados para a elaboração do exercício que apresento a seguir.

Exercícios

Lugares para comer e beber

1. Leia e analise os textos a seguir e responda.

a) Onde podemos encontrar este tipo de texto?

b) Quem escreve este tipo de texto e para quem escreve (público-alvo)?

c) Qual é a finalidade destes textos?

2. Identifique as principais informações presentes nos textos e circule as palavras-chave.

Exemplo:
a) **tipo de lugar**: restaurante, cafeteria, etc.
b) _____
c) _____
d) _____
e) _____
f) _____

1) Mugg and Bean

Uma das cafeterias mais famosas de Joanesburgo é a Mugg and Bean, que tem filiais em vários lugares diferentes da cidade.
O cardápio oferece uma enorme variedade de lanches e pratos fortes e o local é indicado tanto para tomar um café da manhã reforçado como para um almoço, por exemplo.
Por lá você encontrará cafés, bolos, sucos, sanduíches, smoothies, torradas, panquecas, entre outras opções.
Shop U35, Sandton City, Sandton, Joanesburgo
Site: http://www.themugg.com/

2) Cape Town Fish Market

Quem gosta de comer peixes e frutos do mar não deve deixar de conhecer esse restaurante. O Cape Town Fish Market está em diferentes locais na África do Sul - um deles em Sandton City, um dos melhores shoppings de Joanesburgo.
O restaurante recebe público variado e tem um serviço atencioso; o cardápio apresenta uma grande variedade de pratos, na maioria com preços muito atrativos. Além de peixes e frutos do mar servidos de formas tradicionais, você encontra por lá comida japonesa e pratos preparados à moda africana.
Entre as opções do cardápio estão: fish cakes (R74); hambúrguer (R65); salmon teriaki (R89); calamari strips (R79); prawn curry (R79); fish of the day (R72).
Sandton City Shopping Centre, Sandton, Joanesburgo
Site: http://www.ctfm.co.za/

3) Moyo

Quem vai a Joburg não deve deixar de conhecer o Moyo, um restaurante completo! Especializado em cozinha africana, esse restaurante oferece uma experiência que vai bem além do paladar e permite que seus visitantes escutem músicas locais e entrem na brincadeira pintando os rostos.
O serviço do local não é tão ágil, mas os funcionários são muito atenciosos. O ambiente, à luz de velas, é confortável, indicado tanto para quem está em grupo como para fazer uma refeição romântica; ele pode não ser tão íntimo por causa da música, mas a experiência vale a pena. O melhor é que o Moyo está em diferentes áreas de Joanesburgo, então ficará mais fácil conhecê-lo. Recomendamos visitá-lo durante a noite, quando há música ao vivo.
No cardápio você encontra tapas, pratos vegetarianos, saladas, carnes, peixes, entre outras opções. Os valores dos pratos estão na média dos restaurantes de Joanesburgo.
Shop 5, The High Street, Melrose Arch, Joanesburgo
Site: http://www.moyo.co.za/

4) Sakhumzi

Ao visitar Soweto você tem a oportunidade de experimentar um pouco da comida caseira da África do Sul. O restaurante Sakhumzi funciona no modo *self-service* e de forma parecida com o famoso estilo de restaurante que conhecemos no Brasil. Mesmo sem muito conforto ou grandes regalias, esse local é indicado para quem gostaria de conhecer a comida regional. O lugar é simples e tem um bom serviço; são poucas as opções de pratos, mas

> suficientes para quem quiser conhecer a cozinha sul-africana.
> Se o tempo estiver agradável, recomendamos sentar-se do lado de fora do restaurante e curtir o movimento da rua.
> 6980 Vilakazi Street, Johannesburg 1804, Soweto, Joanesburgo
> Site: http://www.sakhumzi.co.za/
>
> Fonte: http://guia.melhoresdestinos.com.br/onde-comer-em-joanesburgo-141-1462-p.html#

Quadro 2: Exercícios

A elaboração da tarefa de produção final dos alunos bem como a tarefa de preparação para ela foram pensadas para o grupo de alunos do módulo básico de português. Dessa forma, o seu conhecimento da língua ainda é iniciante no momento em que a produção textual é realizada.

O material de leitura selecionado foi retirado de um blog de viagens famoso no Brasil e são comentários sobre restaurantes para conhecer na região de Joanesburgo e Pretória, cidades em que moram os alunos e pontos de interesse de turistas que visitam a África do Sul. Os textos para leitura são, por conseguinte, um tópico de interesse dos alunos, conforme comentado diversas vezes por eles durante o estudo da unidade sobre comidas e bebidas. Outro aspecto relevante dos textos selecionados para leitura e estudo é que os comentários sobre os restaurantes são criados a partir das dicas enviadas pelos leitores do blog, ou seja, os próprios alunos, por exemplo, podem contribuir com o blog caso tenham interesse.

O conteúdo informativo dos quatro textos selecionados possibilita que os alunos se apropriem das características formais do gênero e também das características discursivas e linguísticas, as quais foram problematizadas por meio das perguntas do exercício 1 e 2. As discussões em sala de aula foram bastante frutíferas, embora, para alguns alunos, questões relativas ao gênero (quem escreve o texto e para quem, com que propósito, etc.) tenham causado certa estranheza.

Na pergunta 2 da tarefa preparatória, foi interessante para os alunos observarem como algumas palavras e expressões se fazem presentes e são fundamentais para a construção do gênero em questão, como, por exemplo, "tipos de lugar: restaurante, cafeteria", "opções de cardápio: especialidades, cozinha africana, enorme variedade de pratos", "tipo de público: o local é indicado para...", público variado", "endereço", "serviço: não é tão ágil, funcionários muito atenciosos", "expressões de opinião: recomendamos..., não deve deixar de conhecer..., experiência que vai além do paladar, experiência que vale a pena". Como resultado da produção final dos alunos, sem correções ou comentários da leitora, apresento três exemplos (em anexo).

Considerações finais

Neste artigo, relatei um pouco da minha experiência como leitora brasileira visitante na Universidade de Pretória buscando contribuir para a divulgação do trabalho realizado pelo Programa de Leitorado do Itamaraty. Com esse intuito, fiz uma contextualização do local em que atuo: país, cidade, instituição, departamento e seção, bem como apresentei a organização dos cursos e o perfil dos alunos. Além disso, apresentei as perspectivas teóricas que orientam o meu trabalho como leitora e expus, a partir desses conceitos, um exemplo de tarefa de leitura e produção textual realizada no módulo para iniciantes, a qual prioriza o uso da língua em uma situação comunicativa.

Este leitorado, por ainda ser o primeiro nesta instituição, busca estabelecer a oferta de ensino da língua portuguesa na universidade, juntamente com o leitorado português, e divulgar a cultura brasileira. Pode-se dizer que um dos impactos do leitorado brasileiro foi a exposição dos alunos a variante brasileira do português, menos conhecida no contexto sul-africano, o que possibilita aos estudantes entender, entre outras coisas, que a língua portuguesa é também uma língua do Brasil e não só de Portugal, como alguns ainda pensam, e que no futuro eles talvez possam seguir com seus estudos no Brasil, por meio do Programa de Estudantes-Convênio de Pós-Graduação (PEC-PG)[19] ou utilizar o português para fazer negócios com o Brasil.

Em relação ao impacto pedagógico do leitorado brasileiro na UP, pode-se dizer que tem sido bastante positivo o retorno que os alunos têm dado sobre a organização das disciplinas e o trabalho focado no uso da língua para atuar em diferentes contextos sociais, o que mostra que se está percorrendo o caminho certo e que o leitorado está ajudando os estudantes a entrarem em contato com a língua e a cultura do Brasil.

Referências Bibliográficas

ALMEIDA FILHO, J.C.P. A Abordagem Orientadora da Ação do Professor. In: *Parâmetros Atuais para o Ensino de Português Língua Estrangeira*. Campinas: Pontes, 1997. p. 151.

BAKHTIN, M. *Estética da criação verbal*. São Paulo: Martins Fontes, 2003.

BAKHTIN, M. (VOLOCHÍNOV, V. N). *Marxismo e filosofia da linguagem*. São Paulo: Hucitec, 2006.

BATORÉO, H. J. *Que gramática(s) temos para estudar o Português língua pluricêntrica?* Revista Diadorim/ Revista de Estudos Linguísticos e

---

[19] O PEC-PG é um programa do governo brasileiro que oferece bolsas de doutorado em instituições de ensino superior brasileiras a estudantes provenientes de países em desenvolvimento com os quais o Brasil mantém acordos. Disponível em:
http://www.capes.gov.br/cooperacao-internacional/multinacional/pec-pg. Acesso em: 01 de outubro de 2016.

Literários do Programa de Pós-Graduação em Letras Vernáculas da Universidade Federal do Rio de Janeiro. Volume 16, Dezembro 2014. Disponível em: http://www.revistadiadorim.letras.ufrj.br Acesso em 22/09/2016.

BRASIL. *Parâmetros curriculares nacionais: terceiro e quarto ciclos do ensino fundamental: língua portuguesa.* Brasília: MEC/SEF, 1998. Disponível em: http://portal.mec.gov.br/seb/arquivos/pdf/portugues.pdf. Acesso em 14/11/2011.

_____. *PCN + ensino médio: orientações educacionais complementares aos parâmetros curriculares nacionais. Linguagens, códigos e suas tecnologias.* Brasília: MEC/SEMT, 2002. Disponível em: http://portal.mec.gov.br/seb/arquivos/pdf/linguagens02.pdf

_____. *Manual do Examinando do Exame Celpe-Bras.* Brasília, Secretaria de Educação Superior (SESu). Brasília: MEC, 2011. Disponível em <http://download.inep.gov.br/download/celpebras/2011/manual_exa minando_2011_1.pdf>. Acesso em 02/09/2011.

CLARK, H. H. O uso da linguagem. In: *Cadernos de Tradução* n° 9. Porto Alegre: UFRGS, jan-mar 2000. p. 49-71.

COMISSÃO EUROPEIA. *30 projectos para promover a aprendizagem de línguas: línguas para a Europa.* Luxemburgo: Serviço das Publicações Oficiais das Comunidades Europeias 2007.

CONSELHO DA EUROPA. *Quadro Europeu Comum de Referência para as Línguas – Aprendizagem, Ensino, Avaliação.* Porto: Edições ASA, 2001. Disponível em: http://www.dgidc.min-edu.pt/recursos/Lists/Repositrio%20Recursos2/Attachments/724/Qu adro_Europeu_total.pdf. Acesso em 23/07/2010.

FARACO, C. A. *Linguagem e diálogo: as idéias lingüísticas do círculo de Bakhtin.* Curitiba: Criar Edições, 2003.

KRAEMER, F. *Português língua adicional:* progressão curricular com base em gêneros do discurso. 2012. 191f. Dissertação (Mestrado em Letras) – Instituto de Letras. Universidade Federal do Rio Grande do Sul, Porto Alegre, RS.

RIO GRANDE DO SUL. Secretaria de Estado da Educação, Departamento Pedagógico. *Referenciais curriculares do Estado do Rio Grande do Sul: linguagens, códigos e suas tecnologias.* Porto Alegre: SE/DP, 2009.

RODRIGUES, R. H. O artigo jornalístico e o ensino da produção escrita. In: ROJO, R. (org.). *A prática de linguagem em sala de aula: praticando os PCNs.* São Paulo: EDUC; Campinas: Mercado de Letras, 2000. p. 207-220.

_____. Os gêneros do discurso na perspectiva dialógica da linguagem: a abordagem de Bakhtin. p. 152-183. In: MEURER, J.L.; BONINI, A.; MOTTA-ROTH, D. (Orgs.). *Gêneros: teorias, métodos, debates.* São Paulo: Parábola Editorial, 2005.

SCHLATTER, M.; GARCEZ, P. *Referenciais Curriculares para o Ensino de Língua Espanhola e de Língua Inglesa*. Rio Grande do Sul: Secretaria de Educação do Estado, 2009.

SCHOFFEN, J. R. *Gêneros do discurso e parâmetros de avaliação de proficiência em português como língua estrangeira no exame Celpe-Bras*. 2009. 192f. Tese (Doutorado em Letras) – Instituto de Letras, UFRGS, Porto Alegre, RS.

SOBRAL, A. *Do dialogismo ao gênero: as bases do pensamento do círculo de Bakhtin*. Campinas, SP: Mercado de Letras, 2009.

ANEXOS

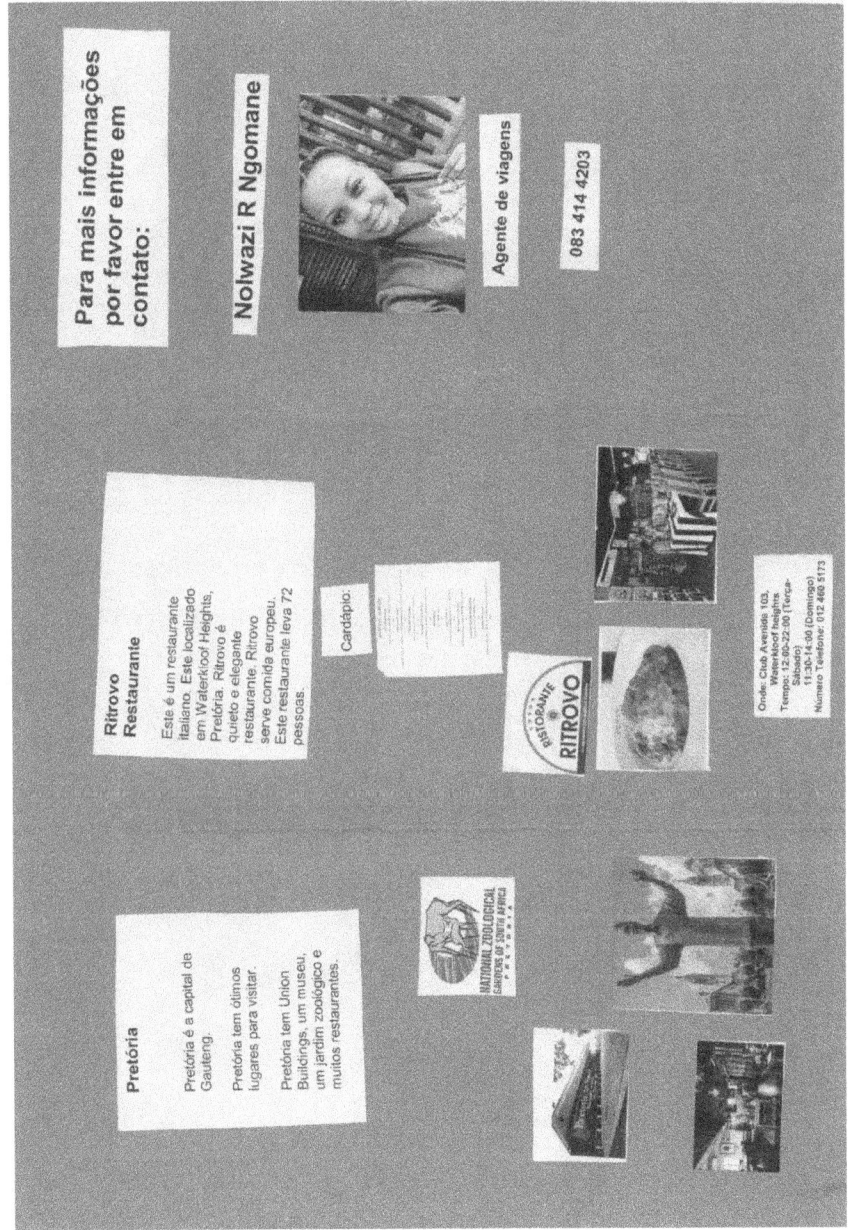

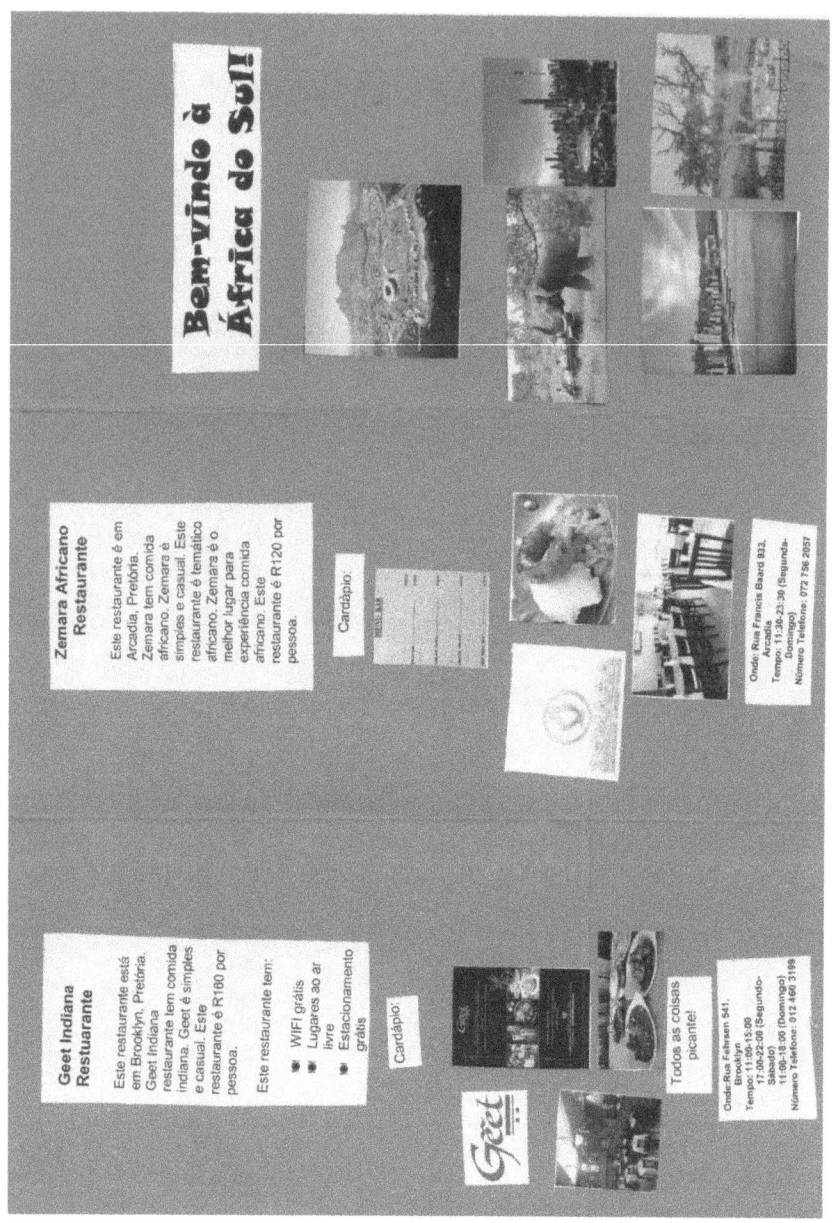

Pretoria é um lugar com muitas atrações culinárias. Nesta pequena revisão, três locais são mencionados.

Brazen Head Willows:

Para as pessoas que visitam Pretória, Brazen Head Willows é lugar que vale pena visitar. Com o seu ambiente caseiro e acolhedor, é um pub perfeito para tomar uma bebida com amigos depois de um longo dia de trabalho. O cardápio tem uma variedade de refeições e bebidas irlandesas a um preço acessível, e é-se sempre servido com um sorriso. Uma atração especial deste restaurante são as noites de segundas e quartas-feiras, quando oferecem jogos de cultura geral dando oportunidade de passar um bom bocado com amigos e até mesmo estranhos.

Endereço: Centro de Willow Way, Loja Nº 5, Esquina de ruas Lynwood e Albeth, Die Wilgers, Pretória, 0184

Parrots

Para quem vai ao shopping de Menlyn, Parrots é um restaurante que devem visitar. Com um ambiente alegre, Parrots oferece uma grande coleção de refeições desde carnes e pizzas a hambúrguers, a um preço muito razoável. O serviço é rápido e muito atencioso fazendo-o o local perfeito para comer durante um longo dia de compras. Se não quiser comer, Parrots também tem muitas bebidas exóticas, com ou sem álcool, para experimentar.

Endereço: Loja Nº G83-84-85-86, Centro de Menlyn, Rua Atterbury, Pretória, 0063

Aroma

Para os gulosos, é imperativo experimentar a melhor gelataria da capital. Aroma oferece gelados de muitos sabores diferentes. O serviço é muito amigável, e você pode provar os sabores antes de comprar um sorvete. Se gelados não for o que lhe apetecer, Aroma também tem no seu cardápio bons cafés e bolinhas para acompanhar. O ambiente é relaxante e bom para um encontro ou levar amigos.

Endereço: Florents Heights, nº, Esquina de ruas Lynnwood e Pienaar, Pretória, 0011

Ensino e aprendizagem de língua portuguesa e cultura brasileira pelo mundo

Tourismo português em Pretória

Uncle Faouzi
Site:

Wimpy
Site:

Aroma
Site:

Jamie Page u16293526
PTG101 Unidade 3
Projeto Final

Lugares para comer e beber

Uncle Faouzi

Quem vai a Pretória não deve deixar de conhecer Uncle Faouzi, um restaurante de comida rápida. Uncle Faouzi é uma experiência única com um ambiente alegre e serviço de 24-horas. O cardápio dele tem uma boa variedade comida libanesa muita gostosa e o preço é barato (R50-R70 por um hambúrguer ou wrap, batatas fritas e uma bebida). Especializado em cozinha frango, mas eles oferecem boas refeições vegetarianas, também. Há sempre música a tocar e os locais gostam de, fazer uma experiência sul-africana. Você tem de experimentar o famoso wrap de falafel deles, que não se arrependerá.

Localização: Rua Burnette 1102, Hatfield, Pretoria

Wimpy

Por uma experiência mais sul-africana, Wimpy é uma restaurante excelente, especialmente para o café da manhã e almoço. Com os bons preços e sabores óptimos, vale a pena visitar o Wimpy. É uma restaurante mais famosa na África do Sul e está em muitos diferentes locais. O cardápio oferece uma variedade de comidas típicas sul-africanas com preços entre R40 e R80 por refeição. Têm os pequenos almoços com feijão cozido, ovos fritos, toucinho e "boerewors" (uma linguiça de bovino picada), é comida sul-africana que pessoas de portuguesa e brasileira vão gostar. O serviço está geralmente rapido e amigável e o ambiente é positivo.

Localização: Hatfield Plaza, Shop 24, Rua Burnette 1122, Hatfield, Pretoria

Aroma

Aroma é uma surpresa para os sentidos. Tem dois lados; um café se chama "Aroma gourmet coffee roastery" e uma sorveteria se chama "Aroma gelato & waffle lounge". O café especializado em comida e bebida para pequeno almoço. Serve muita variedade das pequenas refeições, bolos e cafés, mas a um preço caro (R100 por um sanduíche e um café). Na sorveteria oferecem uma grande variedade sabores de gelado, batidos, café e panquecas... de longe, o melhor da cidade! Não deve deixar conhecer os sabores dela, incluindo New York Cheesecake, Ferrero Rocher, toranja rosa e delícia turca. O ambiente deles é agradável e tranquilo.

Localização: Florents Heights, Shop 4, esquina da Rua Lynnwood e Rua Pienaar, Brooklyn, Pretoria

2
ENSINO DA LITERATURA BRASILEIRA EM CABO VERDE: RELATO DE EXPERIÊNCIA

THE BRAZILIAN LITERATURE TEACHING IN CAPE VERDE: EXPERIENCE REPORT

Gildaris Ferreira Pandim[1]

Introdução: Contextualização geral: o Programa de Leitorado brasileiro em Cabo Verde

O Programa de Leitorado Brasileiro em Cabo Verde (PLB-CV) foi implementado em 2011, em decorrência da adoção, em 23 de novembro de 2010, em Luanda, do Plano de Ação de Brasília para a Promoção, a Difusão e Projeção da Língua Portuguesa. Esse Plano de Ação foi realizado por ocasião da VIII Conferência de Chefes de Estado e de Governo da Comunidade dos Países de Língua Portuguesa (CPLP), que pressupõe a coordenação de esforços entre os Estados-Membros da CPLP, o Instituto Internacional da Língua Portuguesa (IILP), as Comissões Nacionais do Instituto e as entidades da sociedade civil.

Foi solicitado que o leitor correspondesse ao seguinte perfil acadêmico-profissional: "Doutor na área de Linguística, Linguística Aplicada, Literatura, Letras, Política Cultural, ou ainda, Jornalismo ou Relações Internacionais, com pesquisa e publicações próprias em alguma das macro-áreas citadas, envolvendo questões linguísticas". Além disso, o candidato deveria ter disponibilidade para se envolver com ações de planejamento e execução de projetos de política linguística, bem como com atividades docentes, de pesquisa, de formação docente ou de assessoria pedagógica na área das línguas, conforme sua especialidade. O PLB-CV deve, assim, desenvolver atividades de promoção e difusão da língua portuguesa bem como da

---

[1] Professora Pesquisadora Leitora na Universidade de Cabo Verde, Doutora em Estudos Linguísticos e Ciências da Linguagem pelas Universidade Estadual Paulista "Júlio de Mesquita Filho" (UNESP) e Université Paris III Sorbonne nouvelle, *gildaris@gmail.com*.

literatura e cultura brasileiras em três entidades, de acordo com as necessidades requeridas pela Universidade de Cabo Verde (UniCV)[2], pelo Instituto Internacional de Língua Portuguesa (IILP) e pelo Centro Cultural Brasil Cabo Verde (CCB-CV).

Na UniCV, o PLB-CV atua no curso de Graduação de Línguas, Literaturas e Culturas – Estudos Cabo-verdianos e Portugueses (ECVP) na Faculdade de Ciências Sociais, Humanas e Artes (FCSHA). Essa Licenciatura tem uma duração de 4 anos e desenvolve-se a partir de um tronco comum, constituído por um conjunto de disciplinas científicas-base, de introdução aos estudos de Literatura, Língua e Cultura comuns aos domínios das línguas cabo-verdiana e portuguesa, inglesa ou francesa. A Graduação de ECVP consiste no ensino de língua e cultura portuguesas e cabo-verdianas, visando aprofundar o conhecimento e aperfeiçoamento do seu uso oral e escrito, atendendo à necessidade de uma formação de aprendizes capacitados para trabalhar num contexto bilíngue[3].

Sendo assim, desenvolvem competências específicas na área de ensino de acordo com as seguintes linhas norteadoras: a) capacidade de analisar cientificamente a realidade sociolinguística cabo-verdiana; b) apropriação de teorias e concepções que habilitem a perceber e aplicar metodologias de ensino-aprendizagem das línguas (primeira, segunda e/ou estrangeira); c) aplicação dos conhecimentos pedagógicos, didáticos e metodológicos à definição, gestão e avaliação de planos curriculares, materiais e práticas pedagógicos; d) capacidade de adequar as práticas pedagógicas e didáticas às especificidades das áreas disciplinares, dos níveis de ensino, dos alunos e dos meios escolares, incluindo a adaptação a contextos multiculturais[4].

Os objetivos gerais esperados para este curso de Graduação são o domínio de conhecimentos científicos, técnicos e culturais em línguas, literaturas e culturas, bem como de seus conceitos e metodologias próprios. Os estudantes devem estar aptos a demonstrar habilidades comunicativas em

---

[2] A Uni-CV é a única instituição pública com o caráter de universidade no país, institucionalizada em 2006, processo que veio com o estabelecimento de três instituições públicas dedicadas ao ensino superior no país: o Instituto Superior de Educação (ISE), o Instituto Superior de Engenharia e Ciências do Mar (ISECMAR) e o Instituto Nacional de Administração e Gestão (INAG). Nos primeiros anos de existência, contou com forte apoio de universidades brasileiras em matéria de formação de docentes e intercâmbio de experiências administrativas. Passou pela primeira eleição livre e direta do seu Reitor início de 2014. Conta com 35 cursos de Graduação, 15 em Pós-Graduação (sobretudo Mestrado), cerca de 5.000 estudantes e 480 docentes de diversas áreas do saber. Ainda hoje conta com forte apoio educacional brasileiro, com programas como PEC-PG e de Pró-Mobilidade Internacional (de estudantes, docentes e pesquisadores).

[3] Há um debate em aberto na sociedade cabo-verdiana de oficialização da língua cabo-verdiana, sendo uma preocupação constante a formação de profissionais que sejam habilitados em ambos os idiomas, para posterior uso formalizado bilíngue (ensino, tradução e outras saídas profissionais).

[4] Memória descritiva do curso ECVP, disponível em http://www.unicv.edu.cv/.

língua cabo-verdiana e portuguesa ou em pelo menos numa língua estrangeira com expressão internacional.

Nesta Licenciatura, o PLB-CV atua em três disciplinas (segundo ano de Graduação): Linguística Portuguesa I e II e Literatura Brasileira. Linguística Portuguesa I é uma disciplina cujos tópicos programáticos são orientados para uma aplicação dos conhecimentos fonético-fonológicos e morfológicos em língua portuguesa. Trata-se de uma disciplina realizada no primeiro semestre do segundo ano, precedida pela disciplina de Introdução aos Estudos Linguísticos, com uma carga horária semanal de quatro horas, total de 60 horas semestrais. Linguística Portuguesa II é uma disciplina semestral, precedida pela disciplina de Linguística Portuguesa I, com uma carga horária semanal de quatro horas, total de 60 horas semestrais. Literatura Brasileira é uma disciplina semestral, realizada no primeiro semestre do segundo ano, precedida pela disciplina de Introdução aos Estudos Literários, com uma carga horária semanal de quatro horas, total de 60 horas semestrais.

A coordenação do curso supracitado, além de gerenciar unidades curriculares do próprio curso de ECVP, oferece também disciplinas para aprimoramento das competências em língua portuguesa, intituladas "Técnicas de expressão e comunicação oral e escrita" e "Técnicas de leitura e redação", direcionadas a cursos de Graduação diversos, como Psicologia, Engenharia Eletrotécnica e Jornalismo. As disciplinas de aprimoramento em português são denominadas "Técnicas de Leitura e Redação" (TLR) e "Técnicas de Expressão e Comunicação Oral e Escrita" (TECOE), cada uma delas de 60 horas semestrais. O PLB-CV atua nos cursos de Graduação de Engenharia Eletrotécnica e Psicologia, ministrando a disciplina TLR e no de Tecnologia, Comunicação e Multimídia, com TECOE.

No IILP, o PLB-CV participa de atividades diversas que tenham como foco a língua portuguesa, nos diferentes contextos lusófonos, como formações a professores do Ensino Fundamental e Médio, colóquios, encontros e seminários realizados na sede do instituto, na cidade da Praia. O PLB-CV também faz a ponte entre o IILP e a Embaixada do Brasil em Cabo Verde (Praia) no que concerne a organização de eventos e pedidos de financiamento para as atividades no instituto.

Já no CCB-CV, o PLB-CV presta apoio em algumas atividades programadas no calendário do Centro, como a aplicação do exame Celpe-Bras, realizado duas vezes por ano, a realização de formação e aplicação do concurso de redação, realizado anualmente, exposição de filmes e, de uma forma geral, eventos de promoção da língua, literatura e cultura do Brasil. De fato, o CCB-CV pode beneficiar-se da expertise do leitor que, sempre que possível, e com autorização da universidade, deverá: (1) contribuir para o aperfeiçoamento do currículo e da formação dos professores do CCB; (2) colaborar com os programas culturais do CCB, ministrando palestras e cursos em sua área de especialização; (3) buscar sinergias entre suas atividades na universidade e os projetos do Centro Cultural e da Representação Diplomática, envolvendo os alunos em eventos das duas instituições.

À guisa de introdução: breve contextualização sociolinguística

O estatuto da língua portuguesa em Cabo Verde é uma questão complexa, por não haver ainda muitos estudos sobre a variante falada localmente. Sendo um país que adotou o português como língua oficial – entende-se por isso idioma de escolarização e da administração pública – a norma escrita tende a seguir a europeia. Há de se ressaltar, porém, que a língua cabo-verdiana, crioulo de base léxica portuguesa, considerada língua materna, também é parte integrante dessa realidade e, embora haja pesquisas a seu propósito, não é ensinada nas escolas. Passa a ser estudada/ensinada no meio académico, na Licenciatura de Línguas, Literaturas e Culturas, tal como mencionado anteriormente, e também em cursos de Graduação em Jornalismo, no que tange à Universidade de Cabo Verde.

A Constituição da República de Cabo Verde, lei constitucional n° 1/V/99 de 23 de novembro de 1999 determina no 9° artigo que (1) é língua oficial o Português; (2) o Estado promove as condições para a oficialização da língua materna cabo-verdiana, em paridade com a língua portuguesa; (3) todos os cidadãos nacionais têm o dever de conhecer as línguas oficiais e o direito de usá-las. O país, na realidade, ainda se encontra numa fase de transição, havendo uma preocupação de reflexão e ensino – no meio acadêmico – da língua materna, muito embora a alínea 2 do referido artigo não tenha sido de fato aplicada. A importante variedade linguística do crioulo, por se tratar de um arquipélago e os falantes de cada uma das ilhas apresentarem suas particularidades fonético-fonológicas e lexicais bem como consequente falta de harmonização/padronização efetiva dessas variantes linguísticas também contribui para tal situação.

A língua portuguesa, hoje, é ensinada como língua segunda na realidade cabo-verdiana, fato que desperta interesse, de modo a proporcionar o debate acadêmico-científico em ensino/aprendizagem de língua não materna, no desenvolvimento de políticas educativas e linguísticas[5]. Considera-se que:

> Em Cabo Verde, a comunidade, como um todo, não mudou de língua, já que a língua crioula (LCV) não foi abandonada, mantém grande vitalidade, sendo a língua aprendida como materna ou primeira por grande parte da população; mas a sua influência no português, quando adquirido como língua segunda, é fortemente previsível, contribuindo para a formação do português cabo-

---

[5] O assunto é alvo de polêmicas em Cabo Verde, como pode-se notar em:
http://anacao.cv/2016/12/21/ensino-do-portugues-lingua-segunda-cabo-verde-nao-mexe-constituicao-governo/.

verdiano que não é, em sentido estrito, uma variedade formada em situação de mudança de língua (LOPES, 2016, p. 36).

No meio acadêmico, constata-se que o português é majoritariamente língua escrita – trabalhos de fim de curso, monografias, relatórios, dissertações e teses – e é usado nas comunicações e comunicados orais oficiais. Em alguns contextos de ensino, em função do curso e da área, outras línguas podem ser usadas oralmente, em primeiro lugar a língua cabo-verdiana e, em seguida, inglês, francês e/ou espanhol, a última já em menor escala. Em situações de uso caracterizadas como formais, a língua portuguesa predomina, muito embora com grande participação da língua cabo-verdiana (Cf. LOPES, 2016).

A língua utilizada por uma sociedade é o elo e o reflexo de sua própria cultura, por representar uma das principais ferramentas para a elaboração, transmissão e aplicação de conjunto(s) de normas, conceitos e valores. Não tendo sido o português desenvolvido como língua materna na realidade cabo-verdiana, é necessário adaptar a abordagem de ensino, de forma a identificar e colmatar lacunas de competência linguística em português, mas também – e sobretudo – integrar a realidade local no processo de ensino/aprendizagem.

O objetivo deste artigo é abordar o ensino da literatura brasileira na Universidade de Cabo Verde, no curso de Graduação de ECVP. Atém-se, sobretudo, a essa atividade e disciplina, mesmo não sendo as únicas desenvolvidas no âmbito do PLB-CV, conforme mencionado anteriormente. Apresenta assim como objetivos específicos descrever e refletir sobre a abordagem teórico-metodológica nas aulas de literatura brasileira, tendo como ponto de partida o perfil dos estudantes que frequentam este curso.

Perfil dos estudantes e conhecimentos adquiridos

Os estudantes em análise foram aqueles ingressantes na Graduação em Línguas, Literaturas e Culturas – Estudos Cabo-verdianos e Portugueses (ECVP) da Universidade de Cabo Verde, cidade da Praia, ilha de Santiago, do ano de 2015. O grupo, de 10 estudantes, sendo 7 do sexo feminino e 3 do sexo masculino, tem o perfil socioeconômico variado, porém, sendo o curso matutino, grande parte trabalha na parte da tarde ou tem afazeres domésticos (4 estudantes têm filhos); a faixa etária é de 20 a 22 anos. São provenientes de ilhas diversas, a saber: (1) Maio; (1) Fogo; (1) Brava; (1) São Vicente; (5) Santiago. Têm como língua materna uma das variantes da língua cabo-verdiana e cursaram 12 anos de português, tendo sido alfabetizados diretamente nesse idioma.

São alunos que escolheram a área de Língua Portuguesa/Humanística no 11º ano de escolaridade e, portanto, sua formação está voltada para apreensão de conteúdos de comunicação e expressão no 11º ano (leitura e interpretação de um texto, tipologias e gêneros textuais), bem como de noções de literatura cabo-verdiana e, no 12º ano de escolaridade, para a literatura, nomeadamente cabo-verdiana e portuguesa. Cursam a disciplina Literatura Brasileira no terceiro semestre universitário, tendo cursado, no primeiro semestre, as seguintes disciplinas: Latim I; Língua Portuguesa I; Introdução aos Estudos Linguísticos; Introdução aos Estudos de Cultura; e Metodologia do Trabalho Científico. Já no segundo semestre, cursaram Latim II; Língua Portuguesa II; Introdução aos Estudos Literários; Cultura Cabo-verdiana; e Língua Cabo-verdiana, totalizando 600 horas/aula.

Concomitantemente ao estudo da Literatura Brasileira, fazem as seguintes disciplinas: Língua Portuguesa III; Percursos da Literatura Cabo-verdiana; Linguística Portuguesa I; Literatura Portuguesa I; e Cultura Portuguesa I. Cabe frisar que a disciplina "Introdução aos Estudos Literários", que precede a disciplina Literatura Brasileira, apresenta como objetivos: a) conhecer as principais problemáticas dos estudos literários através do estudo de algumas questões essenciais, visando uma aplicação posterior no estudo das literaturas específicas; b) adquirir informação geral sistematizada e historicamente organizada sobre as problemáticas constantes do programa de estudo, nomeadamente a terminologia dos estudos literários; c) conhecer abordagens críticas e esquemas conceptuais relevantes no contexto dos estudos literários; d) adquirir conhecimentos sobre métodos de análise literária; e) alcançar capacidade de reflexão crítica sobre o texto literário através da prática do comentário, interpretação e análise de obras no campo da ficção e da poesia; e f) ser capaz de efetuar uma leitura de bibliografia adequada aos objetivos de análise (dados disponíveis no Programa disponibilizado na coordenação do curso de ECVP).

Essa disciplina inicia os estudantes ao estudo e análise do texto literário, de forma a proporcionar uma base para reflexão sobre os estudos literários enquanto ciência, nas suas diferentes abordagens e disciplinas. Tem por objetivo fornecer-lhes um embasamento teórico-metodológico, introduzindo conceitos e terminologias próprios à área. De fato, a partir do terceiro semestre, durante o qual os estudantes estudam Literatura Brasileira e Portuguesa, já precisam dominar técnicas de trabalho para serem aplicadas ao texto trabalhado em sala de aula.

Na turma em análise, percebemos, entretanto, que uma minoria está apta (1 a 2 estudantes), logo no início das aulas da referida disciplina, a trabalhar o texto literário de forma a analisá-lo e redigir um texto dissertativo que leve em conta diversos elementos para sua caracterização, como contextualização histórico-social, características da escola literária estudada, características próprias da escrita do(a) escritor(a) em análise, entre outros. De fato, isso se deve a uma série de fatores, constatados ao longo do semestre com o perfil de estudantes em questão: (i) conforme já mencionado, o português não é língua materna em Cabo Verde, por isso é necessário adaptar a abordagem de ensino, de forma a identificar e colmatar lacunas de competência linguística em português; (ii) os estudantes que optam por entrar no ensino superior no próprio país[6] normalmente têm responsabilidades outras que, muitas vezes, impossibilita-os de consagrar mais tempo aos estudos (família, trabalho); (iii) há falta de identificação com a disciplina proposta, por desconhecimento das relações entre as literaturas cabo-verdiana e brasileira; (iv) elementos da realidade local nem sempre são integrados no processo de ensino/aprendizagem das literaturas, contribuindo para a diferença entre conhecimento ensinado e conhecimento já adquirido.

Abordagem teórico-metodológica nas aulas de literatura brasileira

Literatura Brasileira é uma disciplina cujos tópicos programáticos são orientados para uma apreensão panorâmica das escolas literárias brasileiras. Os objetivos gerais da disciplina são proporcionar aos estudantes uma visão global, numa sequência histórica, de textos e autores mais relevantes do Brasil bem como exercitar com os estudantes a leitura crítica de textos literários, o conhecimento da vida e obra de autores e o impacto que os ciclos literários tiveram na sua época e nas seguintes.

Dessa forma, nas aulas de natureza expositiva, é feita uma contextualização histórico-social de cada uma das escolas literárias, passando a seguir à sua caracterização, com o objetivo de (a) definição e conceituação; (b) estabelecimento das pontes transitórias entre a escola anterior e a posterior àquela estudada, se for o caso; e (c) estudo das tendências, obras e autores mais relevantes de cada movimento literário. Os estudantes foram, assim, estimulados a uma série de atividades, tendo como metas: apreensão e "apropriação" do texto literário, com a realização de exercícios didático-pedagógicos (explicitados nos itens 4.1 a 4.3) bem como análise (descritiva/crítica) do texto literário, com objetivo de aquisição de uma reflexão teórico e procedimentos metodológicos necessários para essa etapa.

Um destaque especial é dado ao estudo das escolas literárias referentes ao Pré-modernismo, ao Modernismo e ao Pós-modernismo, por meio de uma análise aprofundada dos textos mais importantes da produção literária no Brasil nessas épocas.

De fato, o programa desenvolvido no curso de Graduação para esta disciplina se baseava no estudo do seguinte conteúdo:

1. *Formação e origens*
Literatura e situação. Textos de informação.
A Carta de Caminha. A informação dos Jesuítas. Padre José de

---

[6] Cabe referir que Cabo Verde ainda beneficia de muitos programas de estudos de Graduação no exterior, como Brasil, Portugal, Estados Unidos, China, Rússia. Os estudantes que obtêm melhores notas no final do 12º ano de escolaridade, normalmente optam por estudar fora, participando de programas, como por exemplo, o PEC-G (Cf. dados do Ministério das Relações Exteriores, da Divisão de Temas Educacionais (DTE), disponível em http://www.dce.mre.gov.br/PEC/G/historico.php, acesso em 27 de fevereiro de 2017).

Anchieta

2. *Ecos do Barroco*
O Barroco: espírito e estilo
O Barroco no Brasil: A "Prosopopeia" de Bento Teixeira
Gregório de Matos. Botelho de Oliveira
A prosa: Pe. A. Vieira. Prosa alegórica. As academias

3. *Arcádia e ilustração*
Dois momentos: o poético e o ideológico
Cláudio Manuel da Costa, Basílio da Gama, Santa Rita Durão
Árcades ilustrados: Gonzaga, Alvarenga Peixoto, Silva Alvarenga

4. *O Romantismo*
Características gerais. A situação dos vários romantismos
Temas. O nível estético
O Romantismo oficial no Brasil: Gonçalves de Magalhães, Teixeira e Sousa
A poesia: Gonçalves Dias
A 2ª geração: Álvares de Azevedo, Junqueira Freire, Laurindo Rabelo, Casimiro de Abreu
A 3ª geração: Castro Alves. Sousândrade
A ficção: Macedo, Manuel António de Almeida
Alencar. Sertanistas. Bernardo Guimarães, Visconde de Taunay, Távora
Martins Pena, Gonçalves Dias, Alencar, Agrário de Meneses, Paulo Eiró
A consciência histórica e crítica
Tradicionalismo, Radicalismo

5. *O Realismo*
Um novo ideário
A ficção - Machado de Assis, Raul Pompeia, Aluízio de Azevedo e os principais naturalistas
O Naturalismo e a inspiração regional. O regionalismo como programa.

6. *O Parnasianismo e o Simbolismo*
Características gerais. Autores mais conceituados
A prosa de ficção. O pensamento crítico

7. *O Pré-Modernismo e o Modernismo*
Pressupostos históricos. Pré-modernismo
O Modernismo: um clima estético e psicológico
A "Semana". Grupos modernistas nos estados. Os autores e as obras
A Geração de 30

8. *Tendências contemporâneas*
O Modernismo e o Brasil depois de 30
(Programa disponibilizado na coordenação do curso de ECVP)

Os autores da geração da Semana de Arte Moderna bem como aqueles cujas temáticas versaram sobre o realismo do nordeste brasileiro na década de 1930 tiveram grande influência em escritores cabo-verdianos que fundaram a literatura moderna do país. Jorge Barbosa (1902-1971), membro do Movimento Claridade[7], publicou, por exemplo, o poema *Você: Brasil* (*Caderno de um Ilhéu*, 1956), um presente ao poeta brasileiro Ribeiro Couto:

(...)
Eu gostava de ver de perto as coisas
espantosas que todos me contam
de Você,
de assistir aos sambas nos morros,
de esta cidadezinha do interior
que Ribeiro Couto descobriu num dia de muita ternura,
de me deixar arrastar na Praça Onze
na terça-feira de Carnaval.
(...)

Ou ainda quando, no mesmo poema, se refere a Manuel Bandeira, a quem dedicou outros poemas e que encontramos relações intertextuais com o poema *Pronominais* (1925) de Oswald de Andrade:

(...)
Havia então de botar uma fala
ao poeta Manuel Bandeira
de fazer uma consulta ao Dr. Jorge de Lima
para ver como é que a poesia receitava
este meu fígado tropical bastante cansado.
Havia de falar como Você
Com um i no si
— "si faz favor —
de trocar sempre os pronomes para antes dos verbos
— "mi dá um cigarro!".
(...)

O diálogo entre a literatura moderna brasileira e cabo-verdiana foi, dessa forma, uma maneira de consolidação e afirmação no movimento de emancipação literária e cultural levado a cabo pelos claridosos, tendo sido, além disso, objeto de estudo de diversas pesquisas (Cf. Caputo, 2008; Cruzué, 2014; Guimarães, 2010; Rocha, 2014).

---

[7] Movimento intelectual que surgiu na década de 1930, considerado o marco do início do Modernismo em Cabo Verde. Os claridosos foram os precursores da afirmação de uma literatura cabo-verdiana autônoma, cujo objetivo era valorizar a cultura nacional, diferenciando-se do cânone português lusitano. Tem como representantes Baltazar Lopes, Manuel Lopes, António Aurélio Gonçalvez, Teixeira de Souza e Gabriel Mariano. Teve como produção literária a Revista de Letras e Artes (Mindelo, São Vicente, 1936-1960).

Nas aulas de Literatura Brasileira, a fim de despertar maior interesse por parte dos estudantes e, ao mesmo tempo, conseguir estabelecer elos de ligação entre a literatura nacional e a brasileira, a estratégia adotada é focar no estudo mais aprofundado de obras desse momento literário brasileiro. Percebe-se que, por parte dos estudantes, há maior identificação sociocultural, constituindo a contextualização histórico-social uma base sólida para dar margem a análises literárias mais aprofundadas.

Segue, portanto, o conteúdo programático proposto, após revisão:

1. A Época Pré-Romântica: contextualização histórica, económica e social
2. Do Romantismo ao Realismo: transição e surgimento
2.1 Caraterização geral da nova cena literária entre 1881 e 1922
2.2 Momentos e tendências mais importantes; figuras (mais) proeminentes
2.3 O combate à exuberância tropical; a emergência de novos tipos étnicos; a redução do localismo.
3. O Realismo
3.1 Contextualização e caraterísticas gerais
3.2 Tendências, autores e obras mais importantes
4. A Estética Realista-Naturalista
4.1 A Prosa Realista-Naturalista; a Poesia; o Teatro de Costumes; Machado de Assis: vida e obra (Memórias Póstumas de Brás Cubas; D. Casmurro; Contos e Crónicas); O Naturalismo; Aluísio de Azevedo: vida e obra (O Cortiço; O Mulato);
4.2 A Poesia Parnasiana: Olavo Bilac, Raimundo Correia, Alberto de Oliveira.
5. O Pré-modernismo e o Modernismo
5.1 Escritores do Pré-modernismo: Euclides da Cunha, Monteiro Lobato, Lima Barreto.
5.2 A Semana de Arte Moderna: definição e impactos sociais.
5.3 Escritores do Modernismo: Oswald de Andrade, Ronald de Carvalho, Mário de Andrade, Graça Aranha, Érico Veríssimo, Jorge Amado, Manuel Bandeira, Rachel de Queiroz, Ribeiro Couto.
5.4. As fases do Modernismo: a fase de destruição; a fase da construção e a geração pós-II Grande Guerra
6. A Década de 60; Pós-modernismo
6.1 Conceitos e contextualização histórica
6.2 Autores de destaque: Rubem Braga, Clarice Lispector, Guimarães Rosa, João Cabral de Melo Neto.

Tendo em conta que a disciplina é de 60 horas e o que o objetivo é que tenham um panorama dos movimentos literários brasileiros, além dos aspectos que os relacionam à expressão literária cabo-verdiana, conforme explicado, estes conteúdos se ajustam mais à realidade local. Ensinar literatura é também buscar os caminhos para vivenciá-la. Algumas estratégias foram implementadas durante as aulas para aproximação do texto literário por parte dos estudantes, de forma a tornar a literatura brasileira mais abordável para a realidade deles, explicitados nas seções a seguir.

Apreensão do texto literário
Para um primeiro contato com as obras brasileiras – na maior parte delas desconhecida pelos estudantes em análise – foram solicitadas leituras de livros, poesias, poemas, contos de maneira individual, inicialmente, num trabalho fora da sala de aula e posteriormente, leituras de trechos dessas obras, previamente escolhidos pela professora e pelos próprios estudantes, dentro da sala de aula. Dada a competência linguística nem sempre ser adequada para algumas leituras, o objetivo, num primeiro momento, nessa etapa foi sanar problemas relativos à vocabulário (denotação/conotação) para melhor compreensão do texto. Num segundo momento, foi preciso explicar palavras de origem indígena incorporadas ao português brasileiro, que designam elementos próprios à história do Brasil, no contexto de obras como, por exemplo *O Guarani* (ALENCAR, 1996).

Além disso, já no segundo mês de aulas, foi proposta aos estudantes a atividade extraclasse "Cinema com literatura", realizada mensal ou bimensalmente. Com o apoio do Centro Cultural Brasil Cabo Verde (CCB-CV), para ceder o espaço e os filmes, os estudantes assistiram a adaptações cinematográficas de algumas obras literárias trabalhadas em sala de aula, uma maneira encontrada para reforçar a compreensão da história de determinada obra. Quando assistiam a determinado filme, já tinham o conhecimento da contextualização histórico-social da obra, bem como do estilo de época e, portanto, ao final do filme, eram capazes de tecer comentários para relacioná-los e analisar tanto a obra quanto a sua adaptação cinematográfica.

Conforme mencionado, os estudantes em análise possuíam poucos conhecimentos explícitos sobre obras literárias brasileiras, entretanto, devido à relação entre Brasil e Cabo Verde, há importação considerável de programas de televisão (telenovelas, filmes, programas de auditório, por exemplo). Para algumas obras trabalhadas em sala de aula, já havia algum conhecimento implícito, caso, por exemplo, da obra *Auto da Compadecida* (SUASSUNA, 1955), pois alguns estudantes tinham assistido à adaptação cinematográfica, mesmo desconhecendo o autor e mesmo a própria obra literária.

Essa influência dos programas de televisão se dá também no nível linguístico, com termos da realidade brasileira que foram incorporados ao português cabo-verdiano, de uso corrente entre os estudantes em análise. É o caso, por exemplo, do termo *anta*, utilizado em sala de aula para explicação do movimento Verde-Amarelo (movimentos culturais decorrentes da Semana de Arte Moderna de 1922). Devido à difusão das telenovelas em

Cabo Verde, os dez estudantes em análise conheciam apenas o sentido figurado do termo. Essa também foi uma das estratégias utilizadas para uma primeira abordagem da obra literária, com o objetivo maior de aproximação da realidade dos estudantes, recorrendo a eventuais conhecimentos implícitos e/ou empíricos, para, em seguida, trazer embasamento teórico-metodológico suficiente em vias de caminhar para o conhecimento explícito/científico.

Apropriação do texto literário
Na segunda etapa, o objetivo foi a realização de exercícios didático-pedagógicos com o intuito de trabalhar elementos do texto estudado, de forma a prepará-los para posterior redação de análise descritiva e/ou crítica de uma obra. Dentre esses exercícios, os estudantes foram estimulados a fazer um resumo, oral ou escrito, da obra em análise, relacionando-o, se fosse o caso, à adaptação cinematográfica assistida. Passou-se, em seguida, à análise de alguns trechos da obra (alguns trechos de capítulos se for prosa e, em geral, a poesia completa), com objetivo de analisar o estilo individual do(a) autor(a). Na obra *Memórias Póstumas de Brás Cubas* (MACHADO, 1996), por exemplo, foram analisados vários trechos para identificar o caráter digressivo da obra ou para frisar o humor e/ou a ironia, típicos da escrita machadiana.

Após as aulas expositivas, durante as quais os estudantes tiveram acesso à contextualização histórico-social de determinado movimento literário, bem como ao estilo de época, foram estimulados a relacioná-los à obra em análise, como no exercício a seguir:

> Com base no trecho do texto a seguir, identifique-o à escola literária, ressaltando suas principais características, bem como identifique trechos que demonstram e relacionam-no à referida escola literária.
>
> Mas o inimigo caiu no meio deles, subitamente, sem que pudessem saber se tinha surgido no seio da terra, ou se tinha descido das nuvens.
> Era Peri.
> Altivo, nobre, radiante da coragem invencível e do sublime heroísmo de que já dera tantos exemplos, o índio se apresentava só em face de duzentos inimigos fortes e sequiosos de vingança.
> (...)
> Passado o primeiro espanto, os selvagens bramindo atiraram-se todos como uma só mole, como uma tromba do oceano, contra o índio que ousava atacá-los a peito descoberto.
> Houve uma confusão, um turbilhão horrível de homens que se repeliam, tombavam e se estorciam; de cabeças que se levantavam e outras que desapareciam; de braços e dorsos que se agitavam e se contraíam, como se tudo isto fosse partes de um só corpo, membros de algum monstro desconhecido debatendo-se em convulsões.

(...)
O velho cacique dos Aimorés se avançava para ele sopesando a sua imensa clava crivada de escamas de peixe e dentes de fera; alavanca terrível que o seu braço possante fazia jogar com a ligeireza da flecha.
Os olhos de Peri brilharam; endireitando o seu talhe, fitou no selvagem esse olhar seguro e certeiro, que não o enganava nunca.
O velho aproximando-se levantou a sua clava e imprimindo-lhe o movimento de rotação, ia descarregá-la sobre Peri e abatê-lo; não havia espada nem montante que pudesse resistir àquele choque.
O que passou-se então foi tão rápido, que não é possível descrevê-lo; quando o braço do velho volvendo a clava ia atirá-la, o montante de Peri lampejou no ar e decepou o punho do selvagem; mão e clava foram rojar pelo chão.
(...)
Peri, vencedor do cacique, volveu um olhar em torno dele, e vendo o estrago que tinha feito, os cadáveres dos Aimorés amontoados uns sobre os outros, fincou a ponta do montante no chão e quebrou a lâmina. Tomou depois os fragmentos e atirou-os ao rio.
Então passou-se nele uma luta silenciosa, mas terrível para que pudesse compreendê-la. Tinha quebrado a sua espada, porque não queria mais combater; e decidira que era tempo de suplicar a vida ao inimigo.
Mas quando chegou o momento de realizar essa súplica, conheceu que exigia de si mesmo uma coisa sobre-humana, uma coisa superior às suas forças.
Ele, Peri, o guerreiro invencível, ele, o selvagem livre, o senhor das florestas, o rei dessa terra virgem, o chefe da mais valente nação dos Guaranis, suplicar a vida ao inimigo! Era impossível.
Três vezes quis ajoelhar, e três vezes as curvas de suas pernas distendendo-se como duas molas de aço o obrigaram a erguer-se.
Finalmente a lembrança de Cecília foi mais forte do que a sua vontade.
Ajoelhou.

Além disso, uma outra estratégia utilizada foi relacionar elementos vivenciados na realidade brasileira à realidade cabo-verdiana. Um dos poemas analisados, no Modernismo, foi *Menino chorando na noite* (ANDRADE, 1940):

Na noite lenta e morna, morta noite sem ruído, um menino chora.
O choro atrás da parede, a luz atrás da vidraça
perdem-se na sombra dos passos abafados, das vozes extenuadas.
E no entanto se ouve até o rumor da gota de remédio caindo na colher.
Um menino chora na noite, atrás da parede, atrás da rua,
longe um menino chora, em outra cidade talvez,

talvez em outro mundo.
E vejo a mão que levanta a colher, enquanto a outra sustenta a cabeça
e vejo o fio oleoso que escorre pelo queixo do mendigo,
escorre pela rua, escorre pela cidade (um fio apenas).
E não há ninguém mais no mundo a não ser esse menino chorando.

Infere-se que há uma referência à Era Vagas neste poema, que se estende às outras ditaduras vigentes da época ("em outra cidade talvez, talvez em outro mundo"). Na ilha de Santiago, em Tarrafal, há o atual Museu da Resistência, criado em 1936 pelo ditador António de Oliveira Salazar, sendo Cabo Verde também palco de atrocidades da referida época. Essas aproximações auxiliaram na identificação dos elementos em análise numa obra, contribuindo para melhor memorização de fatos relativos a uma realidade que, muitas vezes, pareceu distante, num primeiro momento, aos estudantes em causa.

Análise descritiva e/ou crítica do texto literário

Esta terceira etapa foi realizada com base no exposto teórico estudado durante as aulas e os exercícios abordados na seção anterior, sendo os estudantes estimulados a adquirir uma reflexão teórica e procedimentos metodológicos necessários para redação de uma análise da obra estudada em sala de aula. É de se sublinhar que sem essa preparação inicial, tal como exposta nos itens anteriores, para a turma em análise, uma minoria estaria apta (1 a 2 estudantes), logo no início das aulas da referida disciplina, a trabalhar o texto literário de forma a analisá-lo e redigir um texto dissertativo.

Segue uma das análises solicitadas aos estudantes:

> Elabore uma análise descritiva e crítica (texto dissertativo) sobre o poema de Ribeiro Couto intitulado "Infância":
> Não se esqueça de considerar: (a) dados bibliográficos e biográficos; (b) contextualização histórico-social; (c) características da escrita do escritor relacionadas ao poema analisado (estilo individual); (d) características que demonstrem a inserção do escritor no movimento modernista brasileiro (estilo de época); (e) aspectos de intertextualidade.
> **Cuidado:** o texto deve ser discursivo, não uma mera lista de enunciados de tópicos.

Infância

Dias de sol suave, de coloridos mansos,//
Quando o verde dos matos é mais fresco e cheiroso
E pássaros piam nos esconderijos das árvores!

Vem à minha memória o tempo de menino,

A casa em que eu morava e o mato que havia em frente.
Meu irmão ia comigo buscar o coquinho selvage
Que em cachos fartos pendia das palmeiras espinhosas.
Havia brejos, pontiagudos de caniços,
Espelhando o sol vertical nas águas lodosas.
Armávamos arapucas para as saracuras.

O saci-pererê morava nesse mato.
À noite
Vinham conversas monótonas de sapos
E pios impressionantes de inexplicáveis animais.

Dormíamos sonhando com aparições.

Mas na manhã seguinte, ao sol quente,
Íamos de novo apanhar saracuras,
Sem pensar mais nos terrores noturnos da véspera,
Esquecidos do saci-pererê.

Ó tempo de menino! Ó meu irmão que morreu
menino! (COUTO, 1960, p. 136)

Nesse poema, em relação à turma analisada, 80% dos estudantes consegue identificar elementos da realidade brasileira, estando aptos a explicá-los, como os termos saracura e saci-pererê. Além disso, em termos de intertextualidade, como estudam também o poema *Os sapos* (BANDEIRA, 1976), podem relacioná-los, explicando a aversão ao Parnasianismo (movimento literário também estudado, conforme apontado no conteúdo programático revisado), manifestação conhecida da Semana de 22. Além disso, o poeta em análise, Ribeiro Couto, conforme mencionado anteriormente, foi homenageado pelo cabo-verdiano Jorge Barbosa, fato que ajudou os estudantes a memorizarem dados relativos ao escritor brasileiro. Aponta-se que não será possível neste artigo descrever os exercícios, análises e avaliações realizados pelos estudantes, pois lhes são devolvidos sistematicamente após correções. É de ressaltar, contudo, que as estratégias desenvolvidas e aqui descritas têm dado resultado para estudo da literatura brasileira na realidade cabo-verdiana.

À guisa de conclusão: aprendizagem e identificação linguístico-cultural

As estratégias utilizadas em sala de aula, de forma a se aproximar mais da realidade do estudante, acabam por favorecer maior identificação sociocultural com o conteúdo aprendido. Benveniste (1966, p. 29) já preconizava que não podemos conceber língua e cultura separadamente, uma vez que "a língua é um dos meios pelos quais o homem assimila a cultura, perpetuando-a ou transformando-a".

O objetivo em sala de aula é que o aluno encontre as ferramentas necessárias para maior identificação linguístico-cultural para com a língua portuguesa e com a cultura e literatura brasileiras. A identidade que desenvolveram até então, em sua grande parte, foi com a língua e cultura cabo-verdianas. Têm o idioma desde o ventre e a cultura crioula é que permeia as relações sociais tidas até então (a maior parte dos estudantes começa o curso com 19, 20 anos). A língua cabo-verdiana "é a língua do coração, ou seja, aquela para a qual é maior o investimento afetivo, e ainda o símbolo da identidade e da cultura [...], embora sem rejeição da língua portuguesa" (LOPES, 2016, p. 264), que foi aprendida como língua segunda, reservada para contextos específicos.

Quando se trilha um caminho em sala de aula com o objetivo de mostrar que a língua permeia um leque de vivências, desenvolvendo assim uma reflexão sobre o que consiste a aprendizagem da literatura brasileira, os resultados são satisfatórios. O objetivo, então, é encontrar as formas de se entender que há de se construir as relações entre língua, cultura e literatura desse e do outro lado do Atlântico.

Referências Bibliográficas
ALENCAR, J. *O Guarani*. 20ª ed. São Paulo: Ática, 1996.
ASSIS, M. *Memórias Póstumas de Brás Cubas*. 17ª ed. São Paulo: Ática, 1996.
BANDEIRA, M. Os sapos. In: *Antologia poética*. 8ª ed. Rio de Janeiro: J. Olympo, 1976.
BARBOSA, J. *Você: Brasil*. In: *Caderno de um Ilhéu*. Lisboa: Agência Geral do Ultramar, 1956.
BENVENISTE, É. *Problèmes de linguistique générale*. Paris: Gallimard, 1966.
CAPUTO, S. Cabo Verde e Brasil: um amor pleno e correspondido. *O Marrare: Revista da Pós-Graduação em Literatura Portuguesa*. Rio de Janeiro, v. 9, p. 62-73, 2008. Disponível em http://www.omarrare.uerj.br/numero9/apresentacao.htm. Acesso em 07 de outubro de 2016.
COUTO, R. *Infância* (1926). In: *Poesias reunidas*. Rio de Janeiro: J. Olympio, 1960.
CRUZUÉ, P. A. Diálogos entre a literatura cabo-verdiana e a literatura brasileira. *Atas do Simpósio Internacional de Iniciação Científica e Tecnológica da USP*, n°. 22. São Paulo: Universidade de São Paulo, 2014. Disponível em https://uspdigital.usp.br/siicusp. Acesso em 08 de outubro de 2016.
GUIMARÃES, W. R. *As ressonâncias de Manuel Bandeira (e do Modernismo brasileiro) em Jorge Barbosa*. Dissertação de Mestrado. Belo Horizonte: Universidade Federal de Minas Gerais, 2010. Disponível em:

http://www.bibliotecadigital.ufmg.br/. Acesso em 09 de outubro de 2016.

LOPES, A. M. *As línguas de Cabo Verde. Uma radiografia sociolinguística*. Praia: Edições da UniCV, 2016.

ROCHA, D. Celebração cabo-verdiana e brasileira: O poema Você, Brasil, de Jorge Barbosa (1902-1971). *Anais do Congresso Africanidades e Brasilidades*, n°. 1, 2014. Disponível em http://www.periodicos.ufes.br/cnafricab/issue/view/383. Acesso em 11 de outubro de 2016.

3
REFLEXÕES SOBRE O LEITORADO BRASILEIRO EM VANCOUVER, CANADÁ: POR UMA PEDAGOGIA MULTILÍNGUE

REFLECTIONS UPON THE BRAZILIAN LECTURESHIP PROGRAM IN VANCOUVER, CANADA: FOR A MULTILINGUAL PEDAGOGY

Pedro Lázaro dos Santos[1]

Introdução

A atuação no Programa de Leitorado do Ministério das Relações Exteriores (MRE) do governo brasileiro é desafiadora. A tarefa de ensino de língua portuguesa como língua adicional (PLA)[2] e de cultura brasileira em um outro país sugere a preparação do docente para um ambiente diverso, multicultural e, muitas vezes, multilíngue. O leitorado em Vancouver, pioneiro na tarefa do ensino da variedade brasileira da língua portuguesa, ajustou-se às características não apenas do país onde foi instalado, mas também da Província da Colúmbia Britânica[3]. O Canadá é considerado um país bilíngue

---

[1] Leitor Visitante de Língua Portuguesa e Cultura Brasileira, Department of French, Hispanic and Italian Studies, University of British Columbia. Professor Assistente de Língua Inglesa na Universidade Federal do Piauí – UFPI (em licença não remunerada). Doutorando em Educação na Simon Fraser University e Mestre em Linguística Aplicada pelo Instituto de Estudos da Linguagem da Universidade Estadual de Campinas – UNICAMP. E-mail: plsantos@ymail.com

[2] Ao longo do artigo, utilizo a expressão "Português como Língua Adicional", e não como Língua Estrangeira, pelo fato de ela se somar às outras línguas faladas pelos aprendizes, valorizando o multilinguismo desses sujeitos, e pelo fato de a língua ser usada não somente na interlocução com falantes nativos de português, mas também com pessoas de diferentes nacionalidades. Utilizo, então, a definição de língua adicional dos Parâmetros Curriculares do Rio Grande do Sul (Rio Grande do Sul, 2009).

[3] Agradecimento: Meu trabalho como leitor teve um auxílio que foi além dos livros, metodologias e aparatos teóricos, e preciso mencionar pessoas que contribuíram (e ainda

por ter o inglês e o francês como línguas oficiais e, teoricamente, o bilinguismo inglês-francês funciona perfeitamente, como por exemplo nas repartições públicas, nas páginas da Internet do governo canadense e em alguns canais de televisão. No entanto, em algumas regiões do Canadá a língua francesa não é falada e nem é usada nas placas e sinalizações de trânsito, por exemplo. Ademais, em algumas províncias, a língua materna da maioria da população pode ser mandarim, cantonês ou punjabi. De acordo com o último censo oficial, das cerca de 4 milhões de pessoas que compunham a população total da Província da Colúmbia Britânica, onde o leitorado brasileiro se localiza, mais de 180 mil tinham punjabi como língua materna além do inglês, em comparação com os 57 mil que tinham o francês[4]. A paisagem linguística de Vancouver, a maior cidade da província, é multilíngue, e é possível identificar o árabe, o chinês e o punjabi escritos e falados em edifícios, comércios e clínicas médicas em um único quarteirão do centro da cidade.

O ambiente educacional no ensino superior não é muito distante da realidade das ruas da Grande Vancouver[5]. Alunos internacionais juntam-se aos alunos locais, que muitas vezes vêm da Costa Leste, e compõem o grupo de aprendizes de ensino superior na região. Mesmo considerando que as universidades da província possuem o inglês como língua de instrução, nem sempre essa é a língua mais usada como forma de comunicação entre os estudantes. Minha missão, então, como leitor de PLA e cultura brasileira em Vancouver, foi pensar em uma prática de ensino que se ajustasse às necessidades de aprendizes presentes em um ambiente tão multicultural e multilíngue quanto Vancouver.

---

contribuem) para as atividades do leitorado em Vancouver. Primeiramente, Daniel Knoll, que compartilha de minha vida e de meu amor, e é meu mestre e tutor em todos os assuntos relacionados à História do Brasil e à cultura brasileira; o cônsul-geral, Embaixador Ernesto Rubarth, que me recebeu muito bem em Vancouver e foi o articulador do leitorado no país; o cônsul-adjunto, Dr. Gustavo Barbosa, que é grande incentivador de ações de promoção de PLA e cultura brasileira na costa oeste canadense e é o supervisor e parceiro das atividades do leitorado; e a Profa. Dra. Simone Sarmento, que foi articuladora e apoiadora das atividades envolvendo a comunidade acadêmica durante seu pós-doutorado na UBC. A vocês, minha gratidão.
[4] Dados disponíveis em: <http://www12.statcan.gc.ca/census-recensement/2011/dp-pd/prof/details/Page.cfm?Lang=E&Geo1=PR&Code1=59&Geo2=PR&Code2=01&Data=Count&SearchText=British%20Columbia&SearchType=Begins&SearchPR=01&B1=All&GeoLevel=PR&GeoCode=59>. Acesso em: 15 de outubro de 2016.
[5] A Grande Vancouver, ou Metro Vancouver, é a área metropolitana localizada na costa Oeste canadense cujo principal centro urbano é a cidade de Vancouver. Compreende também as cidades de Burnaby, North Vancouver, West Vancouver, Richmond, Coquitlam, Delta, Langley, Mapple Ridge, New Westminster, Pitt Meadows, Port Moody, Surrey, Tswwassen, White Rock, Belcarra, Bowen Island e Anmore. A população da área é de aproximadamente 2,4 milhões de habitantes. Na área, além do inglês, um significativo número de pessoas possui o mandarim, o cantonês, o punjabi, o farsi, o árabe e outras línguas como línguas domésticas.

Tendo esse panorama em mente, trago a seguir uma autorreflexão crítica sobre minha prática docente nas aulas de PLA do leitorado brasileiro em Vancouver. Primeiramente, apresento o Programa de Leitorado em Vancouver e suas peculiaridades. Em seguida, dialogo com autores e teorias sobre reflexão crítica, multilinguismo e pedagogia multilíngue para poder embasar os comentários provenientes de minha reflexão, explorando como refleti sobre minha atuação docente e lidei com o multilinguismo para acomodar os recursos linguísticos de meus alunos multilíngues do leitorado.

Um pensamento inicial e que foi muito importante para esta reflexão é o seguinte: eu considero o ambiente educacional um local dialógico, complexo e diverso, e as aulas de ensino de língua (não importa quais sejam) são singulares, ou seja, cada grupo de alunos possui suas próprias características, e a dinâmica da sala de aula também será única para cada grupo, pois dependerá da interação entre os aprendizes. As experiências narradas aqui podem não ser apropriadas a todos os contextos educacionais e são muito mais pautadas no resultado da minha interação com os aprendizes do que em teorias sobre ensino de línguas adicionais. Inicio, assim, apresentando o ambiente educacional onde estou inserido.

O leitorado brasileiro em Vancouver: um ambiente 'superdiverso'

O leitorado brasileiro na University of British Columbia (UBC) é o pioneiro no Canadá e, por conseguinte, teve características muito marcantes, impactantes e peculiares. A vaga foi estabelecida por intermédio da articulação do Consulado-Geral do Brasil junto ao Departamento de Estudos Franceses, Hispânicos e Italianos da universidade no final do ano de 2014, e minha instalação como leitor ocorreu em setembro de 2015. A jurisdição do posto consular abrange as províncias da Colúmbia Britânica, de Alberta, de Saskatchewan, de Yukon e dos Territórios do Noroeste, sendo o cônsul-adjunto do setor de educação o responsável pela supervisão das atividades do leitorado.

A primeira característica peculiar do leitorado em Vancouver é a participação ativa no desenvolvimento e na promoção de atividades educacionais em conjunto com o posto consular. Ao chegar em Vancouver e ser recebido pelo cônsul-geral, soube da necessidade de promover o PLA e a cultura brasileira na região para além do âmbito do campus universitário. Assim, ao iniciar minhas atividades, identifiquei áreas em que poderia atuar e que fariam parte de meu trabalho como leitor na área metropolitana de Vancouver, e as iniciativas vigentes foram:

a) Brazil without Borders[6]: é uma série de palestras com o objetivo de

---

[6] Brasil sem Fronteiras, termo cunhado por nosso grupo em referência ao programa Science without Borders (Ciência sem Fronteiras) em vigor à época.

divulgar o trabalho acadêmico feito em instituições canadenses sobre o Brasil e o trabalho acadêmico feito em instituições brasileiras sobre o Canadá ou sobre assuntos de impacto internacional. As palestras são em inglês e têm tido boa participação de professores, estudantes e pesquisadores da UBC e de outras universidades da província;

b) Encontro de falantes de português na região: assumi o grupo já existente de residentes, canadenses e não canadenses, que haviam aprendido português por razões diversas e que se reuniam para a prática da língua e para prestigiar eventos de cultura brasileira, como artes, dança e música. No momento da escrita deste artigo, o grupo virtual contava com 600 membros, e com reuniões mensais para a prática de português em locais públicos;

c) Parceria entre a Diretoria de Ensino da cidade de New Westminster, a Bienal de Vancouver e a Escola Municipal Bilíngue Affonso Várzea: iniciei, juntamente com o Consulado-Geral do Brasil em Vancouver, a parceria entre a Escola Municipal Professor Affonso Várzea, que é uma escola de ensino bilíngue (português e inglês) no Complexo do Alemão, na cidade do Rio de Janeiro, e a área de educação da Bienal de Vancouver denominada *Big Ideas*. A escola bilíngue utiliza materiais de ensino desenvolvidos pelo *Big Ideas* em inglês sobre as obras produzidos por artistas brasileiros e expostas em Vancouver para ensinar um grupo de 26 alunos de 8 e 9 anos de idade. A etapa final da parceria é o intercâmbio virtual entre a escola carioca e uma escola no distrito de New Westminster, na região metropolitana de Vancouver, que também possui alunos em situação de vulnerabilidade social.

Dessa forma, o trabalho do leitorado em Vancouver em parceria com o posto consular não se restringe apenas ao ensino de PLA, mas também atua na interseção de iniciativas culturais e acadêmicas sobre o Brasil (e algumas com participação de brasileiros) com a educação de modo mais abrangente. O desenho das atividades e dos projetos é fruto, também, da multiculturalidade existente na região e do interesse em residentes pela cultura e pelas artes brasileiras.

No âmbito acadêmico, atuei na Faculdade de Artes da UBC. A UBC foi fundada em 1915 como resultado da evolução da McGill University College of British Columbia, ligada à McGill University da cidade de Montreal e com atividades que se iniciaram nove anos antes. À época da instalação, a UBC contava com um corpo de 34 professores e atendia 379 alunos[7]. Cem anos após sua inauguração, a UBC possui três campi, cerca de 60 mil estudantes, dos quais 20% são estudantes internacionais de mais de 150 países, e mais de 5 mil professores. A universidade se estabeleceu como um centro de pesquisa nacional e internacional e é considerada uma das três melhores instituições de ensino superior do Canadá. O leitorado é abrigado pelo Programa de

---

[7] Informações disponíveis em: <http://www.library.ubc.ca/archives/hist_ubc.html>. Acesso em 15 de outubro de 2016.

Português do Departamento de Estudos Franceses, Hispânicos e Italianos, onde já atuavam outras duas docentes de PLA e de Cultura brasileira. Fui responsável por ministrar as disciplinas de Português para iniciantes, Português para falantes de outras línguas românicas e de Português como língua de herança[8], Português avançado, Português para negócios, e História, Cultura e Sociedade brasileiras no cinema contemporâneo brasileiro (essa última, ministrada em inglês). Apesar de não haver uma especialização em português, as disciplinas ministradas são eletivas e fazem parte da especialização em Estudos Latino-Americanos e como parte do requerimento de línguas do Bacharelado em Artes e do requerimento de humanidades para o Bacharelado em Ciências. Elas também são abertas a todos os estudantes de pós-graduação do campus, além de professores, pesquisadores e funcionários da universidade.

Durante o ano acadêmico de 2015/2016, o leitorado em Vancouver teve 64 alunos matriculados nas disciplinas de língua e cultura, sendo que 35 eram estudantes internacionais. Esta é a segunda e mais importante característica do leitorado brasileiro em Vancouver: dada a quantidade de estudantes internacionais matriculados nas disciplinas de língua portuguesa e cultura brasileira, os aprendizes possuem um histórico multicultural (há estudantes de diversas partes do mundo) e são todos multilíngues (falam sua(s) língua(s) maternas e inglês ou uma ou mais línguas adicionais, além do português que estão aprendendo).

A superdiversidade[9] (VERTOVEC, 2007; BLOMMAERT, 2015) de minhas aulas pôde ser observada desde o primeiro encontro com os alunos, quando se apresentaram: eram alunos para os quais os conceitos de local de origem e de línguas maternas não fazia muito sentido. Por exemplo, quando indaguei a um dos estudantes sobre sua nacionalidade, ele disse não saber ao certo de onde era, pois havia apenas nascido nos Estados Unidos e depois fora criado até os 5 anos em Marrocos antes de ter se mudado para Uganda (de onde tinha as memórias de sua infância até os 11 anos de idade) e posteriormente para Moçambique, onde passara toda a adolescência antes de ingressar na universidade canadense. Outra estudante, de nacionalidade paquistanesa, não sabia identificar qual era sua primeira língua, pois sempre

---

[8] Abordagem de ensino para pessoas cujos pais ou avós falavam português. Os aprendizes de português como Língua de Herança possuem uma proficiência limitada da língua, muitas vezes desenvolvida apenas na forma oral.

[9] Cunhado por Steven Vertovec para explicar os níveis de diversidade populacional na Grã-Bretanha após os anos 90, o termo 'superdiversidade' refere-se à interação dinâmica de variáveis entre grupos de imigrantes que são de origens múltiplas, mas conectados por sua transnacionalidade, sua diferenciação socio-econômica e sua estratificação legal. Tal interação denota uma diversidade que ocorre não apenas entre os grupos de imigrantes, grupos étnicos e minoritários, mas também dentro de cada um deles (VERTOVEC, 2007). A ideia de um ambiente superdiverso nos ajuda a descrever a proliferação de diversidades empiricamente e para compreendermos as mudanças de identidades que caracterizam o pluralismo.

falara três línguas em casa (punjabi com o pai, pashto com a mãe e urdu com os irmãos, com o pai e com a mãe, e com os amigos da escola) e inglês na escola.

Assim, definir os aprendizes tornou-se uma tarefa rica e complexa (de maneira positiva) que fez-me repensar os conceitos de falante nativo, primeira língua, língua estrangeira e nacionalidade a partir do início de minha atuação no Canadá. A atuação no leitorado leva-me, então, a refletir sobre meu papel como professor de PLA e como linguista aplicado nesse ambiente multicultural e multilíngue, conforme discussão encontrada em Martin-Jones, Blackledge e Creese (2012), exposta mais adiante. Falarei agora sobre como realizei a reflexão crítica e quais conceitos teóricos nortearam a mudança de minha prática docente.

Uma autorreflexão crítica

Hatton e Smith (1995) defendem que a autorreflexão crítica precisa demonstrar uma conscientização sobre como ações e eventos são localizados e são influenciados por múltiplos contextos históricos, sociais e políticos. Ela também deve promover a modificação de nossas ações como uma consequência de uma análise de problemas complexos, além da tentativa de outras interpretações. Assim, esta autorreflexão crítica baseia-se na necessidade de sistematicamente olhar as ações que já foram realizadas e buscar soluções, tendo-se em mente as crenças de quem realizou tais ações.

Para a reflexão, também me inspirei em Freire (1996, p.17), que diz que "ensinar exige reflexão crítica sobre a prática", que é a tarefa do professor-pesquisador. Ainda, que a "prática docente crítica, implicante do saber certo, envolve o movimento dinâmico, dialético, entre o fazer e o pensar sobre o fazer". Assim, reflito sobre minha prática criticamente para construir meu fazer a cada momento, aprendendo com as experiências do passado e ajustando-me às necessidades educacionais do futuro.

Dessa forma, realizei uma reflexão ao final do ano acadêmico de setembro de 2015 a agosto de 2016, que foi meu primeiro período de ensino na UBC, com base nos planos de quatro disciplinas de PLA escritos por mim antes do início das atividades no leitorado, nos planos das mesmas disciplinas com modificações efetuadas por mim ao longo dos semestres e notas de observação que foram escritas também por mim após cada uma das aulas. Os planos foram lidos, comparados e contrastados com as notas para que eu pudesse observar como as mudanças foram efetuadas nas lições posteriores. Durante o decorrer das aulas, e como resultado de pesquisa sobre o assunto "multiculturalidade" e "multilinguismo", seguindo as definições de Martin-Jones; Blackledge e Creese, (2012), encontrei trabalhos que me auxiliaram a redefinir o público-alvo de minhas disciplinas e a entender a experiência da sala de aula 'superdiversa'.

Inicio a reflexão falando sobre minha posição como professor e pesquisador brasileiro atuando no Canadá: sou falante de português como língua materna e de inglês, francês, espanhol, alemão, hebraico e LIBRAS como línguas adicionais. Ensino língua portuguesa da variedade brasileira para alunos multilíngues e provenientes de culturas diversas. Sou bacharel em língua inglesa (e suas literaturas) e mestre em linguística aplicada, frutos de meu estudo em universidades públicas brasileiras. Ensinei inglês e português como línguas adicionais em institutos de idiomas no sudeste brasileiro. Ensinei língua inglesa e supervisionei estágio de ensino de língua inglesa para futuros professores de inglês no sul do Brasil cujas línguas maternas eram ucraniano e polonês. Ensinei inglês para fins acadêmicos em um curso de bacharelado em Turismo e linguística aplicada em dois cursos de licenciatura, um em língua portuguesa e outro em Língua Inglesa, em uma universidade federal no nordeste brasileiro, onde eu também realizei pesquisa sobre o discurso acadêmico no ensino superior. Destaco, então, que minha reflexão crítica foi altamente influenciada por meu histórico linguístico, pela minha formação acadêmica e pela minha atuação como docente nas diversas zonas de contato onde já estive.

A reflexão também foi influenciada pela pesquisa sobre multilinguismo e multiculturalidade discutida em Martin-Jones, Blackledge e Creese (2012), que mencionei anteriormente. Partindo de uma noção de multilinguismo, fruto do estudo das particularidades de práticas multilíngues em contextos específicos, Martin-Jones, Blackledge e Creese defendem que o multilinguismo seja visto como o resultado de uma nova sociolinguística, uma vez que, para os autores, tem uma sintonia que pode ser considerada mais adequada à descrição e a análise das mudanças sociais e culturais que vem acontecendo na contemporaneidade. Mais do que um conceito definido, os autores sugerem que ao dar uma abordagem multilíngue a um determinado estudo ou pesquisa, analisamos o papel da(s) língua(s) e das práticas linguísticas em diversos níveis, desde a dinâmica da comunicação no dia a dia até as práticas de letramento multilíngue, ao mesmo tempo em que investigamos se tais práticas estão relacionadas aos processos históricos, sociais e culturais.

Essa ideia dialoga muito com a visão que desenvolvi das práticas multiculturais e multilíngues na sala de aula como um reflexo da vida real dos estudantes. A primeira mudança que observei ocorreu em um nível mais conceitual: a definição de meus aprendizes e de meu objeto de ensino. Pautado na crença de que os estudantes de uma universidade canadense cuja língua de ensino da maioria dos cursos era o inglês, defini a princípio que os aprendizes das disciplinas do leitorado seriam falantes de língua inglesa (como primeira ou segunda língua) e que esse seria o grande recurso linguístico utilizado em sala de aula como apoio. Esse conceito norteou o desenvolvimento das atividades em sala de aula e a escolha de materiais didáticos para os cursos.

Mesmo vislumbrando aprendizes de acordo com as ideias de sujeito dialógico que se constitui pela interação com os outros e com o meio, como proposto por Bakhtin (1981), minha concepção de aprendiz de língua portuguesa como língua adicional da UBC contemplou apenas a língua inglesa como língua de apoio ao ensino e como forma de comunicação com os aprendizes, talvez pela ideia de o Canadá ser um país onde o inglês e o francês são as línguas oficiais, talvez pela minha formação inicial nesse idioma, ou talvez pela influência da hegemonia da língua inglesa. Porém, dentre as disciplinas de língua portuguesa, duas delas direcionavam-se a sujeitos multilíngues, pois eram disciplinas oferecidas a estudantes que já tivessem fluência (ou conhecimento avançado) em uma outra língua românica, no caso, francês, espanhol ou italiano. Assim, todo o desenho de meu plano de curso foi alterado tendo em vista uma sala de aula polifônica, onde as vozes dos aprendizes, e a minha própria, variavam entre português, inglês e outras línguas, numa relação sem barreiras, na qual não poderiam existir "línguas" entendidas como um sistema fechado, mas entendidas como recursos linguísticos disponíveis para a interação na aprendizagem de português. Como pedem Blackledge e Creese (2014), usei a heteroglossia[10] como ponto de partida e como se fosse uma lente que foca na complexidade e mobilidade dos indivíduos e das línguas na sala de aula.

O resultado foi uma mudança conceitual de meus aprendizes e de meu objeto de ensino para acomodar sujeitos multilíngues aprendizes de PLA. Assim, dada a superdiversidade e complexidade de meus aprendizes e da sala de aula, não havia mais sentido utilizar termos como "língua materna", "primeira língua", ou até mesmo "língua estrangeira" para designar o português que eu deveria ensinar. Redefini, assim, meus aprendizes e meu objeto de ensino para todas as disciplinas do leitorado: elas eram disciplinas de PLA ministradas a estudantes universitários multilíngues. As consequências dessa mudança impactaram mais diretamente o meu trabalho fora da sala de aula, fosse na seleção de materiais didáticos, fosse na preparação das aulas, ainda que tenham influenciado de alguma maneira minha atuação junto aos alunos.

A segunda mudança, que se relaciona à primeira mudança narrada acima em um nível mais prático, foi feita na dinâmica da sala de aula, o que envolveu a maneira como as atividades eram realizadas. Ela foi motivada também pela

---

[10] O termo 'heteroglossia' traduz a visão de Mikhail Bakhtin ([1934] 2004) de que a linguagem é constituída por múltiplas e diferentes vozes que representam um ponto de vista distinto do mundo e são caracterizadas através dos falantes por seus próprios significados e valores, sua intenções e diferentes modos de falar, pois pertencem a diferentes grupos sociais e étnicos, ou a diferentes gerações. Ao usar a heteroglossia em minha reflexão, encarei a sala de aula como um ambiente que é constituído por diferentes vozes que não poderiam ser deixadas de lado durante a aprendizagem de língua portuguesa.

maneira como os aprendizes se relacionavam com suas línguas durante as aulas de português, pois observei que os alunos utilizavam translinguismo durante as atividades que visavam a aprendizagem de PLA. Nas palavras de García e Wei (2014), translinguismo (do inglês *translanguaging*) refere-se a novas práticas linguísticas que trazem a história de cada umas das línguas faladas por um indivíduo, que foram aprendidas individualmente, e cujos elementos são somados às interação para a produção de um novo elemento. É a habilidade que os indivíduos têm de usar elementos de seu repertório linguístico na construção de práticas discursivas múltiplas que são complexas e inter-relacionadas, e cuja seleção estratégica se dará visando a efetiva comunicação (GARCÍA e WEI, 2014, pp. 21-23).

Assim, em duplas ou trios, os aprendizes adicionavam ao português palavras e expressões nas línguas que sabiam. Inicialmente, supus que se tratava de falta de vocabulário ou de esquecimento do conteúdo estudado. No entanto, verifiquei que esta prática tinha um propósito e acontecia nas seguintes situações:

a) Quando compartilhavam conhecimento da(s) mesma(s) língua(s) e/ou cultura(s) e desejavam falar algo específico desta língua ou cultura: este caso específico acontecia nas aulas de PLA para falantes de outras línguas românicas e envolvia falantes de espanhol. Aprendizes que eram provenientes de países latino-americanos expressavam o desejo de realizar as atividades em duplas ou grupos entre si para poderem se ajudar na compreensão de vocabulário e na contextualização do conteúdo em relação às suas experiências. Nas aulas sobre comidas e bebidas, por exemplo, esses estudantes conversavam sobre os alimentos de seus países, verificavam as diferenças que haviam mesmo em espanhol, e depois comparavam com o conteúdo em português;

b) Quando queriam comparar o português com a(s) língua(s) que já conheciam, focando-se nas diferenças para entender novas estruturas, pronúncia, vocabulário e expressões idiomáticas: esses casos eram os mais abundantes e mais diversos, pois envolviam estudantes com repertórios linguísticos diversos. Eu consegui observar tais exemplos nas sessões individuais com os estudantes, pois eles traziam seus materiais de estudo, anotações da sala de aula e exercícios para revisão. Assim, anotações sobre os tempos pretérito perfeito e pretérito imperfeito do português nos cadernos e exercícios de alunos cuja primeira língua era o inglês traziam comparações com tempos verbais do inglês, como *Simple Past*, *Present Perfect*, e uso do modal *would*, e quando sabiam outra língua, como o francês, suas anotações traziam referências também nesse idioma. No caso da pronúncia, normalmente os aprendizes recorriam à pronúncia das línguas de seu arcabouço linguístico para comparar com os sons do português. Um caso interessante foi o de um aprendiz que sempre usava fichas de papel para memorizar novas palavras em português, e escrevia sob cada palavra sons do espanhol e do francês para cada sílaba da palavra em português de forma a decifrar o som e ter uma base para a pronúncia correta. Mais interessante ainda é que suas anotações traziam palavras do inglês, espanhol e francês na mesma nota.

Minha primeira reação em cada uma dessas situações, ainda sem as lentes da heteroglossia, foi fazer com que os aprendizes evitassem usar outras línguas quando estivessem realizando atividades em português na sala de aula e se focassem na língua-alvo. No entanto, ao observar tais situações e após modificar o conceito de aprendizes (como descrevi anteriormente), senti a necessidade de buscar teorias que me ajudassem a compreender a complexidade da sala de aula e o que motivava o uso de outras línguas naquela situação. Segui, primeiramente, as orientações de Blackledge e Creese (2014), de analisar uma situação com as lentes da hetereoglossia para se examinar o discurso dos falantes não em relação apenas às suas línguas, mas em relação a quais signos são usados e o que esses signos indicam, entendendo os conflitos e tensões presentes no discurso para sabermos quais vozes estão ali representadas. Depois, encontrei experiências de pedagogia multilíngue em ambientes semelhantes à minha sala de aula, como Sachtleben (2015), que descreve a experiência de ensino multilíngue em universidades neozelandesas como forma de promover a igualdade dos conhecimentos prévios dos aprendizes, priorizando a justiça social dentro da sala de aula. Sachtleben utilizou uma discussão muito útil feita por García e Flores (2012), Diaz (2013), e Cummins (2005) sobre a possibilidade de uma pedagogia que incorporasse e acomodasse as línguas dos aprendizes, fazendo com que os professores considerassem o conhecimento prévio de seus aprendizes. García e Flores defendem que as abordagens heteroglóssicas e multilíngues foram desenvolvidas

> (...) para responder ao multilinguismo mais complexo e dinâmico encontrado nas salas de aula que se expande de modo a ir além dos arranjos diglóssicos tradicionais que compartimentalizam as línguas e, assim, normalizam seus diferenciais de poder sem questioná-los. Abordagens multilíngues heteroglóssicas questionam a própria noção de língua , pois a *"languaging"*, ou o que os estudantes fazem com a linguagem em espaços multilíngues, é considerada a unidade de definição (GARCÍA e FLORES, 2012, p. 238, minha tradução).

Assim, a abordagem multilíngue que norteou a mudança em minha prática pedagógica baseia-se numa visão de sala de aula para indivíduos provenientes de diferentes grupos etnolinguísticos, que demonstravam práticas linguísticas fluídas, ou translinguismo, como a própria García (2009) as define. As observações das práticas linguísticas de meus aprendizes me fizeram entender que o uso das outras línguas na sala de aula não era apenas uma mudança de código feita de maneira acidental e aleatória, mas era um uso feito com intenção e planejado. A minha prática mudou na medida em que deixei de encarar o ensino de português como um processo de bilinguismo adicional (onde uma língua é adicionada ou subtraída), e passei a considerá-lo e conduzi-lo de modo a reconhecer e me amparar nas práticas linguísticas dinâmicas, diversas e complexas de minha sala de aula.

O resultado da mudança de foco para uma pedagogia multilíngue foi útil para os aprendizes e para mim. Eu já não os recriminava por usarem suas línguas, mas eu os estimulava. Pedi, então, que começassem a comparar as estruturas, o vocabulário, e que encontrassem cognatos em português e em suas línguas durante as aulas e ao usar o livro didático. O quadro a seguir traz um exemplo de modificação de uma atividade do material didático, que usa a língua inglesa como língua de apoio para as instruções e tarefas, para ilustrar minha prática.

Cognatos

Cognates are words from two languages that have the same origin and are similar in form and meaning. Because English shares the root of many words with Portuguese, you will discover that you already recognize many Portuguese words. Here are some that are used to describe people.

The cognates in this first group use the same form to describe a man or a woman.

arrogante	imparcial	materialista	popular
competente	importante	otimista	rebelde
eficiente	independente	paciente	responsável
elegante	inteligente	parcial	sentimental
fascinante	interessante	perfeccionista	terrível
idealista	liberal	pessimista	tradicional

Fonte: Ponto de Encontro (Jouët-Pastré et al., 2013, p.12).

Modificação realizada (inserida através de slide projetado na sala de aula):
COGNATOS – página 12
Observem as palavras do primeiro grupo. Elas podem ser semelhantes a palavras nas línguas que vocês conhecem. Primeiro, escrevam os possíveis cognatos para cada uma das palavras nas línguas que vocês sabem. Depois, comparem suas anotações com os outros colegas.

Quadro 1: Exemplo de modificação de atividade do livro didático das aulas de Português Básico para falantes de línguas românicas.

Promovi, também, uma mudança na dinâmica da sala de aula ao colocar estudantes que compartilhavam das mesmas línguas adicionais para que se ajudassem na leitura de textos e nos diálogos. O meu objetivo foi fazer com que discutissem as semelhanças e diferenças entre suas línguas e o português e que, durante os exercícios de prática oral, auxiliassem um ao outro na correção da pronúncia de determinados sons, com meu auxílio. O Quadro 2 mostra um exemplo de como realizei atividades combinando aprendizes que compartilhavam das mesmas línguas para promover o entendimento do português.

Português Avançado
TEMA 2: Pronomes oblíquos em português
    1. Cada aluno terá uma lista com sentenças nas quais os trechos sublinhados devem ser substituídos por pronomes oblíquos;
1º - distribuir a lista aos alunos;
2º - organizar os alunos em pares de acordo com seu background linguístico:
Espanhol, Inglês: *Alunos B e C*
Francês, Inglês: *Alunos A e F*
Farsi, Francês, Inglês: *Alunos D e G*
Português como língua de Herança, Inglês: *Alunos E e H.*
3º - pedir que discutam em pares como falariam as sentenças nas línguas que sabem e como fariam a substituição;
4º - pedir que reescrevam as sentenças em português fazendo a devida substituição. USAR QUADRO DO LIVRO DIDÁTICO.

Quadro 2: Excerto do plano de aula da disciplina de Português Avançado.

    Como pode ser visto nos exemplos acima, a minha tentativa foi a de promover a interação na sala de aula da maneira como ocorre na vida real, onde interlocutores conversam e se ajudam para o benefício da comunicação. Aproveitei o momento da aula e da interação entre sujeitos multilíngues para a consolidação e inserção de conteúdo novo em português.

    Observei, por fim, os estudantes mais conscientes do uso do português e mais cientes a respeito das características da língua que estavam aprendendo em relação às outras línguas que já sabiam. Suas produções escritas demonstraram uma maturidade maior em relação ao uso do português, e os aprendizes conseguiam identificar onde havia mais influência das outras línguas que falavam em suas produções em português. Sobretudo, as aulas de português eram ambientes mais descontraídos nos quais os alunos podiam se expressar com mais naturalidade e onde a contribuição para a construção do significado e do conhecimento se tornou um processo fluído, multilíngue e multicultural. A sala de aula passou, então, a fazer mais sentido para os aprendizes, pois era um local que simulava a vida real e que repetia a prática linguística do dia a dia dos aprendizes. Acredito que contribuí para que os aprendizes deixassem de ver suas línguas como objetos compartimentados e guardados em gavetas que são abertas conforme a situação, e que passassem a considerar a aprendizagem de uma língua adicional como um recurso linguístico além dos seus recursos já disponíveis.

A próxima seção traz as considerações finais de minha reflexão e sinaliza caminhos para possíveis pesquisas futuras.

Considerações finais

A diversidade do leitorado brasileiro em Vancouver, tanto a respeito das atividades desenvolvidas por mim como leitor em conjunto com o posto consular, quanto pela superdiversidade dos cursos oferecidos e dos alunos na universidade, é um reflexo da sociedade diversificada e multicultural que é o Canadá. Após o primeiro ano, o programa já tem um formato estabelecido e tem como principal característica o ensino de Português a alunos multilíngues.

Depois de refletir sobre a minha prática, cheguei à conclusão de que a aula de língua em um ambiente multilíngue é superdiversa e é um lugar onde surgem múltiplas identidades, linguagens e discursos sobre línguas que devem ser acomodados. Como Blommaert (2010) destaca, nosso mundo atual complexo é uma rede de aldeias, vilas, bairros e assentamentos que estão ligados por laços que não são necessariamente visíveis e que ocorrem de formas inimagináveis, juntando pessoas com diferentes trajetórias. Ao refletir sobre minhas aulas eu pude entender a sala de aula como esse local complexo onde as trajetórias convergem.

Dada a sua presença na América do Sul, Europa, África e Ásia, o português é uma língua multicultural e quando alguém aprende a língua, também aprende aspectos de diferentes culturas incorporadas na língua. Assim, as aulas de PLA não devem ser vistas como um espaço mono ou bilíngue, onde os alunos farão a transição de inglês para português (e vice-versa) sem depender do conhecimento que trazem consigo a partir de suas culturas e suas línguas. Os alunos não podem ser vistos como quadros brancos que estarão cheios de informações "novas" depois de estudarem uma disciplina.

Espero que a minha reflexão possa ajudar professores no ensino superior cujas salas de aula são tão diversas quanto as minhas, e que possam ter dúvidas sobre ensino de línguas em contextos educativos onde o inglês é a língua de instrução. Apesar de não ser baseada em dados, acredito que as reflexões podem ajudar os pesquisadores, sugerindo uma investigação mais aprofundada. Quanto aos aprendizes, reflexões podem contribuir para uma visão mais ampla do seu próprio processo de aprendizagem. Além disso, minha reflexão também pode contribuir para a discussão sobre pedagogias multilíngues, em diversos ambientes, especialmente no ensino superior (cf. JENKINS et. al., 2003). As consequências da internacionalização do ensino superior devem ser abordadas na sala de aula porque os professores e alunos são os que estão no centro deste processo que envolve questões multiculturais e multilíngues.

A área da Linguagem em Educação (e nas diversas disciplinas) e da Linguística Aplicada também podem se beneficiar da minha autorreflexão, pois há investigações em curso nessas áreas em diferentes partes do globo (cf. LIN, 2014; GARCÍA e FLORES, 2012). Além disso, a sala de aula multilíngue que foi parte da minha rotina durante o trabalho deveria ser considerada a regra em vez da exceção em ambientes educacionais, inclusive em outros leitorados. Ela já é uma realidade em escolas e universidades por todo o Canadá.

Referências Bibliográficas

BAKHTIN, M. "Discourse in the novel". In *Dialogical imagination*. 15ª ed. Austin: University of Texas Press, 2004.

_____. *Marxismo e Filosofia da Linguagem*. São Paulo: Hucitec, 1981.

BLACKLEDGE, A.; CREESE, A. *Heteroglossia as practice and pedagogy*. Dordrecht: Springer Netherlands, 2014.

BLOMMAERT, J. *The Sociolinguistics of Globalization*. Cambridge: Cambridge University Press, 2010.

BLOMMAERT, J. Commentary: Superdiversity old and new. *Language and Communication: An interdisciplinary journal*, 44(1), 82-89, 2015.

CUMMINS, J. A proposal for action: Strategies for recognizing heritage language competence as a learning resource within the mainstream class room. *Modern Language Journal*, 89, 585-592, 2005.

DIAZ, A. R. *Developing Critical Languaculture Pedagogies in Higher Education: Theory and Practice*. Multilingual Matters, 2013.

FREIRE, Paulo. *Pedagogia da autonomia: saberes necessários à prática educativa*. São Paulo: Paz e Terra, 1996.

GARCÍA, O. *Bilingual Education in the 21st Century: A Global Perspective*. Malden, MA: Wiley-Blackwell, 2009.

GARCIA, O.; FLORES, N. Multilingual pedagogies. In: Martin-Jones, M.; Blackledge, A. e Creese, A. (Eds.), *The Routledge Handbook of Multilingualism*. Routledge, 2012, pp. 232-246.

GARCIA, O.; Wei, L. (orgs). Translanguaging: Language, Bilingualism and Education. Palgrave Macmillan, 2014.

HATTON, N.; SMITH, D. Reflection in teacher education: Towards definition and implementation. *Teaching and Teacher Education*, Vol. 11, No. 1, pp. 33-49, 1995.

JOUËT-PASTRÉ, C. M. C. et.al. *Ponto de Encontro: Portuguese as a World Language*. NJ. Pearson, 2013.

JENKINS, A.; BREEN, R; LINDSAY, R; BREW, A. *Reshaping teaching in higher education: linking teaching with research*. London, Kogan Page Limited.

2003

LIN, A. M. Y. *Language across the curriculum: Theory and practice*. Dordrecht: Springer, 2014.

MARTIN-JONES, M; BLACKLEDGE, A.; CREESE, A. Introduction: A sociolinguistics of multilingualism for our times. In: _____ (Orgs.), *The Routledge Handbook of Multilingualism*. Routledge, 2012, pp 1-26.

RIO GRANDE DO SUL, Secretaria de Estado da Educação, Departamento Pedagógico.

Referenciais Curriculares do Estado do Rio Grande do Sul: Linguagens, Códigos e suas Tecnologias. / Secretaria de Estado da Educação. Porto Alegre> SE/DP, 2009.

SACHTLEBEN, A. Pedagogy for the multilingual classroom: interpreting education. *The International Journal for Translation and Interpreting Research*, Vol 7, No 2, 51-59, 2015. DOI: 10.12807/ti.107202.2015.a04.

VERTOVEC, S. "Super-Diversity and its Implications." *Ethnic and Racial Studies*. 29 (6): 1024-1054, 2007.

4
AVALIAÇÃO E AUTOAVALIAÇÃO – INSTRUMENTO DE (AUTO) CONHECIMENTO DOS DISCENTES NO LEITORADO DA PONTIFÍCIA UNIVERSIDADE CATÓLICA DE SANTIAGO – CHILE

EVALUATION AND SELF-ASSESSMENT – INSTRUMENT OF (SELF) KNOWLEDGE FOR LECTURESHIP STUDENTS AT THE PONTIFICAL CATHOLIC UNIVERSITY OF SANTIAGO – CHILECHAPTER NAME

Mônica Baêta Neves Pereira Diniz[1]

Introdução

Ao receber o convite, por e-mail, em dezembro de 2014, para assumir o leitorado da Pontifícia Universidade Católica de Santiago – Chile, não tinha ideia do que encontraria pela frente. Sequer conhecia o Chile, sua capital, a lindíssima metrópole Santiago. As aulas já estavam iniciadas, mediadas por computador, pois eu não havia recebido ainda a passagem para viajar – embora já houvesse assinado o respectivo contrato –, quando pude, finalmente, no primeiro semestre letivo de 2015, chegar à Universidade, ser apresentada às secretárias, às chefias e, posteriormente, ter o meu primeiro contato presencial com os discentes de duas turmas de nível Básico, cada uma delas com 32 alunos.

Inicialmente, parecia estar apenas assumindo mais uma classe de português como língua estrangeira, para um grupo homogêneo, mas a realidade era um pouco mais complexa. As facetas do ensinar e do aprender

---

[1] Leitora da Pontifícia Universidade Católica de Santiago-Chile. Mestre em Linguística pela Universidade Federal de Minas Gerais.

dentro dessa nova realidade motivou a escrita de um artigo que foi elaborado juntamente com a professora Ana Laura, docente da *Universidad de Santiago de Chile*, apresentado em um evento em Temuco, em novembro do ano de 2015[2].

Atendendo a uma exigência do Programa de Leitorado, antes mesmo de chegar à instituição, enviei um programa/cronograma de curso, desenhado para um público composto exclusivamente por hispanofalantes, todos alunos universitários, em nível básico de conhecimento da língua portuguesa. No entanto, ao ter meu primeiro contato presencial com os alunos, já no início do mês de abril, pude constatar que se tratava de um grupo de alunos com distintos níveis de proficiência linguística: havia desde filhos de brasileiros, que compreendiam 100% de tudo que eu falava em sala, até alunos que não entendiam quase nada.

Alguns estudantes aparentavam não ter tido qualquer contato anterior com brasileiros, embora eu suponha ser esse fato pouco provável, já que o turismo de meus compatriotas é uma constante nesta metrópole, havendo períodos em que isso é realçado por se ouvir a língua portuguesa em vários espaços públicos, tais como metrô, cafés, vinícolas etc.

A heterogeneidade do grupo de alunos não me surpreendeu muito devido a minha experiência prévia como docente junto ao Centro de Extensão da Faculdade de Letras da Universidade Federal de Minas Gerais, onde contávamos com grupos de alunos estrangeiros falantes de distintas línguas maternas e com diferentes graus de proficiência em língua portuguesa. Esses estudantes passavam por um processo de nivelamento que definia seu nível inicial de estudo, o que não ocorreu na universidade chilena, já que o nivelamento não foi adotado como recurso para auxiliar na seleção dos alunos.

Contando com um grupo heterogêneo de alunos, eu precisava dar conta de levar a cabo o programa que eu havia enviado previamente. Graças à proximidade entre as duas línguas, o espanhol e o português, com calma e muita concentração nos primeiros dias de aula, foi possível levar a efeito o programado, embora nem todos os conteúdos previstos tenham sido cumpridos ao longo do semestre letivo, conforme se verificou ao final do mês de junho de 2015. Entretanto, a experiência desse primeiro semestre demandou uma grande capacidade de adaptação e necessidade de uma autoavaliação, para que eu pudesse estar melhor preparada para o semestre letivo consecutivo.

Na sequência, faço uma inserção do contexto do leitorado no âmbito da

---

[2] O trabalho, intitulado *Cultura de aprender y cultura de enseñar en el nivel inicial de aprendizaje de la lengua portuguesa por hispanohabalntes en Chile* (Cultura de aprender e cultura de ensinar no nível inicial de aprendizagem da língua portuguesa por hispanofalantes no Chile), infelizmente não pôde ser apresentado no evento em apreço, já que as atividades letivas de ambas constituíram um impedimento para a viagem.

Pontifícia Universidade Católica de Santiago de Chile, da forma como o encontrei estruturado ao assumi-lo, em março de 2015.

O leitorado de português na Pontifícia Universidade Católica de Santiago

A fama da PUC de Santiago-Chile a antecede, e eu já chegara conhecedora de que integraria a Universidade que ocupava, à época, o primeiro lugar no *ranking* da América Latina em termos de excelência de ensino. Devo reconhecer que isso me deixou muito feliz, por saber que uma instituição desse gabarito havia me convidado para integrar seu corpo docente, como leitora. A Universidade Católica do Chile é consistentemente apontada por *rankings* internacionais como uma das melhores da América Latina. A Rede Brasil Cultural mantém leitorado Brasileiro na instituição desde 2007[3]. Portanto, configurando, à época, 8 anos de leitorado de português instituído na universidade católica, passei a integrar o corpo docente de tão conceituado espaço acadêmico.

A PUC (www.uc.cl) é uma instituição mais que centenária. Foi fundada em 21 de junho de 1888 e, portanto, iniciou suas atividades precípuas no século XIX. Ao longo desse extenso período alcançou os mais qualificados conceitos nos ranques mundiais, mantendo-se, dessa forma, fiel ao objetivo traçado quando de sua criação, qual seja, o de ser "uma instituição que integrasse a excelência acadêmica e uma formação inspirada na doutrina cristã."[4]

O leitorado é um dos elementos integradores da universidade, estando todos os professores estrangeiros inseridos no contexto acadêmico, distribuídos em diversas unidades, inclusive na Faculdade de Letras, onde se voltam ao ensino de línguas, como falantes nativos.

A Pontifícia Universidade Católica de Chile atualmente é a anfitriã de professores estrangeiros do mundo todo. Estes professores podem fazer parte da comunidade da UC de duas maneiras distintas: através do trabalho formal como professor da UC ou a partir da realização de estágios ou estadias curtas que incluem a participação em distintas atividades como seminários e *workshops*, docência, pesquisa etc.[5]

---

[3] http://redebrasilcultural.itamaraty.gov.br/noticias2/23-santiago/613-leitorado-brasileiro-na-puc-chile-oferece-atividades-de-incentivo-a-promocao-da-lingua-portuguesa Acesso em: fev. 2017.
[4] Una institución que integrara la excelencia académica y una formación inspirada en la doctrina cristiana.
[5] La Pontificia Universidad Católica de Chile actualmente es anfitriona de profesores extranjeros de todo el mundo. Estos profesores pueden formar parte de la comunidad UC

Encontrei um quadro de leitores instituído, inserindo-me nele, tendo tomado ciência de que seria a única leitora de português na instituição; o Camões – Instituto da Cooperação e da Língua não tinha (e segue não tendo) representante do português de Portugal, na Universidade Católica.

Os professores estrangeiros da UC constituem 7% do quadro acadêmico da Universidade. Isto é muito importante para a UC porque um de seus objetivos de internacionalização é oferecer a nossa comunidade sala de aula mais diversificadas e interculturais, que possam enriquecer o processo de ensino e aprendizagem, dando espaço à internacionalização em casa.6

A universidade, portanto, recebe aos estrangeiros que nela lecionarão, cada qual em sua especialidade, computando, assim, os créditos que advêm dessa diversidade.

Nos últimos 15 anos, a UC recebeu mais de 200 professores visitantes que vêm à Universidade para realizar estadias breves ou sabáticas. Estes professores visitantes vêm de todo o mundo, a todas as Faculdades da UC para participarem em diversas atividades.7

O fluxo de estrangeiros é uma constante e o quadro de leitores é diversificado. Isso tem reflexo nas constatações que apontam para o *ranking* em que se destaca a universidade.

A Faculdade de Letras, na qual se insere, no contexto atual, o português, teve, ao longo de sua recente história, muitas etapas. Em sua atual fase, após a aprovação dos respectivos estatutos pelo Conselho Superior, em 2003, a Faculdade de Letras faz surgirem os seguintes Departamentos e Programas: *Departamento de Ciencias del Lenguaje; Departamento de Literatura; Programa de Posgrado; Programa de Traducción; Programa de Español para Extranjeros.*

---

de dos maneras distintas: a través del trabajo formal como profesor UC o a partir de la realización de pasantías o estadía cortas que incluyen la participación en distintas actividades como seminarios y workshops, docencia, investigación, etc.
http://relacionesinternacionales.uc.cl/academicos/academico-extranjero. Acesso em: fevereiro de 2017.
6 Los profesores extranjeros UC constituyen el 7% de la planta académica de la Universidad. Esto es muy importante para la UC porque uno de sus objetivos de internacionalización es ofrecer a nuestra comunidad salas de clases más diversas e interculturales, que puedan enriquecer el proceso de enseñanza y aprendizaje, dando espacio a la internacionalización en casa.
http://relacionesinternacionales.uc.cl/academicos/academico-extranjero Acesso em: fevevereiro de 2017.
7 En los últimos 15 años, la UC ha recibido a más de 200 profesores visitantes que vienen a la Universidad para realizar estadías breves o sabáticos. Estos profesores visitantes vienen de todo el mundo, a todas las Facultades UC a participar en las diversas actividades.
http://relacionesinternacionales.uc.cl/academicos/academico-extranjero Acesso em: fevereiro de 2017.

A ênfase nesses Departamentos e Programas é para o espanhol e para o inglês, não se encaixando em nenhum desses espaços acadêmicos o português, que surge dividindo espaço com o alemão, o francês e o italiano, em meio aos "Cursos de Idiomas". O lugar de atuação do leitorado, portanto, está afeto à Diretoria de Extensão da Faculdade de Letras da Pontifícia Universidade Católica de Santiago de Chile.

Os cursos de Língua Portuguesa e Cultura Brasileira da PUC

O curso de Língua Portuguesa e Cultura Brasileira vinculado ao leitorado é ministrado para os alunos do *college*[8] e da graduação em quaisquer áreas de formação acadêmica da PUC. Em ambos os semestres, é ofertado às segundas-feiras e quartas-feiras, de 14:00 às 15:20 e de 15:30 às 16:50, sendo que, para o primeiro semestre, ambos os horários são para o nível Básico (*Lengua Portuguesa y Cultura Brasileña I*) e, para o segundo semestre, o primeiro horário destina-se à turma de nível Básico e, o segundo, à turma de nível Intermediário (*Lengua Portuguesa y Cultura Brasileña II*). São sempre ofertadas 30 vagas para cada turma, tanto de básico quanto de intermediário.

O quadro a seguir faz a apresentação quantitativa dos alunos inscritos/frequentes para o primeiro semestre de 2015 (ambas as turmas: nível Básico):

2015			
1º. SEMESTRE			
ALUNOS INSCRITOS		ALUNOS FREQUENTES[9]	
1º. horário	34	1º. horário	30
2º. horário	33	2º. horário	30
TOTAL	67	TOTAL	60

Quadro 1: Alunos 1º semestre de 2015

O quadro a seguir faz a apresentação quantitativa dos alunos inscritos/frequentes para o segundo semestre de 2015 (Turma I – 1º. horário: nível Básico e Turma II – 2º. horário: nível Intermediário):

---

[8] http://college.uc.cl/index.php?option=com_content&view=article&id=95&Itemid=95 Acesso em: fev. 2017.
[9] Nesse primeiro semestre de 2015 houve uma reprovação.

2015			
2º. SEMESTRE			
ALUNOS INSCRITOS		ALUNOS FREQUENTES	
1º. horário	34	1º. horário	32
2º. horário	11	2º. horário	8
TOTAL	45	TOTAL	40

Quadro 2: Alunos 2º semestre de 2015

A expectativa era de que, para o semestre consecutivo, ou seja, o segundo semestre letivo de 2015, dentre os 60 egressos do nível Básico do primeiro semestre, houvesse um número razoável de alunos para o intermediário (*Lengua Portuguesa y Cultura Brasileña II*). Contudo, o que se observou foi que, dentre os 11 inscritos, apenas 3 eram do recente curso de *Lengua Portuguesa y Cultura Brasileña I*, isto é, tinham sido meus alunos no semestre imediatamente anterior. Os demais eram alunos que haviam estudado o Básico da língua portuguesa há dois anos ou há um ano e meio; voltavam, naquela oportunidade, para a continuidade dos estudos em português, após um grande interregno desde a feitura do nível Básico.

Esse diferencial entre a expectativa e o número de inscritos para o nível Intermediário pode advir de diversos fatores, dentre os quais a) o possível choque de horários com disciplinas obrigatórias e, levando-se em conta que o português é disciplina optativa, aquelas o sobrepujariam; b) o término do período acadêmico de graduação para os alunos que haviam cursado, no semestre anterior, o nível Básico; c) o fato de o nível Básico suprir as necessidades prementes dos alunos para seguirem academicamente os seus interesses.

A descontinuidade nos estudos, observada para o segundo semestre, no transcurso do meu leitorado, reflete sobretudo no ensino, pois os alunos ficam desnivelados: os que acabaram de estudar no nível Básico, como meus alunos *versus* os que vêm de longa data sem estudar o português. É contraproducente; por vezes, cheguei a pedir aos meus ex-alunos do Básico, que enviassem para os recém-colegas de curso, os materiais que eu lhes facultava anteriormente, quando ainda estavam no início de seus estudos da língua portuguesa.

Desconheço quais sejam os motivos que levam os estudantes do *Curso de Lengua y Cultura Brasileña* a se afastarem por tanto tempo da aprendizagem da língua, embora possa inferir que, caso sejam alunos que cursaram o nível Básico no segundo semestre, tendo em vista que não há oferta de nível

Intermediário no semestre consecutivo – ano letivo seguinte –, podem acabar por não ter mais disponibilidade de horário por muito tempo e, por conseguinte, não poderiam voltar com a rapidez que seria viável, ao nível demandado, um ano depois de terem cursado o nível Básico (caso específico do segundo semestre letivo). Há, ainda, o fato de serem priorizados para a ocupação das vagas os alunos que estão findando os respectivos cursos de graduação e, como consequência, os alunos que apenas iniciam a vida acadêmica são preteridos. Os alunos intercambistas têm ainda mais dificuldades para lograrem êxito em se inscreverem em uma disciplina de língua estrangeira (optativa), pois devem demandar autorização especial das respectivas unidades acadêmicas às quais integram, para que possam ingressar ao curso em questão.

Para os alunos de nível Básico, o Programa de *Lengua Portuguesa y Cultura Brasileña I* contempla aspectos práticos e comunicacionais da língua, tais como: apresentar-se / conhecer pessoas; ampliação vocabular para possibilitar uma escrita elementar; aspectos culturais; panorama da literatura brasileira; leitura / compreensão de textos contemporâneos; apresentação oral na língua alvo. Avaliações são distribuídas em um cronograma, abrangendo, inclusive, os livros de leitura que são indicados no Programa em apreço.

O curso, para ambos os níveis, é montado e estruturado por mim, não havendo nenhuma sugestão didático-pedagógica por parte da instituição, a qual deixa a meu cargo eleger o que será ministrado para que os alunos alcancem o patamar que deles é esperado no aprendizado da língua portuguesa. Desconheço a forma que era adotada com e pelos leitores que me antecederam na função.

Para a elaboração do material didático, utilizo, como já o fazia anteriormente, no Centro de Extensão da Faculdade de Letras da UFMG, materiais autênticos que circulam livremente no Brasil, os quais didatizo; trechos de vários livros didáticos, inclusive dos ofertados pelos editoriais especificamente para os leitores; incentivo à leitura diária de jornal de ampla circulação em Minas Gerais; faço a inserção de leituras de livros da literatura contemporânea brasileira: dos mais fáceis aos mais complexos; uso: poemas, contos e crônicas dos ícones da literatura brasileira e de autores contemporâneos; música brasileira; pequenos vídeos que circulam livremente na mídia; comunicação diária por e-mail com o grupo de alunos.

O quadro a seguir faz a apresentação quantitativa dos alunos inscritos/frequentes para o primeiro semestre de 2016 (ambas as turmas: nível Básico):

2016			
1º. SEMESTRE			
ALUNOS INSCRITOS		ALUNOS FREQUENTES	
1º. horário	33	1º. horário	32
2º. horário	31	2º. horário	30
TOTAL	64	TOTAL	62

Quadro 3: Alunos 1º semestre de 2016

Para os alunos de nível Intermediário, além de serem trabalhadas as quatro habilidades no aprendizado da língua estrangeira (leitura, escrita, compreensão auditiva e oralidade), há bastante ênfase nos aspectos culturais, bem como escrita; os alunos são despertados para a existência do exame de proficiência em língua portuguesa, o Celpe-Bras, sendo sensibilizados para as típicas tarefas que são levadas a efeito na parte escrita desse exame.

Como são aplicadas provas orais nesse nível, os tradicionais elementos provocadores da parte oral do Celpe-Bras são apresentados e utilizados, como parte das avaliações a que são submetidos ao longo do semestre letivo. Essas apresentações orais, em sala, são, igualmente, avaliadas. Todos têm um cronograma que lhes informa as datas de cada ocorrência avaliativa em classe.

Observando todo o contexto, chegando ao fim de cada semestre letivo, senti a premente necessidade de pôr em prática um questionário que avaliasse de modo mais amplo as condições de aplicação do curso, e as condições de atuação docente, bem como os tópicos inerentes à prática discente de se engajar, de dedicar-se ao curso, por meio de uma autoavaliação.

Além disso, há que se reservar aos discentes um espaço livre aos comentários que, como falantes iniciantes da língua portuguesa, possam lançar usando a própria língua materna, por julgar que conseguem se expressar mais facilmente e sem peias linguístico-culturais. É importante que se mantenha esse tipo de diálogo que, para além de ser uma avaliação, seja, sobretudo, um momento de autorreflexão para ambos os envolvidos nessa relação de ensinar-aprender recíproca.

Na sequência, dou o detalhamento da estrutura e aplicação dos questionários para o *Curso de Lengua Portuguesa y Cultura Brasileña*, para ambos os níveis, conforme o período, na Pontifícia Universidade Católica de Chile.

O questionário de (auto)avaliação[10]: pressupostos teóricos, metodologia e análise

A seguir, pressupostos teóricos que embasam a eleição do questionário como instrumento de avaliação, a descrição da estrutura dos questionários e respectiva aplicação para o *Curso de Lengua Portuguesa y Cultura Brasileña*, para ambos os níveis, nos períodos 2015-1, 2015-2 e 2016-1, finalizando-se com a exemplificação e a análise de algumas respostas a tais instrumentos de avaliação.

Pressupostos teóricos

Para a coleta de dados junto ao alunado eu precisava definir que tipo de instrumento de pesquisa utilizaria e, como já havia um questionário semiestruturado disponível, bastou fazer as adaptações necessárias, lembrando, conforme explicita André (2008, pág. 51), que "a importância de delimitar os focos da investigação decorre do fato de que não é possível explorar todos os ângulos do fenômeno num tempo razoavelmente limitado"; e o questionário se moldou com maestria a essa necessidade.

Além disso, McNamara (2014, pág. 32) diz que "a retroalimentação do examinador deve ser obtida a partir dos sujeitos da pesquisa, normalmente, mediante um simples questionário"[11] e, por conseguinte, igualmente favorecia meu objetivo de ter um retorno quanto ao trabalho que estava realizando na instituição.

Com relação à aplicação de cada um dos questionários, apresentarei a análise das respostas consideradas mais relevantes, selecionadas por semestre letivo, na ordem de cada um deles, ou seja, 2015-1, 2015-2 e 2016-1, logo após a descrição da estrutura do(s) questionário(s) aplicado(s) no item subsequente.

Descrição da estrutura do questionário

Buscou-se uma modalidade de avaliação na qual é observado e analisado o curso como um todo, abrangendo desde as instalações até o conteúdo disciplinar. Também foi proposta uma avaliação do trabalho docente e, por fim, os alunos fizeram uma autoavaliação, através da qual poderiam refletir sobre a própria cultura de aprender.

---

[10] Importante lembrar que o modelo de questionário usado por mim, no transcurso do leitorado na PUC, não é novidade e tampouco foi criado exclusivamente para esse fim. Algo bastante semelhante já fora aplicado anteriormente em curso de capacitação para professores junto à instituição na qual eu atuava, voluntariamente, como capacitadora, no Centro Federal de Educação Tecnológica de Minas Gerais – CEFET/MG, em 2014.
[11] "Test-taker feedback should be gathered from the trial subjects, often by a simple questionnaire."

Encontra-se como anexo deste artigo o questionário que foi aplicado na PUC, no final de três semestres consecutivos, cuja estrutura é explicitada a seguir.

Compõe-se de 6 tópicos (temas distintos), sendo o primeiro: "Quanto ao curso, ao espaço físico e à organização", subdividido em 8 itens, os quais abrangem o programa do curso, o material didático, os recursos audiovisuais, a carga horária e, por fim, se o aluno indicaria o curso para colegas e amigos. Tais itens traziam três opções, a maioria composta por "Sim", "Parcialmente" – "Razoavelmente" – "Não sabe dizer" e "Não", este último seguido de um "Porque" com uma linha para livre expressão do aluno. O tópico 2: "Quanto ao desempenho docente (a professora)", subdividido em 10 itens, os quais alcançam o domínio de conteúdo da disciplina, adequação dos assuntos ao programa, relação interpessoal, objetividade, emprego de técnicas didáticas, esclarecimento de dúvidas, atendimento aos alunos, pontualidade, assiduidade, fornecimento de material extra classe. Tais itens traziam três opções, a maioria composta por "Sim", "Às vezes"/"Razoavelmente"/"Não sabe dizer" e "Não", este último seguido de um "Porque" com uma linha para livre expressão do aluno. O tópico 3: "Quanto ao projeto teletandem[12] (se você participou, responda 1 e 2 também)", subdividido em 4 itens, os quais pediam informação sobre a carga horária e sua (in)suficiência, funcionalidade da internet, importância do teletandem e o espaço de sua aplicação: na PUC ou fora dela. O tópico 4: "Quanto ao seu interesse pelo curso de língua portuguesa e cultura brasileira", com 7 itens, com extensão para a indicação do curso, interesse e conhecimento da língua portuguesa e do Brasil (3), interesse na continuidade dos estudos e "enquete" sobre a possibilidade de um curso intensivo de férias de inverno. O tópico 5: "Quanto ao seu desempenho como aluno/aluna (autoavaliação)", dividido em 6 itens, sendo o primeiro para questionar a participação nas aulas virtuais que ocorreram antes da chegada da leitora à PUC, o segundo para a verificação da frequência às aulas presenciais, o terceiro para saber a confiança no próprio aprendizado de conteúdo, ao término do período letivo, o quarto para medir o cumprimento dos compromissos práticos propostos, o quinto para a participação em classe e o último para verificar a relação com os colegas de sala. O último tópico, o 6: "Comentários/sugestões (pode escrever em português ou em espanhol – Legível)", foi elaborada uma questão aberta, com o objetivo de criar um espaço para a opinião do aluno, sendo a área reservada para sua escrita livre, inclusive em termos de opção da língua que deveria usar.

Como se trata de níveis Básico e Intermediário da língua, o alunado não dispõe ainda de embasamento suficiente, a meu ver, para, talvez, expressar

---

[12] Ver artigo de Livia Cecilio, leitora do Brasil na Itália, neste mesmo volume, para mais referências sobre o que é o Teletandem.

tudo aquilo que gostaria e, face a essa possibilidade, facultei-lhes o uso da língua materna, o espanhol, nessa última parte do questionário (questão aberta).

Há que se ressaltar que a resposta ao questionário foi solicitada sem qualquer identificação de cunho pessoal ou mesmo de turma.

Análise das respostas dadas pelo alunado

Serão apresentadas algumas análises feitas a partir das respostas dadas pelo alunado de 2015-1, 2015-2 e 2016-1, destacando-se o quantitativo nos respectivos quadros, a seguir, bem como serão discutidos os perfis dos discentes, e o grau de interesse pela língua portuguesa, depreendido a partir das respostas dadas no questionário em apreço.

RESPOSTAS AOS QUESTIONÁRIOS				
2015				
1º. SEMESTRE				
TOTAL	37	Interesse por LP	Tópico 6	
		33	Respondidos	Em branco
			33	4

Quadro 4: Resposta aos questionários 1º semestre de 2015

Dos 33 que responderam ao tópico 6, quase todos o fizeram em espanhol, tendo havido sugestões, sobretudo no que diz respeito a mais prática da oralidade. A maioria foi bastante elogiosa quanto ao curso e à alegria com que ele foi ministrado, sendo exemplo (dentre vários similares):

"Me encantou inscrever-me neste curso, entrei sem saber nada de português e aprendi bastante. A professora é muito didática e inspira vontade de aprender mais, tem muita empatia com os alunos e é muito alegre (emoticon). Sempre tivemos muito material de estudo. Obrigada Mônica!! (emoticon)."[13]

Entretanto, ademais de ser frustrante para os próprios alunos, para o docente que gostaria de ver o progresso de seus alunos, é muito desanimador não haver uma continuidade nos estudos, seja a partir do nível Básico, quando cursado no segundo semestre letivo, seja para os que cursam o nível

---

[13] "Me encantó tomar este curso, entré sin saber nada de portugués y aprendí bastante. La profesora es muy didáctica e inspira ganas de aprender más, es muy empática con los alumnos y muy alegre (emoticon). Siempre tuvimos mucho material de estudio. Obrigada Mônica!! (Emoticon)".

intermediário e, simplesmente, encerram seus estudos de português dentro da instituição, por falta de opção, uma vez que não é ofertado nada mais além dos níveis I e II já cursados, o que é, em minha opinião, insuficiente para que o aluno esteja apto para uma prova de seleção de um intercâmbio ou mesmo para uma aprovação com nível intermediário em exame de proficiência (Celpe-Bras), mantendo-se as devidas ressalvas para o diferencial pessoal que pode interferir tanto positiva, quanto negativamente nesse tipo de seleção.

No tópico 4.6 (que ressalta o interesse pela língua portuguesa), o discente aponta se pretende ou não seguir estudando português. Ao ser analisado, constatou-se que 13 dentre os 33 gostariam de estudar por mais 6 meses, 8 gostariam de estudar por mais 1 ano, enquanto 12 gostariam de seguir estudando por 1 ano e meio. Importante ressaltar que apenas para os 13 primeiros há previsão de curso no âmbito da Universidade Católica. Os 20 restantes não teriam, na instituição, o atendimento aos seus anseios.

Dentre os 33 alunos que escreveram algo no tópico 6 (questão aberta), 32 tiveram comentários positivos, favoráveis ao curso que terminavam, sendo todos bastante elogiosos. Apenas 1 aluno queixou-se e expressou comentário negativo:

> "Pessoalmente penso que houve muito material para autoestudo que não foi explicado durante as aulas dificultando em parte a aprendizagem."[14]

Observa-se, ainda, o efeito "gargalo", com duas turmas (de nível Básico) sendo formadas num primeiro semestre *versus* a oferta de apenas uma de nível consecutivo (Intermediário) no semestre seguinte.

Importante enfatizar que não são coincidentes os 4 questionários nos quais os alunos responderam que não têm interesse em continuar estudando português, com os 4 que deixaram em branco o tópico 6 (questão aberta). O fato de ser uma turma de ensino de língua estrangeira e estar formada com mais de 10 alunos – o que considero um número ideal – é, por si só, um elemento limitante e desafiador para o docente que, depois, ao aplicar o questionário de avaliação ao final do período letivo, irá se deparar com a cobrança de seus discentes quanto a esse aspecto: pouca prática de oralidade em sala, embora tenha havido uma tímida tentativa, prevista no programa, quando os alunos deveriam pesquisar sobre alguns (poucos) aspectos da literatura brasileira (mais voltados aos ícones) e apresentar, em dupla, para todos em sala, como citado anteriormente.

Brandão (2014, p. 110), dá ênfase à importância que se deve dar à literatura no ensino de PLE, cabendo-nos, neste artigo, esclarecer que, no âmbito do ensino na PUC, foi apenas uma iniciativa junto às turmas de nível

---

[14] "Personalmente pienso que hubo mucho material para autoestudio que no fue explicado durante clases dificultando en parte el aprendizaje".

Básico (2015-1), ao colocar os alunos para pesquisarem sobre alguns ícones da literatura brasileira (vista como um panorama, tão somente) e fazerem apresentações orais a respeito.

Para além dessa necessidade de mais conteúdo que trabalhasse a literatura como foco, propriamente, tem-se também a cobrança (nos questionários) dos próprios alunos por mais diálogos e por mais prática de oralidade de uma maneira geral. Mesmo que houvesse uma divisão da turma em trios, ainda teria 10 deles para se apresentarem, consumindo-se muito tempo da aula e tendo que se trabalhar com a dispersão entre eles, pois a distribuição física do espaço é delimitada por carteiras do tipo bancadas para duplas às laterais e trios na parte central, impedindo mobilidade e formação circular para dinâmicas de grupo diferenciadas. A saída didática foi o aproveitamento dos recursos de comunicação usando-se a tecnologia e, dessa forma, as mensagens eletrônicas começaram a ser trocadas com bastante efetividade.

Assim, uma das problemáticas do trabalho do leitor nesse contexto foi tentar conciliar 30 alunos em constantes práticas orais numa sala de ensino de língua, pois há que se embasar a esses mesmos alunos com outros conteúdos, com a prática das demais habilidades, quais sejam, audição, compreensão leitora e também a escrita de textos na língua-alvo.

As dificuldades e os desafios comuns num primeiro momento, logo da minha chegada como leitora, na instituição, foram muitos. Com o tempo e com o conhecimento que fui adquirindo junto ao próprio corpo discente, foi sendo possível a implantação de novas técnicas e dinâmicas que favoreceram à fala e, sobretudo, que propiciaram o trabalho conjunto das quatro habilidades envolvidas no aprendizado de uma língua estrangeira. Porém, bem aquém do desejável e possível caso a turma fosse um terço do que era.

Martinez lembra-nos que:
> (...) seria necessário associar tomada de consciência da importância do oral (fonética, esquema entonacional, relação com a mímica e a gestualidade, ritmo da frase, harmonia etc.) com atividades de correção mais ou menos sistemáticas, em função dos objetivos pretendidos e das dificuldades comunicativas experimentadas. (MARTINEZ, 2009; pág. 84)

Temos ciência do que nos diz o autor de "Didática de línguas estrangeiras", mas não podemos impor tais práticas dentro de um contexto em que não haja viabilidade para tanto, até que se consiga o domínio inclusive do espaço físico da sala de aula, muito "engessado", conforme expresso linhas antes, para que se renove e inove, alcançando-se, em parceria com os próprios alunos, realizar práticas de oralidade, tanto nos dois únicos encontros semanais no curso, quanto fora dele, intermediadas pelos recursos tecnológicos: computador, para troca de e-mails; celular, para troca de mensagens, sobretudo as de voz.

Voltando aos questionários, há vários pontos supostamente positivos, citando-se o fato de ser fornecido material de estudos extraclasse. Porém, de maneira controversa, esse mesmo fator foi apontado por um aluno como ponto negativo, conforme exemplificado anteriormente. São eles: a distribuição de grande quantidade de material de apoio ou complementar para os alunos estudarem autonomamente e em paralelo ao conteúdo que era ministrado em sala de aula. Como os encontros semanais são apenas dois e somam 3h/a, a minha crença, como docente, é de que é insuficiente para fomentar e embasar a instrução discente na língua-alvo. Com isso, tendo em vista a prática de trocas de e-mails entre professora-alunos, vinha sistemática e gradualmente fornecendo significativo material de estudo, além daquele impresso que é entregue em sala de aula, sob a crença de que ter material para autoestudo é útil em contexto de não imersão.

Esse excessivo material extra que foi enviado por e-mail para os discentes, quando de suas respostas aos questionários, revelou queixa no sentido de que o discente chegou a se confundir com tanto material recebido, não sabendo bem ao certo o que fazer com tudo aquilo que lhe havia sido fornecido. Citando:

> "A única coisa que não gostei muito é a quantidade de material em folhas, já que eram tantas que me confudia."[15]

Além do mais, houve pedido de que o material de apoio fosse também esclarecido em sala, para que o aluno se sentisse mais informado sobre aquilo que ele lê autonomamente. Esse aporte didático sugerido em forma de uma queixa, foi prontamente colocado em prática nos semestres consecutivos a tais informes nos questionários: além da redução do material enviado, a explicação acerca do mesmo nas aulas foi incrementada.

As aulas serem consideradas alegres e dinâmicas, como a voz geral apregoa nos questionários, foi uma surpresa, pois as turmas têm como perfil serem quietas e o grau de participação e de interação não é diretamente proporcional ao aprendizado da língua-alvo, que é muito alto.

Posso dizer que os alunos não estavam familiarizados à ação direta com as provocações didáticas que lhes fazia e que alguns chegavam a se constranger se eram motivados pontualmente a participarem da classe, seja como exemplo, seja como sugestão para interagirem, dando uma opinião ou expressando algo em uma fala simples e direta. Acredito que isso seja devido à cultura de aprender e, por consequência, advém da cultura de ensinar que há naquele contexto. Não têm culpa os alunos, não têm culpa os docentes e, tampouco, eu como leitora, de parecer tão diferente aos olhos do meu alunado. Eu venho de outra cultura de ensinar-aprender.

Por outro lado, para uma apresentação formal, à frente da sala, para todos os demais colegas, decorrente de uma pequena pesquisa sobre um tema

---

[15] "Lo único que no me gustó mucho es la cantidad de material en hojas, ya que eran tantos que me confundía".

cultural afim com a língua-alvo, quase sempre foram muito disciplinados e participativos, cada qual na sua vez e obedecendo muito ordenadamente ao chamamento da professora e se desempenhando de maneira condizente com o nível de aprendizado.

Trata-se de um perfil diferente daquele que é observado com o público estrangeiro num contexto de imersão. Em Santiago-Chile, temos um contexto de não imersão e isso é um possível fator limitante para o aluno que apenas pratica a língua-alvo naqueles poucos momentos de sala de aula. Houve uma tentativa de prática de um teletandem[16], em 2015-1, mas resultou malsucedida, pois a internet do laboratório de línguas não correspondeu às expectativas daqueles que se interessaram em participar. Além disso, os encontros nesses laboratórios foram marcados para as manhãs de alguns sábados, tendo em vista a diversidade de cursos dos alunos que integravam as duas turmas de básico e a impossibilidade de estarem durante a semana todos num mesmo espaço (laboratório de línguas) em determinado horário. Contudo, como vários alunos integram as equipes esportivas da PUC, alguns não dispunham de horário livre nem mesmo aos sábados, tendo em vista os treinamentos para participarem de campeonatos.

Nos semestres consecutivos não houve nova tentativa de implantação de teletandem, tampouco do uso do espaço físico denominado "laboratório de línguas". O que fiz foi aumentar o volume de materiais de áudio e de vídeo encaminhado diretamente ao e-mail dos alunos, bem como dar sugestões constantes de que se expusessem ao máximo à língua-alvo, o português.

É importante que se destaque o fato de que na autoavaliação, para o tópico 5.4, 23 dos 37 respondentes do primeiro questionário aplicado na PUC assumiram que cumpriram "os compromissos práticos propostos pela professora durante o curso"; 13 apontaram para o fato de que o fizeram "Razoavelmente" e apenas um (1) apontou para a opção "Não" sem, contudo, ter apontado um motivo (deixou em branco a opção de preenchimento à frente da palavra "Porque"). Indicariam o curso para outrem, 33 dentre os 37 que responderam ao questionário, inclusive, tecendo elogios quanto à prática docente, alegando que foi um fator de motivação para que estudasse português, citando-se, dentre outros exemplos com teor escrito similar:

> "Muito agradável, entusiasta e alegre. Sempre disponível para dúvidas e entrega de material. Recomendarei o curso."[17]

---

[16] Em decorrência de um trabalho conjunto com um professor de espanhol do Colégio Militar de Belo Horizonte e que fazia pós-graduação no CEFET-MG, surgiu-nos, a ambos, a ideia de implementarmos um Teletandem com nossas respectivas turmas de nível Básico. Entretanto, devido a uma série de fatores negativos e que contrariaram nossas expectativas, o projeto tornou-se inviável e não chegou a se concretizar.

[17] Muy agradable, entusiasta y alegre. Siempre disponible para dudas y entrega de material. Recomendaré curso.

"É um curso muito didático, divertido, o material ajuda muito e a professora é muito dedicada a seu trabalho para ensinar. Eu o recomendaria como boa forma de começar a estudar português e se deveriam fazer outros para aprofundar mais os conteúdos."[18]

Apenas três alunos marcaram "Talvez" e um discente marcou "Não", explicando que

"é difícil o fato de que a professora não fale espanhol."[19]

Em sala, é verdade minha posição como docente de português como língua estrangeira: como o português e o espanhol são línguas muito próximas, no nível inicial, falo em português, mais devagar e, eventualmente, dou a tradução de alguma palavra que tenha impedido uma compreensão plena de alguma explicação durante a aula. Porém, nas mensagens eletrônicas, após o texto em português, procuro escrever um de igual teor, em espanhol.

Se constatamos por um lado que há motivação, tirada da alegria contagiante da professora, como deixam registrado 23 discentes, há uma forte desmotivação para o alunado quando se depara com a descontinuidade de estudos em língua portuguesa, quanto às ofertas de cursos de idiomas pela instituição, no âmbito da Extensão. É possível que isso leve, futuramente, ao desinteresse – frente à evasão do alunado –, na manutenção do leitorado de português na PUC. É um fator preocupante e que merece ser observado mais de perto.

Para a aplicação dos questionários em 2015-2 e em 2016-1 foi suprimida a questão sobre teletandem, porque essa atividade não foi implementada nos períodos (Anexo). A seguir, o quadro com a distribuição dos questionários para 2015-2.

RESPOSTAS AOS QUESTIONÁRIOS				
2015				
2º. SEMESTRE				
TOTAL	17	Interesse por LP	Tópico 5 (antigo 6)	
		17	Respondidos	Em branco
			11	6

Quadro 5: Resposta aos Questionários 2º semestre de 2015

---

[18] Es un curso muy didáctico, entretenido, el material ayuda mucho y la profesora es muy dedicada a su trabajo para enseñar. Yo lo recomendaría como buena forma de empezar a estudiar portugués y se deberían hacer otros para profundizar más los contenidos.
[19] Es difícil el hecho de que la profesora no hable español.

Em 2015-2, como houve a supressão do tópico 3 que, anteriormente abordava o projeto teletandem, que não voltou a ser ofertado, houve uma alteração na ordem dos tópicos consecutivos e o último passou a ser o 5 e, portanto, a ele corresponde a questão aberta, nesse questionário.

As respostas se aproximaram e tiveram uma correspondência muito grande com aquelas observadas para os 37 questionários respondidos em 2015-1. A ressalva que deve ser feita diz respeito à resposta no tópico 5 (antigo 6) que alerta para a insuficiência de vagas na disciplina, informando que 300 a pleitearam e apenas 35 vagas foram ofertadas no e para o segundo semestre, informação que desconhecia. Citando:

> "O curso necessita abrir mais vagas já que aproximadamente 300 pessoas solicitaram vagas, mas só havia 35 vagas. Isto gera problemas com as unidades acadêmicas. Podiam abrir mais seções."[20]

Seguindo com a prática da aplicação do questionário de avaliação e autoavaliação ao final do semestre letivo, por entendê-la de grande relevância tanto para os discentes, como momento de reflexão e, inclusive, gerador de novos aprendizados, quanto para uma autorreflexão como leitora de língua portuguesa na instituição, foi novamente aplicado o questionário, ao término de 2016-1.

RESPOSTAS AOS QUESTIONÁRIOS				
2016				
1º. SEMESTRE				
TOTAL	20	Interesse por LP	Tópico 5 (antigo 6)	
			Respondidos	Em branco
		16	13	7

Quadro 6: Resposta aos Questionários 1º semestre de 2016

Nesse questionário, em especial, alterei o item 3.7 para o seguinte teor: "Havendo oferta de um curso intensivo preparatório ao exame Celpe-Bras (exame que avalia a proficiência em língua portuguesa – variante brasileira), durante todo o mês de setembro 2016, a ser ministrado pela professora Mônica Pereira, você:", apresentando como opções: "Tem interesse em participar" – "Não saber dizer" – "Não tem interesse".

Dentre os 20 alunos de 2016-1 que responderam ao questionário, apenas 6 demonstraram interesse em fazer o curso preparatório ofertado; 8 não

---

[20] El curso necesita abrir más vacantes ya que aproximadamente 300 personas postularon pero solo había 35 vacantes. Esto genera problemas con las unidades académicas. Podrían abrir más secciones.

souberam dizer (se haveria interesse em fazer o curso preparatório, embora já soubessem, através de mim, do que se tratava o exame Celpe-Bras); e 6 não demonstraram interesse no curso. De fato, foi levado a efeito um curso intensivo preparatório ao exame Celpe-Bras, durante todo o mês de setembro, do qual apenas um ex-aluno dessa mesma turma, participou.

Os questionários 2016-1 respondidos apresentaram duas queixas em comum, atinentes à estrutura física utilizada para o curso: o sistema de alto-falante da sala não funcionou durante o semestre, levando-me a comprar minhas próprias caixas de som para levar para a sala de aula, bem como o ruído proveniente da obra que era levada a efeito durante todo esse ano, ao lado da sala onde tivemos e seguimos tendo aula, pois novamente fui designada para a mesma barulhenta sala, para ensinar a língua portuguesa.

À parte os elogios e a superação das próprias expectativas, a maioria preencheu de alguma forma a questão aberta, dando inclusive sugestões didáticas, dentre as quais a da criação de um grupo no *Youtube*:

> "Como comentário eu gostaria de propor à professora que fizesse um canal no *Youtube* com explicações da parte de gramática, porque às vezes é difícil introjetar aspectos gramaticais em outros idiomas e às vezes não basta ver isso em aula. Poderia se chamar: "Falando com Moniquinha" (Emoticon).[21]

Sugestão que foi dada para que eles possam praticar mais a oralidade, já que reconhecem que é um tanto quanto complicado que isso se efetive com uma sala com tantos alunos. Esta crítica foi muito importante e levou-me, somando ao fato de que a maioria apontou ter interagido pouco com os colegas de classe, a colocá-los, trabalhando mais e em dupla, apresentando pequenas pesquisas na frente da sala, antes do início da minha fala, reservando às duplas em torno de 10 minutos por dia.

Interessante que eu destaque que em 2016-1 eram – como em 2015-1 – duas turmas de mesmo nível (Básico), mas de perfis bem diferentes: uma era mais silenciosa e reagia menos às provocações para participar da aula, enquanto a outra turma era mais extrovertida e participativa. Contudo, ambas muito interessadas no aprendizado e que colheram excelentes resultados ao final do semestre.

É importante que se retorne à teoria após a análise da prática docente, pois ambas agem em consonância, em conjunto. Aquela apregoa que devemos, em uma aula de ensino de uma língua estrangeira, trabalhar proporcionalmente as 4 habilidades para que o aluno tenha a possibilidade de aprender adequadamente essa língua que lhe é ensinada. Esta, a prática propriamente dita, em uma realidade nua e crua, aponta para nós, docentes,

---

[21] Como comentario me gustaría proponerle a la profesora que hiciera un canal en Youtube con explicaciones de la parte de gramática, porque a veces es difícil asumir cosas gramaticales en otros idiomas y a veces no basta verlo en clases. Se podría llamar "Hablando con Moniquinha" (Emoticon).

as dificuldades, as frustrações e os impedimentos para alcançarmos conciliar tudo isso em um espaço em que se conta com 30 alunos que, tradicionalmente, são, por si mesmos, pouco participativos, retraídos e pouco dados a aderirem às brincadeiras e delas participarem. É interessante, por outro lado, perceber que o fato de um professor fazer brincadeiras durante uma aula de ensino de línguas, no caso, o ensino de português, gerou para a maioria um diferencial, fazendo com que esse fosse o foco de seus comentários no tópico 6 (ou 5 – 2015-2 e 2016-1), a questão aberta do questionário retrocitado.

Recordando de um dos comentários no tópico afim do questionário, cumpre-me trazer no bojo deste artigo a relevância do ensino de línguas e sua relação com o lúdico. O contexto universitário ser formal é um fato, mas o ensino de uma língua estrangeira gerar um diferencial nesse ambiente é interessante e relevante do ponto de vista didático. Se o aluno sente prazer em ir assistir a uma aula de língua estrangeira, diferenciando-a dentro do contexto formal da universidade, ele está atraído para uma disciplina que cursará com prazer e alegria. Acredito que cada aluno meu, da instituição em apreço, esteja excessivamente exigido no curso para o qual se inscreveu, seja curso de Medicina, de Direito, de Enfermagem ou de quaisquer das Engenharias e, no espaço da aula de língua portuguesa, que cursa facultativamente, encontre um lenitivo para as exigências acadêmicas, pois tem brincadeira, tem trocas culturais, tem vivência, enfim, tem espaço para que ele se mostre, para que ele interaja de alguma forma e, por conseguinte, termine por aprender outro idioma estrangeiro, que não o inglês.

Importante lembrar que os cursos de português da PUC são denominados *Curso de Lengua y Cultura Brasileña I e II* e são facultativos, o que os faz terem um diferencial em relação a outros cursos em instituições públicas no Chile. O nível II é tomado a partir do pré-requisito da aprovação[22], no nível I.

Muito embora, no âmbito da Faculdade de Letras, dentro dos cursos de idiomas (Extensão), o português seja uma disciplina optativa, é indiscutível o interesse dos alunos de diversas áreas de formação contempladas pela PUC, em cursá-lo e, inclusive, em dar continuidade aos seus estudos após o contato inicial, no nível básico de aprendizagem. É também fato comprovável que os interessados em fazer o português como disciplina de língua estrangeira têm vontade de aprendê-lo para atenderem a realizações pessoais e ou acadêmicas.

Considerações finais

Como fruto prático dos três momentos distintos de aplicação consolidada do

---

[22] Conjugada à frequência, cuja exigência é de que o aluno alcance 75% de presença no curso.

questionário utilizado como instrumento de avaliação e discutido neste artigo, elaborei um documento formal – dirigido à direção do Departamento de Ciências da Linguagem da Faculdade de Letras da PUC – do qual parte do teor é trazida à luz, nesta oportunidade. Esse documento foi gerado sobretudo porque a vontade de continuar a aprender língua portuguesa parte do próprio alunado, fato esse incontestável e marcado nos questionários que esses discentes tiveram a oportunidade de responder e também destacados nos quadros apresentados para caracterizar cada semestre, com o emprego da expressão "Interesse por LP", sendo esta sigla, língua portuguesa.

Destaco que, no início do meu primeiro ano de leitorado, estranhei quando tomei ciência de que tínhamos tido duas turmas de nível Básico no primeiro semestre letivo de 2015 e, no segundo semestre letivo, embora se mantivessem as mesmas vagas, quais sejam, 30 vagas para cada turma: Básico e Intermediário. Isso significava um afunilamento e uma pressuposta perda de aprendizagem nesse ínterim, sobretudo ao saber que, para o ano consecutivo, 2016, no primeiro semestre, não haveria possibilidade alguma de o alunado seguir os estudos em nível intermediário, pois o quadro de ofertas se repetiria, ou seja, no primeiro semestre novamente haveria disponibilidade de duas turmas de nível Básico, mas nenhuma de nível Intermediário.

A oferta de turma de nível Intermediário tem ocorrido apenas uma vez, anualmente, e tão somente no segundo semestre letivo. Isso causa, ademais do afunilamento dentre os aprovados no nível Básico no primeiro semestre, uma quebra na continuidade dos estudos dentre os alunos que optam (por vários motivos) pelo português como língua estrangeira a ser estudada, em meio à enorme gama ofertada pela instituição.

Para dar respaldo à fundamentação do que foi pleiteado em citado documento, busquei nos teóricos e nos pesquisadores renomados o substrato que necessitava para mostrar, de forma embasada, o quão relevante é o que reivindiquei para meus alunos, motivada pelo anseio destes de continuarem seus estudos de língua portuguesa, comprovadamente constatado nas respostas dadas ao tópico 4.6 (2015-1) e 3.6 (2015-2 e 2016-1), formulando o documento que foi dirigido à direção do Departamento de Ciências da Linguagem da Faculdade de Letras da Pontifícia Universidade Católica de Santiago.

Considerando que a continuidade nos estudos de uma língua estrangeira pode promover melhora na aprendizagem, é indiscutível que esforços têm que ser direcionados em prol desses jovens acadêmicos que buscam o nível Intermediário ao término com sucesso, do nível Básico, visando realizá-lo no primeiro semestre letivo do ano consecutivo e, contrariando suas expectativas, não dispõem de uma sequência no âmbito de sua universidade, para atender aos seus anseios.

O primeiro ano de experiência como leitora na PUC Santiago-Chile me permitiu observar fatores de relevância em relação aos aprendizes, pois ao final do segundo semestre, momento onde há uma quebra, uma não continuidade no ritmo de aprendizagem, posto que o nível Intermediário é ofertado apenas para o segundo semestre letivo e, por conseguinte, os alunos de nível Básico desse mesmo período não terão a oferta do nível consecutivo na sequência, estes discentes sentem-se frustrados e chegam a questionar o porquê de não ser ofertado "a eles", recém-egressos do nível Básico, bem sucedidos nele, com muito interesse em continuar a aprender o português, o curso que lhes permitiria continuar seus estudos, que seria, desta feita, o nível Intermediário.

Entretanto, devo ressaltar, quando da ocorrência da oferta, esta se dá de forma reduzida à metade, num efeito "gargalo", o que impede a outra metade, de ter a mesma oportunidade de seguir estudando português, posto que a partir de duas turmas de nível Básico, apenas uma de nível Intermediário é ofertada (sequencialmente dentro do mesmo ano letivo); saem 60 formados no nível Básico (em média e no primeiro semestre para o mesmo ano letivo) para tão somente 30 poderem cursar o nível Intermediário (oferta de vagas da turma).

Chega a ser frustrante também para mim, como professora, ciente da capacidade e da vontade desses alunos, vê-los afastarem-se e, por conseguinte, engajarem-se, muito provavelmente, em projetos outros, distintos daquele que seria continuarem a estudar português para, quiçá, alcançarem um vínculo com alguma instituição no Brasil, onde teriam a chance de atingirem um aperfeiçoamento ímpar na língua portuguesa, independente da área para a qual estariam selecionados para dar sequência aos seus estudos acadêmicos.

É senso comum que o aprendizado de uma língua é um *continuum* e que apresenta patamares de conhecimento que vão se desenvolvendo gradativamente e se consolidando. O fato de os alunos de português se encontrarem em contexto de não imersão é um, dentre os determinantes, para que se busque ampliar o contato deles com a língua-alvo, para que possam se desenvolver mais rapidamente nela e isso é mais facilmente alcançado quando se permite que haja uma continuidade entre os dois níveis oferecidos pela instituição de ensino em que estão inseridos, não apenas uma vez ao ano, qual seja, no segundo semestre de cada ano, mas que seja ofertado, igualmente, nos dois semestres letivos, a cada ano letivo. Contudo, isso só se verifica uma vez a cada dois semestres letivos, ou seja, apenas os alunos ingressos no nível Básico no primeiro semestre letivo terão a chance de seguirem estudando português sem nenhuma interrupção, pois lhes será ofertado o nível Intermediário no semestre consecutivo, qual seja, o segundo daquele mesmo ano letivo. Todavia, para os alunos de nível Básico que tenham ingressado no segundo semestre letivo, não se observa a mesma oportunidade de continuarem, sem interrupção, seus estudos em língua portuguesa e cultura brasileira.

Bauman (2007, p. 21), citando outros autores, fala a respeito da "síndrome da impaciência". Os jovens estudantes universitários são o retrato dessa síndrome. Eles não querem esperar. Eles não consideram sensato esperar. Seguem em frente, porque não toleram "marcar passo". Estariam eles errados? Ou estariam certos em seguir em busca de outros e novos sonhos, já que o desejo de seguir estudando português não pode se concretizar, tendo em vista uma estrutura de oferta de disciplina previamente instituída e que os coíbe na vontade de prosseguirem aprendendo o português naquele espaço acadêmico?

Importante que seja observado que cada aluno tem seu próprio processo de aprendizagem, que pode abranger o âmbito da realização pessoal. Estudar uma língua estrangeira, diferente do inglês, que acompanha a vida acadêmica do alunado chileno, pode ser uma questão personalíssima, com diversos e quaisquer fatores motivadores por detrás. Contudo, isso não importa. O que tem real importância é o que pode o espaço acadêmico ofertar para que o aluno tenha um leque a sua disposição e que saia realizado, contente com sua(s) opção(ões), contanto que se inclua dentre elas, o português, óbvio.

Compartilhando o pensamento de Morin (2006, pág. 120), de que "a literatura revela o valor cognitivo da metáfora, a qual é rechaçada com desprezo pelo espírito científico"[23], depreendo que essa aprendizagem seja entender e atender aos anseios do corpo discente, alma da escola, sangue que corre em suas veias e a faz pulsar. Essa pequena intromissão poética é por observar, em diversas oportunidades, o quão fria, triste e insólita é uma escola desprovida de seus alunos, no período de férias escolares. Que o corpo docente, espírito científico dessas paredes concretadas que simbolizam vida, cultura, desenvolvimento da humanidade, possa captar a essência que emana de seus discípulos.

Após aplicar consecutivamente os questionários de final de semestre, deixo marcas claras de meu interesse na satisfação e realização tanto de meus alunos quanto a minha própria, principalmente caso este meu documento dirigido ao Departamento de Ciência da Linguagem da Faculdade de Letras da PUC seja atendido. Seria interessante que se investigasse a fundo o porquê de haver uma oferta de 30 vagas para o nível Intermediário e a demanda ser reduzida, na contracorrente do que é observado quando da oferta, no primeiro semestre, das duas turmas de nível Básico.

São palavras de Paulo Freire (1997) que *"mudar é difícil, mas é possível e urgente"*. O documento que eu fiz e encaminhei, com meu pedido, encerrei com a esperança de que a mudança se realize e que seja ainda no transcurso

---

[23] La literatura revela el valor cognitivo de la metáfora, la cual es rechazada con desprecio por el espíritu científico.

do meu leitorado, embasando-se tal mudança dentro do projeto estrutural do curso de *Lengua Portuguesa y Cultura Brasileña* nos anseios advindos dos próprios alunos e também na observação do quão relevante será no contexto acadêmico da PUC e, por conseguinte, em âmbito internacional, por se tratar de uma disciplina que extrapola as barreiras nacionais, tal e qual esta instituição renomada e tão bem conceituada que é a minha anfitriã.

Concluo que a aplicação dos questionários por três semestres consecutivos – 2015-1, 2015-2 e 2016-1 – foi considerada como geradora de uma leitura crítica daquilo que estava sendo feito nas classes de português. Serviu também como medidor e mediador da necessidade de mudanças pontuais e norteador do rumo a ser tomado em relação às práticas de sala, sobretudo no que diz respeito à oralidade e como incrementá-la para turmas tão grandes de ensino de língua.

Igualmente serviu para destacar quão grande é o interesse do alunado da Universidade Católica pela língua portuguesa, tendo em vista que de 74 questionários aplicados nos três semestres (2015-1, 2015-2 e 2016-1), 26 apresentaram interesse em seguir estudando por mais 6 meses, 17 por mais um ano e 22 por mais um ano e meio; destaque para um discente que não fez opção de tempo, embora tenha deixado claro que seguir estudando língua portuguesa é seu interesse, enquanto somente 8 marcaram não ter interesse em seguirem estudando o português (variação brasileira).

É fato ver que o que se planta é deixado à míngua e acaba morrendo. Acredito que cada leitor que já tenha estado na PUC Santiago-Chile tenha se sentido dando murro em ponta de faca, pois a falta de continuidade e a limitação de vagas/turmas, numericamente falando, são fatores realmente geradores de um problema. Micolli (2013, p. 42) lembra que "a motivação está relacionada a motivos e ações que contribuem para a realização de qualquer atividade". Óbvio que qualquer instituição que se preze prefere ter professores motivados, a tê-los desmotivados. É, portanto, importante que se repense alguns aspectos que são apontados neste artigo, para que sejamos, nós, leitores, sempre motivados a seguirmos, enquanto nos for permitido, na instituição que nos convida, acolhe e mantém trabalhando.

Referências Bibliográficas

ANDRÉ, M. E. D. A. de. *Estudo de caso em pesquisa e avaliação educacional*. 3. ed. Brasília: Liber Livro Editora, 2008.

BAUMAN, Z. *Los retos de la educación en la modernidad líquida*. Gedisa Editorial. Barcelona, 2007.

BRANDÃO, G. D. *Crenças sobre o Ensino de Português como Língua Estrangeira: práticas discursivas de professores formadores e em formação inicial*. Dissertação de mestrado. 182 f. Centro Federal de Educação Tecnológica de Minas Gerais. Programa de Pós-Graduação Stricto Sensu em Estudos de Linguagens. Belo Horizonte, 2014.

Disponível em: <http://redebrasilcultural.itamaraty.gov.br/noticias2/23-santiago/613-leitorado-brasileiro-na-puc-chile-oferece-atividades-de-incentivo-a-promocao-da-lingua-portuguesa>. Acesso em: fev. 2017.
Disponível em:
<http://relacionesinternacionales.uc.cl/academicos/academico-extranjero>. Acesso em: fev. 2017.
FREIRE, P. *La educación en la ciudad*. Siglo XXI Editores, S.A.: Madrid, 1997.
HILLEBRAND, M. J. *Psicología del aprendizaje y de la enseñanza*. Fundamentación psicológico-antropológica. Ediciones Aguilar, S.A.: Madrid, 1964.
MARTINEZ, P. *Didática de línguas estrangeiras*. São Paulo: Parábola Editorial, 2009. Tradução: Marco Marcionilo.
MCNAMARA, T. *Language testing*. Oxford University Press: New York, 2014.
MICCOLI, L. *Aproximando teoria e prática para professores de línguas estrangeiras*. Belo Horizonte, MG: Fino Traço, 2013.
MORIN, E. *La mente bien ordenada*. 7 ed. Éditions du Seuil: Barcelona, 2006.

ANEXO:
PONTIFÍCIA UNIVERSIDADE CATÓLICA – SANTIAGO-CHILE
QUESTIONÁRIO DE AVALIAÇÃO E DE AUTOAVALIAÇÃO DO CURSO DE LÍNGUA PORTUGUESA E CULTURA BRASILEIRA – 1º SEM 2015

Professora Leitora: Mônica Baêta Neves Pereira Diniz

Prezado aluno/prezada aluna,
Este questionário tem por objetivo a coleta de informações sobre os diferentes aspectos do curso do qual você acaba de participar, visando ao contínuo aperfeiçoamento de cursos e da profissional docente.

Responda cuidadosamente às questões abaixo e faça os comentários que julgar necessários à melhoria do curso e da profissional.

1 – QUANTO AO CURSO, AO ESPAÇO FÍSICO E À ORGANIZAÇÃO:

1.1. O programa do curso apresentado foi cumprido.

( ) Integralmente ( ) Parcialmente ( ) Não foi cumprido

1.2. O material didático fornecido foi satisfatório quanto à qualidade.

( ) Sim ( ) Parcialmente ( ) Não. Porque: _____

1.3. O material didático fornecido foi satisfatório quanto à quantidade.

( ) Sim ( ) Parcialmente ( ) Não. Porque: _____

1.4. Os recursos audiovisuais foram satisfatórios quanto à qualidade.

( ) Sim ( ) Não sabe dizer ( ) Não. Porque: _____

1.5. Os recursos audiovisuais foram satisfatórios quanto à quantidade.

( ) Sim ( ) Não sabe dizer ( ) Não. Porque: _____

1.6. As instalações que foram utilizadas se mostraram adequadas.

( ) Sim ( ) Razoavelmente ( ) Não. Porque: _____

1.7. A carga horária foi satisfatória.

( ) Sim ( ) Razoavelmente ( ) Não. Porque: _____

1.8. Você indicaria o curso para colegas e amigos.

( ) Sim ( ) Talvez ( ) Não. Porque: _____

2. QUANTO AO DESEMPENHO DOCENTE (A PROFESSORA):

2.1. **Demonstrou completo domínio do conteúdo da disciplina.**

( ) Sim ( ) Razoavelmente ( ) Não. Porque: _____

2.2. **Abordou adequadamente os assuntos do programa.**

( ) Sim ( ) Razoavelmente ( ) Não. Porque: _____

2.3. **Criou clima favorável à participação de todos.**

( ) Sim ( ) Razoavelmente ( ) Não. Porque: _____

2.4. **Foi objetiva em suas explicações.**

( ) Sim ( ) Razoavelmente ( ) Não. Porque: _____

2.5. **Empregou técnicas didáticas favoráveis à fixação dos conteúdos.**

( ) Sim ( ) Razoavelmente ( ) Não. Porque: _____

2.6. **Esclareceu as dúvidas dos alunos.**

( ) Sempre ( ) Às vezes ( ) Nunca. Porque: _____

2.7. **Considerou as solicitações dos alunos.**

( ) Sempre ( ) Às vezes ( ) Nunca. Porque: _____

2.8. **Cumpriu os horários estabelecidos.**

( ) Sim ( ) Razoavelmente ( ) Não. Porque:

_____ 2.9. **Compareceu nos dias de aula.**

( ) Sim ( ) Razoavelmente ( ) Não.

2.10. **Forneceu material extra sala de aula:**

( ) Sim ( ) Não sabe dizer ( ) Não.

3. QUANTO AO PROJETO TELETANDEM (se você participou, responda 1 e 2 também):

3.1. **A carga horária foi satisfatória.**

( ) Sim ( ) Razoavelmente ( ) Não.

3.2. **No(s) sábado(s) em que você compareceu a internet funcionou:**

( ) Sim ( ) Razoavelmente ( ) Não.

3.3. **Na sua opinião o teletandem é:**

( ) Importante ( ) Tanto faz ( ) Irrelevante.

3.4. **O projeto teletandem pode ocorrer sem você precisar estar presente na PUC:**

( ) Sim   ( ) Indiferente   ( ) Não. Tem que ser presencial.

4. QUANTO AO SEU INTERESSE PELO CURSO DE LÍNGUA PORTUGUESA E CULTURA BRASILEIRA:

4.1. **O curso de língua portuguesa e cultura brasileira foi indicado a você por alguém?**

( ) Sim. Quem? _____   ( ) Não se lembra   ( ) Não

4.2. **Você já tinha estudado português.**

( ) Sim   ( ) Um pouco   ( ) Nunca

4.3. **Estudar português será útil para você:**

( ) Profissionalmente   ( ) Na vida pessoal   ( ) Não faz ideia

4.4. **Na sua família tem alguém que fala língua portuguesa:**

( ) Sim   ( ) Não sabe informar   ( ) Não

4.5. **Você já conhece o Brasil e quer aprender a língua portuguesa para:**

( ) Ter oportunidade de estudo/trabalho naquele país

( ) Fazer as próximas viagens mais seguro/segura

( ) Não sabe dizer

4.6. **Você gostaria de continuar estudando português por (tempo):**

( ) 6 meses   ( ) 1 ano   ( ) 1 ano e meio   ( ) Não tem mais interesse

4.7. **Havendo oferta de um curso intensivo de português – leitura/escrita – nas férias de julho, você:**

( ) Tem interesse em participar   ( ) Não sabe dizer   ( ) Não tem interesse

5. QUANTO AO SEU DESEMPENHO COMO ALUNO/ALUNA (AUTOAVALIAÇÃO)

5.1. **Dialoguei por computador com a professora, antes da chegada dela a Santiago, nos 4 encontros virtuais.**

( ) Sim   ( ) Razoavelmente   ( ) Não

5.2. Compareci às aulas presenciais.
( ) Sim ( ) Razoavelmente ( ) Não
5.3. Sinto-me seguro/segura quanto ao aprendizado do conteúdo.
( ) Sim ( ) Razoavelmente ( ) Não. Porque: _____
5.4. Cumpri os compromissos práticos propostos pela professora durante o curso.
( ) Sim ( ) Razoavelmente ( ) Não. Porque: _____
5.5. Fui participativo/participativa.
( ) Sim ( ) Razoavelmente ( ) Não
5.6. Integrei-me com os colegas.
( ) Sim ( ) Razoavelmente ( ) Não
6. COMENTÁRIOS/SUGESTÕES (pode escrever em português ou em espanhol – LEGÍVEL

_____
_____
_____
_____
_____

BOAS FÉRIAS E BOM RETORNO NO PRÓXIMO SEMESTRE!
ABRAÇOS, Mônica Pereira

5
O LEITORADO BRASILEIRO NA UNIVERSIDADE DE ESTUDOS ESTRANGEIROS DE CANTÃO: EXPERIÊNCIAS COM ORALIDADE NO SUL DA CHINA

THE BRAZILIAN LECTURESHIP AT THE GUANGDONG UNIVERSITY OF FOREIGN STUDIES: EXPERIENCES WITH ORALITY IN SOUTHERN CHINA

Bruna Morelo[1]

Introdução: O ensino de português na China: demandas e desafios

Falar sobre ensino e aprendizagem de português na China é falar de movimento. Em constante crescimento, tanto as universidades a oferecer graduação em língua portuguesa[2] (GLP) quanto os estudantes têm se expandido numerosa e geograficamente no país. É importante salientar que essa expansão ocorre no contexto geral de ampliação do ensino superior na China Continental, iniciada no final da década de 90, em consequência de reformas no sistema econômico (ZHILIANG, 2014). A partir desse novo sistema, surgem novas políticas de abertura da China ao exterior, que intensificaram as relações com a Comunidade dos Países de Língua

---

[1] Leitora de língua portuguesa e cultura brasileira na Universidade de Estudos Estrangeiros de Cantão. Mestra em Linguística Aplicada pela Universidade Federal do Rio Grande do Sul. brunamorelo@hotmail.com

[2] Optarei aqui pelo uso do termo "graduação em língua portuguesa" e não "Licenciatura em Português", comumente usado na literatura sobre o ensino de português na China, pois considero que os objetivos dos cursos de graduação são voltados principalmente ao ensino de língua, cultura e à formação de tradutor e intérprete, não à formação de professores.

Portuguesa[3] (CPLP), principalmente com países como Angola e Brasil (ZHILIANG, 2014). Além disso, em 1999, ocorreu o regresso de Macau[4] à República Popular da China, o que permitiu um maior aprofundamento das relações econômico-comerciais entre a China e a CPLP e o estabelecimento de novos acordos e parcerias, especialmente após a criação do Fórum para a Cooperação Econômica e Comercial entre a China e os Países de Língua Portuguesa, em 2003, que tem Macau como sede e plataforma de ligação entre os países. Todos esses fatores influenciaram diretamente na procura por profissionais que pudessem intermediar essas relações e, ao mesmo tempo, na procura por formação em língua portuguesa, surgindo, assim, uma grande demanda por abertura de cursos de graduação em português nas universidades.

No contexto das universidades chinesas, principalmente nas que se dedicam, sobretudo, ao ensino de línguas e culturas, há uma distinção entre "línguas estrangeiras principais" e "línguas estrangeiras pouco utilizadas". Segundo Jiangmei (2014), são consideradas línguas estrangeiras principais as que são internacionalmente mais utilizadas, como o inglês; já as pouco utilizadas aparecem em um menor número de países ou tem pouca visibilidade na comunicação internacional. No entanto, esses são conceitos cambiantes, pois, com o passar do tempo e com as mudanças decorrentes das novas relações estabelecidas entre a China e diversos países, algumas línguas mudaram seu caráter de pouco utilizadas para principais; é o caso do alemão, francês e japonês, para citar alguns exemplos (JIANGMEI, 2014). O português insere-se no campo das línguas pouco utilizadas; todavia, isso não significa que haja pouca procura pelo idioma; pelo contrário, muitas vezes, os estudantes têm preferência pelas línguas pouco utilizadas, pois já há um número muito grande de profissionais nas áreas que envolvem as línguas principais, gerando também muita concorrência. Assim, a procura pelo português torna-se cada vez maior, pois o mercado de trabalho se mostra amplo e com necessidade de pessoas especializadas na área.

A abertura de novos departamentos de língua portuguesa em universidades pela China vai ao encontro dessas novas demandas. A primeira GLP na China Continental foi fundada pelo Instituto de Radiodifusão da China, atualmente Universidade de Comunicação da China (UCC), em 1960, e, em seguida, em 1961, a graduação também foi oferecida pela Universidade de Estudos Estrangeiros de Pequim (UEEP) (YAN, 2008). Até o final da década de 90, o ensino de português concentrava-se em três universidades,

---

[3] Criada em 1996, a Comunidade dos Países de Língua Portuguesa é atualmente formada pelos seguintes países: Angola, Brasil, Cabo Verde, Guiné-Bissau, Moçambique, Portugal, São Tomé e Príncipe, Timor-Leste e Guiné Equatorial.
[4] Macau, que hoje oficialmente se chama Região Administrativa Especial de Macau, foi território português por quase 450 anos. O chinês e o português são as línguas oficiais da Região.

sem mencionar o ensino em Macau, que se configura de maneira diferenciada pelas suas especificidades. A partir do ano 2000, pode-se dizer que houve um "boom" na oferta do português: em apenas uma década, do ano 2000 a 2010, o número passou de 3 para 14 instituições de ensino superior oferecendo GLP na China Continental. Dados do Instituto Politécnico de Macau e da Embaixada de Portugal em Pequim indicam que há, atualmente, 27 universidades que oferecem GLP e que recebem, no total, cerca de 500 estudantes por ano. Estima-se que, desde a abertura do primeiro departamento de língua portuguesa, cerca de 4.000 estudantes já ingressaram em universidades para realizar o curso de graduação em português. É nesse contexto que, em 2008, foi criado o Departamento de Língua Portuguesa da Universidade de Estudos Estrangeiros de Cantão (UEEC)[5] e que surge, também, a demanda por leitores de língua portuguesa nas universidades chinesas. Por ser uma área de ensino e aprendizagem relativamente nova no contexto chinês, ainda faltam recursos humanos, especificamente, professores qualificados. Na perspectiva de Jiangmei (2004, p. 46), este "é, na verdade, o maior desafio que se encontra durante esse processo de expansão do ensino de português na China. Um problema 'agudo', praticamente para todas as universidades (...)".

Diante de tantas novas demandas, surgem também debates acerca de o que deve ser ensinado e de que maneira nas aulas de português para estudantes chineses. Há, atualmente, muitos estudos na área, publicações inteiras com diversas pesquisas e relatos sobre ensino e aprendizagem de português para aprendentes chineses, que englobam também questões sobre metodologias e/ou sobre o perfil desses alunos, como Silva (2012); Atas..., (2012); Grosso & Godinho (2014), para citar alguns exemplos. De maneira geral, há tentativas de compreender quais as melhores formas de atender às demandas de ensino e aprendizagem dos estudantes, de lidar com diferenças culturais e com modos de ensinar e aprender. Anteriormente, grande parte dos estudos na área de ensino de línguas adicionais[6] para alunos chineses tratava os estudantes como passivos e homogêneos. Segundo Volet e Renshaw (1996), até o início dos anos 90, a literatura[7] que tratava desses

---

[5] A Universidade de Estudos Estrangeiros de Cantão é internacionalmente conhecida como Guangdong University of Foreign Studies (GDUFS) ou pelo acrônimo Guang Wai 广外, em chinês. Adoto neste trabalho a sigla UEEC por referir-me ao nome da instituição em português.

[6] O termo "língua adicional" é adotado aqui para referir ao acréscimo de uma nova língua ao repertório de conhecimentos linguísticos já usados pelo estudante. Schlatter e Garcez (2009) justificam a escolha e o uso do termo: "Nos referimos aqui ao objeto de ensino da disciplina curricular 'Língua Estrangeira' não como língua estrangeira, mas como língua adicional. Essa escolha se justifica contemporaneamente por diversas razões, a começar pela ênfase no acréscimo [...], em adição a outras línguas que o educando já tenha em seu repertório" (SCHLATTER e GARCEZ, 2009, p. 127).

[7] Os autores referem-se a estudos desenvolvidos na Austrália, no entanto, acredito que

aprendentes era basicamente pesquisas e manuais baseados em experiências pessoais, anedotas e casos isolados com metodologias problemáticas. A imagem que emergia desses textos era a de sujeitos não participativos e com modos de aprender muito semelhantes entre eles. De acordo com os autores, a adoção de um modelo de déficit para descrever os estudantes contribui para a criação de uma visão distorcida do aprendente chinês (VOLET e RENSHAW, 1996). Apesar de, nos dias atuais, haver esforços para ultrapassar essas concepções generalistas, ainda é possível perceber certos pré-conceitos imbricados a determinadas noções genéricas em estudos que discorrem sobre o ensino de línguas a alunos chineses. Além disso, há também um discurso que permeia muitos ambientes educacionais pelos quais circulo na China que reforça essa perspectiva em relação ao aprendente chinês. O relato aqui apresentado pretende discutir essas visões, questionando-as, corroborando a afirmação de Yan (2012, p. 29) de que, como educadores, devemos ter uma "visão mais aberta e não-essencialista sobre a língua, cultura e identidade".

> Neste sentido, problematizamos as visões tomadas por alguns professores e acadêmicos chineses e não-chineses que tratam os alunos chineses como membros duma coletividade homogeneizada. A passividade é uma palavra frequentemente utilizada para descrever como são esses alunos: receptores passivos de conhecimento, que adotam a memorização como principal estratégia de aprendizagem de uma língua estrangeira (YAN, 2012, p. 29).

Os discursos de déficit sobre os estudantes chineses são ainda mais inflamados quando tratamos de participação e de fala em sala de aula. A percepção geral de muitos professores é a de que o aluno chinês não fala. Minha experiência, como professora de estudantes chineses, dentro e fora da China, tem me mostrado que é possível ir além dessas generalizações, principalmente, quando nos referimos a ensino e aprendizagem de gêneros discursivos orais.

Desde que iniciei o trabalho como leitora, assumi o compromisso de desenvolver um trabalho com a oralidade em sala de aula, não somente na disciplina de conversação, que pressupõe um trabalho com o oral e que geralmente é ministrada por leitores, mas em outras também. Sendo assim, esse artigo visa a apresentar e discutir algumas propostas para o ensino de gêneros orais desenvolvidas[8] em diversas disciplinas na GLP da UEEC.

---

possamos interpretar que essa perspectiva era adotada na maioria dos estudos, independente do local em que eram desenvolvidos.

[8] As abordagens pedagógicas e reflexões que apresento nesse artigo são, em grande parte, fruto da minha experiência como professora de português como língua adicional no Programa de Português para Estrangeiros da Universidade Federal do Rio Grande do Sul (UFRGS), da minha participação nos Seminários para Formação de Professores de Português para Estrangeiros dessa mesma universidade, e da minha experiência como

A graduação em língua portuguesa da UEEC

A Universidade de Estudos Estrangeiros de Cantão foi fundada em 1965 e é uma universidade com grande destaque no sul da China, principalmente, por priorizar o ensino e a pesquisa com línguas, literaturas e culturas, e por ser considerada uma universidade aberta para a internacionalização. A universidade situa-se na capital da província de Cantão, a cidade de Guangzhou, e tem como uma de suas principais metas a formação de intérpretes e tradutores, profissionais que possam atuar no mundo dos negócios e serem mediadores interculturais entre a China e outros países. A UEEC oferece cursos de graduação em 20 línguas adicionais, dentre elas o português[9], que está inserido dentro da Faculdade de Línguas e Culturas Ocidentais. O Departamento de Língua Portuguesa foi criado em 2008, ano em que o curso foi elaborado e desenvolvido por uma equipe de profissionais. A GLP da UEEC foi a primeira a ser aberta no sul da China Continental e responde a uma grande demanda por profissionais em língua portuguesa nessa região.

A província de Cantão é um polo econômico-industrial de extrema importância, e nota-se a carência por intérpretes de português/chinês, principalmente, em ocasiões como as que são proporcionadas pela Feira de Cantão (*China Import and Export Fair*), que é considerada a maior feira de negócios da China e ocorre duas vezes ao ano. Segundo Jatobá (2012), estima-se que a feira reúna o maior número de intérpretes em um único evento no mundo. Observa-se, também, um aumento na participação dos países membros do BRICS e da CPLP, com destaque para Brasil e Angola.

Além disso, o sul da China exerce um papel de grande importância nas relações bilaterais entre a China e o Brasil, haja vista o aumento da busca por empresários e profissionais liberais brasileiros na província de Cantão e o fato de a maior concentração de brasileiros em território chinês estar em Dongguan, cidade muito próxima a Guangzhou (JATOBÁ, 2012). Essa comunidade de brasileiros na cidade de Dongguan tem origem na abertura de filiais de empresas brasileiras na cidade e nas relações bilaterais do comércio internacional sino-brasileiro, principalmente, no mercado de couro e das carnes. Além do grande número de brasileiros residentes em Cantão, a cidade de Guangzhou acolhe a maior comunidade de africanos na Ásia; assim, é notável a crescente presença de cidadãos dos Países Africanos de

---

professora e coordenadora do projeto de extensão Leitura e Escrita na Universidade para Estudantes Indígenas da UFRGS. As trocas, discussões e trabalhos realizados nesses contextos foram de extrema importância em minha formação e são decisivos para as escolhas que faço como professora leitora.

[9] Informações retiradas do site da universidade. Disponível em: http://english.gdufs.edu.cn/Category_70/Index_1.aspx. Acesso em: 25 de setembro de 2016.

Língua Portuguesa, que passam pela cidade a negócios, estudam ou possuem residência em Guangzhou (JATOBÁ, 2012).

Em 2009, a GLP da UEEC recebeu a sua primeira turma, com 28 alunos. Desde então, a universidade recebe uma turma de cerca de 20 aprendentes a cada ano letivo[10], totalizando, até o presente momento, 180 estudantes. Há uma grande diversidade em relação aos locais de origem dos estudantes, provenientes de diversas províncias chinesas. O sistema de entrada em universidades na China é extremamente concorrido, então, não é incomum os jovens precisarem estudar em uma cidade longe de sua terra natal. Outra característica das turmas da GLP é que são formadas quase que essencialmente por alunas, sendo a média é de 3 alunos por turma, em um grupo de cerca de 20 estudantes. Essa ocorrência maior de alunas é visível também nas outras graduações em língua adicional, com exceção dos cursos de graduação relacionados à língua inglesa, que contam com o maior número de alunos da universidade e parecem contar com uma maior diversidade de aprendentes em ambos os gêneros. Parece-me difícil afirmar quais são de fato as motivações que levam os alunos a estudar o português, principalmente porque, em muitos casos, a escolha não parte essencialmente do estudante, mas acontece em decorrência do resultado da prova nacional para o ingresso nas universidades, ou seja, a maior parte dos estudantes só pode escolher o curso de graduação depois de saber a sua nota no exame. O que podemos afirmar, a partir de relatos de alunos, é que, entre esses estudantes, há um interesse por estudar uma língua considerada "pouco utilizada", que ainda não conte com um grande contingente de profissionais na área e para a qual o mercado de trabalho não esteja saturado ou muito concorrido.

O curso de GLP da UEEC foi formulado para ter uma duração de quatro anos; esse é o tempo que comumente duram as graduações em línguas adicionais na China. Uma característica muito singular do Departamento de Língua Portuguesa da UEEC é a alternância de oferta da variante que será estudada nos dois primeiros anos de graduação: o português brasileiro ou o europeu[11]. Para ficar mais claro, cito o exemplo das turmas que entraram nos últimos dois anos, desde que iniciei o trabalho como leitora: os alunos que ingressaram em setembro de 2015 estão estudando português brasileiro (durante os quatro primeiro semestres); já os que ingressaram em 2016 estão estudando português europeu. Assim, há também certa divisão na equipe de professores: os que ensinam português brasileiro e os que ensinam português europeu. Os materiais didáticos utilizados são igualmente específicos e diferenciados para cada grupo de alunos. No entanto, essa divisão se dissolve ao longo do curso, principalmente, após o ano do intercâmbio, ano em que

---

[10] O ano letivo da China Continental, geralmente, começa em setembro e finaliza-se em junho/julho.
[11] As justificativas para essa escolha são principalmente as diferenças fonéticas e fonológicas existentes entre as duas variantes. Não é objetivo deste artigo discutir essa divisão.

todos os alunos estudam português em uma universidade fora da China Continental. Isso ocorre durante o terceiro ano de graduação, a turma é dividida e cada grupo viaja a estudo para quatro instituições diferentes: Universidade de São Paulo (Brasil), Universidade Federal do Rio Grande do Norte (Brasil), Universidade de Lisboa (Portugal), Universidade de Macau (Macau), independente de qual variante foi estudada anteriormente. Após voltarem do intercâmbio, ainda há mais dois semestres antes de graduarem-se: o primeiro é para a realização de disciplinas mais específicas e de nível mais avançado, como Interpretação, Produção Textual e Português Comercial; o segundo, último semestre antes da formatura, é dedicado para a realização do Trabalho de Conclusão de Curso (TCC). Tanto para ministrar as disciplinas do último ano, como para a orientação do TCC, não existe mais a divisão entre os professores para a turma, há a participação de professores das duas variantes nessas etapas.

Assim como todas as graduações em língua adicional da UEEC, o Departamento de Português conta com professores internacionais. O convênio com o Programa Leitorado do Itamaraty foi estabelecido em 2009, e a primeira vaga para leitor brasileiro na GLP da UEEC foi divulgada através do Edital Programa Leitorado n° 023/2009. Atualmente, o Departamento conta com quatro professoras chinesas e uma leitora brasileira[12]. O papel do leitor brasileiro na GLP da UEEC é o de elaborar e ministrar aulas, principalmente disciplinas que não estão ligadas, diretamente, ao ensino de gramática. Há uma certa divisão de trabalho, que não é explícita, mas que fica clara com o passar do tempo, sobretudo nos dois primeiros anos da graduação: os docentes de nacionalidade chinesa são responsáveis pelo ensino da gramática da língua portuguesa, através da disciplina denominada Português Básico (1, 2, 3 e 4), oferecida nos quatro primeiros semestres; os docentes internacionais são responsáveis por disciplinas de cunho mais comunicativo e específico, como Conversação e Sociedade e Cultura dos Países de Língua Portuguesa 1. É possível perceber também que há uma preferência por designar para o leitor disciplinas cursadas pela turma que está no último ano, ou seja, de nível mais avançado[13]. Todas as disciplinas possuem um programa, com objetivos, conteúdos e livros-texto (no caso das disciplinas que possuem material didático pré-estabelecido). Os Programas são bastante sucintos e dão liberdade para o professor escolher sua metodologia de trabalho, cronograma e materiais, especialmente para o

---

[12] É comum também o Departamento contar com um/a leitor/a de Portugal; porém, o contrato da leitora portuguesa terminou recentemente, assim, neste momento, está em aberto a vaga.

[13] Para citar um exemplo, no segundo semestre de 2016, ministrei sete disciplinas: uma para a turma do primeiro ano (Audição), duas para a turma do segundo ano (Conversação e Audição) e quatro para a turma do quarto ano (Interpretação, Português Comercial, Produção Textual e Sociedade e Cultura dos Países de Língua Portuguesa 2).

professor leitor, que, geralmente, não utiliza livros didáticos[14], pois estes são utilizados principalmente nas disciplinas destinadas ao ensino de gramática.

Além de ministrar aulas, o professor leitor é encarregado de auxiliar em atividades extraclasse. Na China, há uma forte tradição de concursos e competições entre estudantes de graduação da mesma universidade e também de diferentes instituições de ensino. Desde a minha chegada, em setembro de 2015, já participei na preparação de alunos e como jurada em diversos eventos: concurso de declamação de poesia, de debate, de canto, de dublagem e para um exame da embaixada de Portugal em Pequim. Parece-me que a importância de haver um leitor, pela ótica do Departamento, está intimamente ligada a proporcionar aos estudantes aulas e momentos com uma pessoa que tem o português como língua materna e situações de comunicação em língua portuguesa consideradas mais "reais".

Com o passar do tempo, foi possível perceber que as oportunidades para os estudantes usarem o português, principalmente na fala, são escassas, e que, mesmo nas aulas, independentemente do nível dos estudantes, o uso oral do português ainda é um pouco limitado. Sendo assim, entendi que um aspecto muito importante a ser trabalhado seria a oralidade. Na próxima seção, problematizo brevemente algumas noções relacionadas ao perfil do estudante chinês e explicito, a partir das experiências do leitorado na UEEC, algumas abordagens que podem colaborar para o trabalho com gêneros orais em sala de aula, desde os níveis iniciais.

Falar português: experiências com gêneros orais na UEEC

Ao analisar o currículo da GLP da UEEC, percebe-se logo que o trabalho com leitura e escrita está muito mais presente se comparado ao trabalho com compreensão e produção oral. Durante os primeiros dois anos de graduação, a carga horária semestral para as disciplinas de Conversação e Português Audiovisual é de 36 horas/aula[15] cada, em um universo de 252 horas/aula, ou seja, as outras 180 horas/aula são destinadas à disciplina de Português Básico, em que ocorre um trabalho intenso de ensino de gramática, com leitura e produção de pequenos textos, geralmente, a partir de livros didáticos. Para termos uma ideia mais precisa, as disciplinas de Conversação e Português Audiovisual ocupam, cada uma, 1 hora e 20 minutos da carga horária semanal dos quatro primeiros semestres. Penso que, em outras GLP na China Continental, a situação não é diferente. Yan (2008), ao acompanhar estudantes chineses no Brasil, percebeu que alguns alunos não se sentiam confiantes quando precisavam usar a língua portuguesa, especialmente, em

---

[14] Para o ensino do português brasileiro, alguns dos livros didáticos que estão no Programa da disciplina de Português Básico são: Avenida Brasil 1 (1991) e 2 (1995), Falar, Ler e Escrever (1999).
[15] A hora/aula da UEEC é de 40 minutos.

aulas consideradas mais comunicativas, e também ao enfrentar situações reais sentiam certa dificuldade, mesmo já tendo estudado português por dois anos. A autora entende que as razões para participações mais tímidas dos alunos, em diferentes práticas sociais no Brasil, são complexas, mas se dá conta de que "nas aulas de português na China, pouco praticávamos o uso da língua com materiais autênticos, e que os alunos tinham poucas oportunidades de colocar em prática de forma contextualizada as estruturas que eram foco de ensino" (YAN, 2008, p. 9).

De maneira geral, parece-me que, ao tratarmos de ensino, a oralidade tem ficado em segundo plano em relação à escrita, inclusive, ao falarmos em práticas pedagógicas que privilegiem o trabalho com gêneros do discurso (BAKHTIN, 2003). Marcuschi e Dionísio (2007) discorrem sobre ensino de português como língua materna e sublinham as diferenças existentes no tratamento da escrita e da fala na escola. Os autores chamam a atenção para o peso dessas práticas sob o ponto de vista dos valores sociais, ou seja, o valor social atribuído à escrita e à leitura é maior do que o atribuído à fala e à escuta, mesmo que falemos ou escutemos mais do que escrevamos ou leiamos (MARCUSCHI e DIONÍSIO, 2007). Não penso que seja diferente ao discutirmos o ensino de português como língua adicional (PLA), não só na China, mas também em outros contextos. Apesar de já existirem muitos manuais, estudos e diversos trabalhos acadêmicos acerca do ensino e aprendizagem de PLA, pouco foi produzido ao tratarmos de gêneros orais. Muitas pesquisas dedicam-se a aspectos relacionados à fonética, fonologia e à pronúncia do português (DUTRA, 2008; CAMARGO, 2009; GUIMARÃES, 2012; NOMURA, 2013), para citar alguns exemplos, mas poucas tratam da fala ou de gêneros orais como foco de ensino (ANDRIGHETTI, 2009; CONCEIÇÃO, 2011; NEVES, 2012). Quando falo aqui em gêneros orais, tenho como base a noção bakhtiniana de gêneros do discurso, em que o uso da linguagem está diretamente conectado aos campos da atividade humana, segundo o autor:

> O emprego da língua efetua-se em forma de enunciados (orais e escritos) concretos e únicos, proferidos pelos integrantes desse ou daquele campo da atividade humana. Esses enunciados refletem as condições específicas e as finalidades de cada referido campo não só por seu conteúdo (temático) e pelo estilo da linguagem, ou seja, pela seleção de recursos lexicais, fraseológicos e gramaticais da língua mas acima de tudo, por sua construção composicional. Todos esses três elementos – o conteúdo temático, o estilo, a construção composicional – estão indissoluvelmente ligados no todo do enunciado e são igualmente determinados pela especificidade de um determinado campo da comunicação. Evidentemente, cada enunciado particular é individual, mas cada campo de utilização da língua elabora seus *tipos relativamente estáveis* de enunciados, os quais

denominamos *gêneros do discurso* (BAKHTIN, 2003, p. 261-262, grifos do autor).

Assim, quando tratamos de gêneros discursivos orais, partimos do princípio de que eles são enunciados situacionais, instrumentos de interação verbal, a partir dos quais ocorre a comunicação humana e que apresentam características mais ou menos estáveis.

O estudo de Schneuwly (2004) com professores-estudantes de Ciências da Educação na França, sobre as representações habituais do oral e de seu ensino, aponta para algumas perspectivas que acredito serem representativas de como comumente é enxergada a questão fala *versus* escrita. Na pesquisa, os professores apontam como especificidade do oral "não ser ensinável" e, por outro lado, consideram que o que é ensinável "não é específico do oral ou depende fortemente do escrito" (SCHNEUWLY, 2004, p. 112). Poderíamos argumentar que isso não é verdadeiro ao pensarmos no ensino de línguas adicionais, que muitas vezes enfoca a prática de estruturas e funções da linguagem a partir de diálogos e *role-plays* (pequenas representações teatrais), mas com pouca explicitação das condições de produção (NEVES, 2012). No entanto, é necessário refletirmos sobre essas práticas, que também consideramos válidas, mas que, dependendo de como são aplicadas, não refletem as concepções de língua em uso que estamos adotando aqui.

Schneuwly (2004) ainda apresenta outras concepções acerca da fala e da escrita que corroboram a ideia de que, em suma, "*o oral* é concebido como um todo homogêneo que se confunde com a escrita ou se opõe à escrita, também vista como unidade homogênea" (SCHNEUWLY, 2004, p. 113, grifos do autor). Entendo que é importante pensar fala e escrita como dois modos de funcionamento da língua, não como entidades homogêneas ou dois sistemas linguísticos independentes, a fala, assim como a escrita, é organizada e pode também ser ensinada. Assim,

> Outra ideia pouco correta é a de que a fala não seria *planejada*, e a escrita, sim. O certo é que há *níveis de planejamento* diferentes numa e noutra modalidade. Mesmo a conversa mais informal entre amigos segue um plano de formulação muito claro e um plano linguístico que pode ser observado. Todo o funcionamento linguístico, por mais espontâneo e informal que seja, segue algum tipo de planejamento, pois, quando falamos, seguimos regras e não podemos fazer qualquer coisa (MARCUSCHI, 2007, p. 63, grifos do autor).

Segundo Mascuschi e Dionísio (2007, p. 18), "as relações entre oralidade e escrita se dão num contínuo ou gradação perpassada pelos gêneros textuais, e não na observação dicotômica de características polares", ou seja, não há razões para prestigiar uma em detrimento da outra. Ambas têm sua história e desempenham papéis importantes na sociedade, são atividades discursivas complementares e não competem entre si (MASCUSCHI e DIONÍSIO, 2007).

No contexto chinês, acredito que pensar o ensino e a aprendizagem de oralidade apresenta-se como uma necessidade e também como um desafio. O desafio se dá, em grande parte, por precisarmos ultrapassar uma barreira que está estreitamente ligada a crenças e estereótipos sobre os aprendentes chineses. Os discursos sobre as dificuldades dos estudantes chineses com a oralidade e sobre a pouca participação em sala de aula permeiam os ambientes institucionais não só de ensino de português, mas de outras línguas também. Penso que, antes de assumir posicionamentos como esses em face ao que entendemos como "dificuldades", deveríamos fazer um esforço e nos deslocarmos, para procurar entender qual é a origem desses discursos de déficit, que, na maioria das vezes, surgem a partir do confronto com a diferença e da necessidade de lidar com diferentes culturas de ensino e aprendizagem (CORTAZZI e JIN, 1996; FRANK, 2007).

Qualquer cultura de ensino e aprendizagem particular tem suas raízes em tradições educacionais e, mais amplamente, em tradições culturais da comunidade ou sociedade em que ela reside (CORTAZZI e JIN, 1996), essas culturas exercem influência nas estratégias de ensino e aprendizagem de professores e alunos. Nesse sentido, é importante que os professores sejam sensíveis às culturas de aprendizagem dos estudantes, porque é através desse entendimento que podem ocorrer mudanças nas práticas pedagógicas para o ensino e aprendizagem de uma língua. Assim, ao lidar com o ensino de PLA para estudantes chineses, "encontramo-nos não com apenas um diferente código linguístico, mas também com uma diferente forma de pensar e enxergar o mundo, com uma diferente cultura (...), que reconstrói aquilo que já construímos (...)" (MOUTINHO e PACHECO, 2012, p. 363-364). As práticas educacionais de ensino e aprendizagem de língua materna na China, desde o jardim de infância e, depois, nas séries inicias, têm ênfase muito forte na repetição e na memorização (CORTAZZI e JIN, 1996). Ler em voz alta, por exemplo, para os estudantes chineses, parece ter todo um significado muito distante da nossa compreensão, como professores ocidentais. No entanto, é preciso ter certo cuidado ao tratar da China Continental como um todo; é necessário considerar também as diferenças existentes dentro do país, que apresenta um vasto território e que conta com muita diversidade de norte a sul.

É evidente que, por estarem inseridos em uma sociedade com preceitos confucionistas, há princípios reguladores e preceitos que forjam sólidos valores na sociedade chinesa (MOUTINHO e PACHECO, 2012), como o imenso respeito pelos mais velhos, que influencia diretamente nas relações professor e aluno (VOLET; RENSHAW, 1996) e que pode ser interpretado, muitas vezes, como passividade. Ou seja, é possível perceber comportamentos que consideramos típicos dos alunos orientais e, em função disso, "uma ideia comum no mundo ocidental é a de que o aprendente chinês não desenvolve pensamento crítico, criatividade e independência, em razão de seu posicionamento 'passivo' diante do professor. No entanto, isso não corresponde à verdade" (MOUTINHO e PACHECO, 2012, p. 366). Assim, reforço a ideia de Moutinho e Pacheco (2012) de que é equivocada a noção de que estudantes chineses são completamente diferentes dos ocidentais por estarem inseridos em contextos de ensino considerados tradicionais, de cunho rígido e autoritário – como se estudantes ocidentais nunca tivessem passado por experiências educacionais nesse formato – e que, por esses motivos, não estariam preparados para experimentar outras possibilidade de ensino e aprendizagem em uma língua adicional[16]. Ademais, penso que o papel do professor é o de estimular e oportunizar a produção e veiculação de diversos discursos, mostrar que os usos da língua são variados, situados e que podem ser também criativos.

O trabalho com gêneros discursivos orais permeia todos os níveis e disciplinas que leciono, para estudantes do primeiro ao quarto ano. Em disciplinas como a de conversação, oferecida nos três primeiros semestres de estudo, o foco são gêneros orais mais cotidianos e próximos à vida diária dos estudantes. Isso não quer dizer que não haja espaço para desenvolver atividades com gêneros menos familiares e públicos nos níveis iniciais. Com os estudantes do segundo semestre, por exemplo, ao tratarmos da temática "comidas", além de trabalharmos com situações cotidianas que envolvem atividades como ir ao supermercado, ir a restaurantes, fazer um convite para almoçar/jantar, desenvolvemos um trabalho com leitura de panfletos autênticos de restaurantes do Brasil[17], que culmina em uma produção oral através do gênero "propaganda de restaurante brasileiro para o público chinês", que tem como objetivo convencer os colegas que o restaurante do seu grupo é o melhor, pois posteriormente a turma elegerá um restaurante vencedor. Para elaborar essa produção, os estudantes utilizam vocabulário e estruturas que aprenderam durantes as outras etapas com atividades sobre essa temática e através da tarefa com os panfletos. A Figura 1 um excerto da tarefa com os panfletos e vídeo de propaganda de restaurantes.

---

[16] Reforço que as visões aqui discutidas estão fortemente relacionadas com a formação do professor e com a sua cultura de ensino. Esse tipo de expectativa em relação à participação em aula e frustração por parte do professor não é exclusividade do contexto chinês e pode ser verificada em diversos ambientes educacionais. De modo geral, há reclamações de turmas com estudantes considerados quietos. Pode-se dizer que com os estudantes chineses há uma exacerbação dessa frustração, que resulta em uma estigmatização, de fundo nacionalista, dos alunos.

[17] Materiais coletados e trazidos por mim do Brasil. É importante lembrar que na China Continental há restrições no acesso à internet. *Sites* como Google, Youtube, Facebook são bloqueados, o que, às vezes, dificulta a busca por materiais. Por isso, trouxe do Brasil panfletos, DVDs, vídeos já baixados, para ter uma espécie de banco de materiais autênticos.

Experiências do Programa de Leitorado do Brasil

Universidade de Estudos Estrangeiros de Cantão
Departamento de Língua Portuguesa – Conversação
Professora: Bruna Morelo
Temática: Comida
Materiais: panfletos de restaurantes e vídeos (https://www.youtube.com/watch?v=G0mdwyswokE, https://www.youtube.com/watch?v=U82Pp8gDMbg (até 0:27), https://www.youtube.com/watch?v=V9vcOxXpVr8, https://www.youtube.com/watch?v=taYGPZQZIAI)

Tarefa de Leitura

↳ Vocês vão receber um texto por grupo. Leiam o texto para preencher o quadro abaixo.

1) Qual é o nome desse gênero discursivo?	( ) carta ( ) cardápio ( ) panfleto ( ) lista de compras
2) Qual é o objetivo do texto?	O objetivo desse texto é...................................
3) Qual é o nome do lugar?	
4) Que informações aparecem no texto?	( ) endereço ( ) telefone ( ) comidas ( ) bebidas ( ) preços ( ) horário de atendimento
5) Que comidas o lugar oferece?	
6) Vocês gostaram das comidas que aparecem no texto?	

Produção Oral

↳ Vamos ver qual é o melhor restaurante?! Elaborem em grupo uma propaganda do restaurante divulgado no panfleto para apresentar o lugar para os colegas. Usem as informações do exercício anterior e as tarefas abaixo como uma base para elaborar a propaganda.

1) Que adjetivos aparecem no panfleto para descrever o restaurante? Que outros adjetivos vocês podem usar para descrevê-lo? Alguns exemplos de características de restaurantes estão no quadro abaixo.

- espaçoso   - aconchegante   - sofisticado   - bem localizado

- barato   - bonito   - simples   - caro

2) O que é importante para um restaurante ser bom? Qual aspecto é mais importante para escolher um lugar para comer?

- É importante ser barato!   - Os preços (do restaurante) são ótimos!
- Eu gosto de restaurantes espaçosos. ➡   - O restaurante _____ tem muito espaço.
- Eu prefiro um restaurante bem localizado.   - A localização (do restaurante) é muito boa!

3) Observe as diferentes propagandas de restaurantes mostradas, elas focam em aspectos diferentes, você pode também escolher um aspecto para dar ênfase na sua propaganda.

a - Quais os nomes dos restaurantes e que tipo de comida podemos encontrar neles?

- Vídeo 1:
- Vídeo 2:
- Vídeo 3:
- Vídeo 4:

b - Que aspectos são valorizados nas propagandas para descrever os restaurantes? Ligue os aspectos aos restaurantes colocando os números nos parênteses. O mesmo aspecto pode aparecer em mais de uma propaganda.

1. Conforto	Tomato (_____)
2. Horário	Fornalha (_____)
3. Atendimento	Viena (_____)
4. Qualidade	Noz Mostarda (_____)
5. Preços	
6. Saúde	
7. Sabor	

c - As expressões abaixo são utilizadas para descrever os restaurantes. Sobre que aspectos do exercício acima elas estão se referindo.

- "Aconchegante" (   )
- "Tempero irresistível" (_____)
- "Ambiente climatizado" (_____)
- "Self service de domingo a domingo" (_____)
- "amplo espaço" (_____)
- "faz bem pra você" (_____)

Agora é a vez de vocês elaborarem a propaganda, bom trabalho!

Figura 1 – Excerto da tarefa com panfletos de restaurantes.

É importante salientar que, pelo curto tempo das aulas de conversação e pela grande quantidade de temáticas relevantes para os níveis iniciais, nessa disciplina, trabalha-se com um modelo que chamo de miniprojetos pedagógicos, com tarefas e atividades mais curtas, com pequenas produções, e que culminam em uma produção final, nem sempre a um público externo a sala de aula ou ao Departamento. Esse modelo tem como base a pedagogia de projetos[18] (HERNÁNDEZ e MONTSERRAT, 1998; BARBOSA, 2004; SCHLATTER e GARCEZ, 2012). Nessa concepção, o projeto guia o trabalho em sala de aula, define "objetivos de leitura e de produção" e "conferem coerência interna à unidade, justificando todas as tarefas pedagógicas que o constituem [...]" (SCHLATTER e GARCEZ, 2012, p. 90).

---

[18] Na literatura sobre a pedagogia de projetos, diferentes autores utilizam diferentes termos (projeto de trabalho, projeto pedagógico, projeto de aprendizagem) para referir-se ao ensino organizado por projetos. Neste trabalho, optei por não fazer distinção entre os termos.

É a partir da definição de metas de aprendizagem e do planejamento inicial do projeto, juntamente com a decisão de um possível produto final, que serão definidos os conhecimentos necessários para percorrer as etapas até a produção final. Esses são fatores decisivos na escolha de gêneros discursivos[19] que guiarão posteriormente a elaboração de unidades didáticas e tarefas.

Tendo em vista que estamos lidando com duas línguas muito distantes, é necessário tratarmos de algumas questões importantes e fazer alguns esclarecimentos. No primeiro semestre, não é possível falar somente em português com os estudantes, então, o inglês é usado como língua ponte. As questões fonéticas e fonológicas são de extrema importância, inclusive nas aulas de conversação, a começar por como dizer o próprio nome. O momento da escolha do nome em português[20] pode ser aproveitado para o trabalho com questões de fonética e fonologia. Os alunos vão precisar dizer seus nomes e os nomes dos colegas, e esse pode ser um momento importante de aprendizado, pois, a partir dos nomes, é possível começar a ensinar algumas regras fonéticas e fonológicas do português.

Outro aspecto relevante é que, na perspectiva adotada para as experiências aqui relatadas, é possível, desde o primeiro ano, tratar de aspectos como entonação, expressões faciais, marcadores discursivos, níveis de formalidade e variação linguística. Para citar um exemplo, algo muito comum, no primeiro semestre da disciplina de conversação, é tratarmos de cumprimentos e apresentação pessoal. Todos nós cumprimentamos e nos apresentamos muitas vezes durante as nossas vidas, e a maneira como fazemos isso varia muito, de acordo com o local, com o interlocutor, com a situação de produção. É possível trabalharmos em aula com diferentes contextos em que essas práticas acontecem, com vídeos, por exemplo, de pessoas se cumprimentando em lugares diversos, como no hospital, em uma festa, focando também na interlocução, ou seja, quem está cumprimentando quem e de que modo esses aspectos influenciam na maneira como a interação acontece. Com os estudantes chineses do primeiro semestre, as produções orais finais, dentro dessa temática, são uma apresentação mais informal, para recebermos um convidado brasileiro em aula, geralmente um estudante da universidade; e outra um pouco mais formal, a apresentação pessoal para competições, pois, como já mencionado, os estudantes participam de uma

---

[19] Kraemer (2012) propõe uma progressão curricular com base em gêneros do discurso e com sugestões de projetos pedagógicos para um programa de português para estrangeiros no Brasil.

[20] Os estudantes chineses escolhem um nome em português no início de seus estudos. Na UEEC, essa escolha é feita, geralmente, junto com um professor, em aula. A escolha de um nome na língua foco de estudo é uma prática comum na China, principalmente, pela dificuldade que há para muitos professores internacionais em pronunciar os nomes dos alunos em chinês.

grande quantidade de concursos, e uma prática comum nesses eventos é cada candidato fazer uma breve apresentação pessoal em português, antes de começar sua performance. Tudo o que vai ser dito e como vai ser dito, em cada apresentação pessoal, precisa levar em conta o contexto, então, os estudantes aprendem a selecionar as informações e a pensar nas maneiras de dizer a partir da situação comunicativa colocada. Isso vai interferir, por exemplo, se ele vai iniciar a sua fala com um "oi" ou um "boa tarde", se vai acenar com a mão ou com a cabeça.

Além disso, fazemos um trabalho complementar com a oralidade através do WeChat, uma espécie de WhatsApp chinês, mas que conta com mais recursos. No meu segundo semestre como leitora, foi criado um grupo no aplicativo com a turma que hoje está no segundo ano da graduação, chamado "Nós falamos português", no qual dou algumas sugestões de tarefas para os estudantes realizarem, relacionadas à temática que estamos trabalhando na aula. Quando fizemos o trabalho citado anteriormente com a temática da comida, sugeri que os estudantes mandassem fotos ou "momentos", que são pequenos vídeos, de restaurantes de que eles gostam, para indicar para mim e para os colegas, e que gravassem áudios falando sobre o lugar: localização, comida, etc. Decidi utilizar essa ferramenta porque percebi que o recurso de áudio do WeChat é muito utilizado pelos estudantes para se comunicarem. Essas atividades, até o momento, foram muito bem recebidas pela turma: todas as vezes em que eu ou um estudante sugere uma atividade pelo WeChat, praticamente toda a turma contribui.

Um aspecto que tenho aprendido é que, no começo do trabalho, com os níveis iniciais, as tarefas precisam ser muito focadas e com muita ajuda para haver a produção oral. Não há lugar para perguntas muito genéricas e que não forneçam algum auxílio para os alunos produzirem. A situação de comunicação deve estar muito clara para os estudantes e é preciso um trabalho anterior significativo e contextualizado com vocabulário e estruturas, que pode ser feito através de outros gêneros do discurso. Na tarefa da qual apresento o excerto (Figura 1), por exemplo, é possível perceber que há um trabalho prévio para ajudar os estudantes a construírem a produção oral, que envolve também o trabalho com vídeos de propagandas de restaurantes. Outro exemplo são as histórias em quadrinhos, que podem auxiliar em diversos contextos de uso da língua, pois apresentam muitas situações comunicativas e é possível trabalhar o entendimento de algumas características da fala a partir das histórias.

Acredito que a postura do professor em sala de aula em relação à oralidade influencia diretamente na maneira como os estudantes vão lidar com a produção oral. É preciso permitir que os estudantes falem, dar oportunidades desde as primeiras aulas, valorizar as tentativas espontâneas e não espontâneas. Outra estratégia que tem sido adotada, desde os primeiros encontros, é a de ensinar palavras/expressões de sala de aula: "com licença", "sim", "não", "como se diz?", "alguma dúvida?", entre outras. Mesmo havendo, de início, alguma dificuldade de compreensão e/ou na pronúncia, penso que é importante que o professor utilize palavras, frases em português desde o começo e que incentive os estudantes a fazerem o mesmo.

Com os estudantes que estão no quarto ano, as disciplinas são mais focadas em temas específicos, como Português Comercial e Interpretação. Nesses casos, é possível desenvolver um trabalho com gêneros orais públicos, como "apresentação de empresa para reunião de negócios com uso de Power Point", "defesa oral de um relatório administrativo que trata de um problema ocorrido na empresa", "reunião de negócios (compra e venda) entre uma empresa brasileira e uma empresa chinesa", para citar alguns exemplos.

Destaco a importância de considerarmos questões de multimodalidades em todos os níveis, pois "nem a fala nem a escrita restringem-se aos tradicionais elementos gráficos representados pelo alfabeto ou pelos elementos sonoros representados pelos fonemas" (MARCUSCHI e DIONÍSIO, 2007, p. 10). Os gêneros discursivos falados são também multimodais, porque, quando falamos, usamos, ao menos, dois modos de representação: palavras e gestos, palavras e entonação, palavras e sorrisos. Assim, esses aspectos, que, em alguns momentos, são tratados como nuances, podem mudar os efeitos de sentido que queremos dar a um enunciado (fala) ou que construímos a partir dele (escuta). Como seres sociais, é na interação que podemos fazer sentido de certos aspectos da linguagem; sendo assim, proporcionar momentos em que os estudantes possam interagir, ver e ouvir interações, em condições particulares, parece-me de extrema importância em uma sala de aula de língua adicional. No caso específico dos estudantes da GLP da UEEC, é possível perceber que as oportunidades para falar português são apreciadas pelos aprendentes. Como em qualquer turma de alunos, sempre há quem fale mais ou menos, mas as atividades são, de maneira geral, realizadas com empenho, e é possível perceber progressos pontuais nas diferentes turmas em que o trabalho está sendo realizado, como o aumento na quantidade de perguntas feitas pelos estudantes durante as aulas, mais confiança na hora de fazer uma produção oral e o uso de diferentes entonações.

Considerações finais

Ser professor leitor é estar em constante encontro com os diferentes, é, também, possibilitar ao outro, através da língua e da cultura, esses encontros. Parto da premissa de que os estudantes são sujeitos no mundo, são um infinito de possibilidades e não devem ser descritos ou definidos apenas através da nacionalidade ou do tipo de escolarização que tiveram. O objetivo desse artigo foi problematizar brevemente algumas concepções acerca do aprendente chinês e apresentar possibilidades para o ensino e aprendizagem de gêneros discursivos orais, através da exposição de práticas pedagógicas que privilegiam o trabalho com a oralidade e que, no contexto de atuação aqui descrito, têm se mostrado produtivas. Pensar e repensar as práticas de sala de aula são atitudes constantes no trabalho docente; precisamos estar atentos para o que é relevante para os alunos e, no contexto da GLP da UEEC, o que é necessário para formar um profissional que tem como instrumento de trabalho a língua portuguesa e que, possivelmente, lidará com diferentes demandas e situações durante a sua carreira. É preciso ter em mente que estamos lidando com estudantes que, em princípio, terão a língua portuguesa como seu principal atrativo profissional, inseridos em uma sociedade competitiva e que valoriza muito o trabalho. Saber se comunicar em português é parte fundamental do que será esperado desses estudantes quando estiverem inseridos no mercado de trabalho.

As respostas que tenho tido dos estudantes no que tange o trabalho com a oralidade me mostram que devemos, sim, compreender a língua como prática social "que produz e organiza as formas de vida, as formas de ação e as formas de conhecimento [...]" e que "mais do que um comportamento individual, ela é atividade conjunta e trabalho coletivo, contribuindo de maneira decisiva para a formação de identidades sociais e individuais" (MARCUSCHI e DIONÍSIO, 2007, p. 14). A distância entre a língua portuguesa e a língua chinesa, bem como as diferenças culturais entre os dois países, podem ser vistas como aspectos positivos ao pensarmos na aula de língua, já que, ao se deparar com novas maneiras de se expressar, em português, e com novas maneiras de olhar o mundo, o aprendente chinês tem também uma oportunidade de se conhecer melhor, através do outro e através de si mesmo.

Referências Bibliográficas
ANDRIGHETTI, G. H. *A elaboração de tarefas de compreensão oral para o ensino de português como língua adicional em níveis iniciais.* 2009. Dissertação de Mestrado -Instituto de Letras, Universidade Federal do Rio Grande do Sul – UFRGS, Porto Alegre, RS. 196p.
BAKHTIN, M. *Estética da Criação Verbal.* São Paulo: Martins Fontes. 2003. 512p.
BARBOSA, M. C. S. Por que voltamos a falar e a trabalhar com Pedagogias de Projetos? *Projeto – Revista de Educação*: projetos de trabalho. Porto Alegre, v. 3, n. 4, 2004. p 8-13.
CAMARGO, V. S. *Traços fonético-fonológicos do português para falantes de espanhol e de inglês:* segmentos dificultadores para a aquisição do português brasileiro. 2009. Dissertação de Mestrado - Faculdade de Filosofia Letras e Ciências Humanas, Universidade de São Paulo, USP, São Paulo, SP. 92p.

CONCEIÇÃO, J. V. *O ensino de gêneros orais públicos:* o que o teatro tem a ver com isso? 2011. Trabalho de Conclusão de Curso - Instituto de Letras, Universidade Federal do Rio Grande do Sul – UFRGS, Porto Alegre, RS. 61p.

CORTAZZI, M.; JIN, L. Cultures of Learning: Language Classrooms in China. In: COLEMAN, H. *Society and the Language Classroom.* Cambridge: Cambridge University Press, 1996. cap. 9. p.169-206.

DUTRA, A. *Aquisição do português como língua estrangeira:* fenômenos de variações no âmbito fonológico. 2008. Tese de Doutorado – Faculdade de Ciências e Letras, Universidade Estadual Paulista, UNESP, Araraquara, SP. 130p.

FÓRUM INTERNACIONAL DE ENSINO DE LÍNGUA PORTUGUESA NA CHINA, 1º, 2012, Macau. *Atas*: Instituto Politécnico de Macau. Macau, 2012.

FRANK, I. *Culturas de ensino e aprendizagem de alunos e professores de português como língua estrangeira.* 2011. Trabalho de Conclusão de Curso - Instituto de Letras, Universidade Federal do Rio Grande do Sul – UFRGS, Porto Alegre, RS. 42p.

GROSSO, M.; GODINHO, A. P. C. (Org.). *O português na China: ensino e investigação.* Lisboa: Lidel, 2014. 256p.

GUIMARÃES, M. A. A. *Aspectos da fonologia do português como segunda língua por aprendizes anglófonos* – uma análise via Teoria da Otimidade. 2012. Dissertação de Mestrado - Faculdade de Filosofia Letras e Ciências Humanas, Universidade de São Paulo, USP, São Paulo, SP. 116p.

HERNÁNDEZ, F.; MONTSERRAT, V. *A organização do currículo por projetos de trabalho:* o conhecimento é um caleidoscópio. Porto Alegre: Artmed, 1998.

JATOBÁ, J. R. Práticas na Feira de Cantão e suas interfaces no ensino/aprendizagem de PLE da GDUFS. *Revista Sociedade Internacional de Português Língua Estrangeira (SIPLE).* Brasília - Ano 3 - Número 2, Outubro de 2012.

JIANGMEI, W. A urgência da criação de uma licenciatura em português nas universidades chinesas no contexto de estudo das línguas estrangeiras pouco utilizadas. In: GROSSO, Maria José; GODINHO, Ana Paula Cleto (Org.). *O português na China: ensino e investigação.* Lisboa: Lidel, 2014. p. 88-98.

KRAEMER, F. F. *Português língua adicional:* progressão curricular com base em gêneros do discurso. Dissertação de Mestrado - Programa de Pós-graduação em Letras. Universidade Federal do Rio Grande do Sul, Porto Alegre, 2012. 191 p.

LIMA, E. E. O. F et al. *Avenida Brasil 1: curso básico de português para estrangeiros.* São Paulo: EPU, 1991.

_____. *Avenida Brasil 2: curso básico de português para estrangeiros.* São

Paulo: EPU, 1995 (2ed.).

LIMA, E. E. O. F., & IUNES, S. A. *Falar...ler...escrever...Português*. São Paulo: Editora Pedagógica e Universitária,1999.

MOUTINHO, R.; PACHECO, D. G. L. C. Mesa de conversação como espaço de ressignificação de sujeitos e de identidades em português língua estrangeira. *Trabalhos em Linguística Aplicada*, n(51.2), Campinas, SP, jul./dez.2012. p. 361-388.

NEVES, C. S. *Práticas do discurso oral*: uma proposta de ensino de gêneros orais em português como língua adicional. 2012. Trabalho de Conclusão de Curso – Instituto de Letras, Universidade Federal do Rio Grande do Sul – UFRGS, Porto Alegre, RS. 86p.

MARCUSCHI, L. A.; DIONÍSIO, A. P. Princípios gerais para o tratamento das relações entre fala e escrita. In:_____. *Fala e Escrita*. Belo Horizonte: Autêntica, 2007. P. 14-30.

MARCUSCHI, L. A. A oralidade no contexto dos usos linguísticos: caracterizando a fala. In: MARCUSCHI, Luiz Antônio; DIONÍSIO, Angela Paiva. (Orgs.). *Fala e Escrita*. Belo Horizonte: Autêntica, 2007. p. 57-84.

NOMURA, G. M. *Análise da pronúncia de aprendizes japoneses no Brasil*: produção das estruturas silábicas CVC e CCV. 2013. Dissertação de Mestrado - Faculdade de Filosofia Letras e Ciências Humanas, Universidade de São Paulo, USP, São Paulo, SP. 141p.

SCHLATTER, M.; GARCEZ, P. M. *Línguas adicionais na escola*: aprendizagens colaborativas em inglês. Erechim: Edelbra, 2012. 173 p.

SCHNEUWLY, B. Palavra e Ficcionalização: Um caminho para o ensino da linguagem oral. In: SCHNEWLY, Bernard. & DOLZ, Joaquim. *Gêneros orais e escritos na escola*. São Paulo. Mercado de Letras, 2004. p. 129-147

SCHNEWLY, B; DOLZ, J. *Gêneros orais e escritos na escola*. São Paulo. Mercado de Letras, 2004. 239p.

SILVA, R. T. (Org.). Linguagem, cultura e interação: espaços simbólicos construídos em língua portuguesa na China e em Macau. Parte II – Políticas linguísticas e abordagens teóricas. *Fragmentum*, N. 35, parte II. Laboratório Corpus: UFSM, Out./Dez. 2012.

VOLET, S.; RENSHAW, P. Chinese students at an Australian university: adaptability and continuity. In: WATKINS, David A.; BIGGS, John B. (Edit.). *The Chinese learner: cultural, psychological and contextual influences*. Hong Kong and Australia: Comparative Education Research Centre (CERC) & Australian Council of Educational Research (ACER), 1996. p. 205-220.

YAN, Q. Quem são os "alunos chineses"? A necessidade de repensar a questão da identidade. In: SILVA, Roberval Teixeira e. (Org.). Linguagem, cultura e interação: espaços simbólicos construídos em língua portuguesa na China e em Macau. Parte II – Políticas linguísticas e abordagens teóricas. *Fragmentum*, N. 35, parte II. Laboratório Corpus: UFSM, Out./Dez. 2012. p. 28-32.

YAN, Q. *De práticas sociais a gêneros do discurso: uma proposta do ensino de português para falantes de outras línguas*. 2008. Dissertação de Mestrado – Instituto de Letras, Universidade Federal do Rio Grande do Sul, UFRGS, Porto Alegre, RS. 130p.

ZHILIANG, Y. Algumas considerações sobre a expansão do ensino da língua portuguesa na China. In: GROSSO, Maria José; GODINHO, Ana Paula Cleto (Org.). *O português na China: ensino e investigação*. Lisboa: Lidel, 2014. p. 42-54.

6
PLANEJANDO UMA DISCIPLINA DE NEGÓCIOS E COMUNICAÇÃO INTERCULTURAL: UM RELATO DE EXPERIÊNCIA DO LEITORADO BRASILEIRO NA DINAMARCA

PLANNING A BUSINESS AND INTERCULTURAL COMMUNICATION COURSE: AN EXPERIENCE REPORT OF THE BRAZILIAN LECTURESHIP IN DENMARK

Camila Dilli[1]

Introdução: O leitor na Escandinávia, uma experiência inicial solo

> A maravilhosa variedade de diferentes sociedades é a verdadeira origem da história (...). Quando uma civilização não se expõe à ameaça e ao estímulo da outra (...) ela está fadada a ver o tempo passar enquanto fica andando em círculos. A experiência do Outro é o segredo da mudança. E da vida. (PAZ, 2006, p.87-88)

Ao assumir o cargo de professora leitora na Universidade de Aarhus, as primeiras dúvidas que surgiram diziam respeito ao curso em que estava prestes a lecionar. As disciplinas que o leitor assume compõem o curso de Bacharelado em Estudos Brasileiros, alocado na Faculdade de Artes, na Escola de Cultura e Sociedade, no Departamento de *Global Studies* (Estudos Globais). O que um bacharel em Estudos Brasileiros deve estar apto a realizar – em português – através de sua formação? Em quais gêneros discursivos, acadêmicos e profissionais, que esses estudantes, e (futuros) profissionais da área precisam engajar-se para inserir-se em seus campos de atuação? Que

---

[1] Professora Leitora (Visiting Associate Professor) na Universidade de Aarhus, Dinamarca. Mestre em Linguística Aplicada pelo Programa de Pós-Graduação em Letras da Universidade Federal do Rio Grande do Sul. E-mail: dillicamiladilli@gmail.com

campos de atuação são esses e qual é o papel do português neles? O que é um bom trabalho acadêmico, uma boa *thesis* – ou trabalhos de conclusão de curso – nos Estudos Brasileiros? Imaginava que acessando o banco de trabalhos acadêmicos da universidade poderia encontrar algumas respostas às minhas questões.

Essas são perguntas amplas para as quais ainda procuro respostas, e, no que se refere aos gêneros envolvidos nessa área acadêmica e profissional, existem duas barreiras importantes: a língua dinamarquesa, a qual não domino, e a, segundo minha perspectiva, a lacuna de publicação e circulação, para além da interlocução aluno / professor avaliador, de textos acadêmicos pelos estudantes de Mestrado e Bacharelado nos Estudos Brasileiros. Para minha surpresa, segundo relatos que me foram dados até o momento, grande parte dos textos finais requisitos para aquisição do diploma são escritos em dinamarquês, alguns em inglês e são raros os casos de textos em português. Além disso, os textos dos alunos não são defendidos oralmente perante uma banca; são lidos e avaliados por avaliadores internos e externos à universidade – os censores. Não se tem a tradição de publicar as *thesis* no sistema bibliotecário universitário, essa publicação é opcional, o que adia respostas mais concretas aos meus questionamentos iniciais até que eu tenha a oportunidade de participar diretamente da avaliação e/ou orientação de um número significativo de estudantes. Além disso, os alunos não têm por hábito ler os textos uns dos outros, os textos que produzem não circulam entre eles. Esse cenário de não publicação dos textos produzidos e de leitura exclusivamente para finalidades de avaliação por si só me pareceu uma provocação. Uma resposta diante desse panorama, que ecoa a minha formação com o ensino de língua, é a busca pelo fomento de leitura e produção de textos – acadêmicos e em português – que extrapolem as instâncias de avaliação, fazer com que a circulação de textos esteja presente. Prontamente assumi o projeto de *blog* que herdei dos professores leitores anteriores, com o objetivo de promover a leitura e a escrita em português. E embora não integre oficialmente o currículo do Bacharelado, esse projeto pode ser um espaço de leitura, revisão, escrita e reescrita de textos em português, em que vários membros da equipe editorial, composta por graduandos e pós-graduandos, se engajam.

Em dez anos de carreira como professora de português como língua adicional, circulei por ambientes profissionais em que convivi diária e majoritariamente com professores e alunos de língua em contexto de ensino de língua. Exemplos desses ambientes são um dos centros culturais brasileiros na América Latina – o Instituto Brasileiro-Equatoriano de Cultura – e um programa de português para estrangeiros em uma universidade federal brasileira – o Programa de Português para Estrangeiros da Universidade Federal do Rio Grande do Sul. A chegada na Universidade de Aarhus significou em minha vida profissional uma "experiência escandinava", por assim dizer, tanto no que diz respeito ao acesso a recursos materiais – salas bem equipadas, amplas e confortáveis, computadores, acesso rápido e eficiente à internet, acesso a livros ou publicações periódicas para professores e estudantes – como no que concerne aos recursos humanos – em relação aos contextos latino-americanos mencionados, aqui são menos alunos, menos nacionalidades dentre os alunos, menos colegas, menos tempo em contato com colegas professores, menor densidade de pessoas nos ambientes universitários e seu entorno, como nos ônibus e nas bibliotecas da cidade, por exemplo. Em geral, percebe-se mais movimentação de estudo e trabalho entre 9h e 16h. Os ambientes são amplos, marcados pelo conhecido *danish design*, aconchegantes e, aos meus olhos acostumados a outras paisagens, quase vazios.

Meus únicos colegas professores no Bacharelado em Estudos Brasileiros são apenas dois: um historiador e um antropólogo, que têm se revezado na atuação presencial como professores do Bacharelado ou em viagens para desenvolver suas pesquisas individuais durante o período em que tenho estado aqui, parte do primeiro e parte do segundo semestre de 2016. O resultado, temporário, disso foi a divisão de quase todas as disciplinas do Bacharelado entre o professor leitor e um professor especializado em estudos brasileiros. Assim, nos sete semestres curriculares do Bacharelado em Estudos Brasileiros, as disciplinas são lecionadas, em geral, ou pelo professor leitor de língua portuguesa (distribuídas em cinco semestres) ou pelo(s) professor(es) especializado(s) em estudos brasileiros, à exceção das disciplinas cursadas pelos estudantes quando em intercâmbio em alguma universidade brasileira conveniada ou em outros departamentos da própria Universidade de Aarhus. Essas disciplinas são previstas pelo programa do Bacharelado, durante o quarto e o sexto semestres, respectivamente. Nesse contexto de grande proximidade entre os dois outros professores e o professor leitor, existe a possibilidade de se desenvolver no programa do curso uma integração mais intensa entre os currículos das disciplinas de português e das demais disciplinas oferecidas, cujos conteúdos envolvem áreas como história, antropologia, estudos culturais, sociologia, economia e ciências políticas. O programa atual não prevê o planejamento conjunto das disciplinas, no entanto esse desejo tem sido demonstrado tanto por mim como pelos colegas professores do Bacharelado. E essa oportunidade é justamente o primeiro desafio que pude identificar.

Nesse cenário, um fato me parece marcante: a ausência de outros professores de língua portuguesa na Universidade e o contato pouco frequente entre os professores de diferentes línguas, embora os ambientes de trabalho sejam muito próximos. Na Escola de Cultura e Sociedade da Faculdade de Artes, onde estão os gabinetes do curso de Estudos Brasileiros (Departamento de *Global Studies*), estão os gabinetes de outros professores e doutorandos que também lecionam línguas como hindi, mandarim, japonês dos *"language based area studies"*. Em prédios vizinhos do campus trabalham professores de espanhol e francês, por exemplo, da Escola de Comunicação e Cultura, da mesma Faculdade. Em relação à minha trajetória profissional anterior, um desafio que se coloca diante do leitor é o de encontrar caminhos compartilhados possíveis para a formação do professor de língua nesse ambiente. Participei apenas de três eventos em que a pauta era essa: uma viagem ao Centro de Línguas do *King's College*, em Londres, para um evento de formação exclusivo aos professores de língua do Departamento de *Global Studies* de Aarhus conduzido por professores de línguas em atividade no centro; uma reunião para discussão sobre essa formação; e uma reunião sugerida por mim aos demais professores de língua do meu Departamento, para que a troca entre nós não cesasse após a viagem ao *King's College*.

O objetivo dessa terceira reunião era o compartilhamento de questões de interesse quanto às nossas práticas pedagógicas e o convite para futuros encontros de formação. Durante a reunião, novamente tive a impressão de que a posição de parte dos professores é de que esses encontros serão realizados somente mediante pagamento por essas horas de trabalho. Em geral, não se realiza trabalho sem pagamento, inclusive os estudantes – que, em situações regulares, recebem bolsa governamental de estudo para fazer suas graduações – recebem pagamentos além da bolsa por horas em que atuam em atividades de monitoria, por exemplo. No entanto, em relação aos professores que mencionei, não estão previstos encontros regulares de formação pedagógica em sua carga horária, mas sim horas de planejamento. Esse planejamento parece ser feito individualmente ou em parcerias entre aqueles professores que contam com colegas, professores *trainees* ou pós-graduandos ensinando a mesma língua. Para a disciplina de Português 1 e 2, ofertadas aos alunos do primeiro semestre, conto com a colaboração de um *instruktor*, um instrutor, um estudante com bom desempenho e cursando um semestre mais avançado para realizar monitoria e atividades de prática e revisão nas disciplinas anteriormente cursadas por ele, especialmente com a função de realizar encontros mediados pela língua dinamarquesa, como um modo de aproximação aos estudantes. Em relação à formação de professores, expus aos colegas professores de língua a proposta de que os instrutores, doutorandos e demais professores possam também participar das futuras formações, o que foi do interesse dos demais professores.

A necessidade que sinto é que exista maior regularidade nos encontros entre aqueles interessados em discutir questões sobre o ensino de língua que emergem na pauta do dia, como avaliações e o exercício da interdisciplinaridade, por exemplo, e que se possa fomentar o desenvolvimento de um grupo de professores de língua em que essa identidade esteja em foco, não somente as questões mais amplas dos estudos brasileiros, ou dos estudos japoneses, e assim por diante. Embora ainda deixando a desejar quanto à minha necessidade de maior regularidade nos encontros – ficaram definidas apenas duas reuniões semestrais, não pagas, de adesão espontânea –, da reunião que propus resultaram propostas interessantes: a possibilidade de custeio de viagens curtas a palestrantes e oficineiros que possam vir a compor um quadro de eventos de formação de professores de língua que dialoguem com nossas questões, com abertura à participação de instrutores e outros colaboradores temporários, como os doutorandos; a realização de um evento para consultoria em ferramentas digitais e ensino *online*; o revezamento entre nós da responsabilidade por organização e condução dos encontros seguintes e a escrita de um documento com a lista de tópicos de formação desejados pelo grupo.

Tendo em mente meu objetivo inicial, em paralelo a essas formações mais breves e ocasionais, enviarei ao grupo convites àqueles que desejarem se juntar a mim para a realização de atividades que podem ser compartilhadas. A exemplo disso, proximamente me dedicarei à escrita de uma proposta de descritor para uma das avaliações a que os estudantes se submetem, e já comentei com meus colegas que eles receberão um convite para dividirem esse período de trabalho comigo, se assim o desejarem. Outra proposta que pleiteei é que nós ofertemos uma formação ao grupo de professores do centro de língua que nos recebeu no *King's College* para que mantenhamos a colaboração entre ambas universidades, pois creio que um projeto comum dessa dimensão, com uma interlocução clara, oportunizaria o engajamento coletivo mais intenso.

Uma orientação geral nesta Universidade, é que muita atenção deve ser dada às súmulas. Todas as disciplinas e respectivas formas de avaliação são descritas no programa que rege o ano de entrada de cada estudante, e esse programa tem status de legislação interna. Isso quer dizer que nas disciplinas em que há uma avaliação final e não uma avaliação de portfólio, como é chamada aqui, essa avaliação final possui um formato especificado no programa, que em geral consiste em uma produção textual de um gênero escolar assemelhado ao *essay* ou *paper*, com tema de escolha livre ou definido pelo professor, acompanhado ou não de uma apresentação oral na mesma temática. Não necessariamente as avaliações descritas estão afinadas às descrições das disciplinas e as súmulas em geral são vagas, o que pode ser tomado positivamente, por conferir certa liberdade de prática ao professor. Isso coloca no horizonte do novo professor a escrita de novas súmulas, possivelmente mais concretas, e que vinculem a descrição das avaliações aos objetivos das disciplinas.

Retomando os desafios encontrados nos primeiros meses de atuação como leitora neste contexto, resumo as oportunidades de desenvolvimento profissional diante do professor de língua portuguesa no leitorado assim:

a) a compreensão de o que são os Estudos Brasileiros como área acadêmica e de quais são os campos de trabalho associados aos profissionais graduados, bem como o papel do ensino da língua portuguesa nesses contextos profissionais e acadêmicos;

b) o planejamento integrado entre os currículos das disciplinas de português e das demais disciplinas oferecidas, que envolvem áreas tão diversas como história, antropologia, estudos culturais, sociologia, economia e ciências políticas com vistas a um currículo interdiciplinar;

c) o desenvolvimento de leitura e produção de textos (acadêmicos) em português entre os alunos que extrapolem as instâncias de avaliação e a promoção da publicação e circulação desses textos;

d) o fortalecimento da identidade do professor de língua, em meio a esse grupo de professores de áreas tão variadas, por meio do desenvolvimento de atividades de formação docente juntamente aos professores das demais línguas presentes do Departamento, na situação em que se é o único professor de português; e

e) a atuação como docente em disciplinas de português para fins específicos que demandam interdisciplinaridade.

Este último ponto será tratado no caso da disciplina de Negócios e Comunicação Intercultural a seguir.

O planejamento da disciplina de Negócios e Comunicação Intercultural

O planejamento de que trato aqui foi realizado para um das disciplinas a cargo do professor leitor no *Fall Semester* de 2016, o primeiro semestre em que atuaria em sala de aula com turmas da graduação durante meu período como leitora. A decisão por compartilhar justamente o planejamento dessa disciplina foi motivada pelo fato de que essa é a mais distante de minhas experiências anteriores e, sendo assim, requer novas leituras. Desconsiderando breves leituras destinadas ao público leigo em publicações periódicas não especializadas, posso me considerar alheia profissionalmente ao "mundo dos negócios". Imagino que essa possa ser a mesma situação de muitos outros professores com carreiras voltadas ao ensino de português. Esse ponto interdisciplinar chave para essa disciplina me parece especialmente complexo, sobretudo no caso de contatos interculturais com grupos com os quais se têm pouca familiaridade: neste contexto de ensino, os estudantes provêm de um *background* cultural diversificado e distante do meu, além de estarem formando-se para atuarem em áreas profissionais potencialmente distantes da minha, como a política, a administração ou a diplomacia, por exemplo.

Os alunos do terceiro semestre, público ao qual é oferecida a disciplina de que vou tratar, estão em um momento de transição no curso: já estudaram português por um ano, mas ainda não fizeram o intercâmbio no Brasil, previsto para o quarto semestre. Não conhecer os estudantes do grupo específico com o qual iria trabalhar, somado ao fato de eu possuir uma noção superficial sobre o idioma local, tornou inviável fazer alguma previsão sobre o nível de proficiência em português que esses indivíduos apresentariam no terceiro semestre, o que necessariamente me levou a um planejamento flexível da disciplina.

Nesse ponto do curso, durante as disciplinas de Português Brasileiro (*Brasiliansk portugisisk*) 1, 2 e 3, os estudantes já terão sido expostos durante os semestres anteriores uma carga horária de 182 horas-aula. A hora-aula corresponde a 45 minutos, isso quer dizer que de fato se tratam de 136h e 30 minutos de ensino de português. Essa carga horária pode ser dividida entre o professor leitor (104 horas–aula, ou 78h) e os encontros de monitoria (78 horas–aula, ou 58h e 30 minutos), quando houver instrutor. Havendo instrutor, os encontros de monitoria são dois encontros semanais de 2 horas-aula no primeiro semestre (Português 1e 2) e um encontro semanal de 2 horas-aula no segundo semestre (Português 3); estão a cargo do professor leitor, 4 horas-aula semanais em cada uma das disciplinas. A maioria dos alunos no final do primeiro semestre acompanha o professor leitor em uma viagem de estudos a um contexto de imersão em língua portuguesa, até então realizada em parceria com a Universidade do Porto, onde fazem um curso de português europeu com a duração de uma semana e participam de programas histórico culturais. É importante salientar que o dinamarquês e o português não são línguas próximas e que muitos dos estudantes não têm contato prévio com essa língua adicional, visto que não são exigidos pré-requisitos ou proficiência em português para a entrada no Bacharelado.

A disciplina Negócios e Comunicação Intercultural (*Erhverv og Interkulturel Kommunikation*), doravante NCI, é uma disciplina obrigatória e oferecida aos alunos cursando o terceiro semestre do curso de Bacharelado em Estudos Brasileiros na Universidade de Aarhus. A carga horária de 26 horas-aula é dividida em 13 encontros semanais de 2 horas-aula de duração. A disciplina prevê 19h e 30 minutos de atividades. Abaixo segue uma tradução livre da versão inglesa[2] da súmula da disciplina, cujo o texto oficial foi originalmente redigido em dinamarquês[3].

Descrição das qualificações

O estudante tem um conhecimento mais profundo da gramática e do vocabulário do português brasileiro relacionados ao mundo dos negócios e à comunicação intercultural. O estudante é capaz de interpretar a cultura corporativa no Brasil.

Conteúdos

O curso enfatiza a leitura e discussão de questões relacionadas a negócios, bem como a escrita e habilidades de apresentação oral.

---

[2] Disponível em: http://kursuskatalog.au.dk/en/course/64572. Acesso em: 28 ago. 2016.
[3] Disponível em: http://kursuskatalog.au.dk/da/course/64572. Acesso em: 28 ago. 2016.

(Disponível em: http://kursuskatalog.au.dk/en/course/64572. Acesso em: 28 ago. 2016.)

A avaliação prevista no programa regimental é organizada em portfólio e consiste em frequência mínima para aprovação de 80%, entrega de no mínimo duas produções textuais curtas (*assignments*) e desempenho satisfatório em apresentações e demais produções textuais individuais ou grupais definidas pelo professor. Àqueles que não atenderem os requisitos mínimos para aprovação, oportuniza-se uma reavaliação na forma de uma produção escrita (*written assignment*) de 9 a 11 páginas, feita em um prazo de sete dias após a divulgação dos primeiros conceitos.

Após as primeiras três semanas de aulas, quando finalizei a escrita deste texto, conheci mais sobre os sete estudantes do terceiro semestre, primeiro grupo para o qual lecionarei a disciplina de NCI. Esse grupo específico possui uma trajetória diversa com a língua portuguesa: dois alunos tiveram mais contato com o português europeu, três alunas têm suas experiências conectadas mais fortemente ao ensino e aos eventos realizados no âmbito do próprio Bacharelado e duas alunas já tiveram uma experiência mais longa com a língua, envolvendo atividades profissionais e/ou de ordem pessoal. No intuito de contribuir para a compreensão do perfil dos estudantes que cursam o terceiro semestre, situo os estudantes em relação à proficiência apresentada nesses primeiros encontros, utilizando como referência os parâmetros de avaliação do Certificado de Proficiência em Língua Portuguesa para Estrangeiros do Brasil, o Celpe-Bras[4], com a ressalva de que isso evidentemente se deu sem o rigor do exame de proficiência. Quanto às habilidades relacionadas à escrita, em geral os alunos são capazes de produzir um texto de nível intermediário, leem textos com auxílio de dicionários e tradutores utilizando bastante tempo para a leitura. Apresentam um desempenho em compreensão e produção oral de nível básico, à exceção de uma pessoa, que demonstra domínio amplo das quatro habilidades. Quanto ao conhecimento sobre a língua, os estudantes apresentam familiaridade com os tópicos gramaticais comumente abordados nos livros didáticos (tempos, modos, vozes verbais, a estruturação da oração, preposições etc.). Os estudantes possuem fluência oral em língua inglesa, comum entre os dinamarqueses, sobretudo entre os mais jovens.

A maioria das leituras encontradas até o momento que se prestaram a compor a bibliografia especializada da disciplina são em língua inglesa e os textos especializados e em português que considerei adequados por seu conteúdo são longos e linguisticamente complexos. Diante dessa situação e considerando-se que a súmula da disciplina de fato deve regular as atividades,

---

[4] Para uma apresentação rápida sobre o exame e seus critérios de avaliação, ver o Guia do Participante. Disponível em: http://www.ufrgs.br/acervocelpebras/arquivos/guias/guia-do-participante. Acesso em: 20 ago. 2016. Para uma apresentação mais aprofundada, ver Schoffen (2009).

o quebra-cabeças para o planejamento passa a envolver também a busca pelo equilíbrio entre as práticas em língua portuguesa e as leituras referentes a *business* e a comunicação intercultural, nem sempre em português.

Para planejar a disciplina lancei mão das seguintes concepções teóricas fundamentais: a noção de uso da linguagem (CLARK, 2000) e de gêneros discursivos (BAKHTIN, 2003), bem como o trabalho por projetos pedagógicos (BARBOSA, 2004; HERNÁNDEZ, 2004). No ensino de línguas, partir de noções de uso da linguagem e de gêneros discursivos significa colocar o foco nas práticas sociais situadas sócio-historicamente de uso da linguagem, com prioridade para a produção de sentidos, em que as atividades de ensino e análise de determinadas formas linguísticas, por exemplo, ficam submetidas às demandas emergentes nas práticas de compreensão e produção textuais em andamento nas atividades pedagógicas.

A noção de uso da linguagem (CLARK, 2000) compreende as práticas sociais como construídas na ação conjunta dos participantes em uma situação de comunicação com um determinado propósito negociado por eles no aqui-e-agora de cada interação. Segundo Bakhtin (2003), o uso da linguagem se dá através de gêneros do discurso, que são tipos relativamente estáveis de enunciados elaborados em cada domínio de uso da linguagem e que organizam a comunicação dentro de uma determinada esfera da atividade humana: "cada enunciado particular é individual, mas cada campo de utilização da língua elabora seus *tipos relativamente estáveis* de enunciados, os quais denominamos *gêneros do discurso*". (BAKHTIN, 2003, p. 262, grifos do autor). Sua estabilidade se compreende a partir de sua historicidade, pelo viés da dimensão social de sua produção, e não somente pelas características formais ou linguísticas materializadas nos textos. A observação de traços linguísticos formais predominantes e a tipificação de textos em sequências linguísticas, pela tipologia textual, de acordo com esses traços (sequência narrativa, descritiva ou argumentativa, por exemplo) gera o que se entende aqui como *tipos textuais* (MARCUSCHI, 2002, p.27). Para que se possa compreender cada texto particularmente, é necessário estarmos a par das práticas sociais que os geram. Motta-Roth (2009, p.323) explica:

> Cada gênero, então, é realizado na forma de um registro particular que encontra sua realização concreta em um texto particular. A identificação das variáveis contextuais das práticas acadêmicas nas quais nós escrevemos é fundamental para tornar-nos produtores e consumidores de textos. Se queremos ter um entendimento da configuração de um texto, devemos tentar entender a natureza da prática social, das atividades acontecendo no contexto implicado, a situação, os papéis dos participantes e as relações entre eles, e a maneira que essas condições são construídas no texto com uma

determinada organização. (MOTTA-ROTH, 2009, p.323)[5]
Um exemplo de gênero fornecido por Motta-Roth (2009) seria o artigo, em oposição à revisão de livro, ou dissertação. Dois artigos que relatam uma pesquisa são consistentemente diferentes em conteúdo, formato e estilo, se provêm de diferentes campos, como a Linguística Aplicada ou as Ciências da Terra. Ou seja, possuem diferentes registros, no entendimento da autora (2009, p.321), "O *texto* é a realização concreta desses processos sociolinguísticos das escolhas de gênero e registro.[6]".

Os projetos pedagógicos (BARBOSA, 2004; HERNÁNDEZ, 2004; RGS, 2009; ANDRIGHETTI, 2012; KRAEMER, 2012) são desenvolvidos a partir da curiosidade e/ou necessidade de aprendizagem dos estudantes e o próprio planejar o que aprender faz parte do processo de aprendizagem (BARBOSA, 2004)[7]. A estrutura do currículo pode ocorrer por temáticas e gêneros do discurso de interesse/necessidade de aprendizagem (RGS, 2009)[8], sendo os projetos pedagógicos: "uma proposta de produção conjunta da turma em relação ao tema selecionado" (SCHLATTER e GARCEZ, 2009, p. 145). Um projeto busca desenvolver os objetivos relacionados ao eixo temático em pauta e aos gêneros do discurso implicados e tem como meta a participação efetiva dos alunos na comunidade de estudo e na sociedade. Nesse sentido, é importante que a primeira etapa para a elaboração de um projeto seja a decisão coletiva, entre alunos e professores, sobre qual projeto será realizado e o planejamento para a sua realização[9].

---

[5] Each genre then is realized in the form of a particular register that finds its concrete realization in a particular text. The identification of the context variables of academic practices within which we write is fundamental to become a producer and consumer of academic texts. If we want to get an insight into the configuration of a text, we must try to understand the nature of the social practice, of the activities occurring in the relevant context, the situation, participants' roles and relations, and the way these conditions are construed in the text with a certain organization. Essa e as demais traduções foram realizadas por mim.

[6] The *text* is the concrete realization of these social-linguistic processes of genre and register choices.

[7] A partir dos projetos pedagógicos em que me envolvi, posso dizer que os mesmos se organizam, grosso modo, assim: o planejamento e o trabalho em sala de aula se organizam por escolhas de temáticas, de assuntos e questionamentos de interesse dos participantes; a partir dessas escolhas de temáticas e perguntas ou questionamentos de interesse, os professores, em colaboração com os estudantes, escolhem textos a serem lidos e produzidos, gêneros discursivos a serem desenvolvidos ou estudados em sala de aula. Os 'conteúdos curriculares' mais tradicionais em aulas de língua, geralmente associados a aspectos linguísticos (como vocabulário, estruturação de parágrafos, pontuação, etc.), serão selecionados para estudo a partir das necessidades emergentes nos textos e gêneros mobilizados nos projetos.

[8] O documento Referenciais Curriculares do Rio Grande do Sul foi redigido para orientar o ensino nos níveis de ensino fundamental (do sexto ao nono ano) e médio.

[9] Para conhecer exemplos de projetos para o ensino de língua, sugestões de temáticas a professores ajustadas ao público-alvo em diferentes contextos de ensino e a construção de

No caso da disciplina NCI, a participação dos estudantes nas tomadas de decisão será estimulada, no entanto, como planejamento do curso, duas possibilidades de projetos já foram traçadas em antecipação, considerando os objetivos específicos que a disciplina pode incorporar, segundo minha interpretação do programa de ensino. Em resposta ao engajamento dos estudantes, às suas experiências prévias com projetos e a como manejam diferentes graus de autonomia, pode haver uma interferência menos ou mais propositiva do professor nas decisões e na organização das etapas do projeto que for se configurando com cada grupo em particular. O diálogo deve estar no coração da aprendizagem (FREIRE, 1996, 2011; LARSON; MARSH, 2005): para que haja aprendizagem significativa, professores e estudantes precisam participar dialogicamente de discursos. A partir da abertura ao diálogo, as questões trazidas pelos estudantes, que se relacionam com eles mesmos e com as suas comunidades, segundo Larson e Marsh (2005), são interesses que irão gerar perguntas que vão alimentar o programa curricular, que pode ser constantemente renovado e desenvolvido, implicando em flexibilização curricular, para incorporarem-se inovações e mudanças. De acordo com a proposta dos autores, o currículo emergirá de uma maneira orgânica a partir das práticas sociais e culturais construídas em conjunto. Em outras palavras, por meio dos projetos, pretende-se que o ambiente de aprendizagem não se configure como um ambiente de ensaios para a vida real, mas de atividades autênticas em que respostas ou objetivos não sejam pré-determinados e em que a interlocução e os propósitos sejam reais e relevantes para os participantes. (LARSON e MARSH, 2005). Sendo assim, em ambos os projetos previamente traçados como sugestões na fase de planejamento, foi prevista a participação em contatos autênticos com profissionais e outros estudantes que sejam relevantes para a formação profissional desses futuros bacharéis, contatos cujos resultados não se podem prever e também são desconhecidos do próprio professor.

Como já mencionado, é um desafio lecionar língua portuguesa para fins específicos, especialmente quando há demanda por conhecimentos interdisciplinares que fogem ao perfil profissional do docente. No caso da disciplina de NCI, duas foram as estratégias principais para lidar com a inexperiência na área requerida. Uma delas foi a proposta de trabalho por meio de projetos pedagógicos, pois, durante o desenvolvimento dos mesmos, o professor assume também um papel legítimo de aprendiz na área de *business* e comunicação intercultural. Um exemplo dessa aprendizagem foram as buscas por publicações na área da comunicação intercultural para compor a bibliografia básica da disciplina. A outra estratégia foi a formação de uma

---

currículos por projetos ver: Referenciais Curriculares (RGS, 2009), enfocado no ensino básico; Kraemer (2012), no ensino de português como língua adicional, e Morelo (2010, 2014), no contexto das Ações Afirmativas voltadas a grupos étnicos minoritários e letramentos acadêmicos.

rede de colaboração com profissionais mais experientes.

Para formar essa rede, entrei em contato com diversos profissionais e todos se mostraram prestativos em colaborar com a disciplina; essa receptividade foi um aspecto muito motivador. Um dos colaboradores foi um professor (*assistant professor*) nos Estudos Internacionais, também da Escola de Cultura e Sociedade, que tem experiência com a gestão de projetos. Esse professor indicou uma organização não-governamental que forma cidadãos na área de *business* – cidadãos comuns, não apenas estudantes de uma área do conehcimento específica. Esse mesmo colega forneceu algumas sugestões relativas a uma das etapas de um dos projetos planejados para a disciplina. Além dele, o professor especializado em Estudos Brasileiros, o colega mais diretamente ligado ao leitor brasileiro, irá colaborar com a oferta de uma oficina introdutória sobre instrumentos e geração de dados em pesquisa qualitativa. Um professor dos Estudos Japoneses que já trabalhou com *workshops* em comunicação intercultural sugeriu uma leitura básica, no início do planejamento. Fora dos limites da Universidade de Aarhus, duas professoras universitárias brasileiras demonstraram interesse em que seus alunos participassem de um dos projetos planejados para a disciplina; uma delas leciona português para chineses que também estudam o Brasil e relações comerciais com o país, e a outra leciona inglês para brasileiros em dois cursos, o de Gestão para Inovação e Liderança e o de Relações Internacionais, com quem troquei algumas Referências Bibliográficas.

Ao iniciar o contato com publicações na área de comunicação intercultural, prontamente um embate se estabeleceu, especialmente no que diz respeito à generalização, estereótipos e noções de identidade e cultura implicadas. Para ilustrar o distanciamento entre as concepções dessas primeiras leituras com que tive contato na área de *business* e leituras prévias que têm uma abordagem divergente, lanço mão da revisão realizada em Salomão (2015) para o conceito de cultura, e do componente cultural utilizado no ensino de línguas a partir da década de 50. Na revisão, explorou-se principalmente o conceito de cultura no que ele se relaciona com a linguagem, de acordo com escolas antropológicas e sociológicas, pela sua relação com o modo como se entende cultura no ensino de línguas. A passagem abaixo representa, sucintamente, a evolução do conceito de cultura, a partir de sua revisão.

> Notamos que cultura, ao desdobrar-se semanticamente de cultivo, passa a denotar questões que vão além da lavoura, como o conhecimento produzido pela humanidade. Ao perpassar as ideias do Iluminismo, com ênfase nos ideais de progresso, foi entendida como o conhecimento racional e livre exercício das capacidades humanas, partindo de uma concepção universalista, que considerava cultura como uma totalidade de traços que caracterizavam a vida coletiva, e se direcionando para perspectivas particularistas, que

buscavam entender "as culturas" e não somente a "Cultura", baseando-se em perspectivas etnográficas.
Com os estudos sobre aculturação, cultura passou também a ser entendida com um conjunto complexo e dinâmico, que, devido ao fato universal dos contatos culturais, é formada, em diferentes graus, por culturas 'mistas' (e não mais 'puras' e 'mestiças'), feitas de continuidades e de descontinuidades, e, com a etnografia interpretativista de Clifford Geertz, ela também passou a denotar um domínio de comunicação simbólica, que nos permite analisar o fluxo do discurso social. Ainda, é importante lembrar que o foco da antropologia a partir da década seguinte, 1980, por influência dos Estudos Culturais, passou a se voltar também para os estudos das complexas sociedades modernas ao invés de se focar estritamente em sociedades pequenas e menos complexas socialmente, o que traz importantes elementos para o desenvolvimento da pedagogia de ensino de línguas envolto nas relações culturais e sociais das sociedades contemporâneas (...).
Concordamos (...) que, na perspectiva da pós-modernidade, existem múltiplas culturas em cada país, e cada uma está em fluxo. O estático é substituído pelo dinâmico; a "camisa de força" pelo "verbo". São colocadas em questão, sobretudo, noções de "cultura nacional" e o "essencialismo cultural" (...), passando-se a pensar em identidades múltiplas – de etnia, gênero, religião, grupo profissional, etc. (...) a educação intercultural tem se rendido ao conceito de cultura como uma entidade fixa e estática, ignorando os desenvolvimentos do entendimento de cultura que são resultado da crítica a este conceito em diversas disciplinas, principalmente a Antropologia. (SALOMÃO, 2015, p.370-371)
No ensino de línguas, segundo Salomão, essa evolução dos conceitos e das linhas teóricas teve seus reflexos. Entre as décadas de 60 e 70, segundo Kramsch (1993 apud SALOMÃO, 2015), entendia-se que os estudantes "deveriam ser socializados ou aceitos em uma sociedade linguística estrangeira, portanto, deveriam aprender os padrões de valores e comportamentos de tal sociedade de forma estruturada" (SALOMÃO, 2015, p.372). Nos termos de Risager (1998 apud SALOMÃO, 2015), isso caracteriza a abordagem "estrangeiro-cultural", dominante durante o século XIX até a década de 80 do século passado, em que "o componente cultural estaria baseado na concepção de cultura associada a um país (ou países) constituído de um grupo específico de pessoas, com uma língua específica, habitando um determinado território" (SALOMÃO, 2015, p.372). Nessa abordagem, estabeleceu-se o chamado etnocentrismo secundário (RISAGER, 1998 apud SALOMÃO, 2015), uma crença na superioridade do grupo ao qual o estudante não pertence. O ensino não priorizava a relação

entre as culturas e era caracterizado pela "admiração da cultura estrangeira e encorajamento de estereótipos positivos" (SALOMÃO, 2015, p.372).

Já na década de 80 do século passado, pelo advento do ensino comunicativo, segundo Kramsch (2006 apud SALOMÃO, 2015), "o conceito humanista de cultura deu lugar a um conceito mais pragmático de cultura como modo de vida ("*little culture*" ou "*low brow culture*"), a partir de estudos da sociolinguística e da pragmática sobre uso apropriado da linguagem em contextos culturais autênticos." (SALOMÃO, 2015, p.373). De acordo com Moran (2001 apud SALOMÃO, 2015), o ensino de línguas faz uso de aspectos como modos de se falar, modos de se comportar, modos de comer, costumes, crenças e valores na busca por uma "comunicação intercultural apropriada e eficaz" (SALOMÃO, 2015, p.374). Ainda na década de 80, lado a lado com o fortalecimento do movimento pelos direitos humanos, houve uma tendência multiculturalista, que se afasta do entendimento de que a uma língua se associa uma cultura nacional, explica Salomão (2015). Mas, muito embora se reconhecessem os grupos étnicos minoritários inseridos e coexistindo em determinadas fronteiras sociais ou estatais, ainda assim são abordagens "consideradas (...) conservadoras e essencialmente preservacionistas, uma vez que tratam a cultura como imutável e estável em diferentes contextos históricos e sociais, falhando em reconhecer as fronteiras culturais como fluidas e não fixas", (KUMARAVADIVELU, 2008 apud SALOMÃO, 2015). Segundo o mesmo autor, explica Salomão (2015), o multiculturalismo ecoou também na formação de professores durante a década de 90, através da busca pela previsão de áreas em que o professor atuaria para que os estudantes realizassem ajustes culturais necessários. No entanto, essa abordagem ainda falhava ao priorizar a perspectiva do falante nativo – colocando membros de comunidades minoritárias em situação de ajuste, como se não pudessem oferecer nenhuma aprendizagem às comunidades majoritárias – além de "não apresentar meios de lidar com a dispersão de pessoas, ideias e produtos pelas fronteiras de nações e culturas, uma vez que parece colocar cultura como blocos estáticos, sem levar em conta as interconexões e os deslocamentos." (SALOMÃO, 2015, p.376)

Segundo a autora, foi na década de 90 que a ideia de interculturalidade adentra o ensino de línguas, que entende que, por estarem estruturalmente relacionadas, as culturas diferentes podem se valer de trocas, tentativas de entendimento e reconhecimento mútuos via comparações, envolvendo no ensino "elementos de identidade nacional e atitudes de relativismo cultural, na busca de uma visão não etnocêntrica. O objetivo seria desenvolver a competência intercultural e comunicativa que capacita o aprendiz a ser um mediador de ambas as culturas". (SALOMÃO, 2015, p.376-377)

Tanto a abordagem intercultural como a multicultural para o ensino de línguas foram criticadas por manterem uma ideia separatista, em que as culturas, internamente homogêneas, estariam isoladas na forma de esferas ou ilhas, os "círculos de felicidade", nos termos de Welsch (1994 apud SALOMÃO, 2015), que visou à sua superação propondo o conceito de transculturalidade, em que essas fronteiras estáticas dariam lugar à hibridização, em que as culturas estão interligadas por imigração, turismo e comunicação global e são interdependentes economicamente.

Segundo Risager (1998), em uma abordagem transcultural, o ensino pode enfocar identidades complexas, possivelmente identidades de uma terceira cultura: um tipo de identidade complexa que resulta da vivência por longos períodos em diferentes países, o que lembra o postulado de Kramsch (1993) sobre a necessidade da busca de um terceiro lugar, que deriva da habilidade do aprendiz em reconhecer o poder do contexto e adotar uma distância crítica que advém deste reconhecimento. (SALOMÃO, 2015, p.377)

A revisão de Salomão nos conduz na trajetória para um pensar cauteloso no ensino de línguas diante de noções homogoneizadoras e estereotipantes de cultura, ou de culturas nacionais com instituições, costumes e modos de vida essenciais, que premiam as identidades dos grupos em detrimento das individuais, "uma vez que concepções universalistas de cultura foram dando espaço para concepções particularistas até se chegar a visões que levam em conta o domínio de comunicação simbólica presente na cultura sob o ponto de vista do fluxo do discurso social." (SALOMÃO, 2015, p.381). Assim, abordar cultura na aula de língua não se relaciona ao ensino de fatos históricos (SALOMÃO, 2015) sem se considerar os próprios disursos que constroem esses fatos. Como mencionado anteriormente, quando nos tornamos leitores e escritores, é preciso identificar as variáveis contextuais, como os papéis dos participantes que produzem os enunciados e a relação entre eles. Essa atenção deve recair também sobre a esfera acadêmica (MOTTA-ROTH, 2009), responsável pela construção do discurso histórico. Tampouco se deseja um "ensino na forma de diferenças (muitas vezes exóticas) ou curiosidades que "valem a pena aprender" (SALOMÃO, 2015, p.382), que aprisionam as identidades em categorias nacionais estáticas, especialmente quando nos remetemos às áreas como a Sociolinguística Interacional, por exemplo, que enfocam em suas pesquisas a construção de identidades de forma situada e contextualizada nos encontros interacionais.

A visão de cultura em desenvolvimento reconhece que as pessoas vivem em espaços múltiplos, em constantes mudanças, em deslocamentos, "o ensino de línguas na contemporaneidade necessita de abordagens que considerem a possibilidade de os indivíduos desenvolverem identidades, sensos de pertencimento e lealdades múltiplas, algumas das quais podem até mesmo parecer contraditórias." (SALOMÃO, 2015, p.376)

Partindo de um *background* com ensino de língua e cultura, suficientemente representado pela revisão de Salomão, ao realizar as primeiras leituras tentando mapear brevemente a área de Comunicação Intercultural, foi inevitável uma reação de estranheza. A própria ideia de caracterização de "comportamentos" ou "hábitos" nacionais, que, na minha condição de leitora que faz uma apreciação forasteira, por assim dizer, não poderia deixar de ser uma descrição superficial, insuficiente, se entendermos "cultura, não como algo estático ou que se perde, mas algo que se transforma a partir de si e das relações que se estabelecem. Mais do que isso, a condição para uma cultura se manter e se transformar é a relação com outras culturas." (BERGAMASCHI, 2013, p.134-5). Lewis (2006) assim justifica a necessidade por um sistema de classificação econômico – com um número menor de aspectos de análise do que o número de países no mundo, por exemplo: usando a classificação por traços, somos capacitados para

- ✦ predizer o comportamento de uma cultura,
- ✦ esclarecer por que as pessoas fizeram o que fizeram,
- ✦ evitar ofender,
- ✦ procurar por algum tipo de unidade,
- ✦ padronizar políticas, e
- ✦ perceber organização e *Ordnung* [ordem].[10] (LEWIS, 2006, p.29)

E aquela estranheza se deu novamente quando ao ler a descrição dos brasileiros, muitos dos rótulos não pareceram tão distantes do que o senso comum poderia conceber, o que também se sucedeu quanto às descrições dos dinamarqueses.

As reuniões tendem a ser erráticas, até mesmo caóticas, com constantes interrupções da agenda de discussão, já que os participantes todos surgem com as suas ideias muito criativas. Devido a que os brasileiros gostam de agradar, frequentemente eles dirão aos outros o que eles querem ouvir, flexibilizando a verdade, em certa medida. A respeito disso, eles sempre afirmam ter uma solução para os problemas, mas, na realidade, com frequência esse não é o caso. Excessiva preocupação com a estabilidade no emprego leva à relutância em expressar suas próprias opiniões, se eles temem que suas perspectivas acabem sendo contrárias a de seus superiores. Brasileiros gostam de soluções fáceis e imediatas, tendo como resultado frequente a falta de planejamento de longo prazo.

Enquanto demonstram exuberância e energia nos inícios de um novo projeto, os brasileiros tendem a perder o fôlego e frequentemente deixam os projetos inacabados, aparentemente sem crises de consciência. O seu entusiasmo para iniciar esquemas

---

[10] ✦ predict a culture's behavior, ✦ clarify why people did what they did, ✦ avoid giving offense, ✦ search for some kind of unity, ✦ standardize policies, and ✦ perceive neatness and *Ordnung*.

empolgantes não é equivalente ao seu compromisso com os resultados. Ficará claro que monitoramentos e registros constantes se tornarão uma necessidade.[11] (LEWIS, 2006, p.543)
No livro que tomei como referência, *When cultures collide: leading across cultures* (LEWIS, 2006), por exemplo, a metodologia utilizada para a descrição dos países nele contida é de difícil acesso. Esse livro de mais de 600 páginas não possui uma seção destinada à metodologia, o que já foi uma primeira sinalização de que na interlocução prevista nessas publicações não necessariamente se prioriza a demonstração dos métodos utilizados, como o próprio autor afirma, "Generealizar traços nacionais é algo que não se sustenta para indivíduos, mas se mantém firme diante de números massivos[12]". (LEWIS, 2006, p.24), e essa concepção permeia toda a argumentação realizada na obra. Interesses metodológicos mais explícitos, advindos de outras áreas, como da antropologia linguística, ressoam durante essas novas leituras, "qual é a base para a nossa generalização? Onde obtivemos nossas categorias? Onde procuramos por evidências?[13]" (DURANTI, 1997, p.98)[14].

---

[11] Meetings tend to be erratic, even chaotic, with constant interruption of the agenda under discussion, as participants all come up with their own very creative ideas. Because Brazilians like to please, they will often tell people what they want to hear, stretching the truth to some extent. In this respect they always claim to have a solution to problems, though in reality this is often not the case. Excessive concern about job security leads to a reluctance to express their own opinions if they fear their view will run contrary to those of their superiors. Brazilians like to grab at easy, immediate solutions, the result often being a lack of long-term planning.
While demonstrating exuberance and energy at the outset of a new project, Brazilians tend to run out of steam and frequently leave projects unfinished, seemingly without qualms of conscience. Their enthusiasm for initiating exciting schemes is not matched by commitment to results. You will find that constant tracking and monitoring becomes a necessity.
[12] Generalizing on national traits breaks down with individuals but stands firm with large numbers.
[13] what is the ground for our generalization? Where did we get our categories? Where did we look for evidence?
[14] Em outro momento do livro, Lewis menciona brevemente um método desenvolvido por ele: "Desenvolvi o método LMR (linear/multi/reativo) de modo a que os indivíduos pudessem determinar seus próprios perfis culturais. Essa classificação ou categorização de grupos culturais é direta, quando comparada com instrumentos, de certo modo difusos, de outros *cross*-culturalistas, e é provadamente compreensível e amigável aos usuários, como estudantes em centenas de universidades, escolas de *business* e multinacionais em indústrias, bancos e comércio. Também demostrou seu valor para ministério de governos europeus que têm a tarefa de treinar funcionários para interagir em comitês da União Europeia. Como o teste pode ser finalizado entre 60 e 90 minutos na internet, ele possibilitou que multinacionais com equipes espalhadas em diversos países pudessem coletar e combinar perfis eletronicamente. O método lhes fornece um *insight* sobre quais áreas culturais do mundo podem se mostrar apropriadas para certos gerentes e funcionários. Um gerente inglês *senior*, por exemplo, estava determinado a tomar conta do amplo mercado chinês de sua companhia, mas como no teste ele teve um resultado *linear-active*, o departamento de recursos humanos firmemente o direcionou para um período de cinco anos na divisão nórdica da

O que parece estar em jogo é a aplicabilidade dos informações oferecidas e, em última análise, o lucro do leitor projetado: gerentes, administradores, empreendedores, líderes.

A percepção da realidade (...) varia culturalmente e, para uma eficaz comunicação, o gestor intercultural deverá procurar entender como os membros do grupo percepcionam a realidade, porque é que a percepcionam de certa maneira, como é que expressam essas percepções e como é que estas percepções diferem das suas (Mead, 1992: 10). Estas estratégias são importantes porque uma má comunicação causa perda de tempo, recursos e trabalho. Cria também frustração e ressentimento criando conflito e diminuindo a vontade de comunicar com eficácia e de realizar trabalho conjunto no futuro. (SEBASTIAO e FERNANDES, 2015, p.34-35)

O próprio surgimento da área, segundo Sekkal, se relaciona à economia, "o surgimento da Comunicação Intercultural em *Business* reflete uma preocupação de organizações globais com o custo de se fazer negócios"[15] (SEKKAL, 2013, p.7). No entanto, a comunicação intercultural em si é uma área multifacetada, cuja riqueza não se pode explorar em apenas uma disciplina de um encontro semanal, e menos em seu primeiro planejamento. A revisão feita em Lieberman e Gamst (2015) inidica possibilidades de aprofundamento.

Enquanto pesquisadores na área da comunicação interessados em cultura enfocaram questões pragmáticas como a adaptação e o ajuste

---

companhia, onde ele teve um período de excelência e de lucratividade. Na China ele teria de ser submetido a um longo período de adaptação cultural.

Na maioria dos casos, o Perfil Pessoal Cultural do método LMR guia o respondente em direção a uma relação empática com um determinado grupo cultural. (LEWIS, 2006, p.42-43, grifos meus). Trecho original: "I developed the LMR (linear/multi/reactive) method of testing so that individuals can determine their own cultural profiles. This classification or categorization of cultural groups is straightforward when compared with the somewhat diffuse instruments of the other cross-culturalists, and it has consequently proven comprehensible and user-friendly to students in hundreds of universities, schools of business and multinationals in industry, banking and commerce. It has also proven valuable to European government ministries that have the task of training personnel to interact on EU committees. As the assessment can be completed in 60–90 minutes on the Internet, it has enabled multinationals with staff scattered over several dozen countries to collect and collate profiles electronically. This gives them an insight as to which cultural areas of the world might prove appropriate for certain managers and employees. A senior British manager, for example, was determined to take over his company's large Chinese market, but because he tested completely linear-active, the human resources department firmly steered him to a five-year stint in the Nordic division, where he excelled and made profits. In China he would have had to undergo a lengthy period of cultural adaptation.

In the majority of cases, the LMR Personal Cultural Profile assessment points the respondent toward a sympathetic relationship with a particular cultural group."

[15] the emergence of Intercultural Business Communication reflects the concern of global organizations with the cost of doing business.

> intercultural (...), psicólogos interessados em competência cultural começaram a enfocar questões relacionadas à defesa da justiça social (isto é, anti-racismo, discriminação, opressão, e privação econômica) (...). Trazer uma orientação para a justiça social à pesquisa em ICC [Intercultural Communication Competence], seguida de aplicação em contextos apropriados (p. ex., expandir perspectivas igualitárias, não discriminatórias e consciência de classe entre visitantes, imigrantes, estudantes, pessoas de *business*) deve estimular um entendimento mais pleno das competências envolvidas tanto na competência intercultural como na multicultural. Essa fertilização cruzada da teoria/pesquisa e aplicação de resultados vai ter usos significativos em áreas como recreação e viagem, melhoramento de culturas nos campi universitários e aumento da eficácia na globalização de negócios.[16] (LIEBERMAN e GAMST, 2015, p.18, grifo meu)

Antes de apresentar o resultado desse planejamento, apresento aqui uma definição de comunicação intercultural que representa o que venho encontrando na revisão bibliográfica:

> A comunicação intercultural é uma forma de comunicação global que visa entender como indivíduos de diferentes culturas comunicam e as barreiras que surgem nesta interacção. Segundo Hofstede (2003), a comunicação intercultural é algo que se aprende. Mas para tal será necessário uma tomada de consciência dos mecanismos que adquirimos durante o processo de socialização primário, uma vez que o choque entre este e a realidade actual pode dificultar a comunicação, a interacção e integração dos indivíduos. O indivíduo deverá também adquirir conhecimentos acerca dos símbolos, heróis e rituais da cultura anfitriã, e mesmo que tenha dificuldade em entender os valores da nova cultura, deverá tentar compreendê-los de um ponto de vista intelectual. Assim irão nascer as competências interculturais, porque estas são o produto da consciência, do conhecimento e da prática (Hofstede, 2003: 266). (SEBASTIAO; FERNANDES, 2015, p.32)

---

[16] While communication researchers interested in culture have focused on pragmatic issues such as intercultural adaptation and adjustment (...), psychologists interested in cultural competence have begun to focus on issues related to social justice advocacy (i.e., anti-racism, discrimination, oppression, and economic deprivation) (...). Bringing a social justice orientation to research on ICC [Intercultural Communication Competence], followed by application in appropriate contexts (e.g., advancing egalitarian, nondiscriminatory, and class conscious outlooks among sojourners, immigrants, students, business persons) should stimulate a greater understanding of the competencies involved in both intercultural and multicultural competencies. This cross-fertilization of the theory/research and application results will be of significant use in areas such as: recreation and travel, enhancing higher education campus cultures and increasing the effectiveness of the globalization of business.

Pela perspectiva do ensino de língua para fins específicos, o ensino de comunicação intercultural para *business (Intercultural Business Communication)* é "um reconhecimento dos fatores culturais influenciando comportamentos em encontros de negócios ao redor do globo[17]" (PLANKEN et. al., 2004, p. 308 apud SEKKAL, 2013, p.7), e segundo Sekkal (2013, p.7, grifos meus), os objetivos desafiadores para o professor de língua estão relacionados aos aspectos culturais conectados aos negócios, e são eles "facilitar a aquisição da língua, melhorar a consciência *cross-cultural,* e encorajar os estudantes a desenvolver uma identidade profissional como especialistas que vão precisar atuar em contextos interculturais de *business*". As dimensões que devem ser analisadas pelo professor de língua para compreender variáveis culturais que influenciam a comunicação no campo dos negócios sugeridas em Sekkal (2013), são aquelas apontadas por Harmer (2005 apud SEKKAL, 2013): individualismo X coletivismo *(individualism versus collectivism)*; masculinidade X feminilidade *(masculinity versus femininity)*; distância do poder *(power distance)*; fuga da incerteza *(uncertainty avoidance,* baixa/alta); monocrônico X policrônico *(monochronic versus polychronic)*; estilo de comunicação *(communication style,* direto X indireto); grau de formalidade *(degree of formality,* formal/informal); status; tomada de decisões *(decision making)*. Nesse sentido, diferentes autores utilizam diferentes fatores para analisar as culturas, e os fatores são relativamente correspondentes na literatura revisada até o momento, como podemos ver quando Lewis (2006) sumariza as categorias[18].

Escritores como Geert Hofstede procuraram dimensões para cobrir todas as culturas. Suas quatro dimensões incluem distância do poder, coletivismo *versus* individualismo, feminilidade *versus* masculinidade e fuga da incerteza. Posteriormente ele adicionou período-prazo longo *versus* curto. Edward T. Hall classificou grupos como monocrônicos ou policrônicos, de alto ou baixo contexto, orientados para o passado ou para o futuro. As dimensões de Alfons Trompenaars categorizaram universalista *versus* particularista, individualista *versus*

---

[17] a recognition of the cultural factors influencing behaviour in business encounters around the globe.
[18] Writers such as Geert Hofstede have sought dimensions to cover all cultures. His four dimensions included power distance, collectivism versus individualism, femininity versus masculinity and uncertainty avoidance. Later he added longterm versus short-term orientation. Edward T. Hall classified groups as monochronic or polychronic, high or low context and past- or future-oriented. Alfons Trompenaars' dimensions categorized universalist versus particularist, individualist versus collectivist, specific versus diffuse, achievement versus ascription and neutral versus emotional or affective. The German sociologist Ferdinand Tönnies dwelt on *Gemeinschaft* versus *Gesellschaft* cultures. Florence Kluckholn saw five dimensions/attitudes to problems: time, Nature, nature of man, form of activity and relation to one's cultural compatriots. Samuel Huntington drew fault lines between civilizations—West European, Islam, Hindu, Orthodox, Japanese, Sinic and African.

coletivista, específica *versus* difusa, realização *versus* atribuição e neutro *versus* emocional ou afetivo. O sociólogo alemão Ferdinand Tönnies debruçou-se sobre culturas *Gemeinschaft* versus *Gesellschaft*. Florence Kluckhohn diferenciou cinco dimensões/atitudes para problematizar: tempo, Natureza, natureza do homem, forma da atividade e relação com a cultura de seus compatriotas. Samuel Huntington abriu um abismo entre as civilizações – Ocidental europeia, Islâmica, Hindu, Ortodoxa, Japonesa, Chinesa e Africana. (LEWIS, 2006, p.28-29)

Tendo em vista o apresentado ateriormente, que reflete as condições para o planejamento realizado para a disciplina de NCI, a seguir exponho a primeira versão do programa desenhado para a disciplina antes de seu início até a terceira semana de aulas.

AARHUS UNIVERSITY

Aarhus University - School of Culture and Society
- Department of Global Studies - Brazilian Studies
Programa da disciplina Negócios e Comunicação
Intercultural
Visting Professor: Camila Dilli
September 2016
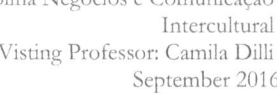

Disciplina *Erhverv og interkulturel kommunikation*

Objetivos do curso:
Sensibilizar para aspectos relevantes em situações de interculturalidade. Oportunizar o uso da linguagem via produção e compreensão de textos (orais e escritos) de gêneros discursivos no âmbito de negócios, diplomacia, esportes, organizações não governamentais, desenvolvimento energético e ambiental etc nas línguas relevantes. Desenvolver oportunidades para os estudantes interagirem em negociações que demandem habilidades comunicativas sensíveis aos contextos de interculturalidade e fazerem contatos profissionais de interesse.

Sugestão de projeto 1: Desenvolvimento de tomada de decisões e negociações com um grupo de estudantes universitários brasileiros e/ou de outros países que tenham o Brasil como alvo. Essa experiência, seu registro e análise podem compor um estudo de caso na área da comunicação intercultural. O produto final pode ser uma apresentação oral com uso do PowerPoint sistematizando leituras em relação às experiências.

Etapas sugeridas:

• Levantamento e leitura de bibliografia na área de comunicação intercultural;

• Discussão a partir de palestras ou outros recursos, como vídeos, nessa área;

- Preparação para o primeiro contato (propostas de produto para o projeto – enviada em vídeo/áudio ou arquivo escrito);
- Reunião(ões) síncrona(s) com os colegas internacionais (definição de um produto e negociações);
- Avaliação da reunião com base nas pesquisas anteriores e na experiência prática;
- Apresentação aos colegas internacionais das conclusões sobre o evento e os aspectos culturais envolvidos (apresentação oral com uso do PowerPoint);
- Reunião(ões) síncrona(s) com os colegas internacionais para debate a respeito das conclusões.

Obs: Para os encontros síncronos, definir preferências, entre segunda e sábados, entre 13h e 18h.

Sugestão de projeto 2: Desenvolvimento de uma pesquisa para análise e uso das categorias culturais apresentadas na revisão bibliográfica em que o produto final pode ser um quadro de referência produzido pelo grupo, como um guia para a comunicação na interface Brasil X Dinamarca. O projeto pode incluir entrevistas com diplomatas, jornalistas, comissões técnicas olímpicas e demais profissionais atuando na relação entre ambos os países, bem como estudos de caso.
Etapas sugeridas:
- Levantamento e leitura de bibliografia na área de comunicação intercultural;
- Discussão a partir de palestras ou outros recursos, como vídeos, nessa área;
- Preparação para o desenvolvimento de uma metodologia adequada (*workshop*, discussão de leituras);
- Reunião(ões) com os colegas para definição sobre a geração de dados (redação das perguntas de pesquisa e construção da entrevista, por exemplo, busca por informantes ou casos);
- Escrita de um relatório de pesquisa, em um formato interessante (texto para o *blog*, relatório tradicional, tabelas, quadros);
- Apresentação das conclusões e resultados (palestra, debate);
- Reunião(ões) síncrona(s) com os colegas internacionais para debate a respeito das conclusões.

Quadro 1: Primeira versão do programa da disciplina de Negócios e Comunicação Intercultural

Amigos, amigos, negócios à parte

Em conversas com colegas da Universidade, expressei minha reação quanto aos conceitos rígidos de cultura que vinha encontrando durante as novas leituras na área de comunicação intercultural. Uma professora muito experiente comentou que era prático para os estudantes sistematizar "o outro" por meio de descrições claras e simples. Mantive a ideia de estar aberta aos novos conceitos e modos de fazer dessa outra área de conhecimento. A saída pedagógica encontrada foi o trabalho com projetos pedagógicos, por meio dos quais, como professora, eu teria a oportunidade de ler *com* os alunos obras novas para todos, além de nos relacionar criativa e criticamente com essa área, lançando mão dos conhecimentos prévios de cada um, assim como de nossa rede de colaboradores, num exercício interdisciplinar. Ao meu ver, o estranhamento e o lidar com a falta de domínio sobre uma área de conhecimento, bem como a necessidade de desenvolver os trabalhos a partir de uma posição de não especialista, fazem parte desse exercício de interdisciplinaridade.

Tendo em vista a colaboração com indivíduos mais experientes na área de *business* e da comunicação intercultural, nos projetos sugeridos foi priorizado o contato com pessoas fora da disciplina, preferencialmente com estrangeiros ou dinamarqueses, se possível, que tenham experiência na relação com o Brasil, seja na área de *business* ou em outros campos de atuação dos bacharéis em Estudos Brasileiros, como a diplomacia. A proposta de duas opções de projetos prevê algum percalço, quanto aos estudantes de outras universidades, por exemplo, considerando-se as contingências como fusos horários e o ritmo de trabalho e nível de engajamento dos estudantes, fatores ainda desconhecidos durante essa fase inicial.

Quanto às soluções para o quebra-cabeças no planejamento, que visam a um equilíbrio entre as práticas em língua portuguesa e as leituras referentes a *business* e à comunicação intercultural, encontradas principalmente em língua inglesa, primeiramente é preciso reconhecer que as leituras selecionadas podem refletir a realidade linguística das práticas letradas nessa área, ou seja, a língua majoritária nas leituras selecionadas para a disciplina pode não ser o português. Sendo assim, em segundo lugar, é preciso buscar interlocuções em que o português possa ser a língua ou uma das línguas preferidas na produção e compreensão. E, por último, é importante priorizar a inserção de gêneros de produção em língua portuguesa na área de negócios, como relatórios e apresentações em PowerPoint, por exemplo. Esses gêneros de produção em língua portuguesa podem integrar as etapas do projeto desenvolvido pelo grupo de estudantes da disciplina, por exemplo, durante a geração de dados, caso haja, que pode contar com a escrita de perguntas para entrevistas em português, assim como a própria publicação dos resultados do projeto, de seu produto final, em português. Isso ainda representa um grande desafio, pois a disciplina tem uma pequena carga horária, em que relamente decisões de priorizarmos a língua portuguesa, ou não, precisam ser tomadas e revistas frequentemente.

Quanto aos conteúdos da área de *business* e da comunicação intercultural, o planejamento previu espaço maior para a comunicação. Partindo dos pressupostos dos Letramentos Acadêmicos (LEA, 2004), o foco previsto para as leituras foi a construção de um arcabouço dessa outra área, a de comunicação intercultural, em que os estudantes possam reconhecer as categorias e os traços importantes para a argumentação nos textos lidos, bem como as metodologias comuns que fundamentam o discurso à respeito desse "outro", desse brasileiro, no singular, para assim, diante de um reconhecimento das práticas acadêmicas e profissionais privilegiadas nesse campo de atividade, construir novos sentidos a partir das nossas próprias práticas.

Com esse relato de experiência, espero ter colaborado com outros professores leitores nos seus planejamentos de novas disciplinas em suas universidades. Publicações como essa, que reúne experiências de professores leitores em diferentes contextos, promovem a troca, o diálogo, tão caros entre os profissionais de língua portuguesa.

Referências Bibliográficas
ANDRIGHETTI, G. H. Reflexões sobre o ensino de português para falantes de outras línguas através da pedagogia de projetos. In: Juliana Roquele Schoffen et al. (Org.). *Português como Língua Adicional*: reflexões para a prática docente. 1ed. Porto Alegre: Bem Brasil Editora, 2012, v. 1, p. 71-90.

BARBOSA, M. C. S. Por que voltamos a falar e a trabalhar com Pedagogias de Projetos? In: *Projeto – Revista de Educação*: projetos de trabalho. Porto Alegre, v. 3, n. 4, p. 8-13, 2004.

BERGAMASCHI, M. A. Estudantes indígenas no ensino superior e os caminhos para a interculturalidade. In: UNIVERSIDADE FEDERAL DO RIO GRANDE DO SUL. Comissão de Acesso e Permanência Indígena. *Estudantes Indígenas no Ensino Superior*: uma abordagem a partir da experiência na UFRGS. Porto Alegre: Editora da UFRGS, 2013. p. 129-141.

BAKHTIN, M. M. *Estética da criação verbal*. São Paulo: Martins Fontes, 2003. 476 p.

CLARK, H. H. O uso da linguagem. *Cadernos de Tradução* do IL/UFRGS, Porto Alegre, n. 9, p.49-71, 2000.

DURANTI, A. *Linguistic Anthropology*. Cambridge: Cambridge University Press, 1997. 398 p.

FREIRE, P. *Pedagogia da autonomia*: saberes necessários à prática educativa. São Paulo: Paz e Terra, 1996. 166 p.

FREIRE, P. *Pedagogia do oprimido*. 50. ed. rev. e atual. Rio de Janeiro: Paz e Terra, 2011. 253 p.

HARMER, J. *How to Teach Business English*. Cambridge University Press: Logman, 2005.

HERNÁNDEZ, F. Os projetos de trabalho: um mapa para navegantes em mares de incertezas. Projeto – *Revista de Educação: projetos de trabalho*. Porto Alegre, v. 3, n. 4, p. 2-7, 2004.

HOFSTEDE, G. *Culturas e Organizações*. Compreender a nossa programação mental. Lisboa: Edições Sílabo, 2003.

KRAEMER, F. F. *Português língua adicional*: progressão curricular com base em gêneros do discurso. Porto Alegre: UFRGS, 2012, 191f. Dissertação (Mestrado em Linguística Aplicada) – UFRGS, Porto Alegre, RS.

KRAMSCH, C. *Context and Culture in Language Teaching*. Oxford: Oxford University Press, 1993.

KRAMSCH, C. Culture in language teaching. In: Brown, K. (ed.). *Encyclopedia of Language and Linguistics*, 2006, v. 3. 2a ed. Oxford: Elsevier Science, p. 322-329.

KUMARAVADIVELU, B. *Cultural Globalization and Language Education*. USA: Yale University Press, 2008.

LARSON, J.; MARSH, J. *Making literacy real*: theories and practices for learning and teaching. Los Angeles: Sage, 2005.

LEA, M. R. Academic literacies: a pedagogy for course design. In: *Studies in Higher Education*, v. 29, n. 6, p.739-756. 2004.

LIEBERMAN, D. A.; GAMST, G. Intercultural communication competence revisited: Linking the intercultural and multicultural fields. In: *International journal of intercultural relations*. v. 48, p. 17-19, abr. 2015.

LEWIS, R. D. *When cultures collide*: leading across cultures / Richard D. Lewis. 3a ed. Londres: Nicholas Brealey International, 2006.

MARCUSCHI, L. A. Gêneros Textuais: definição e funcionalidade. In: DIONÍSIO, A. P.; MACHADO, A. R.; BEZERRA, M. A. *Gêneros Textuais & Ensino*. Rio de Janeiro: Lucerna, 2002. p.18-36.

MEAD, R. *Cross-Cultural Management Communication*. New York: Wiley, 1992.

MORAN, P.R. *Teaching culture:* perspectives in practice. Canada: Heinle & Heinle, 2001.

MORELO, B. *O curso de inglês para estudantes indígenas: contribuindo para a construção de uma política de permanência na UFRGS*. Porto Alegre: UFRGS, 2010, 86f. Monografia (Trabalho de Conclusão de Curso em Letras) – Instituto de Letras, UFRGS, Porto Alegre, RS.

MORELO, B. *Leitura e escrita na universidade para estudantes indígenas*: princípios e práticas pedagógicas para uma ação de permanência no campo das linguagens. Porto Alegre: UFRGS, 2014, 188f. Dissertação (Mestrado em Linguística Aplicada) – Instituto de Letras, UFRGS, Porto Alegre, RS.

MOTTA-ROTH, D. The Role of Context in Academic Text Production and Writing Pedagogy. In: Bazerman, C.; Bonini, A.; Figueiredo, D. (Ed.). *Genre in a Changing World*. Colorado: The WAC Clearinghouse, 2009, p. 317-336. Disponível em: http://wac.colostate.edu/books/genre/chapter16.pdf. Acesso em: 24 jul. 2013.

PLANKEN, B.; VAN HOOFT, A.; KORZILIUS, H. Promoting intercultural communicative competence through foreign language courses. *Business Communication Quarterly*, 2004. v. 67, n. 3, p. 308-315.

RISAGER, K. Language teaching and the process of European integration. In: Byram, M.; Fleming, M. (Ed.). *Language learning in Intercultural perspective*: approaches through drama and ethnography. Cambridge: Cambridge University Press, 1998, p. 242-254.

SALOMÃO, A. C. B. O componente cultural no ensino e aprendizagem de línguas: desenvolvimento histórico e perspectivas na contemporaneidade. *Trabalhos em Lingüística Aplicada*, Campinas, v. 54, n. 2, p. 361-392, jul/set. 2015.

SCHLATTER, M.; GARCEZ, P. Área de Linguagens e Códigos: Língua Estrangeira Moderna. In: RIO GRANDE DO SUL. Secretaria de Estado da Educação. Departamento Pedagógico. *Referenciais Curriculares do Rio Grande do Sul*: Linguagens, Códigos e suas Tecnologias / Secretaria de Estado da Educação – Porto Alegre: SE/DP, 2009. v. 1. Disponível em: http://www.educacao.rs.gov.br/dados/refer_curric_vol1.pdf. Acesso em: 24 jul. 2013.

SCHOFFEN, J. R. *Gêneros do discurso e parâmetros de avaliação de proficiência em português como língua estrangeira no exame Celpe-Bras*. 2009. 192f. Tese (Doutorado em Letras) – UFRGS, Porto Alegre, RS.

SEBASTIAO, S. P.; FERNANDES, T. J. A Comunicação Intercultural nas Organizações: exemplos Dinamarqueses. *Revista Internacional De Relaciones Públicas*, v. V, n. 9, p. 27-46, mai. 2015. Disponível em: http://dx.doi.org/10.5783/RIRP-9-2015-03-27-46. Acesso em: 24 jun. 2016.

SEKKAL, F. Intercultural Business Communication: Theoretical Issues and Methods for Classroom Training. *English for Specific Purposes World*, 2013. v. 14, n. 39. Disponível em: http://www.esp-world.info/Articles_39/39_Sekkal.pdf. Acesso em: 05 jun. 2016.

PAZ, O. "O uso e a contemplação". In: Revista Raiz n.3. Tradução Alexandre Bandeira. São Paulo: Editora Cultura e Ação, p.82-89. 2006 Disponível em: http://revistaraiz.uol.com.br/portal/index.php?option=com_content&task=view&id=102&Itemid=116. Acesso em: 25 out. 2016

WELSCH, W. Transculturality: The puzzling form of cultures today. In: *California Sociologist*, 1994, v. 17 & 18, p. 19-39.

7

NÃO SEI QUE TE DIGA... PERCEPÇÕES DE UMA LEITORA DE PORTUGUÊS DO BRASIL ENSINANDO LÍNGUA E CULTURA A ESPANHÓIS

NÃO SEI QUE TE DIGA... A BRAZILIAN LECTURER'S VIEW ON TEACHING PORTUGUESE LANGUAGE AND BRAZILIAN CULTURE TO SPANISH SPEAKERS

Ida Maria da Mota Rebelo Arnold[1]

Introdução

Qual a implicação de ensinar português da variedade brasileira em Espanha e tão próximo da fronteira com Portugal? Há muitas implicações. No meu caso, que, no momento em que escrevo este artigo, apenas completei 4 meses como leitora de português e cultura brasileira, haverá implicações que ainda não descobri. Seguramente, ser-me-ão reveladas na prática pelos novos alunos e novas experiências que me aguardam. E, espero eu, surgirão antes de que se completem os dois anos de Leitorado no Centro de Idiomas da Universidade de Valladolid.

Das implicações que já se delineiam no meu horizonte, passo a citar duas: a) os aprendizes, que são falsos-iniciantes ou detêm algum nível de proficiência em português, foram, na sua esmagadora maioria, iniciados na variedade de português europeu (PE); b) as necessidades que motivam a procura por aprender a língua portuguesa estão, na maioria das vezes, enraizadas em questões ligadas ao contato com falantes de PE e de português do Brasil (PB). Trata-se de universitários que vão fazer um período de estudos em universidades portuguesas ou brasileiras (projeto Erasmus);

---

[1] Leitora de Português e Cultura Brasileira, Universidade de Valladolid, Doutora em Letras pela Pontifícia Universidade Católica do Rio de Janeiro, ntrebelo@yahoo.com.br.

estudantes de pós-graduação que desenvolvem parte da sua pesquisa em colaboração com universidades portuguesas ou brasileiras; profissionais que atendem a usuários portugueses e brasileiros em chamadas telefônicas dirigidas a serviços de emergência ou assistência (112 e Cruz Roja); pessoas de diversos campos profissionais que viajam a Portugal de férias ou para visitar a família.

Diante dos fatos, não há argumentos, dizia minha avó. Neste caso, porém, há fatos que fazem surgir argumentos para pôr em prática um projeto de ensino de português como língua estrangeira (PLE) e de difusão da cultura brasileira. Esse projeto se impõe a partir das orientações e sugestões que recebi nos contatos com a Embaixada do Brasil em Madrid, referentes à alargada parceria comercial e econômica, em geral, entre Brasil e Espanha, mas também, a partir das diretrizes incluídas no Manual de Boas Práticas fornecido pela Divisão de Promoção da Língua Portuguesa, do Ministério de Relações Exteriores. À parte esses fatos, há uma curiosidade da parte dos espanhóis pela cultura brasileira e pela língua que falamos, ao mesmo tempo em que demonstram certo desconhecimento com relação aos vetores culturais, autores e artistas, que materializam os nossos objetos culturais.

Por outro lado, dadas as peculiaridades em que ocorre a implantação deste leitorado, há que estabelecer metas e ações que tenham em conta as especificidades do contexto geográfico e cultural. Um fato é que estamos, na cidade de Valladolid[2], muito próximos de locais onde se fala PE. O que apresenta certas vantagens, pois há algum estímulo preexistente veiculado na nossa língua ou a ela direcionado. Não somos uma cultura tão exótica nesse contexto. Há, porém, a velha (e equivocada) assunção, da parte de alguns, de que já se conhece o essencial e que a questão linguística pode ser resolvida apenas contando-se com a boa vontade dos interlocutores, sem necessidade, portanto, de uma aprendizagem formal e sistemática do idioma.

Outro fato é a presença crescente de estudantes universitários provenientes de universidades brasileiras, sejam eles de graduação ou de pós-graduação. Há, também, falantes de PB que se encontram na região por razões várias e que servem como "tira-gosto" cultural e linguístico ensejando uma busca pela aprendizagem sistemática do português e da cultura brasileira. Passemos, então, às experiências concretas, em sala de aula, com estudantes espanhóis de PLE. Esses estudantes encontram-se fazendo a transição, de forma integral, da variedade de Portugal para a variedade brasileira. A seguir, explicamos as razões dessa transição necessária.

Na verdade, neste pouco tempo em que me encontro trabalhando como leitora[3], não encontrei resistência real ao fato de que sou uma representante

---

[2] Valladolid é a capital de fato da província espanhola de Castilla y Léon e encontra-se a 150km de Miranda do Douro, cidade portuguesa mais próxima da fronteira. A título de comparação, Madrid dista 200km de Valladolid.
[3] Assinalo que sou a primeira leitora enviada pelo MRE à Universidade de Valladolid.

da variedade PB. Inicialmente, preocupava-me estar dando aulas de PLE para alunos que iriam para Portugal com bolsa Erasmus ou que iriam de férias a Portugal. Temia a reação contrária ao serem defrontados com a variedade oral e com os manuais de PB. Nas aulas e nos manuais, tanto o vocabulário como as regras ensinadas diferem, em alguns pontos, do que é ensinado nos manuais de PE usados anteriormente.[4]

Não se pode esquecer, naturalmente, a língua em uso com a respectiva aplicação das regras de PE, com a qual se teriam deparado alguns dos estudantes, em contatos com falantes portugueses ou em outras experiências de aprendizagem de PLE. Para minha agradável surpresa, duas constatações ficaram, rapidamente, visíveis: a) os alunos, sejam eles iniciantes, intermediários ou avançados, não reagem negativamente nem rejeitam a variedade de PB, seja oral ou escrito; b) os alunos, que chegam em classe com um A2/B1[5] vindos de um período de estudos em Portugal não apresentam resistência ao se confrontarem com documentos autênticos de PB ou com o ensino de regras gramaticais que se distanciam em alguns aspectos das aprendidas em Portugal.

Dado interessante é que esses alunos, que passaram por experiências de estudos em Portugal revelam uma surpreendente consciência metalinguística. Eles são capazes de absorver as diferentes possibilidades de combinação sintática e as diferentes características fonológicas e morfológicas de forma tácita. Chegam, mesmo, a se autocorrigir ao final do curso, quando começam uma intervenção usando a perífrase "estar a + infinitivo" e passam, rapidamente, para o PB com a respectiva estrutura de presente contínuo "estar + gerúndio".

Atrevo-me a estender um pouco mais esta contextualização inicial, pois há outro fato que, julgo, tem ajudado a alcançar resultados positivos neste início de leitorado. Esse fato pode se resumir a uma aproximação não excludente em relação ao PE. Os resultados positivos revelam-se não apenas nas avaliações da parte dos alunos, mas, igualmente, pela transição que está ocorrendo de forma suave. Essa transição se materializa, no dia a dia, pela prática de outra variedade de português que não a do país vizinho, seguida pela mudança nos manuais adotados que passam a ser de PB, bem como pela introdução de uma abordagem cultural que passa a incluir costumes, eventos

---

[4] A professora de português que me precedeu no Centro de Idiomas da Universidad de Valladolid, apesar de brasileira, usava manuais de PLE que veiculam a variedade PE e, aparentemente, usava o espanhol como língua de comunicação em sala de aula.
[5] Fazem parte dos Níveis Comuns de Referência do QECR (Quadro Europeu Comum de Referência para as línguas). Constituem-se em seis níveis de êxito A1, A2, B1, B2, C1, C2. Dão conta de toda a gama de necessidades dos aprendizes para uma qualificação em línguas. Têm descrições que se aplicam a qualquer das línguas europeias. São adotados por todas as instituições da União Europeia e começam a ser considerados por instituições com outras localizações geográficas. Os manuais brasileiros que adoto incorporam essa distribuição das competências linguístico-comunicativas.

e dados históricos e geográficos do Brasil. A inclusão desses elementos ocorre, porém, sem excluir nem depreciar a variedade linguística e a cultura de Portugal. Estas permanecem como um contraponto, como em uma pintura em que as cores estão presentes de forma a realçar e lançar luz umas sobre as outras.

Manter um olhar positivo e inclusivo em relação à cultura portuguesa e à variedade de português em uso na região circundante revela-se uma boa estratégia. Com frequência, ao apresentar vocabulário prático, incluo o correspondente termo em PE e/ou conto uma anedota ou faço uma correlação curiosa de uso e/ou significado entre termos usados no Brasil e em Portugal. Além de atribuir uma certa *couleur locale*, essa conduta familiariza o estudante com as duas variedades e contribui para desfazer ou atenuar qualquer estigma com que se tenha deparado ou venha a deparar-se nos seus contatos com falantes de português de qualquer das duas variedades.

Na adoção destas práticas, ajudaram-me alguns fatores de ordem pessoal. Devido a condições familiares e escolhas pessoais, tenho bastante experiência com a variedade PE. Na vertente profissional, experiências diversificadas, tanto no Brasil como em Portugal, levaram-me a construir conhecimento linguístico que envolvia as diferentes variedades de português faladas ao redor do mundo. Em acréscimo a isso, experiências docentes e de pesquisa impunham estabelecer, formalmente, pontos de contato ou de afastamento entre o português e o espanhol, principalmente, e, pontualmente, com outras línguas românicas. Esse percurso documentou-me e moldou minha visão do português falado no Brasil e em Portugal. Além de instrumentalizar-me para abordar o ensino de PLE no Centro de Idiomas da Universidad de Valladolid, mantendo as metas estabelecidas pela DPLP/MRE com um *modus operandi* que se foi delineando aos poucos na minha experiência cotidiana.

Na preparação dos estudantes que vão partir para um Erasmus[6] em Portugal, busco fornecer-lhes insumos, sobretudo lexicais, para sobreviverem aos primeiros tempos e manterem-se abertos e disponíveis aos conhecimentos linguísticos que lhes serão dados em cursos de português que são a tônica inicial da experiência Erasmus. Por outro lado, sou professora de PB e toda a base gramatical, bem como o uso culto da língua que trago é de PB, assim, ensino essa variedade de português. Uso documentos autênticos e manuais de PB, mas insiro, pontualmente, documentos autênticos e algumas folhas de manuais de PE, para não criar uma redoma linguística em torno dos aprendizes e, também, para instrumentalizá-los tranquilizando-os. Após os cursos intensivos, todos vieram agradecer-me, e dizer que aprenderam muito. Já em Portugal, depois de participarem de

---

[6] Programa da Comissão Europeia, no domínio da Educação, Formação, Juventude e Desporto, que oferece a possibilidade de estudantes universitários cursarem um ou dois períodos dos seus respectivos cursos em instituição de outro país.
http://www.erasmusprogramme.com, acesso em 4 de junho de 2017.

cursos de PLE, enviam-me mensagens satisfeitos e de reconhecimento da ajuda que o curso preparatório lhes proporcionou para enfrentarem a vida diária e a vida acadêmica em uma Instituição de Ensino Superior (IES) portuguesa.

As observações descritas acima me fazem crer que estou tomando decisões acertadas na minha prática diária. Evidentemente, o universo de informantes a que me refiro é bastante reduzido, não apenas pelo caráter inicial desta experiência, já que me encontro nos primeiros meses de um leitorado que acaba de se estabelecer no Centro de Idiomas da Universidad de Valladolid. Iniciei a minha atividade como leitora no mês de maio de 2016, e lecionei em cursos intensivos de português nos meses de maio, junho e julho. Ao todo, ao longo desses três meses, contabilizamos, em sala, um total de 16 alunos, além dos grupos de fora do Centro de Idiomas, representados por profissionais dos serviços de atendimento do telefone de emergências. Esses grupos de profissionais recebem cursos de reciclagem duas vezes por ano, em maio e em outubro, contabilizando um total de 16 horas de aula de cada vez, para uma média de 14 alunos.

Passamos, agora, a descrever e comentar o objeto de estudo deste artigo que tem como pano de fundo as especificidades contextuais mencionadas acima.

Ensinando o subjuntivo em PB a falantes de espanhol

Não conheço meios de falar português, expressar ideias e projetos, incertezas e desejos, sem lançar mão dos tempos de subjuntivo e de suas respectivas construções. Por isso, considero da maior relevância o seu ensino no âmbito do PLE, seja por razões sistemáticas da aprendizagem do paradigma verbal em português, seja por razões culturais, de poder expressar uma identidade e uma visão de mundo, ainda que servindo-se de uma língua que não a sua materna[7].

Apresento, a seguir, um resumo das peculiaridades no uso do modo subjuntivo em espanhol que podem estar na origem das dificuldades dos hispanofalantes para aprender os usos do subjuntivo em português. O subjuntivo em algumas de suas formas e tempos (nomeadamente, futuro) parece estar caindo em desuso, sendo abandonado na prática do espanhol europeu e, nesses casos, é substituído pelo presente do indicativo ou presente do subjuntivo. Ex: Se alguém duvidar = *Si alguien duda*; Quando voltar = *Cuando vuelva*. Ainda é usado o presente do subjuntivo em espanhol, e também, dependendo do nível de escolaridade do falante, o imperfeito do subjuntivo que apresenta duas formas atestadas pelos falantes como

---

[7] Importa ressaltar que os comentários feitos a partir deste ponto não constituem uma análise aprofundada nem exaustiva, são fruto de observações recentes e, acredito, serão o ponto de partida de pesquisa que tenciono desenvolver nos próximos meses.

equivalentes (*hubiera* e *hubiese*).

O futuro do subjuntivo foi abandonado na prática comunicativa do espanhol e é utilizado, tão somente, em linguagem jurídica ou em expressões fixas de caráter idiomático ou proverbial. As noções de ordem semântica e sintática que motivam o uso do futuro do subjuntivo em português são preenchidas, em espanhol, por estruturas com presente do subjuntivo ou, eventualmente, presente do indicativo.

Em consequência, há, da parte dos aprendizes de PLE falantes de espanhol, derivas equivocadas no uso dos tempos presente e futuro do subjuntivo em português. Esses equívocos são, em parte, consequência de uma estratégia de cópia e hipótese a partir da língua materna (LM) dos estudantes. Por outro lado, nos deparamos com usos destes tempos, em Portugal, que não correspondem ao emprego regular dos mesmos no Brasil. Um exemplo disso é a frase que inicia o título deste artigo, cujas características passaremos a comentar mais adiante. Para uma visão mais aprofundada e abrangente das dificuldades de aprendizagem e reemprego do futuro do subjuntivo por aprendizes hispanofalantes remeto a Ferreira (2012). Esta autora desenvolveu pesquisa, embasada na teoria da Análise de Erros (CORDER, 1982; DURAO, 2004), e apresenta uma análise muito relevante sobre os pontos mais problemáticos desse tema. No seu trabalho, sugere formas de atenuar as dificuldades dos aprendizes, em questão, pela prática reflexiva em sala de aula e com tarefas específicas para auxiliá-los nesse percurso.

Primeiramente, gostaria de comentar a inclusão destes breves comentários a respeito das categorias do paradigma verbal em uso no espanhol em um artigo que deve reportar um tema do ensino de PLE. Por razoes várias, algumas óbvias, outras nem tanto, os aprendizes de uma língua estrangeira (LE) costumam apoiar-se no design e nas categorias da sua LM para enfrentar a difícil tarefa de aventurar-se em uma outra língua. Esses recursos fazem parte do que foi sistematizado por alguns autores e ampliado ou reformulado ao longo dos últimos 30 anos sob a designação geral de estratégias de aprendizagem de uma segunda língua (ANDERSEN, 1991; REBELO, 2006).

Acrescido a isso, há o reconhecimento do espanhol e do português como línguas de interface, ou seja, apresentam um alto índice de compreensibilidade entre os seus falantes (PINTO e JÚDICE, 1998). Esse reconhecimento, difundido como crença entre os falantes e aprendizes dessas línguas, leva estes últimos a buscarem, de imediato, uma correspondência biunívoca de forma e significado na outra componente do par de línguas. No caso dos usos do subjuntivo, essa correspondência nem sempre se concretiza ou se concretiza de forma inesperada, o que pode causar estranhamento.

Além disso, como se rompe a expectativa que gera a estratégia de "cópia e hipótese" (GRAÑA-FERNANDES, 2009, p. 211) entre espanhol e português os aprendizes levam mais tempo para adaptar-se e pôr em uso de forma mecanizada, as estruturas aprendidas. Ou seja, segundo as regras ensinadas pelo professor que orientam o uso do imperfeito do subjuntivo seguido de futuro do pretérito do indicativo, fica inviabilizada a cópia da estrutura do espanhol que permite *imperfecto del subjuntivo* seguido de imperativo ou *presente del indicativo*. Por uso de forma mecanizada entendemos, aqui, o uso fluente das correlações verbais na construção das frases na LE. Os alunos falantes de espanhol do Centro de Idiomas da Universidad de Valladolid, mostram dificuldade em adquirir essa fluência ou mecanização por não coincidir a categoria selecionada em PT à mesma categoria internalizada da sua LM.

As construções, a seguir, foram produzidas por uma aluna de nível B1 e são exemplos dessas tentativas de fazer correspondência entre os usos do espanhol e do português que resultam em construções que falantes do PB rejeitam, mas que, veremos a seguir, nem sempre serão rejeitadas por falantes de PE, ao contrário, podem ser (e são, com algumas restrições), efetivamente, produzidas por falantes dessa variedade de português.

- Quando eu *viaje** ao Brasil, o primeiro que vou fazer será banhar-me na praia de Copacabana.
- Quando eu *chegue**, espero que seja carnaval.
- Mas sempre que eu *saia** à rua lá, tenho de ter muito cuidado.

Segundo análises feitas por professores e pesquisadores portugueses[8], há quase unanimidade em relação ao fato de que a palavra "quando" deve obrigatoriamente introduzir verbo conjugado no futuro do subjuntivo. Já as subordinadas introduzidas por "que, quem, onde" têm, quando seguidas do presente do subjuntivo, um significativo nível de aceitabilidade da parte de falantes de PE como LM.

Os aprendizes espanhóis de PLE, por sua vez, ao serem expostos a essas construções, eventualmente produzidas por falantes de PE e, encontradas inclusive na imprensa, escrita e falada, tomam como validado o decalque do espanhol para o português, no que diz respeito à maioria das ocorrências do presente do subjuntivo naquela língua. Esse fenômeno parece ocorrer, quase sempre, em estruturas que se atualizam através do futuro do subjuntivo em português ou do infinitivo pessoal ou impessoal. Vejamos os exemplos[9]:

- PE - Não sei que te diga...

---

[8] Análises retiradas de consultas feitas ao site Ciberdúvidas da Língua Portuguesa, respondidas por profissionais de diferentes áreas da Linguística, como Edite Prada, Rita Veloso, Carlos Rocha. Este projeto de promoção da língua portuguesa é apoiado por duas universidades (Lusófona e Instituto Universitário de Lisboa) e pelo Ministério da Educação de Portugal, contemplando os oito países de língua oficial portuguesa e do qual também participo como consultora.
[9] As ocorrências foram retiradas de consultas realizadas no site Ciberdúvidas da Língua Portuguesa e também em Ciberdúvidas . Vide nota de rodapé anterior.

- PB – Não sei o que te dizer...
- PE – Quem tiver tempo livre e <u>queira</u> fazer trabalho voluntário, pode consultar este site.
- PB – Quem tiver tempo livre e quiser fazer trabalho voluntário...
- PE - Os carros <u>que estejam</u> na rua podem ser rebocados.
- PB - Os carros que estiverem na rua podem ser rebocados.
- PE – Eu vou para Coimbra, logo <u>que esteja</u> bom.
- PB – Eu vou para Coimbra logo que estiver bom

As frases acima, quando precedidas pela sigla PE, foram retiradas de meios de comunicação portugueses. Ao se depararem com essas frases ou com outras semelhantes, os aprendizes encontram confirmação para a hipótese, embasada no uso do espanhol, que autoriza selecionar o presente do subjuntivo em estruturas que, pelo menos no PB, implicam o uso do futuro do subjuntivo. Ou seja, em um curso que usa manuais de PLE brasileiros e com professor falante de PB, essas construções provavelmente serão rejeitadas pelo professor, que acrescentará a forma correta de uso das relativas com futuro e presente do subjuntivo em português.

A respeito da obrigatoriedade ou da aceitabilidade nos usos do presente do subjuntivo em PB, recomendo a leitura de Pimpão (2015). Segundo a autora, existe, no Brasil, um fator regional que rege a aceitabilidade e a alternância de uso entre presente do subjuntivo e presente do indicativo depois de expressões ou construções que as gramáticas consideram como de uso obrigatório do subjuntivo. De acordo com a autora, na região sudeste, há uma aceitabilidade mais baixa, entre indivíduos escolarizados, em relação a essa alternância, enquanto na região sul, há maior tolerância. Essa tolerância poderia advir do fato de que os falantes de PB na região sul do Brasil encontrar-se-iam expostos às formas de uso do subjuntivo na Bacia do Prata, também por receberem regularmente turistas falantes de ES e por um inevitável intercâmbio linguístico entre moradores do Brasil, Uruguai e Argentina. Esta hipótese espera comprovação com levantamentos concretos dos usos desses tempos verbais pelos falantes dessas regiões.

Na questão levantada por Ferreira (2012) de que os verbos irregulares no futuro do subjuntivo serão raramente selecionados pelos aprendizes hispanofalantes, posso dizer que, no meu grupo, alguns inicialmente usavam a forma equivocada. A seguir, porém, tomavam um tempo para uma aparente reflexão metalinguística, chegando, quase sempre, à forma correta. Outros usavam a forma que parecia ser fruto de um decalque irrefletido, fazendo seguir-se à palavra "quando" formas do imperfeito do subjuntivo espanhol, tais como, *supiera, comprara, trajera*, sem tentar algum tipo de reformulação como estratégia de correção. Acredito que, neste caso, a incorreção pode dever-se, não necessariamente a dificuldades na seleção do tempo verbal em português e sim, a falhas na aquisição das formas irregulares dos verbos *saber, trazer*, ou à preponderância da forma em espanhol sobre a forma usada em português, caso de *comprara*, que alguns alunos acessam mais rapidamente do que a forma *comprasse* em português. Há um esclarecimento necessário com relação às formas do *imperfecto del subjunctivo* em espanhol, que são duplicadas, com duas terminações diferentes válidas e em uso: *comprara* e *comprase*. Dessas duas formas, a mais frequente no espanhol atual é *comprara*, o que inviabiliza, para os aprendizes de português, o decalque com bons resultados do espanhol para o português, no caso do imperfeito do subjuntivo.

Cabe lembrar a necessidade de insistir da formação do futuro e do imperfeito do subjuntivo que repetem o radical do pretérito perfeito do indicativo. E, sempre que os alunos mostrarem dificuldades na produção, seja ela oral ou escrita, dessas formas verbais, lembrar ou revisar o tempo do Indicativo que lhes serve de modelo e fazê-los praticar com perguntas rápidas e relacionadas com suas vivências diárias de forma que usem as formas do subjuntivo de maneira significativa e não com frases abstratas ou desvinculadas da sua experiência.

Vejam, a seguir, um exemplo de perguntas que uso para iniciar a aula e fazer um "aquecimento" para que os alunos fiquem mentalmente e comunicativamente mais disponíveis para a prática do português, já que vivem o seu cotidiano em espanhol e o PB é ensinado como LE. Obviamente, esse exercício é realizado depois de já terem sistematizado o pretérito imperfeito do subjuntivo. A sistematização é feita em duas aulas consecutivas, nas quais são expostos, inicialmente, a vários enunciados em que seja usado o tempo de verbo a ser ensinado e, em seguida, lhes é oferecida uma sistematização com explicitação da formação dos tempos verbais e das estruturas frasais em que ocorrem. Essa explicitação é sempre posterior à exposição às formas em uso.

No caso do imperfeito do subjuntivo, o texto do livro didático Bem-Vindo (Anexo 5) trata-se de um relato de uma pessoa que, a partir de um sonho, encontra o gênio da lâmpada e reflete sobre o que pediria se isso realmente ocorresse. A partir dessa ocorrência, o narrador do texto passa a se colocar em tal posição hipotética. O texto passa, então, a falar sobre expressão de desejos pouco prováveis de se tornarem realidade e a consequente combinação com o futuro do pretérito do indicativo. Os alunos também recebem a solicitação de expressar desejos próprios que consideram de realização pouco provável. Essa parte da atividade é feita remetendo a situações reais do cotidiano deles. Importante notar que o grupo de aprendizagem em questão estará completando 90 horas de aula de PLE em finais de março e, nesse nível, nos limitamos às proposições condicionais com a partícula "se". A seguir, foram expostos a construções do tipo "era preciso que/ era importante que". Exemplo de atividade oral: Diante da situação dada, faça frases que indiquem possibilidade, desejo e impossibilidade com os verbos sugeridos:

- Comprar um carro novo – caber na garagem
- Ter dias livres – ir para a praia
- Trazer um doce para a aula – vir de carro
- Saber cozinhar – convidar para uma feijoada

Competência comunicativa, seleção do modo subjuntivo e os manuais de PLE

Segundo o QECR (2001), um aprendiz de LE está em fase de se tornar utilizador da língua, porém não deixa de ser competente na sua língua materna e na cultura que lhe está associada. O que traz em si a consideração de que, permanentemente, ao exercer o processo de contato com e aprendizagem das estruturas da LE, o aprendiz compara, faz analogias e adapta seus conhecimentos prévios – de ordem cultural ou linguística – ao novo insumo. Por isso, concordamos com a observação incluída no QECR (2001), sobre o "uso da língua e o utilizador/aprendiz":

> O aprendente não adquire pura e simplesmente dois modos de actuar e de comunicar distintos e autónomos. O aprendente da língua torna-se plurilíngue e desenvolve a interculturalidade. As competências linguísticas e culturais respeitantes a uma língua são alteradas pelo conhecimento de outra e contribuem para uma consciencialização, uma capacidade e uma competência de realização interculturais. Permitem, ao indivíduo, o desenvolvimento de uma personalidade mais rica e complexa, uma maior capacidade de aprendizagem linguística e também uma maior abertura a experiências culturais. (QERC, 2001, p. 73)

O ensino/aprendizagem das estruturas que envolvem o uso dos tempos de subjuntivo em português deve ser, portanto, acompanhado da devida aplicação com tarefas comunicativas. Essas tarefas serão melhor compreendidas e executadas pelo aprendiz quando precedidas de enquadramentos conceituais e do significado das estruturas nas intenções do falante e nos atos de fala que lhe correspondam. Nos parágrafos acima, descrevo o modo como são introduzidas as formas e os usos do imperfeito do subjuntivo nas proposições condicionais em PB, de modo significativo e em eventos de comunicação real. Através da descrição dessas atividades pretende-se apresentar uma alternativa concreta para que o ensino/aprendizagem do subjuntivo em português deixe de ser apenas um item de gramática "desvinculado da expressão de uma identidade individual e cultural de qualquer falante da língua seja ela LM ou LE", como preconizado no QECR (2001, p.74). Isolar o ensino do subjuntivo em português sob uma fórmula exclusivamente gramatical, desvinculada de aplicação nos eventos reais de comunicação, é um risco assumido por professores e autores de manuais de PLE. Essa atitude condena as formas contendo esses tempos verbais a serem encaradas pelo aluno como um item a mais para memorizar e não como uma formulação com significado no mundo real que funcione com um componente na instrumentalização necessária aos atos comunicativos que precisa ou deseja desempenhar na língua alvo.

Ao abrirmos alguns manuais de PLE[10] vamos encontrar, prioritariamente, as já conhecidas "explicações" sobre o uso do subjuntivo quase nunca baseadas no seu significado e uso, mas, na estrutura sintática em que ocorre. Mencionam-se, eventualmente, as noções de condição, hipótese, desejo e passa-se, rapidamente, às orações e às expressões que o introduzem.

Digno de nota é o caso do material usado na PUC-Rio[11], no qual, além de exemplos e exercícios que induzem ao uso comunicativo dos tempos do subjuntivo, há um quadro em que se separam e agrupam as expressões que introduzem presente e imperfeito e aquelas que, por sua vez, se restringem ao uso de imperfeito e futuro. Parece ser uma boa forma de dar orientação inicial ao aprendiz, induzindo-o a fazer uma distinção sistemática entre as diferentes ocorrências.

Parece-me, igualmente, útil a alusão que se encontra em Ferreira (2012) à *Gramática da Língua Portuguesa* de Mira Mateus et al. (2003), ainda que não seja indicado usá-la para os estudantes. Propõe-se uma divisão tripartida que lança luz sobre os valores das condicionais em português. Segundo essa divisão, a condição em português envolve os seguintes tipos de frase: factuais/reais, hipotéticas/potenciais e contra factuais/irreais. Interessam-nos, sobretudo, o segundo e o terceiro tipo onde "a proposição A remete para um mundo possível, criado linguisticamente pelo enunciado, epistemicamente não acessível no intervalo de tempo da enunciação." (FERREIRA, 2012, p.79). Assinalo a última parte do enunciado, pois está aí uma distinção indispensável para a compreensão das estruturas com subjuntivo e seu emprego por aprendizes de PLE, após a devida exposição a um bom número de exemplos e à formalização dessas ocorrências, sistematizando o seu uso.

Passo a analisar um exemplo de forma a materializar a afirmação de Mateus et al. (2003). Em ambos os exemplos, o "mundo possível" está inacessível no momento da enunciação, mas remete a uma condição ou desejo de quem enuncia a proposição, como nos exemplos *Se eu tivesse dias livres, viajaria a Portugal* e *Se eu tiver dias livres, viajarei a Portugal*. A reflexão de Mira Mateus et al. (2003) é útil para que o professor possa construir o discurso de sala de aula e proceder à organização da matéria, baseado em conceitos realistas, que reflitam reflexão sobre o uso real das formas e tempos

---

[10] Ver por exemplo os materiais reunidos em anexo.
[11] Como o material não se encontra publicado, optamos por apenas mencioná-lo sem adicionar extrato nos anexos.

verbais para, em seguida, selecionar exercícios adequados aos conceitos que subjazem ao uso.

Os manuais de PLE são, muitas vezes, omissos com relação às situações de comunicação em que se dá o uso das estruturas envolvendo tempos do subjuntivo. Essa omissão pode ser devida a especificidades da cultura de sala de aula, em voga no país de uso dos manuais, como me parece ser o caso do manual "Ponto de Encontro" (JOUËT-PASTRÉ et al., 2013) usado no ensino de PLE para estudantes que têm o Inglês como LM, nos Estados Unidos. Em alguns contextos de ensino naquele país, a aula de LE é dada em inglês, o que, por si só, retira-lhe o caráter de espaço de instrumentalização em modos de comunicar em LE e transforma essa LE, sob alguns aspectos, em mero objeto de estudo, muito próximo da atitude desenvolvida nas escolas em relação à matemática ou à química, por exemplo. Além disso, como pode ser verificado pela observação do Anexo 1, o imperfeito do subjuntivo é introduzido diretamente a partir do modelo de formação do tempo sem relacionar com situações de comunicação, enfatizando o seu uso em situações de discurso indireto, sem passar pela construção de hipóteses e expressão de desejo ou condição, mais próximas da realidade imediata e de situações de comunicação.

No caso dos aprendizes falantes de LM não românica, essas escolhas, tal como descrito no parágrafo anterior, já me parecem discutíveis. No que diz respeito à assimilação dessas estruturas por aprendizes falantes de uma língua românica, na qual se encontre, pelo menos, o presente do subjuntivo, e que apresente, no paradigma de tempos verbais, a distribuição em modos, a ausência de contextualização e vinculação à realidade do aprendiz das estruturas ensinadas, não só desperdiça a situação de interface e compreensibilidade entre a LM e a LE aprendida como, também, tende a reforçar o decalque improdutivo da LM aplicado à LE estudada. Sem referência dos usos possíveis dessas estruturas em situações de comunicação na LE, o aprendiz faz o que pode, copiando da própria LM, no caso o espanhol, para suprir a necessidade de contextualizar o uso através da criação de uma realidade/necessidade de comunicação para a estrutura aprendida na LE, no caso o português. O problema que se coloca é que mesmo línguas de interface, como o espanhol e o português, recorrem a soluções distintas para a expressão de realidades similares. E acabamos por nos deparar com construções em sala de aula como *Se eu fizera aniversário em verão, iba celebrar nas Canárias.*

Um outro manual, (PATROCÍNIO e COUDRY, 2002), neste caso, usado para o ensino de português a estrangeiros no Brasil, introduz os tempos do subjuntivo em uma ordem curiosa, primeiro, e simultaneamente, introduzem o imperfeito e o futuro, sem nenhuma nota explicativa sobre a noção de modo, se é factual ou contrafactual, sem menção aos atos de fala em que se atualizam e como se de vocabulário se tratasse, como pode ser verificado nos anexos 2 a 4. Ou seja, não há referência nem às correlações entre tempos e modos verbais, nem às exigências sintáticas de regência entre expressões que precedem o imperfeito do subjuntivo ou de ocorrência de proposições como nas condicionais introduzidas por "se", por exemplo. Por outro lado, também não são apresentados exemplos dessas ocorrências que possam induzir o aluno a sistematizá-las.

Apresenta-se a letra de uma música em que é usado somente o futuro do subjuntivo, seguida da explicação sobre a expressão idiomática "deixar de" e, a seguir, introduzem-se as conjugações do pretérito perfeito do indicativo, indicando como se forma o radical deste tempo verbal, e dos dois tempos do subjuntivo. Na mesma página, encontramos exercícios de conjugação de verbos irregulares no imperfeito e no futuro do subjuntivo, fora de contexto frasal. Esse tipo de exercício se repete na página seguinte.

Ainda que não me seja possível, neste momento, comprovar pela comparação com exemplos produzidos por aprendizes, intuo que conteúdos como os descritos no parágrafo anterior transformam o uso do subjuntivo em um ponto hermético e rapidamente negligenciado para ser, em seguida, silenciado por transferências da LM e por formas de evitamento, no que toca ao estudante de PLE cuja LM é o espanhol. Além disso, o aprendiz falante de espanhol tenderá a fazer decalque de estruturas em uso nessa língua, como no exemplo anterior, ou por outra, evitará construir frases que obriguem o uso do subjuntivo em português.

Por outro lado, há boas reflexões e sugestões sobre como sistematizar e praticar os tempos do imperfeito e do futuro do subjuntivo em artigos sobre a prática da sala de aula. Sugiro a leitura de Prestes (2001), para obter uma listagem de funções comunicativas que podem ser usadas para planejar atividades. Um *modus operandi* que tem se revelado útil, na minha prática com estudantes espanhóis, é apresentar as situações e atos de fala em que se realiza o subjuntivo em português, acompanhada, sempre que possível, de uma conduta, em sala de aula, contrastiva com as formas do espanhol selecionadas para uso nessas mesmas situações. No caso específico do pretérito imperfeito do subjuntivo, comecei com um texto de um manual (PONCE, M.H. et al., 2009) que não é o livro-texto utilizado no nível A2, mas que tem soluções que considero interessantes no caso da introdução do pretérito imperfeito do subjuntivo. O material encontra-se digitalizado e disponível no Anexo 5. A dinâmica que orienta a utilização desse material encontra-se descrita no item 2 deste artigo. Apenas como referência, o livro-texto adotado (LIMA et al., 2009) é complementado com inserções de Ponce et al. (2009) e com material autêntico retirado de publicidades em suporte de papel ou em vídeo, além de músicas e trechos de filmes e programas de TV.

Considerações finais

Neste artigo, buscamos fazer uma reflexão que sirva como elemento catalizador de novas reflexões, observações e consequentes mudanças de conduta na abordagem de ensino das estruturas que usam tempos do subjuntivo em português, mas que possam, igualmente, servir de motivação para uma reflexão mais abrangente sobre o ensino/aprendizagem de PLE para/por falantes de espanhol.

O ensino/aprendizagem das estruturas que envolvem o uso dos tempos de subjuntivo em português deve incluir, necessariamente, a aplicação do conteúdo aprendido em tarefas comunicativas cuja gênese envolva a consideração dos atos de fala que supõem a utilização dessas estruturas.

Os aprendizes se beneficiarão tanto mais dessas tarefas quanto puderem compreender os enquadramentos conceituais e o significado dessas estruturas. O significado é variável assim como são variáveis as intenções do falante e os contextos em que ocorrem os atos de fala preconizados. No caso do imperfeito do subjuntivo, mesmo usando a clássica forma condicional iniciada pela conjunção "se", podemos expressar condição, impossibilidade, mas também desejo e fazer sugestões como nos exemplos abaixo:

- Se você passasse mais tempo estudando do que no Facebook, teria notas melhores.
- Se eu soubesse dirigir, te levaria para passear no carro do meu pai.
- Ah se eu não tivesse que trabalhar hoje!
- E se nós fôssemos ao cinema, ao invés de ficar vendo televisão?

Faço, portanto, minhas as palavras do QECR, mencionadas anteriormente, sobre o uso da língua e a competência intercultural aprendida e desenvolvida pelo aprendiz no exercício diário de expressar-se empregando as categorias linguísticas de uma LE. O ensino/aprendizagem do subjuntivo em português não deve constituir tão somente um item de gramática, desvinculado da expressão de uma identidade individual e cultural na LE. O leque de atos de fala que podemos executar com esse tempo verbal vai além das fórmulas preconizadas pelas explicações meramente gramaticais de combinação de elementos.

Resta ainda um longo caminho que conjugue o *background* de um aprendiz falante de espanhol com as componentes que convergem ou divergem entre o português e o espanhol. Todavia, poder visualizar um caminho e determinar marcos que nos ajudem a percorrê-lo já é muito mais promissor do que omitir-se diante das especificidades da matéria. Escolher omitir-se nos levaria, por outro lado, a impor ao aprendiz experiências difíceis de assimilar e algo frustrantes. O que é desejável buscar na prática diária de ensino de PLE a hispanofalantes é atuar de tal forma que os aprendizes não precisem deparar-se com situações em que o uso do subjuntivo seja tão hermético e misterioso que provoque sensações semelhantes às que experimento ao ler estes versos de Ferreira Gullar, lindos, porém, difíceis de assimilar:

Cantiga pra não morrer

Quando você for se embora
moça branca como a neve
me leve
Se acaso você não possa
me carregar pela mão
menina branca de neve
me leve no coração
Se no coração não possa
por acaso me levar
moça de sonho e de neve
me leve no seu lembrar
E se aí também não possa
por tanta coisa que leve
já viva em seu pensamento
moça de sonho e de neve
me leve no esquecimento.

Referências Bibliográficas

ANDERSEN, H. (1991) Variables situationnelles dans l'interaction interlangue. *Actes du Premier Colloque International L'analyse des Interactions*, 12-14 Setembro, Aix-en-Provence, França.

CORDER, S. Pit (1982) *Error Analysis and interlanguage*. Oxford: Oxford University Press.

DURAO, B. (2004) *Análisis de errores em la interlengua de brasileños aprendices de español y de españoles aprendices de português*, vol. 1, 2ª ed. Londrina: Eduel.

FERREIRA, P.I.M. (2012) *O ensino aprendizagem do futuro do conjuntivo para/por hispanofalantes*. Dissertação de Mestrado, Faculdade de Letras da Universidade do Porto, Portugal.

GULLAR, F. (1980) *Toda poesia*. Rio de Janeiro: José Olympio.

GRAÑA-FERNÁNDEZ, C.E. (2009) *O subjuntivo em espanhol/LE: contribuição ao seu ensino a alunos de cursos livres em nível avançado*. Dissertação de Mestrado, Faculdade de Educação da Universidade de São Paulo, Brasil.

JOUËT-PASTRÉ, C. Et al. (2013) *Ponto de Encontro: Portuguese as a world language*. New York: Pearson. 2ª Ed.

LIMA, E.E.O.F. et al. (2014) *Novo avenida Brasil 2: curso básico de português para estrangeiros*. Sao Paulo: E.P.U.

MATEUS, M.H. M. et al. (2003) *Gramática da Língua Portuguesa*. Lisboa: Caminho, 5ª Ed.

PATROCÍNIO, E.F. & COUDRY, P. (2002) *Fala Brasil: Português para estrangeiros.* Campinas, SP: Pontes, 14ª Ed.

PIMPÃO, T. S. (2015) Mapeamento do uso variável do modo subjuntivo no português do Brasil. Working Papers em Linguística, Florianópolis, v. 16, n. 1, p. 120-141, set. 2015. ISSN1984-8420. Disponível em: <https://periodicos.ufsc.br/index.php/workingpapers/article/view/1984-8420.2015v16n1p120>. Acesso em: 14 out. 2016.

PINTO, P. F. & JÚDICE, N. (1998) *Para acabar de vez com Tordesilhas.* Lisboa : Colibri.

PONCE, M.H. et al. (2009) *Bem-vindo ! a língua portuguesa no mundo da comunicaçao.* Sao Paulo : Special Book Services Livraria.

PRESTES, G. J. (2001) Aquisição do Imperfeito do Subjuntivo por falantes nativos de espanhol. In: Vetromille-Castro, R. & Hammes, W.J. (orgs.) *Transformando a sala de aula, transformando o mundo: ensino e pesquisa em língua estrangeira.* Pelotas, RS: EDUCAT.

REBELO, I.M.M. (2006) *Interação em ambientes virtuais : negociação e construção de conhecimento em Português como segunda língua.* Tese de Doutorado, Faculdade de Letras da Pontifícia Universidade Católica do Rio de Janeiro, Brasil.

TRIM, J.L.M. et allii (2001) *Quadro europeu comum de referência para as línguas.* Trad.: Maria Joana P. do Rosário e Nuno Verdial Soares. Lisboa: ASA.

ANEXOS

Anexo 1 – Ponto de Encontro, p. 455

As férias e as viagens ■ **455**

	CHEGAR	CORRER	PARTIR	ESTAR
eu	(chegaram) chegasse	(correram) corresse	(partiram) partisse	(estiveram) estivesse
tu	chegasses	corresses	partisses	estivesses
você, o/a sr./sra., ele/ela	chegasse	corresse	partisse	estivesse
nós	chegássemos	corrêssemos	partíssemos	estivéssemos
vocês, os/as srs./sras., eles/elas	chegassem	corressem	partissem	estivessem

■ The present subjunctive is oriented to the present or future while the past subjunctive refers to the past. In general, the same rules that determine the use of the present subjunctive also apply to the past subjunctive.

PRESENT/FUTURE → PRESENT SUBJUNCTIVE
Vou recomendar que eles **peçam** um assento na janela.
I'll recommend that they ask for a window seat.

Nós gostamos de viajar desde que não **haja** problemas.
We like to travel as long as there are no problems.

PAST → PAST SUBJUNCTIVE
Recomendei que eles **pedissem** um assento no corredor.
I recommended that they ask for an aisle seat.

Nós gostávamos de viajar desde que não **houvesse** problemas.
We used to like to travel as long as there were no problems.

■ Always use the past subjunctive after the expression **como se** (*as if, as though*). The verb in the main clause may be in the present or in the past.

O carro cheira **como se fosse** novo. *The car smells as if it were new.*
Ele corria **como se tivesse** 20 anos. *He ran as if he were 20 years old.*

Vamos praticar

2-24 Quando eu era mais jovem. Com um/a colega, fale sobre que os seus pais permitiam—ou não permitiam—que vocês fizessem quando eram mais jovens.

MODELO andar de bicicleta

I: Eles permitiam que você andasse de bicicleta na rua?
2: Sim, meus pais permitiam que eu andasse de bicicleta na rua. *ou*
Não, mas eles permitiam que eu andasse de bicicleta no parque.

E1: Os teus pais permitiam que andasses de bicicleta na rua?
E2: Sim, permitiam que andasse de bicicleta na rua. *ou*
Não, mas permitiam que andasse de bicicleta no parque.

ir para a escola sozinho/a
usar transporte público
comprar uma motocicleta
andar de patins

5. ficar acordado/a até muito tarde
6. sair à noite com os amigos
7. comer chocolate todos os dias
8. ...

Anexo 2 – Fala Brasil, p. 181

MÚSICA

Hora da razão

Batatinha / J. Luna
Canta: Caetano Veloso

Se eu deixar de sofrer
Como é que vai ser
Para me acostumar   (bis)
Se tudo é carnaval
Eu não devo chorar
Pois eu preciso me encontrar

Sofrer também é merecimento
Cada um tem seu momento
Quando a hora é da razão
Alguém vai sambar comigo
E o nome eu não digo
Guardo tudo no coração

Sistematização

I) Uso da expressão DEIXAR DE

Se eu *deixar de* sofrer... = parar   Não *deixe de* ver = veja

Vou deixar de fumar.   Não deixe de ir. = Vá.

Ele deixou de beber.   Não deixe de fazer. = Faça.

Exercício

1. Faça algumas frases usando a expressão "deixar de" nos dois sentidos acima.

_____
_____
_____
_____
_____

Anexo 3 – Fala Brasil, p. 182

II) SUBJUNTIVO: Se eu deixar...

Você viu na *Unidade XI* a formação do Pretérito mais-que-perfeito simples.
Note que o *futuro* e o *pretérito imperfeito* do subjuntivo têm a mesma origem:

PRETÉRITO PERFEITO DO INDICATIVO

Eu	*levei*
Você	*levou*
Ele/Ela	*levou*
Nós	*levamos*
Vocês	*levaram*
Eles/Elas	*leva(ram)*

FUTURO DO SUBJUNTIVO

Eu	levaR
Você	levaR
Ele/Ela	levaR
Nós	levaRMOS
Vocês	levaREM
Eles/Elas	levaREM

PRETÉRITO IMPERFEITO DO SUBJUNTIVO

Eu	levaSSE
Você	levaSSE
Ele/Ela	levaSSE
Nós	leváSSEMOS
Vocês	levaSSEM
Eles/Elas	levaSSEM

(A sílaba tônica está grifada)

Exercício

2. Vamos conjugar esses dois tempos do Subjuntivo seguindo as etapas:

Verbo FAZER   a) Ontem eu fiz, eles fizeram. Então, no futuro:

```
Se eu fizer
Se você      _____
Se ele       _____
Se ela       _____
Se nós       _____
Se vocês     _____
Se eles      _____
Se elas      _____
```

b) Ontem eu fiz, eles fizeram. Então, no imperfeito:
Se eu fizesse etc.

Agora, faça o mesmo com os verbos:

a) TER	d) PÔR	g) CABER	j) PODER	n) VER
b) SER	e) QUERER	h) IR	l) VIR	o) DAR
c) ESTAR	f) SABER	i) TRAZER	m) DIZER	

FALA BRASIL

Anexo 4 – Fala Brasil, p. 183

Diálogos Dirigidos

— Vocês vão viajar nesse fim de semana?
— Se fizer sol, nós vamos acampar.

— Ela vai aceitar o emprego?
— Se o salário for bom, ela vai aceitar, sim.

— Você acha que a situação vai piorar?
— Se a inflação continuar assim, vamos ter um ano difícil.

— Amanhã eu vou para o Rio.
— E eu vou trabalhar. Que pena! Se eu pudesse eu iria com você.

— Você acha que a Regina concordaria com nossos planos?
— Se você explicasse direitinho, ela concordaria.

— Que cara chato! Eu ainda acabo dando uma surra nele!!!
— Se eu fosse você eu não faria isso... Afinal de contas, o que aconteceu não é tão grave assim!

DICA: Entender não é difícil, mas lembre-se que, para falar bem, é importante automatizar. Que tal retomar os verbos irregulares que você conjugou e fazer alguns exercícios orais? Um pouquinho todo dia é o ideal!

1 - a) Se eu fizer, eu vou ter
Se eu tiver, eu vou ser
Se eu for, eu vou estar
Se eu estiver, eu vou pôr
Se eu puser, eu vou querer
etc.

b) Eu vou fazer se eu tiver
Eu vou ter se eu for
Eu vou ser se eu estiver
Eu vou estar se eu puser
Eu vou pôr se eu quiser
etc.

2 - a) Se eu fizesse, eu teria
Se eu tivesse, eu seria
Se eu fosse, eu estaria
etc.

b) Eu faria se eu tivesse
Eu teria se eu fosse
Eu seria se eu estivesse
etc.

FALA BRASIL

Anexo 5 – Bem-vindo, p.53

Imperfeito do Subjuntivo
Futuro do Pretérito
Preposições (1)

Ontem sonhei que estava sozinha numa ilha deserta e, assim como nos filmes, encontrei uma lâmpada, esfreguei-a e... eis que me aparece um gênio! Sonhos são sonhos!! É claro que o meu gênio, como todos os outros, me pediu *para* que eu fizesse três pedidos, mas, já que não estava num filme, o despertador tocou!
Fiquei muito tempo deitada, imaginando o que pediria a um gênio *caso* encontrasse um.
Meu primeiro desejo seria ter tempo e dinheiro para viajar, viajar muito. Se eu tivesse tempo e dinheiro para viajar muito, daria a volta ao mundo. Sim, viajaria de trem, de ônibus, de avião, de navio (ah!! faria muitos cruzeiros), a cavalo, de bicicleta... conheceria o mundo!
Para que pudesse me comunicar bem nas viagens, precisaria falar muitos idiomas. Esse seria então meu segundo desejo... falar vários idiomas fluentemente.
Pensei e pensei... não tem graça viajar sozinha! Assim, meu terceiro desejo seria poder viajar com mais gente. Se pudesse escolher, viajaria com meu noivo! Não seria romântico? Agora só falta achar um noivo...

1. E você? Se encontrasse uma lâmpada mágica, o que você pediria?
2. Se você pudesse mudar algo em sua vida, o que você gostaria de mudar?

1 Responda às perguntas de acordo com o texto.

1. Ela conseguiu fazer os três pedidos? Por quê?
2. Quais foram os três pedidos? Por que/Para que ela fez estes três pedidos?
3. Imagine-se fazendo os pedidos. Siga o exemplo.

TEMPO — Em primeiro lugar, eu pediria tempo, não só para o trabalho, mas também para o lazer, a família e os amigos. Se tivéssemos tempo, não haveria pessoas estressadas.

HARMONIA — Em segundo lugar, eu pediria harmonia, para que todas as pessoas vivessem em paz. Se houvesse paz no mundo, não haveria guerra e todos seriam felizes.

TRABALHO — Em terceiro lugar, eu pediria trabalho, para que todo mundo tivesse alguma atividade que o deixasse feliz e, ao mesmo tempo, ganhasse dinheiro suficiente para sentir-se satisfeito.

PRINCIPAIS PRODUTOS EXPORTADOS PELO BRASIL

BÁSICOS (MINÉRIO DE FERRO, SOJA, CAFÉ, FUMO, FRANGO)
SEMIMANUFATURADOS (DE FERRO E AÇO, ALUMÍNIO, CELULOSE, COUROS E PELES, FERROLIGAS)
MANUFATURADOS (CALDEIRAS E APARELHOS MECÂNICOS, CALÇADOS, PRODUTOS QUÍMICOS, TÊXTEIS, LAMINADOS DE FERRO E AÇO, PLÁSTICOS E BORRACHA, PAPEL)...

8
O LEITORADO EM HARVARD: ARTICULAÇÃO DO TRABALHO PEDAGÓGICO POR MEIO DE PROJETOS

LECTURESHIP AT HARVARD: ARTICULATION OF PEDAGOGICAL WORK THROUGH PROJECT-BASED LEARNING

Everton Vargas da Costa[1]

Introdução: o leitorado em Harvard

As experiências relatadas e discutidas neste artigo reúnem parte das atividades dos dois primeiros anos do Programa de Leitorado do Itamaraty na Universidade de Harvard. Localizada na costa leste americana, mais especificamente na cidade de Cambridge, estado de Massachusetts, Harvard é a mais antiga universidade norte-americana, fundada em 1636, e considerada uma das mais prestigiosas instituições de ensino superior do mundo. Com o objetivo de formar os futuros cidadãos e líderes globais, Harvard exige que os estudantes de graduação (*undergraduate level*) cursem pelo menos um idioma estrangeiro, dentre quase uma centena de opções[2], durante seus quatro anos de faculdade. Dentre essas opções de línguas, está o português. O programa de português é parte do Departamento de Línguas Românicas e Literatura (*Romance Languages and Literature*), ao lado do francês, espanhol, italiano e catalão, e conta com pós-graduação (*graduate level*) em literatura em língua portuguesa (mestrado e doutorado), além de ênfase principal (*concentration*) e ênfase secundária (*secondary field*) em estudos brasileiros para o nível de graduação. A posição de Professor-Leitor do Itamaraty foi publicada no edital número 44 da Coordenação de

---

[1] Leitor do Itamaraty na Universidade de Harvard; Doutor em Linguística Aplicada pela Universidade Federal do Rio Grande do Sul; edacosta@fas.harvard.edu.
[2] http://artsandhumanities.fas.harvard.edu/book/foreign-languages-offered-harvard

Aperfeiçoamento de Pessoal de Nível Superior (CAPES)[3], divulgado em 2013, sendo essa a primeira vez em que o departamento de línguas românicas abriu a posição em sua história.

Em meados de 2014, quando cheguei à Harvard, o programa de português vivia um período de crescimento em termos de matrículas, além de notável produção em Linguística Aplicada, que havia resultado no livro didático de português para falantes de outras línguas de maior sucesso no mercado editorial americano, "Ponto de Encontro", projeto liderado pela, então, coordenadora dos cursos de línguas na universidade, Clémence Joëut-Pastré. Também já havia construído uma forte tradição de pesquisa em Literatura e Humanidades, tanto sobre o Brasil como sobre Portugal, com vasta produção bibliográfica.

Os cursos de língua dividem-se nas categorias de nível básico e intermediário, focados na aquisição de fluência linguística; cursos avançados de língua e cultura, com foco em manifestações culturais e gramática avançada; e os cursos de literatura e cultura, tanto para nível de graduação como para pós-graduação. Pelas regras da Universidade, os estudantes podem cursar quatro cursos avançados de uma língua e ganhar uma menção especial no diploma de graduação (*citation*). É recorrente que os alunos do programa aprendam português como uma terceira língua, sendo muitos deles falantes de inglês e de línguas de herança como espanhol, mandarim e urdu. Outra característica é que grande parte dos alunos nas aulas de língua, cultura e literatura em língua portuguesa estão especializando-se em estudos latino-americanos ou estudos sociais, e em menor medida, especificamente em estudos brasileiros ou portugueses.

Conforme o *site* do Itamaraty, os leitores são professores especialistas em língua portuguesa, literatura e cultura brasileiras, que atuam em conceituadas universidades estrangeiras, selecionados pela CAPES e pelas instituições acadêmicas no exterior, sendo os compromissos do leitor estabelecidos pelo contrato com as respectivas universidades. Os ocupantes da posição de leitor entregam um relatório semestral de atividades desenvolvidas para a Divisão de Promoção da Língua Portuguesa do Ministério das relações Exteriores (DPLP), devem oferecer apoio aos consulados, produzir materiais didáticos para a sua atuação, assim como produzir material de divulgação do trabalho para o Portal da Rede Brasil Cultural[4]. Segundo Diniz (2012), os leitores podem construir a identidade de um representante cultural, ao passo em que representam tanto a missão diplomática na universidade, como a instituição acadêmica nos contextos das interações com os postos consulares. No exemplo de projeto apresentado no presente artigo, procuro mostrar como conjugar a representação na universidade com o interesse da missão do

---

[3] http://www.capes.gov.br/cooperacao-internacional/multinacional/programa-leitorado
[4] http://redebrasilcultural.itamaraty.gov.br/menu-a-rede/menu-leitorados

Estado brasileiro de difundir a cultura brasileira por meio de uma proposta pedagógica que promova a produção de artefatos relevantes e sua respectiva publicidade para a interlocução pública.

A parceria com a representação do Consulado-Geral do Brasil em Boston tem sido essencial para o desempenho das funções atribuídas ao cargo de leitor. Por ser um Consulado extremamente ativo junto à comunidade imigrante brasileira e falantes de português de modo geral[5], o contato entre leitor e integrantes do Setor Cultural tem permitido que propostas pedagógicas que visam à interlocução dos trabalhos realizados em aula com a comunidade sejam concretizadas. Alguns exemplos de atividades que geram benefícios para a comunidade imigrante e para os alunos de Harvard são as visitas de convidados do Consulado e ativistas comunitários em sala de aula, realização de eventos em parceria com o Setor Cultural do Consulado em Harvard e outras universidades da região. Além disso, é oferecido aos estudantes de Harvard o curso *Portuguese 59 – Portuguese and the Community*, que inclui um componente de estágio em organizações não-governamentais especializadas em falantes de português na região de Boston.

Nesse sentido, o trabalho do leitorado tem uma porção pedagógica que envida a própria natureza da existência do Professor-Leitor, como também há um componente de articulação cultural e comunitária, o que já foi apontado por Diniz (2012) como uma das facetas do cargo. Para dar conta do registro do fluxo de atividades, a partir do segundo ano como leitor, criei uma *Newsletter* dirigida à Divisão de Promoção da Língua Portuguesa do Ministério das Relações Exteriores e ao Consulado Brasileiro, relatando mensalmente as atividades em que me envolvi como organizador, apoiador, porta-voz, palestrante, etc. O registro na *Newsletter* do leitorado do Brasil em Harvard consegue retratar a amplitude de ações que o Programa de Leitorado pode alcançar se orientado para a cooperação entre universidade, missões diplomáticas e comunidades circundantes[6].

---

[5] Apesar de não haver números exatos, trabalhos como os de Martes (2000) apontam grandes fluxos de imigração de brasileiros em Massachusetts, sendo o mais provável, em torno de 100.000. Além disso, a região recebe, desde o século XIX, imigrantes de Portugal (sobretudo Açores) e Cabo Verde.

[6] Dentre as atividades realizadas periodicamente pelo Programa de Português em Harvard em parceria com o Consulado-Geral do Brasil em Boston estão sessões de exibição e debate de filmes brasileiros, palestras com artistas e acadêmicos, reuniões de professores de português língua adicional atuantes nas universidades da região de Boston, formação de professores de português como língua de herança, apoio a eventos realizados em universidades parceiras como Massachusetts Institute of Technology, University of Massachusetts - Boston, Boston University e Tufts University. Além disso, um dos cursos coordenados pelo Professor-Leitor inclui um componente de trabalho voluntário de estudantes de Harvard em organizações não-governamentais que trabalham no apoio a imigrantes brasileiros na região da Nova Inglaterra. Harvard também é o único posto aplicador do exame Celpe-Bras na região da Nova Inglaterra, sendo parte do trabalho do Professor-Leitor divulgar o exame e coordenar a sua aplicação.

No presente artigo, procuro detalhar como tal trabalho vem sendo desenvolvido em uma das suas muitas facetas de minha atuação como leitor em Harvard: a sala de aula, onde perspectivas teóricas da formação do Professor-Leitor encontram o desafio de criar oportunidades de aprendizagem em consonância com as culturas de ensinar e de aprender dos estudantes e da instituição. Para isso, na seguinte seção, abordo três orientações teórico-metodológicas que embasam a proposta pedagógica dos cursos de português por mim ministrados: o uso da língua na perspectiva dos gêneros do discurso (CLARK, 2000; BAKHTIN, 2003; KRAEMER; 2012; MITTELSTADT, 2013); a pedagogia de projetos (HERNÁNDEZ, 2004; SCHLATTER e GARCEZ, 2012) e o arcabouço dos cursos com base na interação com a comunidade, *community based-courses* (PARRA, 2013, 2014; BORTOLIN, 2013). Na seção 3, apresento o projeto que constitui foco central do trabalho: a exposição de fotografias Arte-na-Mente, organizada durante dois semestres e curada pelos estudantes do curso *Portuguese* 20 (Português Intermediário), baseada na pedagogia de projetos e nos gêneros discursivos e desenvolvida nos semestres de 2014-2 (*Fall* 2014) e 2015-1 (*Spring* 2015). Para fins de análise da experiência, tomarei como exemplo o trabalho de um aluno do segundo semestre em que o projeto foi realizado. Finalmente, apresento algumas reflexões sobre os benefícios dos produtos de aprendizagem gerados no decorrer dos cursos e os desafios para o professor na articulação entre currículo e propostas inovadoras de aprendizagem de português como língua adicional.

O percurso teórico: os caminhos para sustentar as decisões de sala de aula e estabelecer as conexões com a comunidade circundante

Contemporaneamente, o ensino de línguas tem se voltado para uma perspectiva sociointeracionista de aprendizagem. Não são poucos os trabalhos que argumentam por uma aprendizagem baseada na interação entre aqueles que atualizam a realidade da sala de aula. Abeledo (2008), por exemplo, faz uma descrição etnometodológica da aprendizagem, argumentando que é possível observar a realização do fazer aprender nas situações contingentes de sala de aula. Dentre as ações mais prolíficas para aulas em que o foco é a aprendizagem, as ações de pedir e oferecer ajuda ganham preponderância. Bulla (2007), ao observar o trabalho em duplas com um grupo de aprendizes de português como uma língua adicional, sugere que tais práticas contribuem para que os alunos construam práticas colaborativas que resultam em resoluções de problemas emergentes que exigem o engajamento, por meio do qual, aprendizagens podem ocorrer.

Fortemente baseados no arcabouço das teorias socioculturais de aprendizagem, e tendo como referência a perspectiva de aprendizagem experiencial que a noção de zona de desenvolvimento proximal de Vygotsky

(2002) oferece aos estudos sobre o ensino de línguas, tais trabalhos guardam entre si os pressupostos de que é na interação que a aprendizagem tem seu lugar mais propício. Trabalhos como os de Kraemer (2012) e Mittelstadt (2013) adotam tais perspectivas como pressupostos teóricos, e focalizam a concepção de um currículo para um programa de ensino de português para estrangeiros em níveis básicos e intermediários e o desenvolvimento de uma proposta curricular para níveis avançados, respectivamente. Os dois trabalhos afiliam-se também a uma visão de uso da linguagem (Clark, 2000) e à perspectiva dialógica sobre os fenômenos da língua para conceber cursos e materiais didáticos.

Clark (2000) entende a língua como o uso que se faz de todos os mecanismos da linguagem para a realização de ações no mundo, constituindo o sujeito em participante em práticas sociais, historicamente construídas em coordenação com outros participantes. Nessa perspectiva, língua é uma ação conjunta, que atualiza a história e os valores dos participantes. Portanto, aprender uma língua é "aprender não somente palavras e saber combiná-las em expressões complexas, mas apreender seus significados culturais e, com eles, os modos pelos quais as pessoas entendem e interpretam a realidade e a si mesmas" (MITTELSTADT, 2013, p. 23). Um dos fatores mais importantes nessa perspectiva é que os participantes estarão em diálogo, trabalhando interacionalmente, construindo significados novos, assumindo papéis sócio-históricos na dinâmica da interlocução.

A concepção dialógica dos gêneros do discurso consiste em entender a comunicação na dinâmica da interlocução. Os gêneros do discurso segundo Bakhtin (2003) são os organizadores da comunicação humana. Para o autor, os campos de atividade humana são moldados pelos usos da linguagem, variando suas formas tantas sejam tais atividades, e estão interligados pelo uso da linguagem que acontece através de enunciados como unidade linguística, que são únicos e usados pelos interlocutores em determinados campos de atuação humana. São os enunciados, constituídos pelo conteúdo temático e estilo de linguagem, que vão refletir as condições nas quais ocorrem. Nessa perspectiva, a linguagem é, então, o uso que dela se faz, sendo os enunciados a unidade que constitui a vida humana organizada em gêneros do discurso. Bakhtin (2003) afirma que o enunciado é constituído por conteúdo temático, estilo e construção composicional, que se interligam constitutivamente e são marcados pelo campo de atividade humana em que ocorrem, ou seja, nas esferas da comunicação em que são mobilizados. Assim, para o autor "cada enunciado particular é individual, mas cada campo de utilização da língua elabora seus tipos relativamente estáveis de enunciados, os quais denominamos gêneros do discurso" (BAKHTIN, 2003, p. 261-262).

Uma implicação da perspectiva *bakhtiniana* sobre uso da linguagem para o ensino de língua (ainda que esse não tenha sido o foco dos trabalhos de

Bakhtin) é conceber usos em contexto. Desse modo, no ensino de línguas adicionais, que tão tradicionalmente trabalhou com itens isolados, análises de frases e preenchimento de lacunas, a perspectiva de Bakhtin reafirma a necessidade de usar as línguas para desempenhar ações no mundo em coordenação com outros interlocutores (CLARK, 2000). Portanto, a produção de materiais didáticos deve seguir tal premissa, sendo importante que questões relacionadas à reprodução de situações de uso sejam privilegiadas e os materiais utilizados sejam colhidos em fontes autênticas.

Ao chegar na universidade, percebi que o programa (*syllabus*) do primeiro curso que coordenei e ensinei, no qual adotava-se o livro didático "Mapeando a língua portuguesa através das artes" (SOBRAL e JOEUT-PASTRÉ, 2014), era baseado na abordagem comunicativa, e, nas primeiras sessões de orientação aos novos professores do departamento de línguas românicas, o foco nas atividades que os estudantes desenvolviam era constante. Ainda que o material proporcionasse muitas oportunidades para o uso da língua em sala de aula, sendo muitas tarefas relacionadas à arte e à discussão sobre arte, as atividades não previam interlocuções para além do professor e dos colegas. Assim, incluí no programa tarefas pedagógicas que propiciassem situações de interlocução em que os alunos poderiam se engajar além da sala de aula, ou seja, situações de comunicação com outros integrantes do Programa de Português, com artistas brasileiros e outros atores da comunidade circundante.

Tendo como mote de cada unidade uma expressão artística e a discussão das experiências dos alunos com tais manifestações, propus um modelo baseado em tarefas, que proporcionasse a cada unidade as interações dos alunos nas esferas de atuação humana em que música, dança, pintura e literatura mediassem as tarefas, entendidas como convites para agir no mundo (SCHLATTER, 2007). Além disso, a noção de uso da linguagem (CLARK, 2000) e da interlocução em gêneros do discurso (BAKHTIN, 2003) necessitam um paradigma metodológico que permita que a aula incorpore as contingências da vida real e que integre diferentes unidades didáticas como um fio condutor que materialize a visão de que a linguagem não é um fenômeno isolado, e sim um constante diálogo. Tal metodologia encontra seu eco mais coerente na pedagogia de projetos.

Na pedagogia de projetos, parte-se de uma proposta de ação, baseada na interdisciplinaridade, na interlocução e no trabalho coletivo. O trabalho com projetos pedagógicos em sala de aula de línguas adicionais tem se tornado uma tendência teórico-metodológica que pressupõe uma visão de ensino e aprendizagem que prioriza as ações e não a transmissão de conhecimentos, com contextualização na comunidade de atuação dos participantes (HERNÁNDEZ, 2004; SCHLATTER e GARCEZ, 2012). Para Barbosa (2004), um projeto é um plano de trabalho com características e possibilidades de concretização. Um projeto envolve uma vasta gama de variáveis, de percursos imprevisíveis, imaginativos, criativos, ativos e inteligentes, acompanhados de uma grande flexibilidade de organização. Isso quer dizer que, a partir de uma questão, um problema ou ainda uma proposta de ação de autoria individual ou coletiva, os participantes podem criar um modo próprio para a busca de soluções possíveis, alternando autonomia e dependência do grupo, trabalho individual e cooperação com a ajuda de participantes mais experientes. (Barbosa, 2004). Assim, a pedagogia de projetos pressupõe que o papel do professor é

> (...) incentivar a participação dos alunos, assessorá-los quando necessário e avaliar sua participação no uso da língua adicional, mediante tarefas pedagógicas colaborativas, isto é, tarefas que exigem que os participantes se organizem para dar conta do propósito específico e direcionado. (SCHLATTER e GARCEZ, 2009, p. 170)

Trabalhar com a pedagogia de projetos coloca como central a resolução de problemas gerados por discordâncias, dúvidas e divergências para que se realize o trabalho conjunto, o que implica considerar que os contextos colaborativos precisam ser construídos, e serão uma conquista de participantes legítimos, cuja participação é indispensável e valorizada. Nesses contextos, as ações de pedir e oferecer ajuda devem ser incentivadas e praticadas (BULLA, 2007).

Para Hernández (2004), trabalhar com projetos pedagógicos a) supõe uma concepção de aprendizagem como produção de significados; b) implica que aprender é se engajar em um diálogo intercultural; c) exige uma concepção de que aprender acontece de modo situado para as contingências do que cerca os sujeitos, ou seja, a aprendizagem é contextual, social e histórica; d) permite flexibilidade de decisões e participação de todos (alunos, professores, comunidade em geral) e, por isso, relaciona-se com o que preocupa e afeta a todos. Ainda, segundo o autor, o tema de um projeto nasce da emergência dos processos em que se situa, o que requer mobilizar uma gama de conhecimentos. Isto faz deste tipo de trabalho um ato essencialmente interdisciplinar e, desse modo, a cultura da comunidade educacional torna-se ativa e participativa. Portanto, do trabalho com base em informações passa-se a agir por meio do conhecimento numa perspectiva intercultural que leva em conta a presença de diversos pontos de vista: dos participantes, das disciplinas, da história local etc. Resumindo, a aproximação à compreensão de ensino e aprendizagem, ao se trabalhar por projetos pedagógicos, é interdisciplinar.

A abordagem interdisciplinar tem sido utilizada amplamente em muitos contextos, sobretudo em práticas educacionais e em projetos baseados na resolução de problemas. Entende-se por interdisciplinaridade a interação existente entre duas ou mais disciplinas, que pode ir da simples comunicação de ideias à integração mútua dos conceitos referentes ao ensino e à pesquisa

(FAZENDA, 2011). A interação de conhecimentos tem como objetivo criar novos questionamentos, novas buscas e explicações mais completas a respeito dos fenômenos investigados, os quais já não são suficientemente explicados a partir de uma perspectiva disciplinar. De acordo com Fazenda (2011), a abordagem interdisciplinar pressupõe uma atitude engajada, de abertura, que impeça a supremacia de uma determinada ciência, entendendo que não há uma hierarquia entre os conhecimentos. O ensino interdisciplinar nasce a partir da proposição de novos objetivos, novos métodos e parte da instauração de uma prática dialógica entre as suas partes componentes. A interdisciplinaridade é uma forma de compreender e modificar o mundo, pelo fato de a realidade do mundo ser múltipla e não una.

Apesar da crescente valorização da perspectiva interdisciplinar em diversos âmbitos sociais, culturais e educacionais, a sua implementação em contextos de ensino pode esbarrar em uma série de desafios e dificuldades. Desafios e dificuldades não poderiam estar mais presentes no projeto apresentado a seguir. Tanto o trabalho de unir conhecimentos e práticas de português intermediário com a ampla gama de saberes sobre como organizar uma exposição fotográfica deram a tônica interdisciplinar ao projeto. Desde a compreensão de vídeos sobre a vida de diferentes fotógrafos, passando pela entrevista a um fotógrafo brasileiro via Skype, seleção de fotos e escrita de textos, culminando com a recepção de convidados à abertura da exposição, os alunos precisaram lidar com o imprevisto de etapas do projeto, com o trabalho em duplas, a escrita em português e tradução para o inglês. Toda a articulação de conhecimentos de diferentes áreas (fotografia, curadoria, organização de eventos, tradução, para mencionar algumas) necessárias para que o projeto se concretizasse envidou a interdisciplinaridade como um traço fundamental do trabalho. Além disso, a comunidade circundante à sala de aula precisou ser discutida e melhor compreendida para a respectiva entrega dos resultados a essa mesma comunidade.

A aprendizagem de línguas por meio da interlocução com a comunidade pressupõe uma pedagogia que engaja estudantes, professores e membros da comunidade em parcerias para alcançar diferentes objetivos, acadêmicos e comunitários. Tais propostas de cursos provêm oportunidades de engajamento em experiências reais (BORTOLIN, 2013). Tratando-se de cursos de língua, os *community-based learning courses* (CBL) são ainda mais relevantes, pois permitem que os alunos imerjam-se em usos cotidianos, menos monitorados que a sala de aula e produtivos do ponto de vista interdisciplinar.

Nessa modalidade, os materiais didáticos e os objetivos integram-se na medida que as experiências reais possam ser incorporadas a eles. Assim, as atividades de sala de aula correspondem-se com as atividades desenvolvidas no âmbito da experiência extraclasse, que podem tomar forma de estágios, oficinas, participação em eventos ou organização de um evento para a comunidade. No entanto, as variações nos modos como a integração entre as práticas de sala de aula e as experiências extraclasse se configuram podem ser determinadas em cada contexto. Para a concretização de um trabalho híbrido entre sala de aula e comunidade é preciso um projeto, e tal projeto pode se materializar na forma de um programa de curso (*syllabus*), que organizará as atividades e guiará o encadeamento dos diferentes espaços e momentos em que alunos, professores e membros externos se encontrarão.

Parra (2013, 2014) argumenta que cursos do tipo CBL possibilitam mobilizar poderosas ferramentas pedagógicas para ampliar o espectro de experiências do aluno de língua adicional, especialmente por permitir aos estudantes construir as pontes necessárias entre teoria e prática, aproximar o contexto acadêmico da comunidade e desempenhar propósitos significativos para todos os envolvidos. Quando os alunos saem da sala de aula para realizar trabalhos em conexão com comunidades circundantes (sejam próximas fisicamente ou não, conforme veremos mais adiante), há a possibilidade de voltarem com vivências distintas para informar questões teóricas discutidas. No caso da aprendizagem de línguas, isso é ainda mais impactante, já que o aluno, especialmente no caso de aprendizagem em contextos de não-imersão, possibilita que leituras e conteúdos linguísticos sejam compreendidos desde a perspectiva dos usos e da relevância social que podem incorporar.

Tendo em vista a dinâmica que é gerada pelo envolvimento do estudante no trabalho comunitário, Parra (2014) defende que os cursos CBL vão muito além do "aprender fazendo", destacando que o que de fato se produz é um processo pela aprendizagem crítico-reflexiva: "Os alunos se envolvem em um processo de reflexão de duas vias entre sala de aula e trabalho comunitário. O resultado é uma reinterpretação contínua das leituras e da comunidade que gera novos entendimentos e perguntas nos alunos" (PARRA, 2014, p. 225).

A Universidade de Harvard incentiva que os cursos, de modo geral, engajem os estudantes em serviço voluntário como um componente prático para a aprendizagem acadêmica[7]. Tal engajamento em trabalho voluntário fornece experiências no mundo real que motivam e informam uma aprendizagem acadêmica rigorosa, enquanto a sala de aula motiva e informa qualitativamente as contribuições do trabalho voluntário. Essa perspectiva baseia-se na premissa de conectar-se humanamente com os outros, na responsabilidade de responder às necessidades do contexto comunitário em que estamos inseridos e no fornecimento de experiências que tragam a aprendizagem acadêmica para a vida. Isso é possível pela participação em trabalhos voluntários. E como veremos na próxima seção, há diferentes modos de promover a conexão comunitária considerando níveis de proficiência, objetivos dos cursos e objetivos pessoais dos envolvidos. Central para a presente discussão, sobretudo, estão as noções de língua que

---

[7] http://publicservice.fas.harvard.edu/about, acessado em 3 de janeiro de 2017.

orientam o planejamento dos cursos, a metodologia que melhor se adapte às afiliações filosóficas de linguagem, e que tipo de resultados pretende-se alcançar em termos de formação dos estudantes.

Exposição Arte-na-Mente: estudando português através das artes

A seguir apresento uma visão geral do curso *Portuguese 20*, dos seus objetivos, dos seus materiais e da sua avaliação, explico como o projeto Arte-na-Mente surgiu, quais foram suas etapas e como sua execução dialogou com o referido curso nos semestres de 2014-1 (*Fall* 2014) e 2015-1 (*Spring* 2015). Em seguida, passo a um exemplo de tarefa da edição 2015-1 do curso e sua correspondência com as tarefas do projeto, para, finalmente, chegar à análise de duas produções textuais que ilustram o tipo de aprendizagens que os alunos alcançaram no desenvolvimento da exposição.

O objetivo do curso *Portuguese 20*[8] é desenvolver a leitura, a escrita e a conversação a partir do estudo das culturas luso-afro-brasileiras, promovendo a compreensão intercultural através do uso de materiais autênticos, como textos literários e materiais audiovisuais. O livro-texto utilizado na época de desenvolvimento do projeto foi o livro "Mapeando a língua portuguesa através das artes" (Sobral e Jouet-Pastré, 2014). O material, inicialmente, funcionaria como um organizador do planejamento do curso, visando promover engajamento através do estudo de diferentes manifestações artísticas como oportunidades para os estudantes aprenderem a língua-alvo. A cada unidade, o material apresenta um gênero artístico, focalizando as experiências pessoais dos estudantes por meio de exercícios comunicativos e em tarefas que guiam as temáticas e a revisão de formas e estruturas sistematicamente[9]. A avaliação do curso consiste dos seguintes itens: Participação em sala de aula, Tarefas de casa, Composições, Teste Parcial e Final, Entrevista Oral e Projeto Final.

Além do livro didático, do qual 5 unidades deveriam ser cobertas, outras três unidades foram criadas com base em textos literários. Essas obras serviram para motivar as produções escritas dos estudantes, para cumprir o quesito Composições, e a discussão sobre aspectos culturais e históricos. Com base em *O que é isso, companheiro?*, de Fernando Gabeira, os alunos discutiram o contexto histórico da ditadura militar no Brasil e a produção

---

[8] Na grade de cursos de português em Harvard, corresponde ao terceiro semestre, antecedido por *Portuguese* 10 e *Portuguese* 15. O curso é de 50 horas, com encontros de uma hora, quatro vezes por semana.

[9] Além disso, o material conta com um caderno de exercícios com foco em vocabulário e gramática que foi usado majoritariamente para tarefas de casa. O livro didático foi desenvolvido especificamente para o *Portuguese* 20, e os conteúdos linguísticos constituem uma revisão do que foi trabalhado nos dois primeiros semestres. Atualmente, o livro é adotado em outras universidades norte-americanas.

artística da época e escreveram uma resenha crítica para um *site* de cinema, considerando a obra escrita e a sua versão cinematográfica, dirigida por Bruno Barreto. *As Aventuras de Ngunga*, de Pepetela, foi razão de discussão sobre o processo de independência de Angola e para os estudantes escreverem cartas a professores brasileiros, sugerindo a adoção da obra nas aulas de Literatura Brasileira no Ensino Médio. Finalmente, os alunos leram *O Pagador de Promessas*, de Dias Gomes, e escreveram a continuação da história, na forma de um conto, colocando-se no lugar de um dos personagens da peça. O Quadro 1 apresenta o conteúdo temático, os recursos linguísticos e os gêneros discursivos focalizados em cada uma das unidades do curso.

Unidade	Conteúdo Temático	Recursos Linguísticos	Gêneros Discursivos
1. O mundo das artes	* História da arte * O que é arte	* Presente do indicativo, subjuntivo, imperativo * Palavras interrogativas	* Debate * Carta * Entrevista
2. O que é isso companheiro?	* História do Brasil * A ditadura e a arte no Brasil	*Conjunções	* Resenha de um filme * Relato memorialístico
3. Fotografia	* A vida de um fotógrafo * Crítica de arte	* Pretérito perfeito e imperfeito * Comparativos * Futuro simples e Estruturas condicionais	* Relato pessoal * Entrevista
4. Dança	*Manifestações da dança nos países lusófonos *A dança no sistema de ensino do Brasil	*Pretérito mais-que-perfeito composto.	* Crônica *Apresentação em *power-point* * E-mail
5. As Aventuras de Ngunga	* A História da independência de Angola * Literatura e educação	* Variações linguísticas regionais na escrita	* Carta
6. Música	* Música brasileira, portuguesa e cabo-verdiana * Carnaval	*Presente do subjuntivo *Variações linguísticas na pronúncia *Pronomes oblíquos	*Programa de rádio: entrevista *Programa de rádio: apresentando a biografia de um artista e uma canção *Debate
7. Pintura	*Minha pintura favorita * A perspectiva interdisciplinar da pintura	* Imperfeito do subjuntivo * Pronomes relativos	* Exposição de pinturas favoritas da turma * Biografia de um pintor
8. O Pagador de Promessas	* Sincretismo religioso * As relações sociais no Brasil	* Futuro do subjuntivo	* Relato narrativo * Leitura dramática

Quadro 1: As unidades do curso Portuguese 20

Em cada unidade do curso, as temáticas, as estruturas gramaticais e os gêneros discursivos foram trabalhados de modo a produzir oportunidades de uso da língua portuguesa em esferas de atuação relacionadas à arte. O trabalho com os textos literários constituiu um eixo de suma importância para a compreensão cultural dos povos falantes de português e para o desenvolvimento das habilidades de leitura e escrita. Também atuaram como núcleos para conectar o estudo das diferentes manifestações artísticas com questões de história e cultura dos povos falantes de português. Do mesmo modo, foram parte relevante da nota final do curso, considerando as composições escritas em resposta a cada um dos textos lidos. A elaboração de tarefas que incorporassem uma visão de linguagem que toma a interlocução como eixo central e que entende a linguagem nas interações sociais foi fundamental para o tipo de trabalho desenvolvido no curso. Para ilustrar essa perspectiva, apresento a seguir a tarefa de produção escrita baseada no texto de Pepetela:

Coloque-se no lugar de um funcionário da Divisão de Língua Portuguesa do Ministério da Educação, a qual tem como uma de suas atribuições sugerir periodicamente leituras para a disciplina de Literatura Brasileira no Ensino Médio. Você tem a tarefa de sugerir aos professores, por meio de uma carta, o livro *As Aventuras de Ngunga*, do autor angolano Pepetela. Seu propósito é convencer os professores a adotarem um livro em língua portuguesa de outro país que não o Brasil nas aulas de Literatura Brasileira do Ensino Médio.
Em seu texto: contextualize o trabalho do departamento em que você atua; apresente a sugestão de leitura; resuma brevemente o livro de Pepetela; fale sobre o autor; destaque pontos relevantes para analisar no livro e incentive o professor a seguir sua ideia.

Quadro 2: Exemplo de tarefa de produção escrita

A tarefa procura criar uma situação de escrita possível no mundo, inserida em uma realidade concreta como condição para a produção do texto. O aluno precisa assumir um lugar social estabelecido pela tarefa, o qual precisa ser delimitado por discussões prévias em sala de aula. Além disso, precisa escrever a interlocutores possíveis, para cumprir um objetivo que pode ser desempenhado com base no conteúdo da obra que leram e nas discussões em sala de aula. A ideia de adotar um livro sobre um adolescente em Angola, em plena guerra civil, que vê na educação uma forma de construir um futuro digno para o seu país, foi considerada uma oportunidade de gerar possíveis impactos no contexto de ensino médio brasileiro, procurando gerar sensibilização para a história e experiências de outros povos falantes de português. Nesse sentido, os estudantes do curso *Portuguese* 20 assumiram o papel de produtores de uma reflexão sobre as relações entre as culturas lusófonas. O nível de detalhamento das ações que devem desempenhar no texto relaciona-se com a explicitação de que o texto constrói-se por ações e também para deixar mais claro como a avaliação leva em conta o cumprimento de propósitos.

Diante do formato colocado pelo programa do curso, concebido previamente à minha chegada, duas questões surgiram no início do semestre: Como promover experiências significativas que incorporassem as relações entre os conteúdos temáticos, recursos linguísticos e gêneros discursivos que estruturam o curso? Qual poderia ser o fio condutor do curso que interconectasse tais experiências?

A resposta para a primeira pergunta foi uma opção permanente por tarefas que tomassem a interlocução entre os usuários da língua como eixo central, desde as tarefas de sala de aula até as composições e os testes. Já o fio condutor do curso foi o projeto final, parte da avaliação. A partir da segunda semana de aula, iniciamos as conversas sobre o projeto e ao chegar na unidade 3, sobre Fotografia, o planejamento para o desenvolvimento de uma exposição fotográfica com jovens fotógrafos brasileiros foi iniciada. Para a escolha do tema e do produto final, foi necessário esclarecer desde o início do semestre para os alunos qual era minha visão de língua e, especialmente, sobre o uso da linguagem. Após as primeiras aulas, propus que definíssemos o tema do projeto final para que pudéssemos incorporá-lo nas aulas. Tal proposta gerou certa surpresa para os alunos, que me informaram estarem habituados a cuidar dos projetos finais dos cursos de português somente na última semana de aulas, mas que lhes parecia interessante a realização de um trabalho conjunto que envolvesse toda a turma. Uma das exigências que coloquei como professor foi que o trabalho precisava ser produzido com o objetivo de ser entregue para um grupo de pessoas externo à sala de aula, de modo a termos a oportunidade de discutir todo o trabalho tendo em vista a interlocução que o produto final estabeleceria com sua audiência. Alguns alunos comentaram que em outros cursos na universidade algo parecido já vinha sendo praticado e me solicitaram uma lista de sugestões, a qual produzi e enviei-lhes por e-mail, uma proposta relacionada a uma das unidades sobre expressões artísticas do *syllabus*. Na semana seguinte, com base em uma votação em aula, o grupo optou pela ideia de uma exposição fotográfica para os alunos e professores do programa de português.

Assim chegou-se ao projeto Exposição Arte-na-Mente, que consistiu numa exposição fotográfica curada pelos estudantes, por meio da qual apresentou-se à comunidade da universidade (os membros do departamento) o trabalho de jovens fotógrafos brasileiros[10]. Os gêneros discursivos focalizados no desenvolvimento do projeto foram a entrevista, o e-mail, o texto de análise de peça artística e a biografia, que estruturaram a execução

---

[10] Participaram do projeto Gio Soifer (PR), Guilherme Minoti (GO), Fábio Messias (SP), Ananda Kuhn (RS), Daniel Sasso (RS), Tatewaki Nio (SP) e Rogério Ferrari (BA).

de uma exposição fotográfica para a comunidade circundante aos cursos de português, entendida aqui como interlocutor natural para a exposição. Além disso, as tarefas integrantes do projeto serviram para o uso contextualizado de itens gramaticais propostos no programa de conteúdos do curso. O trabalho de execução da exposição fotográfica envolveu a seleção dos fotógrafos, contatos via e-mail, entrevistas por Skype, pedidos de autorização para uso das fotos, seleção de fotos, escrita de textos para acompanhar fotos, discussão de questões logísticas, organização da exposição e a participação como anfitrião durante a recepção de abertura. Estruturante para o desempenho dessas atividades foi o estudo dos recursos linguísticos necessários para a produção de roteiros de perguntas, e-mails de apresentação, biografias e análises de fotos.

O planejamento do projeto foi elaborado em consonância com o programa do curso previamente definido. Como mencionado anteriormente, o currículo do curso estava baseado no livro didático e nos três textos literários que compunham as 8 unidades. Com liberdade para planejar as aulas, mas devendo qualquer decisão ser estritamente correlata ao programa do curso, o planejamento consistiu em seleção de temas e de gêneros estruturantes; seleção de textos (orais e escritos); seleção de objetivos específicos a serem trabalhados; seleção dos propósitos de uso da linguagem e dos recursos linguísticos a serem focalizados; e elaboração de tarefas e planejamento das diferentes etapas para o desenvolvimento do projeto.

Apesar de o programa do curso não ser concebido para a execução de um projeto ao longo do semestre, trabalhar com a exposição, ao longo de quase todas as unidades, garantiu maior significado ao estudo das temáticas, dos recursos linguísticos e dos gêneros do discurso. Por exemplo, a escrita de uma carta formal (ver quadro 2) serviu para exemplificar aos alunos como escrever para os fotógrafos deveria funcionar: assumir o seu lugar como alunos de português interessados em divulgar trabalhos de jovens artistas para a comunidade de Harvard, e explicitar a necessidade de conhecer, pelo menos parcialmente, o trabalho do fotógrafo para justificar sua relevância em participar.

Conciliar o currículo de um curso com as demandas que um projeto pedagógico impõe é o maior desafio para o professor. Foi necessário encontrar modos de encaixar atividades durante o semestre que em alguma medida pudessem se relacionar com o que estava sendo proposto no programa do curso e pelo livro didático. Algumas vezes o fator de articulação (o gancho) foi o conteúdo linguístico da unidade em curso, em outros casos, o gênero do discurso focalizado, ou ainda um exercício de revisão de alguma matéria anteriormente tratada em aula. Em outros casos, foi preciso propor atividades que não possuíam uma relação com os conteúdos do currículo. Fundamental nesse processo foi explicar aos alunos constantemente as razões pelas quais se estava propondo uma determinada atividade e explicitar quais eram as conexões possíveis com o restante do programa. Ao desempenhar as ações necessárias para levar a cabo o projeto, a aula também transformou-se num espaço de reflexão sobre as ações do professor e dos alunos, uma espécie de meta-aprendizagem.

No quadro 3, apresento como cada unidade do curso incorporou etapas do projeto.

Unidade	Conexão com o Projeto
1. O mundo das artes	- Definir que o Projeto Final previsto para a avaliação do curso seria desenvolvido durante todo o semestre
2. O que é isso companheiro?	- Definição do tema e aprovação por parte de todos os envolvidos (estudantes, professores, gestores do departamento)
3. Fotografia	- Elaboração de guia de perguntas inicial para entrevistar fotógrafos - Leitura de textos de crítica de arte - Levantamento de nomes e contatos de fotógrafos
4. Dança	- Definição do espaço para a exposição (Semana de Lusofonia) - Seleção de um fotógrafo por dupla de trabalho[11] - Escrita de e-mail de apresentação
5. As Aventuras de Ngunga	- Escrita de e-mails para combinar entrevista - Entrevista por Skype com base em questionário previamente definido para colher informações biográficas e sobre o estilo do artista - Solicitação de autorização de uso das duas fotos selecionadas aos fotógrafos por e-mail
6. Música	- Escrita da primeira versão da biografia do fotógrafo - Escrita da primeira versão de texto de análise e apresentação de duas fotos
7. Pintura	- Tradução dos textos para o inglês - Elaboração de convites bilíngues Apresentação das versões finais dos textos para os colegas
8. O Pagador de Promessas	- Montagem do espaço - Abertura da exposição (coquetel, falas dos estudantes) - Avaliação feita pelos participantes – escrita (autoavaliação, avaliação do professor, avaliação dos convidados, avaliação dos fotógrafos).

Quadro 3: Unidades do curso e etapas do projeto

Um dos fatores mais relevantes do trabalho com tarefas e projetos é o estudo e a reflexão dos recursos linguísticos contextualizados em tarefas que podem ser desempenhadas na vida real. O projeto dá maior concretude ao trabalho já que de fato será consumido por um público que passa a ser objeto de estudo, ou seja, a reflexão sobre a própria comunidade com a qual o trabalho vai interagir. O recurso linguístico é, nesse sentido, a materialidade básica para o alcance de tais objetivos. No curso em questão, pronomes interrogativos, perguntas diretas e perguntas indiretas foram estudados na

---

[11] O trabalho foi concebido para ser realizado em duplas. No entanto, no segundo semestre em que foi realizado, os estudantes optaram por trabalhar individualmente, devido a restrições de agendas, considerando que o projeto exige trabalho extraclasse.

medida em que foram usados para a elaboração de perguntas para diferentes tipos de entrevista, tendo como principal resultado o roteiro de entrevista com os fotógrafos. Já os elementos da narração, o pretérito perfeito, o imperfeito e o mais-que-perfeito do indicativo e do subjuntivo foram estudados para a escrita de biografias, culminando com a escrita da biografia do fotógrafo entrevistado, textos que fizeram parte da exposição. O texto de análise e apresentação de foto artística que constitui o centro da exposição teve o estudo da descrição, do presente do indicativo e do subjuntivo como eixos linguísticos. O convite para o fotógrafo serviu para o trabalho com formas de futuro e preposições. As conversas por Skype exigiram, por sua vez, adequação linguística na produção oral e não foram monitoradas, sendo que os alunos puderam agendar as conversas com os fotógrafos. Assim, os alunos desempenharam as seguintes ações durante o desenvolvimento do projeto: elaboração de guia de perguntas, escrita de e-mail de apresentação, entrevistas por Skype, escrita de biografias, escrita de análise das fotos, escrita de convites, tradução de textos e montagem da exposição.

A seguir discuto três produções: um e-mail, uma análise de foto e uma biografia. No primeiro caso, o aluno Richard[12] escreve ao fotógrafo Tatewaki Nio após o professor ter apresentado um ao outro, também por e-mail. É importante destacar como o aluno contextualiza o propósito de escrita, oferecendo ao seu interlocutor informações sobre o trabalho que está desenvolvendo e como tal trabalho conecta-se com algo maior, a exposição. Além disso, realiza o convite para uma sessão de Skype, explicando como procederá, e solicita a autorização para uso das fotos.

Prezado Tatewaki,
Muito prazer em conhecer você. Meu nome é Richard Conelly e sou um estudante na universidade de Harvard. Estudo economia; porém, também estou muito interessado em América Latina, por isso, também estudo português.
Como o Professor Vargas da Costa explicou, meu projeto final envolve a entrevista de um fotógrafo brasileiro, o análise de suas obras e a exposição de algumas de suas obras aqui em Harvard. Eu fiz uma pequena pesquisa sobre fotógrafos brasileiros, e fiquei capturado por suas obras. Então, estou feliz que você está disposto a participar neste projeto.
De acordo com o projeto, gostaria de convidar você a uma entrevista virtual por Google Hangout ou Skype. Se essas opções não são possíveis, eu posso telefonar você. Quais datas e tempos seriam possíveis para que você possa participar nesta entrevista?
Na entrevista, eu faria perguntas sobre sua vida, inspiração, e suas fotos. Gostaria também de que você nos empreste algumas fotos para fazer uma exposição aqui na universidade. A exposição também seria parte de meu projeto e só pergunto pelo direito de apresentar as fotos para esse dia.
Obrigado por seu tempo. Espero sua reposta.
Cordialmente,
Richard

Quadro 4: Exemplo de e-mail para fotógrafo

---

[12] Pseudônimo.

Um dos resultados da conversa com os fotógrafos via Skype foi a produção dos textos que seriam expostos junto às fotos durante a exposição. O primeiro desses textos foi a biografia, na qual breves informações sobre a origem do artista são levantadas, sendo o maior foco na relação do fotógrafo com a arte da fotografia. Em trechos como "Tatewaki acredita que nós temos muitos artefatos ao nosso redor que contam a história do nosso passado, presente e futuro" é possível perceber como a conversa via Skype somada a pesquisas independentes sobre o artista foram elaboradas considerando o contexto da exposição. A biografia não é um texto longo, mas é um texto eficiente, conseguindo construir uma apresentação introdutória do artista para o público da exposição.

No texto de análise das fotos que também acompanhou as respectivas fotos é possível observar como o aluno articula suas próprias impressões com discussões de sala de aula a respeito de crítica de arte por meio de estudos de textos correlatos bem como pela experiência de entrevistar o fotógrafo. Embora avaliações do tipo "é incrível" possivelmente não seriam encontradas em textos expostos em museus ou galerias, decisões foram tomadas no sentido de preservar a identidade dos alunos. No caso do exemplo apresentado, a escolha lexical foi discutida e a decisão de tratar com certo entusiasmo a análise da foto foi mantida devido ao desejo de marcar uma identidade de que eram alunos, admiradores de trabalhos de fotógrafos específicos, que estavam escrevendo para membros do mesmo departamento no qual eles circulavam.

Tatewaki Nio é originalmente de Kobe, Japão, mas mudou-se para o Brasil no ano 1991. Ele começou a estudar fotografia em São Paulo em 1998 e tornou-se fotógrafo profissional em 2001. O trabalho de Tatewaki tem sido apresentado em várias exposições e revistas, e já recebeu o Prêmio Funarte de Arte Contemporânea (São Paulo, Brasil). Um elemento interessante da fotografia de Tatewaki é que não inclui fotos com pessoas. Tatewaki acredita que nós temos muitos artefatos ao nosso redor que contam a história do nosso passado, presente e futuro.
Tatewaki Nio is originally from Kobe, Japan, but moved to Brazil in 1991. He began to study photography in São Paulo in 1998 and became a professional photographer in 2001. Tatewaki's work has been featured in various exhibitions and magazines, and in 2001 he was awarded the Prêmio Funarte de Arte Contemporânea (São Paulo, Brasil). An interesting component of Tetawaki's photography is that it does not contain people. Tatewaki believes that we have many artifacts in our surrounding that tell us the story of our past, present and future.

Quadro 5: Exemplo de texto biográfico

Escultura do Inconsciente 05 (São Paulo, Brasil)
O contraste entre o primeiro plano e o fundo da imagem **é incrível**. O primeiro plano mostra uma favela em São Paulo que foi destruída para construir alguns novos edifícios. Por outro lado, o fundo da imagem mostra uma ponte famosa num distrito financeiro de São Paulo. Este contraste **nos fala** sobre as transformações que São Paulo atravessa todos os dias. O artista nos deixa com a tarefa de interpretar como nos sentimos acerca dessa transformação.

> The contrast between the foreground and the background in this image is incredible. The foreground depicts a favela in São Paulo that was destroyed in order to construct new buildings. On the other hand, the background of the image depicts a famous bridge in a financial district of São Paulo. This contrast speaks to us about the transformations that São Paulo goes through every day. The artist leaves us the task of interpreting how we feel about these transformations.

Quadro 6 - Exemplo de texto de análise de foto[13]

As produções escritas foram realizadas em duplas, assim como as entrevistas com os fotógrafos, e foram revisadas por outras duplas de colegas, e pelo professor. O trabalho de revisão dos textos contribui para que na segunda metade do semestre tivéssemos formado uma pequena comunidade colaborativa de aprendizagem orientada por um propósito comum. Para chegar ao resultado final de cada texto, foram necessárias duas rescritas, o que permitiu aos alunos compreenderem a importância da revisão do texto destinado a interlocutores menos próximos. A última etapa foi a tradução dos textos em português para o inglês considerando que parte do público que viria à exposição (professores e alunos de outras línguas) poderia não ter acesso às análises e biografias[14].

A avaliação da aprendizagem no projeto consistiu em três eixos: a) Preparação: Cumprimento das tarefas escritas; Participação nas etapas; Engajamento no trabalho; Cumprimento de prazos. b) Execução: participação na montagem e lançamento da exposição. c) Autoavaliação por meio de Relatório do Projeto Final (texto de 800-1.000 palavras) com o objetivo de refletir sobre a participação no projeto final do curso *Portuguese* 20. O texto de autoavaliação precisou conter introdução, descrição das etapas de desenvolvimento do projeto, análise do impacto social do projeto e das aprendizagens alcançadas. O relatório propiciou uma última oportunidade de reflexão e de organização das aprendizagens alcançadas durante o semestre por meio de um texto de prestação de contas. A seguir apresento um excerto do relatório do estudante Richard, sobre o qual chamo a atenção para o modo como o aluno demonstra domínio e compreensão da proposta que guiou o projeto, além de excelente nível de proficiência escrita para o nível intermediário[15].

---

[13] A foto analisada faz parte do trabalho "Escultura do Inconsciente" e pode ser encontrada no site de Tatewaki Nio: http://www.tatewakinio.com/Escultura-do-Inconsciente, consultado em 3 de janeiro de 2017.

[14] A decisão de realizar as traduções para o inglês ocorreu já nas etapas finais do projeto e foi discutida em aula, levando em consideração que as fotos seriam expostas no *lounge* do Departamento de Línguas Românicas e Literatura, por onde circulam muitos professores e estudantes. Um dos alunos destacou que incluiríamos mais pessoas ao público do trabalho, e também beneficiaríamos os fotógrafos que chegariam a um público maior.

[15] A versão apresentada é prévia às correções e ao feedback do professor.

> Se eu tivesse que delinear etapas específicas para este projeto, diria que existem seis. Eles são: a auto-reflexão sobre o que é a fotografia e seu papel na sociedade, a pesquisa sobre fotógrafos brasileiros, o contato e a comunicação com os fotógrafos, a preparação dos documentos para a exposição, e finalmente a criação física da exibição. Cada parte é importante, mas talvez não seja tão óbvio por que é preciso ter "a auto-reflexão sobre o que é a fotografia e seu papel na sociedade" como uma etapa do projeto. Em minha opinião, esta é uma etapa fundamental que me ajudou pensar sobre a fotografia num nível profundo. Eu acredito que esta fase ajuda a criar um genuíno interesse na fotografia e também cria uma base de conhecimento para os estudantes. Em outras palavras, esta etapa prepara o aluno para o trabalho que vai ser feito mais tarde no projeto.

Quadro 7: Excerto de autoavaliação de um aluno

Quanto às ações desempenhadas pelo professor coube o gerenciamento de todo o processo, orientação dos alunos, contato inicial com os fotógrafos, agendamento de local para a exposição, contratação do coquetel de abertura, estabelecimento de parcerias, compra de materiais, montagem da exposição, impressões e todas as questões logísticas emergentes. Todas essas atividades me deslocaram de uma possível zona de conforto e me colocaram em uma posição também de aprendiz, percepção que constantemente compartilhei com os alunos. No entanto, como já mencionado, nada foi mais desafiador do que lidar com a rigidez do programa do curso para conseguir incorporar uma proposta de projeto pedagógico que estivesse presente em todas as aulas.

Considerações finais

Como implicações do trabalho a experiência gerou aprendizagens significativas para os participantes e a sala de aula transpôs suas paredes com impactos na comunidade na qual se insere, por meio de interlocuções e produção de gêneros discursivos possíveis na vida real. O trabalho aponta para a possibilidade de currículos interdisciplinares que incorporem o uso da língua contextualizado objetivando a pesquisa e a produção. Além disso, o projeto Exposição Arte-na-Mente seguiu os pressupostos teórico-metodológicos da educação linguística apresentados por Schlatter e Garcez (2012). Nessa perspectiva, todos podem participar e todos podem aprender e a interdisciplinaridade e a interlocução são eixos norteadores das decisões pedagógicas e, neste caso, do registro escrito, da análise de fotografias e dos relatos públicos sobre a participação no projeto.

O trabalho foi composto por etapas que aconteceram durante todo o semestre e que puderam ser vinculadas aos conteúdos programáticos do curso (habilidades, recursos linguísticos e gêneros discursivos). Além disso, em todas as etapas todos os alunos foram convidados a participar, sendo as tarefas fundamentais para garantir a inclusão de todos, promovendo a interlocução e a interdisciplinaridade. Também, criou-se um espaço de divulgação de novos nomes da fotografia brasileira e interação entre alunos e outros professores do departamento, outros alunos, funcionários, artistas brasileiros e patrocinadores. Os alunos assumiram diferentes papéis: aprendizes, pesquisadores, analistas, críticos, curadores, anfitriões.

O trabalho com projetos em cursos que não são previamente desenhados para tal, pode ser bastante desafiador. É preciso que o professor trabalhe sempre com a noção de flexibilidade de maneira explícita com os alunos. No caso do *Portuguese* 20, os conteúdos temáticos e linguísticos eram extensos e poderia ser uma opção manter a prática de que os alunos cuidariam do projeto na semana de preparação para as provas finais. No entanto, o projeto serve para dar sentido em termos de uso da linguagem em esferas de atividade humana para interlocutores reais para todos os momentos da aula.

Finalmente, cabe salientar o papel do Professor-Leitor em promover tais experiências. Quando embarcamos para nossas missões como leitores do Brasil em grandes universidades em diferentes partes do mundo, levamos conosco uma gama de conhecimentos construída em nossos percursos formativos. Levamos filosofias de ensino e aprendizagem, visões sobre o que é cultura, o que é língua ao lado do desejo de desempenharmos um trabalho notável que valorize e dê visibilidade ao Brasil e às suas diferentes manifestações culturais. No caso do leitorado em Harvard, além de todo o trabalho de articulação entre universidade, consulado e comunidade lusófona, o trabalho tem consistido em aproximar as práticas pedagógicas a interlocutores reais, com quem os alunos e o professor podem contribuir e com os quais podem aprender.

Referências Bibliográficas

ABELEDO, M.L.O.L. *Uma compreensão etnometodológica da aprendizagem de língua estrangeira na fala-em-interação de sala de aula*. Tese (Doutorado em Letras) – Instituto de Letras-UFRGS. Porto Alegre, 2008.

BAKHTIN, M. *Estética da criação verbal*. São Paulo: Martins Fontes, 2003.

BARBOSA, M. C. S. Por que voltamos a falar e a trabalhar com Pedagogias de Projetos? In: *Projeto – Revista de Educação: projetos de trabalho*. Porto Alegre, 2004, p. 8-13, v. 3, n. 4, jan-jun.

BORTOLIN, K. *Community-based learning in teacher education: Toward a situated understanding of ESL learners*. (Dissertation Submitted in Partial Fulfillment of the Requirements for the Degree of Doctor of Philosophy. Ottawa: University of Victoria, 2013.

BULLA, G.S. *A realização de atividades pedagógicas colaborativas em sala de aula de português como língua estrangeira*. Dissertação (Mestrado em Letras) - Instituto de Letras-UFRGS. Porto Alegre, 2007.

CLARK, H. O uso da linguagem. In: *Cadernos de Tradução* n° 9. Porto Alegre: UFRGS, jan-mar 2000.

DINIZ, L. R. A. *Política linguística do Estado brasileiro na contemporaneidade: a institucionalização de mecanismos de promoção da língua nacional no exterior*. Tese (Doutorado em Letras). Campinas: Universidade Estadual de Campinas,

2012.

FAZENDA. I. C. A. *Integração e interdisciplinaridade no ensino brasileiro: efetividade ou ideologia?* 6ª ed. São Paulo: Loyola, 2011.

HERNÁNDEZ, F. Os projetos de trabalho: um mapa para navegantes em mares de incertezas. In: *Projeto – Revista de Educação*.Porto Alegre, 2004, p. 2-7, v. 3, n. 4, jan- jun.

KRAEMER, F. F. *Português Língua Adicional: progressão curricular com base em gêneros do discurso*Dissertação (Mestrado em Letras) - Instituto de Letras, Universidade Federal do Rio Grande do Sul. Porto Alegre, 2012.

MARTES, A.C.B. *Brasileiros nos Estados Unidos*. São Paulo. Paz e Terra, 2000.

MITTELSTADT, D.D. *Orientações curriculares e pedagógicas para o nível avançado de português como língua adicional*. Dissertação (Mestrado em Letras) - Instituto de Letras, Universidade Federal do Rio Grande do Sul. Porto Alegre, 2013.

PARRA. M.L. Expanding Language and Cultural Competence in Advanced Heritage- and Foreign- Language Learners through Community Engagement and Work with the Arts. In: *Heritage Language Journal*, 10(2) Fall, 2013. P. 115-138

_____. Strengthening our teacher community: consolidating "signature pedagogy" for the teaching of Spanish as heritage language. In: TRIFFONAS, P. P. ARAVOSSITAS, T. *Rethinking Heritage Language Education*. Cambridge: Cambridge Press, 2014. P. 213-236.

SCHLATTER, M. *Ensino de português como língua estrangeira: perspectivas de intercâmbio Brasil-China, Seminário de Intercâmbio de Ensino de Chinês e Português*. Beijing, Shanghai, Macau – 21 de maio a 6 de junho de 2007. (texto não publicado)

SCHLATTER, M.; GARCEZ, P. *Referenciais Curriculares para o Ensino de Língua Espanhola e de Língua Inglesa*. Rio Grande do Sul: Secretaria de Educação do Estado, 2009.

_____. *Línguas adicionais na escola: aprendizagens colaborativas em inglês*. Erechim: Edelbra, 2012.

SOBRAL, P. JOEUT-PASTRÉ. C. *Mapeando a língua portuguesa através da arte* (livro-texto e caderno de produção). Newburyport: Focus Publishing, 2014.

VYGOTSKY, L. S. *A Formação Social da Mente*. São Paulo: Martins Fontes, 2002.

9
IMIGRAÇÕES LUSÓFONAS E CONTRIBUIÇÕES LINGUÍSTICO-AFIRMATIVAS NA JURISDIÇÃO DO LEITORADO BRASILEIRO EM DAVIS

LUSOPHONE IMMIGRATIONS AND LINGUISTIC AFFIRMATIVE CONTRIBUTIONS IN THE JURISDICTION OF THE BRAZILIAN LECTURESHIP IN DAVIS

Eugênia Magnólia da Silva Fernandes[1]

Introdução: O português na Califórnia: o processo imigratório da lusofonia pré contemporânea

Desde o século XV, os portugueses começaram um processo exploratório passando pelos continentes asiático, africano e americano e deixando vestígios linguísticos em seus trajetos. Um dos espaços geográficos explorados é o arquipélago dos Açores, território português desde o século XV que, bem distante da capital do país, está em meio ao Oceano Atlântico. Na tentativa de encontrar melhores condições de vida, açorianos emigraram continuamente de suas ilhas em direção aos Estados Unidos da América ainda em meados do século XIX. O resultado do processo foi a presença portuguesa tanto na Costa Oeste, quanto na Costa Leste dos Estados Unidos da América. O primeiro estado-refúgio da imigração açoriana foi a Califórnia, que recebeu imigrantes em fluxo considerável até a década de 1980. Com uma imigração consideravelmente recente, é possível encontrar marcas da cultura açoriana em vários condados da Califórnia. O Censo estadunidense de 2000 aponta que, no que tange à ancestralidade, 1% da população californiana é de origem portuguesa, porcentagem pequena perto das outras

---

[1] Leitora de língua portuguesa na Universidade da Califórnia, Davis, e doutora em Teoria e Análise Linguística pela Universidade de Brasília. esfernandes@ucdavis.edu

comunidades oriundas de processo imigratório. No contexto nacional, ainda no Censo de 2000, apenas 0,5% dos estadunidenses tinham ancestralidade declaradamente portuguesa.

A primeira imigração de fato portuguesa à Califórnia aconteceu no início da Corrida do Ouro, em 1849. No início do século XX, o número de imigrantes decresceu consideravelmente até que, em 1958, os açorianos voltaram a imigrar para a Califórnia (Dias, 2009). Depois da década de 1980, não foram documentados outros processos imigratórios massivos para o estado. Do início da imigração no século XIX até as décadas finais do século XX, a causa imigratória açoriana permaneceu a mesma: as baixas atividade econômica e mobilidade social no arquipélago. Como a agricultura, a criação de gado e a produção de laticínios eram a base econômica familiar ainda nos Açores, a herança das formas de trabalho foi mantida na nova região em que os açorianos se instalaram. Na tabela 1, é possível reconhecer o processo migratório a ocorrer na década de 1980:

	1870	1900	1930	1960	1978
A Califórnia	3.435	15,583	99.194	97.489	21.261
Os Estados Unidos	7.649	48.099	278.726	277.402	122.330

Tabela 1: População portuguesa, anos 1870-1978 (Santos, 2005).

Após chegar à Califórnia de navio, a população açoriana se instalou majoritariamente na região da Baía de São Francisco. Houve ainda comunidades envolvidas com produção pesqueira no sul da Califórnia, como em San Diego. Dias (2009) afirma que 70% da população de origem portuguesa na Califórnia vem do arquipélago dos Açores – também houve imigração proveniente das ilhas da Madeira –, mas, antes disso, muitos também passaram e habitaram o estado do Havaí. Na Califórnia, a presença portuguesa está majoritariamente no condado de Sacramento e na área do Vale Central, onde ainda trabalham com a produção de leite e derivados.

Após a década de 1980, a imigração portuguesa diminuiu significativamente nos Estados Unidos. Entre 1991 e1998, reduziu-se a uma média de 20.436 pessoas cada ano. De acordo com o Censo estadunidense de 2000, a população de origem portuguesa no país era de 330.974 pessoas.

O processo de imigração e instalação de açorianos no território estadunidense obteve grande êxito também devido à integração da comunidade. Até os dias de hoje, há um sentimento de orgulho nacional e reafirmação cultural muito forte entre as famílias portuguesas, como se pode notar nas sociedades, uniões e fraternidades com vistas à cultura nacional. Anualmente, são promovidas comemorações nas festividades portuguesas, como, por exemplo, A Festa do Espírito Santo, que é aberta ao público e não restrita a portugueses-americanos.

Embora haja espaço para as festividades, educação e ações afirmativas não ganharam o seu merecido espaço no processo imigratório português, uma vez que grande parte dos imigrantes era analfabeta. Ensinar a língua portuguesa escrita à primeira geração de portugueses-estadunidenses era um desafio. Tanto a segunda quanto a terceira geração desses indivíduos apresentam dificuldades com habilidades linguísticas de leitura e escrita relacionadas à língua portuguesa. Na maioria das famílias, a terceira geração já não tem falantes da língua como herança (WILLIAMS, 1982). Dias (2009) afirma que havia alguns programas bilíngues na Califórnia, mas que esses entraram em processo de extinção pela falta de participantes.

A lusofonia na Califórnia ganhou mais corpo com a imigração brasileira na região. A comunidade brasileira ali instalada é, entretanto, recente. Após a última onda de imigração portuguesa no estado, pouco a pouco brasileiros também chegaram à região. Não há, entretanto, organizações comunitárias passíveis de comparação às organizações portuguesas. A busca por melhores condições de vida também foi o fator-causa do movimento imigratório.

De acordo com Sasser (2012), a comunidade brasileira na Costa Oeste dos Estados Unidos (menciona-se aqui os estados de Washington, Oregon e Califórnia) é formada por três grupos: indivíduos que iniciaram o processo imigratório por motivos acadêmicos, com curso superior e domínio da língua inglesa; profissionais de tecnologia voltados ao mercado de trabalho do Vale do Silício e trabalhadores não especializados, a maioria na região. Esse último grupo apresenta uma quantidade massiva de imigrantes indocumentados[2] ou em processo de regularização. Trabalham como babás, faxineiros, entregadores, operários da construção civil e outras profissões não especializadas. O último grupo majoritariamente não domina a língua local no momento da chegada ao país e possui baixo nível educacional.

Sasser (2012) indica ainda que a forma de integração social do grupo de trabalhadores não especializados está voltada às entidades religiosas. Líderes religiosos são, geralmente, também líderes comunitários. O maior período de entrada desses imigrantes na Califórnia, especificamente, foi entre 2003 e 2005, ainda pela fronteira do México, que naquele momento não exigia visto a brasileiros.

O Consulado Brasileiro de São Francisco afirma que ainda que não haja um número oficial, estima-se que aproximadamente 100.000 brasileiros vivam sob sua jurisdição, que abrange o norte da Califórnia e os estados de Washington, Oregon e Alaska. É importante ressaltar que o fato de haver indocumentados dificulta esta análise. Do número extraoficial, estima-se

---

[2] Adota-se aqui a terminologia de Elie Wiesel ganhador do prêmio Nobel da Paz de 1986. Em uma entrevista à CNN (Garcia, 2012) Wiesel disse *"No human being is illegal"*, "Nenhum ser humano é ilegal". Assim, estar em um país estrangeiro sem a documentação requerida por ele para a permanência pode ser um desrespeito às normas civis, mas não é um crime.

ainda que 54.700 brasileiros tenham nascido em território estadunidense e provavelmente tenham a língua portuguesa como língua de herança.

No que diz respeito à formação acadêmica dos filhos desses imigrantes, a Califórnia permite que, ainda que indocumentados, os filhos desses brasileiros cursem o equivalente ao Ensino Médio nas escolas locais. O grande empecilho é entrar em universidades ou faculdades. Aos brasileiros-americanos, o acesso à educação é mais possível.

Distinguindo-se da realidade imigratória portuguesa, a comunidade brasileira em sua segunda geração ainda tem o hábito de falar a língua portuguesa em casa. Embora a geração mais nova tenha contato com o inglês fora do lar, grande parte dos brasileiros nascidos no estado da Califórnia compreende bem o português e tem interesse em mantê-lo.

O contexto da diáspora: O conselho de cidadãos de São Francisco e a formação continuada de professores

A busca de brasileiros por melhores condições de vida em território estadunidense teve início ainda na década de 1960. A grande explosão imigratória para os Estados Unidos ocorreu nos anos 2000. Pela quantidade elevada de imigrantes concentrados em determinadas regiões como a Costa Leste, percebe-se que a organização comunitária tem grandes efeitos representativos para os indivíduos que ali habitam.

A integração entre os grupos de imigrantes brasileiros na Califórnia é diferente dos grupos da Costa Leste. Ainda que o número extraoficial de brasileiros seja relativamente elevado, especialmente nas cidades de Los Angeles e São Francisco, a integração dos grupos é ainda restrita. Como mencionado por Sasser (2012), o Censo americano não exibe delimitações entre os grupos de imigrantes da América Central e do Sul, generalizando-os como latinos, denominação com a qual a comunidade brasileira não se identifica. Ainda que não seja possível delimitar quantos brasileiros há na Califórnia, mesmo indocumentados, o Censo os inclui nos 68,5% de latinos que vivem no estado.

A motivação aos brasileiros que imigram à Califórnia envolve fatores como o clima, mais ameno no estado, oportunidades de trabalho na indústria cinematográfica, midiática ou tecnológica. Embora o custo de vida seja altamente elevado em comparação a outros estados, Sasser (2012) aponta ainda que os imigrantes são majoritariamente oriundos dos estados brasileiros de Goiás, Mato Grosso e Rio Grande do Sul.

No estado da Califórnia, o Consulado Brasileiro de São Francisco conta com um Conselho de Cidadãos empenhado no alcance da população local. Formado por brasileiros de diversos setores e portal de voz da comunidade local, o Conselho se reúne periodicamente no espaço consular para debater temas como o serviço consular, políticas de integração a brasileiros no exterior e temas de interesse da comunidade. A ideia é aproximar membros da comunidade e informá-los acerca de seus direitos e oportunidades. Uma das iniciativas mais proeminentes do Conselho de Cidadãos é a promoção e a afirmação da língua portuguesa como língua de herança à população local. Sasser (2012) afirma que as reuniões entre os membros do Conselho abordam majoritariamente o tema imigração, mas logo em segundo lugar está o tema língua portuguesa. As queixas estão na baixa promoção da língua, que pouco ganha relevância nos departamentos de língua ou literatura. A população local tem unido esforços para a promoção da língua aos pequenos brasileiros nascidos no estado da Califórnia. Um exemplo é o projeto Contadores de Estórias, criado em 2003 com o objetivo de mostrar às crianças a imensidão da cultura e da literatura brasileiras em encontros periódicos e também a fundação do IBEC (Instituto Brasileiro de Educação e Cultura), uma escola comunitária de língua portuguesa da Área da Baía.

Em tempos de internacionalização da língua portuguesa, infelizmente, as comunidades brasileira e portuguesa na região não interagem no trabalho de levar o português ao contexto mundial. Pensando em estratégias de internacionalizar essa língua e reafirmá-la à população brasileira local, o Conselho organiza programas de formação continuada de professores no Consulado de São Francisco. Na região, há professores com formação na área de língua portuguesa, mas que desconheciam ou desconhecem metodologias e abordagens para o ensino de português como língua de herança. A formação costumava ter apoio da DPLP (Divisão de Promoção da Língua Portuguesa) e se enquadrava em seus projetos na diáspora.

É preciso reconhecer todos as iniciativas dos cidadãos brasileiros engajados com a promoção da língua portuguesa na jurisdição. A Professora Valéria Sasser[3], fortemente citada neste trabalho, é exemplo vivo de dedicação e motivação. Envolvida em todos os projetos consulares que envolvem o Conselho de Cidadãos e a difusão da língua portuguesa, a professora promove e executa projetos, muita vezes, sem iniciativas financeiras do governo brasileiro.

A primeira discussão independente acerca do bilinguismo infantil na jurisdição aconteceu em junho 2010. Em seguida, foram organizadas oficinas de formação e aperfeiçoamento de professores com convidadas da Universidade de Harvard, em Boston. Essa em especial se embasou em estratégias de preservação da língua portuguesa por meio da discussão sobre letramento, educação de falantes de herança e bilinguismo. A iniciativa contou com o apoio do governo brasileiro no custeio do transporte das professoras.

Outros projetos de formação continuada a professores de português

---

[3] À Professora Valéria Sasser, meus singelos agradecimentos por sua colaboração à comunidade e sua disponibilidade para a exposição de dados para este trabalho.

como língua de herança foram realizados no Consulado no decorrer dos últimos cinco anos. O Primeiro Curso POLH (Português como Língua de Herança), em 2011, foi organizado e financiado integralmente pela DPLP e pelo Consulado. De 2010 até 2017, os esforços dos professores da jurisdição não se reduziram.

A mais recente iniciativa é de agosto de 2017, quando as professoras Eugênia Fernandes, leitora e autora deste trabalho, Valeria Sasser e Tatiana Dutra e Mello organizaram a IV Formação de Professores da Costa Oeste dos Estados Unidos. Na ocasião, a leitora capacitou professores da região para que se empoderassem enquanto representantes da língua portuguesa. Mencionaram-se as oportunidades de trabalho para lusófonos na Califórnia, a demanda das instituições de ensino superior, o planejamento, a escolha dos materiais didáticos e as abordagens de para o ensino de línguas. Para essa última finalidade, traçou-se um percurso histórico das abordagens e dos métodos de ensino, do método audiolingual até o ensino de línguas sob a ótica da Teoria dos Sistemas Complexos, teoria mais atual para o ensino de línguas que considera o processo de aprendizagem por uma ótica dinâmica, sendo o contexto de ensino composto por elementos que, possuindo uma dinâmica entre si, criam um processo de considerável complexidade. Os professores participaram ativamente do encontro quando simularam planejamentos de aulas para fins específicos e, para isso, escolheram abordagens e a materiais adequados ao perfil dos aprendentes. Também houve um espaço para a análise da produção didática em língua portuguesa no contexto internacional. No encontro, professores e palestrantes refletiram sobre as abordagens usadas pelos livros didáticos e sua viabilidade para públicos específicos, como o ensino de português como língua de herança.

São muitas as iniciativas que contemplam a língua portuguesa na jurisdição. Para ministrar formações e dar palestras, já foram convidadas professoras de outros estados americanos e países, como a Professora Edleise Mendes, da Universidade Federal da Bahia e a Professora Megwen Loveless, da Universidade de Tulany em Nova Orleans. A última mencionada teve sua participação custeada por recursos próprios da comunidade.

A difusão da lusofonia no contexto educacional californiano: do sistema K-12 aos programas de pós-graduação

A amplitude das comunidades brasileira e portuguesa na Califórnia chama a atenção para a necessidade de programas de ensino luso-brasileiros no estado. No ano de 2017, as escolas que apresentam programas de língua portuguesa integram um grupo pequeno no estado. No Condado de Tulare, na região do Vale Central, é onde estão localizadas as escolas de maior relevância no ensino de língua portuguesa no que tange ao sistema K-12 (equivalente ao Ensino Fundamental e Médio no sistema educacional brasileiro). O português é uma opção linguística no condado tanto na *Tulare Union High School*, quanto na *Tulare Western High School*. Ainda no estado da Califórnia, na região norte-central, o português é ofertado nas cidades de Los Baños, Hilmar e Turlock em escolas de ensino médio. Ainda em Hilmar, a *Elim Elementary School* também oferece aulas curriculares de língua portuguesa, mas voltadas ao Ensino Fundamental. O português é ensinado nas escolas mencionadas devido aos esforços comunitários principalmente oriundos das comunidades portuguesas.

No nível superior, muitas universidades e faculdades possuem programas de língua portuguesa voltados a estudos luso-brasileiros, tanto na graduação quanto na pós-graduação. A Universidade da Califórnia, por exemplo, conta com cursos de língua portuguesa na maioria de seus *campi*. São eles: Davis, Los Angeles, Berkeley, Santa Bárbara, Irvine, Riverside, San Diego e Santa Cruz. Em Davis, Berkeley, Los Angeles, Santa Barbara e Irvine, há Departamentos de Espanhol e Português. Em Berkeley, Los Angeles e Santa Bárbara, há programas de *Major* e *Minor*[4] em estudos luso-brasileiros, enquanto Davis conta com um programa de *Minor* e vistas a um *Major* nos próximos trimestres. As Universidades do Sul da Califórnia, de Stanislau, Estadual de Chico e de Stanford também têm interesses em estudos luso-brasileiros, assim como a Faculdade da Cidade de Pasadena.

O fato de a Califórnia ser um estado que tem recebido diversas levas de imigrantes, somado ao importante papel econômico que o Brasil tem exercido na América Latina, cria uma interessante demanda em torno da aprendizagem da língua portuguesa. Contando com esse fator socioeconômico e esse nicho de mercado, além do compromisso pela preservação cultural por parte dos que têm o português como língua de herança, a Universidade da Califórnia, Davis (UCD), tem se estruturado para oferecer programas de língua, literatura e cultura na área de língua portuguesa e estudos luso-brasileiros.

A UCD conta com o Departamento de Espanhol e Português desde 2009, e desde 2010 oferece o *Minor* em estudos luso-brasileiros. Para realizar um *Minor* nesses estudos, é necessário que os alunos cumpram com os seguintes requisitos: cursos de língua portuguesa, incluindo o primeiro ano de português (*Elementary Portuguese* 1, 2 e 3 ou *Intermediate Portuguese for Spanish Speakers* 31), o segundo ano de português (*Intermediate Portuguese* 21 e 22 e *Portuguese Composition* 23). Após o primeiro ano dos cursos de língua, os alunos podem ingressar nos cursos mais especializados em concomitância com o segundo ano de aquisição linguística. Para completar o *Minor*, além dos vinte

---

[4] Embora o sistema de graduação brasileiro seja distinto do estadunidense, *Majors* são similares aos bacharelados brasileiros, enquanto os *Minors,* que não são necessariamente exigidos para a formatura, funcionam como uma pequena especialização de um campo até mesmo não relacionado ao *Major* do graduando.

e oito créditos exigidos nos cursos relacionados à aquisição linguística[5], disciplinas mais específicas e relacionadas à língua, à cultura e à literatura são exigidas. São elas: *Principles of Luso-Brazilian Literature and Criticism* (POR 100), *Luso-Brazilian Literature and Culture* (POR 161), uma disciplina contrastiva entre português e espanhol, como *The Structure of Spanish and Portuguese Sounds and Vowels*, ou uma disciplina de literatura brasileira (*Introduction to Brazilian Literature* ou *20th Masters in Brazilian Literature*) e mais duas disciplinas que podem abordar tópicos especiais em literatura ou cultura brasileira. A UCD conta ainda com programas de intercâmbio no Rio de Janeiro, no Brasil, e no Porto, em Portugal. Estudantes que desejarem cursar um trimestre em uma das universidades parceiras (Pontifícia Universidade do Rio de Janeiro ou Universidade do Porto) têm seus créditos aproveitados no programa de *Minor* em estudos luso-brasileiros.

A UCD trabalha com o sistema de trimestres. Dessa forma, a carga horária de, por exemplo, um curso de cinco créditos, como o curso *Elementary Portuguese 1*, equivale a cinquenta horas de sala de aula mais prática extraclasse. Até 2017, data de escrita do presente artigo, foram ofertadas 13 disciplinas diferentes entre língua, cultura e literatura no Departamento de Espanhol e Português da UCD. Embora o *Minor* em estudos luso-brasileiros tenha começado sua oferta em 2009, desde 2008 a Universidade oferece cursos sobre a língua portuguesa. Em oito anos de programa, foram realizadas mais de 1100 matrículas em cursos de língua, cultura e literatura de língua portuguesa, em quantitativo ascendente.

Os cursos que contam com mais adesões são POR 1 e POR 31. Respectivamente, são um curso introdutório à língua voltado a falantes de língua inglesa e um curso mais intensivo voltado a hispanofalantes com vistas até o nível intermediário. Nota-se que na UCD todos os estudantes de graduação precisam cumprir um ano de aprendizagem de língua estrangeira. Por esse motivo, as turmas iniciais sempre contam com mais matrículas.

Após a autorização do IRB (*Institutional Review Board*) da Universidade, foi feita uma pesquisa on-line pela leitora Eugênia Fernandes e duas doutorandas na época da realização da pesquisa, Theresa Bachmann e Annalisa Corioso, também instrutoras de português naquele período, no início de 2014, para saber a motivação da escolha do português em comparação a outras línguas. Quarenta e sete participantes, incluindo egressos, responderam ao questionário. Constatou-se que 28% dos estudantes possuíam a Linguística e a Literatura como campos de estudo. Outros 10%, a Biologia e 8%, as Relações Internacionais. Apenas 9% desses estudantes possuíam o português como língua de herança. 77% apresentaram preferência pela variante

---

[5] Estudantes com proficiência prévia, como aqueles que possuem o português como língua de herança, passam por uma avaliação do instrutor ou do coordenador e podem ter autorização para não cursar os pré-requisitos linguísticos.

brasileira. 26% dos participantes aprendem português para o mercado de trabalho e 40% têm fins turísticos para a língua aprendida. É importante ressaltar que na oferta dos cursos de língua, não há distinção de cursos que ensinem a variante europeia ou a brasileira.

O Programa Leitorado em parceria com a UCD: iniciativas pedagógicas e comunitárias

O primeiro leitorado brasileiro na UCD, sob a responsabilidade da autora, teve início efetivo no dia primeiro de abril do ano de 2014. Desde então, grandes passos foram dados. Além do quantitativo ascendente de matrículas – com cursos que hoje precisam de lista de espera para a matrícula efetiva, a UCD foi credenciada como Posto Aplicador do exame Celpe-Bras, quando recebeu a comissão do Inep em setembro de 2015.

Atividades extraclasses também ganharam impulso: como a UCD até 2016 era a universidade que mais recebia estudantes do Programa Ciências sem Fronteiras, a leitora somou esforços para integrar esses estudantes à comunidade aprendente de língua portuguesa. Após o levantamento de perfis de estudantes dos cursos de português e de brasileiros em intercâmbio na universidade, a professora promoveu a criação de pares para uma troca linguística. O resultado foi uma comunidade falante de português bastante integrada no campus.

A motivação linguística também trouxe mais afetividade e integração ao Clube do Português, grupo de alunos ativos da UCD que se reúne semanalmente para ter conversações informais em língua portuguesa. O Clube, além de ser um canal de boas-vindas ao brasileiro recém-chegado no Condado de Yolo, também é uma forma de acolhimento linguístico àqueles que se interessam pelo português fora do contexto de imersão.

O Clube foi criado por um dos coordenadores do programa de português da UCD, o Professor Robert Newcomb, e hoje é totalmente gerenciado pelos estudantes. Há ainda integração com o Clube do Espanhol que, muitas vezes conta com os mesmos participantes, já que o público ativo que tem interesse em português possui em sua maioria o espanhol como segunda língua ou língua de herança. Há churrascos, encontros, reuniões na feira local da cidade e outras iniciativas que aproximam e criam uma rede de contato de grande importância na comunidade.

O leitorado também abriu portas para apresentar à comunidade a carência de profissionais falantes de língua portuguesa no estado da Califórnia. O empoderamento do falante de língua de herança é um dos focos principais dos seminários e palestras organizados pela leitora. Há no Vale do Silício, especificamente, uma busca altíssima por falantes de português, seja para atender às demandas da comunidade luso-brasileira na região, seja para a prestação de serviços especializados voltados aos integrantes da Comunidade dos Países de Língua Portuguesa. O mercado de trabalho e a oportunidade de usar a língua de herança ou ainda a língua estrangeira para fins profissionais enchem os alunos de motivação. Para isso, eles são encorajados a cursarem o *Minor* e também buscarem sua certificação de proficiência, especialmente aqueles que não têm o português como língua materna, pelo exame Celpe-Bras.

A participação da leitora em conferências internacionais e no contexto acadêmico também trouxe representatividade ao leitorado em Davis. A professora Eugênia Fernandes foi representante dos professores de português na esfera da Costa Oeste dos Estados Unidos e hoje é secretária da *American Organization of Teachers of Portuguese* (AOTP). Ela também é membro ativa em publicações e encontros da *American Association of Teachers of Spanish and Portuguese* (AATSP).

As discussões entre os pares trazem também à universidade reflexões sobre as práticas didáticas, a escolha de novos materiais e a busca por materiais autênticos que possam servir de insumo aos livros e recursos didáticos que já foram adotados. Desde o início do leitorado na UCD, as práticas de ensino têm sido embasadas em um casamento de abordagens de ensino-aprendizagem. Há espaço para atividades comunicativistas e até mesmo estruturalistas, entretanto, é o sociointeracionismo e a Teoria dos Sistemas Complexos que majoritariamente guiam o planejamento e a execução dos cursos. Sob a ótica sociointeracionista, o aprendente é visto como ser social e é a partir da sua interação com o ambiente e por meio das suas relações interpessoais que ocorre a construção do conhecimento (VYGOTSKY, 2003). Esse ambiente pode ser, portanto, a sala de aula ou um ambiente informal de interação. O processo colaborativo intitulado de *scaffolding*[6] é peça chave no projeto do intercâmbio linguístico proposto pelo leitorado na instituição. Os encontros entre aprendentes de inglês e português, ainda que assistematicamente, oferecem assistência mútua aos participantes, que desenvolvem gradativamente suas habilidades sociolinguísticas.

Considerando ainda o aspecto ideológico como mais uma dimensão integrante da linguagem, cita-se o trabalho dos alunos do curso de composição em língua portuguesa (POR 23) com os desdobramentos da Lei Maria da Penha. A proposta do curso é que o aluno esteja apto a escrever gêneros variados em língua portuguesa. Dá-se início com o bilhete, visita-se a crônica, redige-se um conto e leva-se o aprendente a redigir um ensaio ao final do curso. A elaboração de toda essa variedade de gêneros se dá sob a proposta linguístico-discursiva bakhtiniana (2003), já que a construção dos

---

[6] Apesar de *scaffolding* ser um termo relacionado à teoria de Vygotsky, ele foi inicialmente usado por Wood em 1976. O autor o define um processo de aprendizagem que vai além do conhecimento prévio dos aprendizes que, pela aprendizagem coletiva, permite finalizar uma tarefa ainda dentro de suas respectivas competências.

sentidos acontece no momento do processo enunciativo e de acordo com a situação comunicativa abordada, oral ou escrita, e seus participantes, os interlocutores. É no (re)conhecimento e no dialogismo de tópicos contemporâneos que os enunciados ganham sentido por meio de um processo coletivo em sala de aula para a solução de problemas concretos e não apenas baseados em simulações da realidade. São temas pertinentes temas como a cultura lusófona no contexto internacional, o mercado de trabalho, a arte como recuperação social e o feminicídio. Este último é uma questão social que gera reflexões reais para a sala de aula e exige dos aprendentes uma postura não apenas linguística, mas também ideológico-discursiva, Após conhecer a história de Maria da Penha, pesquisar e discutir sobre números e feminicídio no contexto internacional, uma das propostas do curso é redigir a vida de Penha no formato do gênero conto. Recursos textuais diversos são usados nas produções: de analogias literárias a mudanças de foco narrativo. Essa motivação só é possível porque o tema não é apenas mais um simulacro de resolução de problemas linguísticos, comum na abordagem comunicativa.

Outro exemplo de atividade de base sociointeracionista ocorre no curso de POR 21. Com a adoção do livro didático "Mapeando a Língua Portuguesa através das Artes", de Clémence Joüet-Pastre e Patrícia Sobral, é possível discutir como as artes podem contribuir para as situações-problema na sociedade. Na unidade voltada à fotografia como produto artístico, os alunos são apresentados à Fundação Casa (Centro de Atendimento Socioeducativo ao Adolescente), em São Paulo. Por meio de um documentário assistido em aula, os alunos veem dados sobre a diminuição da reincidência após a reintegração social com base educativa. Reconhecendo a importância da educação no processo de recuperação de jovens e adolescentes, um projeto que relacionado à arte e à fotografia é produzido pela turma e endereçado à Fundação Casa. O projeto é enviado ao Brasil, assim como os recursos necessários, como as câmeras digitais. Previamente, a leitora contatou a Fundação para falar do interesse dos alunos de Davis em contribuir com a Fundação. Após receberem os materiais, os adolescentes da Fundação são convidados a fotografar suas realidades dentro e fora da Fundação Casa para que vejam e partilhem com outros jovens as diferenças cotidianas depois de passar pela Fundação. Os projetos variam de acordo com as turmas do ano acadêmico, entretanto, envolver a arte no processo é uma meta comum a todos eles. O desenvolvimento de projetos para a Fundação Casa acontece anualmente desde o início do leitorado, em 2014.

O aumento quantitativo dos interessados em estudar a língua portuguesa no campus de Davis é resultado também da promoção de a iniciativas motivadoras entre os aprendentes. Mais uma delas é o *Annual Portuguese Essay Contest*. No fim do ano acadêmico, os alunos submetem textos inéditos ao concurso, que oferece premiações em dinheiro. Os fundos para os prêmios vêm de iniciativas voluntárias do departamento. Os temas dos ensaios são claramente reflexos do que se é trabalhado em sala de aula. Na edição de 2016, o ensaio vencedor foi uma reflexão sobre o Programa Bolsa Família e seus desdobramentos para as mulheres no nordeste do Brasil.

Além da perspectiva sociointeracionista, as aulas também são baseadas nos construtos da Teoria dos Sistemas Dinâmicos (TSD) e no emergentismo, que conseguem abarcar no processo de aquisição-aprendizagem tanto aspectos linguísticos como sociais (DE BOT; LOWIE; VERSPOOR, 2007). É importante observar a sala de aula como um sistema composto por partes complexas que, ao encontrar um estado de caos, reorganiza-se. As aulas de língua portuguesa na UCD associam a gramática, o vocabulário, a fonética, a fonologia e a semântica. Não há aulas exclusivas para esses aspectos, sendo esse mais um reflexo na perspectiva dinâmica, que também relaciona o conhecimento às vivências dos aprendentes. É na interação que surgem, portanto, o *input* e o *output* autênticos (SMITH; KIRBY; BRIGHTON, 2003).

Perspectivas do programa de estudos luso-brasileiros na UC Davis e contribuições do programa leitorado à jurisdição

O crescente interesse da comunidade acadêmica da UCD nos cursos de português leva a crer que a aprovação de um *Major* em estudos luso-brasileiros é um plano possível e próximo a se realizar. A coordenação do programa, sob os cuidados dos Professores Leopoldo Bernucci e Robert Newcomb, tem trabalhado para fortalecer o interesse do público e ter o projeto aprovado pelas esferas maiores da universidade.

Além do *Major*, a difusão da aplicação do exame Celpe-Bras à Costa Oeste já gera frutos. Até o momento, apenas uma edição do exame foi aplicada na UCD e, dessa edição piloto, 93% dos examinandos integram ou integravam o corpo discente da Universidade, obtendo 100% de certificação. A aplicação já recebeu participantes vindos de outros estados da jurisdição, como Oregon e Washington, e até mesmo de outros países.

O interesse do leitorado pelo exame Celpe-Bras está no reconhecimento e na legitimação da língua portuguesa na região. A UCD é único Posto Aplicador da Costa Oeste dos Estados Unidos e tem a missão de, com a aplicação, promover a difusão da língua nas esferas profissional ou educacional. A certificação no Celpe-Bras em soma à certificação de um *Minor* ou *Major* em estudos luso-brasileiros é, sem dúvidas, uma grande chave para o mercado de trabalho lusófono, um dos alvos dos estudantes do programa.

A poucos meses do término do primeiro leitorado na UCD, os resultados esperados estão divididos entre o sucesso do alcance de examinandos para o Celpe-Bras, incluindo o corpo discente e docente de outros *campi* da Universidade da Califórnia, a consolidação de um banco de materiais didáticos baseados em gêneros autênticos para servirem de insumo em parceria com os livros didáticos adotados pela instituição, a formação continuada de professores na esfera departamental, incluindo mestrandos e doutorandos que poderão atuar como instrutores de língua portuguesa na ausência de um leitor, a formação continuada de aplicadores (observadores e entrevistadores) para o exame Celpe-Bras, ações afirmativas de mostras de cultura e língua portuguesa em parceria com instituições como a *Davis International House*, onde já foram realizados eventos de cultura brasileira para a arrecadação de fundos para fins culturais, seminários, palestras e encontros para a comunidade acadêmica e a integração com o Conselho de Cidadãos de São Francisco, para contribuir com os eventos propostos pelos membros com benefícios à comunidade.

Referências Bibliográficas
BAKHTIN, M. *Estética da criação verbal*. 4. ed. Tradução Paulo Bezerra. São Paulo: Martins Fontes, 2003.
DE BOT, K.; LOWIE, W.; M. VERSPOOR. A dynamic systems theory approach to second language acquisition. *Bilingualism, Language and Cognition*, v. 10, n. 1, p. 7- 21, 2007.
DIAS, E. M. *The Portuguese Presence in California*. San Jose: Portuguese Heritage Publications of California, 2009.
GARCIA, C. Why "illegal immigrant" is a slur. *CNN*. Disponível em: http://www.cnn.com/2012/07/05/opinion/garcia-illegal-immigrants/index.html. Acesso em 17 de outubro de 2017.
MATOS, C. Portuguese Americans are organized and well connected. *Portuguese American Journal*. Atualizado em 13 de abril de 2011. Disponível em:
http://portuguese-american-journal.com/portuguese-americans-are-organized-and-well-connected/. Acesso em 04 de setembro de 2016.
SANTOS, R. L. *A History of Migration and Settlement*. Denair: Alley-Cass Publications, 2005.
SASSER, V. *A comunidade brasileira na Costa Oeste dos Estados Unidos*. Ministério das Relações Exteriores. Brasil: 2012. Disponível em: https://sistemas.mre.gov.br/kitweb/datafiles/BRMundo/pt-br/file/A%20Comunidade%20Brasileira%20na%20Costa%20Oeste%20dos%20Estados%20Unidos_por_%20Valeria%20D%20S%20Sasser.pdf
. Acesso em 2 de outubro de 2016.
SMITH, K.; KIRBY, S.; BRIGHTON, H. / Iterated Learning: A Framework for the Emergence of Language. *Artificial Life*, vol. 9, No. 4, 01.10. 2003, p. 371-386.
VYGOTSKY, L. S. *A formação social da mente*. São Paulo: Martins Fontes, 2003.
U.S. Census Bureau. Chapter 9: Ancestry. Disponível em:

https://www.census.gov/population/www/cen2000/censusatlas/pdf/9_Ancestry.pdf. Acesso em 15 de agosto de 2016.

WILLIAMS, R. *And Yet They Come: Portuguese Immigration from the Azores to the United States*. New York: Center for Migration Studies, 1982.

WOOD, D.; BRUNER, J.; Ross, G. The role of tutoring in problem solving. *Journal of Child Psychology and Child Psychiatry*, vol. 17, 2003, p. 89–100.

10

O LEITORADO BRASILEIRO NA ITÁLIA: EXPERIÊNCIAS E PROPOSTAS

THE BRAZILIAN LECTURESHIP IN ITALY: EXPERIENCES AND PROPOSALS

Lívia Assunção Cecílio[1]

Introdução: A situação da língua portuguesa na Itália: definições e perspectivas profissionais

Um dos principais temas atinentes à língua portuguesa no exterior diz respeito à diferenciação do português do Brasil do português de Portugal. Embora cause certa estranheza no Brasil, é muito comum no exterior dizer-se simplesmente que no Brasil fala-se "Brasileiro", e a Itália não constitui uma exceção a essa tendência geral.

No que se refere ao ensino da nossa língua nas universidades italianas, a distinção entre o português brasileiro e o português europeu também repercute no setor científico-disciplinar em questão, denominado oficialmente *Lingua e traduzione - lingue portoghese e brasiliana* (Língua e tradução - línguas portuguesa e brasileira), setor ao qual pertencem todas as disciplinas de Português da área de Linguística. Na Itália há uma tendência cada vez mais forte de distinguir o ensino dessas duas variedades – ou, como o próprio título o sugere, dessas duas línguas – não só terminologicamente, ou seja, na denominação do setor disciplinar atinente, mas principalmente pela coexistência, em diversas universidades, de leitores nativos tanto do Brasil quanto de Portugal.

A mesma dicotomia também se faz ver nos materiais didáticos publicados

---

[1] Leitora de Português Brasileiro e Professora de Língua e Linguística Portuguesa e Brasileira da Università di Bologna - Alma Mater Studiorum; Docente responsável pelo Programa de Língua Portuguesa e Especialista no Uso de Novas Tecnologias no Ensino de Línguas da Johns Hopkins University - SAIS Europe (School of Advanced International Studies); Doutora em Linguística pela Università di Bologna; e-mail: livia.assuncao@unibo.it

na Itália. Quando se trata do português falado no Brasil, tal fato é ressaltado já nos títulos destes materiais: "Corso di brasiliano" (LANCIANI; FARIA; PIPPA, 2015), "Il Portoghese brasiliano" (SANTOS; HALLBERG; MAZÉAS, 2011), "Impara il portoghese e il brasiliano con Zanichelli" (COOK, 2013), "Parlo Brasiliano" (ANNOVAZZI, 2000), etc. Mas a despeito do que os títulos mencionados podem fazer crer, o espaço reservado à língua portuguesa em solo italiano ainda é, infelizmente, bastante reduzido.

Apesar da posição de destaque do português no ranking das línguas mais faladas do mundo[2], atualmente ele é ensinado em apenas uma escola de ensino médio italiana (e, além disso, em caráter meramente experimental) e tende a ser considerado como uma língua menor na academia italiana. A língua portuguesa foi introduzida na Universidade de Bolohna (UNIBO) há mais de 40 anos, em 1975, pelo célebre Professor Antonio Tabucchi. A UNIBO, que goza do título de primeira universidade do Ocidente, é a única instituição superior de ensino na Itália que, desde mais ou menos o ano 2000, conta com um leitorado brasileiro financiado pelo Itamaraty – sendo eu a quarta leitora brasileira da instituição, tendo sido nomeada em 2013. Ademais, a Itália inteira conta com apenas um posto aplicador do exame oficial brasileiro de proficiência em português como língua estrangeira (Celpe-Bras): o Centro Cultural Brasil-Itália (CCBI), vinculado ao Setor Cultural da Embaixada do Brasil, em Roma.

Tudo isso, é claro, tem um resultado bastante concreto no mercado de trabalho italiano para aqueles que falam português, a saber, trata-se de um mercado reduzido, sobretudo quando se o compara com o mercado disponível para os falantes de Inglês, Espanhol ou Francês. Tal situação cria um horizonte nada encorajador para os discentes de língua portuguesa das universidades italianas, pois sua perspectiva de alocação profissional reduz-se praticamente à área de tradução, área que também não é especialmente forte em território italiano.

Essa realidade, obviamente, repercute na procura e, assim também, na oferta do português como língua de estudo. Trata-se, pois, de um triste ciclo vicioso: os italianos tendem a ter pouco contato com a língua portuguesa, o que certamente não fortalece a procura pelos cursos de português em suas universidades; por outro lado, os poucos que chegam a concluir um curso em língua portuguesa dificilmente têm oportunidades de trabalhar na área, o que reforça a situação marginal de nossa língua na Itália.

Em suma, aqueles que pretendam se aventurar no mundo lusófono em solo italiano precisam estar preparados para as várias dificuldades que encontrarão no caminho, nomeadamente, relativa carência de material

---

[2] Os dados do *Observatório de Língua Portuguesa* colocam a língua portuguesa na 4ª posição entre as mais faladas no mundo. Cf. http://observalinguaportuguesa.org/as-linguas-mais-faladas-no-mundo/. Acesso em 15 de julho de 2016.

didático (para já não falar da qualidade do material existente), poucas oportunidades de trabalho e, o que não é menos importante, escassez de profissionais com formação específica voltada para o ensino do português como língua estrangeira.

A figura do leitor na Itália: (des) prestígio e (má) formação

Pode parecer banal para os leitores deste livro (desculpem o trocadilho), mas nem sempre é claro quem é, e o que faz um "leitor". Certamente no Brasil a expressão é pouco conhecida, e quando proferida tende a causar certa perplexidade. De acordo com as informações contidas na página do Ministério das Relações Exteriores do Brasil (MRE)[3], o leitor do Programa de Leitorados do Itamaraty é um professor especialista em língua portuguesa, literatura e cultura brasileiras; os leitores atuam em conceituadas universidades estrangeiras e são selecionados pela Coordenação de Aperfeiçoamento de Pessoal de Nível Superior do Ministério da Educação (CAPES/MRE) e por instituições acadêmicas no exterior.

No contexto acadêmico italiano, o profissional que atua nos cursos de ensino de uma língua estrangeira – cursos de leitorado – é conhecido como "Lettore". Oficialmente, o leitor também é chamado de "Collaboratore ed esperto linguistico" ou "Lettore di scambio", sendo este geralmente selecionado pelo país estrangeiro com base em acordos institucionais entre a Itália e o país de origem do leitor (caso, portanto, do Programa de Leitorados do Itamaraty). O que queremos ressaltar com toda essa salada de títulos é o fato de que, na Itália, os leitores não são vistos como autênticos "Professores", integrando institucionalmente a categoria de funcionário técnico-administrativo (em italiano, "Personale tecnico-amministrativo").

Mais especificamente, os leitores são instrutores nativos que, em tese, deveriam apenas amparar, por meio de diversas atividades de exercitações, o Docente efetivamente responsável pelo ensino da língua, mas sempre em conformidade com as orientações desse Docente. De fato, de acordo com as próprias diretrizes universitárias italianas, as responsabilidades e os deveres de leitores e Docentes são diferentes. Em teoria, o leitor é convocado a "integrar", a "dar apoio", ou, como o indica seu próprio nome ("Collaboratore ed esperto linguistico"), a "colaborar" com o Docente no ensino da língua estrangeira com atividades de "exercitações"; ou seja, por meio de aulas *práticas* que complementam o curso *teórico* de Linguística e/ou Tradução do Docente responsável. Assim sendo, a atividade institucionalmente atribuída ao leitor diz respeito à condução de exercícios e a atividades de conversação.

---

[3] Cf. http://www.dc.itamaraty.gov.br/lingua-e-literatura/leitorados. Acesso em 15 de julho de 2016.

Mas a realidade é que há um enorme abismo entre a teoria e a prática no que diz respeito à atuação do leitor na Itália. O leitor é quem, *de facto*, propriamente ensina a língua em questão (seja a ler, falar ou escrever), ao passo que o Docente responsável tende a se ater à reflexão linguística e metalinguística sobre a língua-alvo. Assim sendo, as tarefas do leitor superam, e muito, a mera fixação de conteúdos já aprendidos com o Docente responsável, consistindo, pois, no efetivo processo de apropriação de elementos linguísticos e de desenvolvimento das competências comunicativas e interculturais.

Toda essa situação está, ademais, em flagrante descompasso com o "prestígio" que se costuma atribuir aos leitores. Como já afirmamos, o leitor é oficialmente apenas um funcionário técnico, posição que dista muito, na academia italiana, do lugar reservado aos "Professores". Simplificando um pouco a questão, o leitor na Itália tem um *status* não muito diferente daquele que possui um "monitor" nas universidades brasileiras, mesmo que uma parte assaz significativa do trabalho docente recaia sobre ele.

No entanto, como falante nativo, consciente da estrutura, do léxico e da informação pragmática produzida pelo uso da língua nas diferentes situações comunicativas, e, acima de tudo, como um especialista da língua dotado de competência didática, o leitor deveria gozar de uma posição muito mais destacada nas universidades italianas, pois graças ao seu árduo e silencioso trabalho, otimiza-se o processo de aprendizagem da língua-alvo.

Se, por um lado, os leitores ressentem-se com a falta de reconhecimento na academia italiana, por outro lado, é justo reconhecer que, infelizmente, não é difícil encontrar leitores cuja formação ainda deixa a desejar. De acordo com a nossa pesquisa de Doutorado, alguns leitores de língua portuguesa atuantes na Itália eram graduados em História, Filosofia ou Direito, e, mesmo entre aqueles com formação em Letras, a grande maioria não possuía uma formação específica voltada para o ensino do português como língua estrangeira (CECILIO, 2013).

Como sabemos, porém, os conhecimentos na área da linguística são indispensáveis para todos aqueles que pretendam ensinar uma língua estrangeira. E dentre a pluralidade de saberes referentes à área da Linguística, é essencial para um leitor estar minimamente familiarizado ao menos com alguns dos temas da Linguística Aplicada. Sob tal perspectiva, uma formação específica voltada para o ensino do português como língua estrangeira revela-se imprescindível. Ao tratar desse assunto, afirmamos:

> Ser falante de uma língua não habilita o indivíduo para a atividade docente. É preciso desenvolver no professor capacidades operacionais relativas aos diferentes aspectos e momentos da prática pedagógico-didática. A abordagem de ensino de uma *nova língua* é um conceito-chave tanto para a formação de professores quanto para a pesquisa e a atuação em sala de aula. É indiscutível que o sucesso da

prática pedagógica dos professores de língua depende de uma sólida formação acadêmica desses profissionais: os professores devem ter uma formação teórica consubstanciada nos resultados de pesquisas linguísticas de ponta. No entanto, ensinar não envolve apenas conhecimentos teóricos; são necessários conhecimentos práticos de ensino, com lastro em princípios pedagógicos, com os quais se constrói um olhar reflexivo sobre a língua. Essa conciliação entre o saber teórico e o domínio da prática constitui condição necessária para o sucesso do ensino-aprendizagem (CECILIO, 2015, pp. 101-102).

O mero fato de ser falante nativo de português e/ou de ser formado em Letras não são, necessariamente, condições suficientes para se estar efetivamente bem preparado para realizar um trabalho competente na área de ensino de português como língua estrangeira. O que precisamos, como afirma Ciliberti (2012), é desenvolver uma "cultura do ensino de línguas" e dedicar muito mais atenção à formação dos profissionais que pretendem atuar nesta área. Neste artigo, apresento uma experiência de ensino-aprendizagem que necessita, também, de conhecimentos teóricos norteadores por parte do leitor a fim de favorecer a reflexão dos aprendizes sobre a língua e garantir, assim, o sucesso da prática didática.

O leitorado brasileiro na Universidade de Bolonha: relato de uma experiência bem-sucedida

A Universidade de Bolonha (UNIBO) é muito provavelmente a universidade italiana com o maior número de relações com o Brasil: há a fundação FIBRA[4], que, em conjunto com a Embaixada do Brasil, dedica-se, entre outras coisas, à difusão da cultura brasileira na Itália; a colaboração científica entre a UNIBO e o Brasil é intensa e feita cada vez mais dinâmica graças ao *Integrated Research Team Brasil*[5]; por fim, a UNIBO é a primeira universidade italiana a ter uma cadeira CAPES-UNIBO especialmente destinada a professores brasileiros de destaque.

No que tange especificamente ao Programa de Leitorado do Itamaraty em Bolonha, as atividades do leitor podem ser divididas, *grosso modo*, em duas partes: cerca de 40% de seu trabalho é voltado para a promoção da cultura brasileira e para a cooperação internacional (incentivar intercâmbios acadêmicos, produzir informações sobre bolsa de estudos, etc.), e os 60% restantes são destinados ao ensino da língua portuguesa.

No que diz respeito às Relações Internacionais da UNIBO, nos últimos anos o Brasil atingiu grande popularidade em nossa universidade, sendo

---

[4] Fundação FIBRA: http://roma.itamaraty.gov.br/pt-br/fibra.xml
[5] IRT Brasil: http://www.irtbrasil.unibo.it/en

atualmente o segundo maior destino na mobilidade extra europeia, precedido somente pelos Estados Unidos. Quanto ao estudo do português em Bolonha, a situação é especialmente positiva graças a uma confluência de fatores. A UNIBO é uma instituição de enorme prestígio nas áreas de Língua/Linguística e Literatura Brasileira, contando com renomados Professores.

Com efeito, ainda que a Faculdade de Línguas tenha reduzido, de modo geral, a oferta de vagas, o número de alunos que escolhem estudar português na UNIBO só tem aumentado (ao contrário do que vem ocorrendo com algumas outras línguas). Na nossa universidade, o português do Brasil é oferecido por meio do leitorado Brasileiro no segundo e no terceiro ano do curso de Graduação (no primeiro ano os alunos aprendem o Português Europeu) e no primeiro ano do curso de Mestrado. Em média, temos cerca de 130 estudantes regularmente matriculados no curso de língua portuguesa.

Além disso, a recente intensificação de interesse pelo Brasil e por sua língua fez com que abríssemos, em 2014, sempre no âmbito do Programa de Leitorado do Itamaraty, um curso de português como língua estrangeira para docentes, pesquisadores e funcionários da UNIBO. O curso, voltado para iniciantes, teve excelente repercussão na instituição e na sociedade local. Com relação ao processo de ensino-aprendizagem do português como língua estrangeira na Universidade de Bolonha, destacamos principalmente a prática de *teletandem* como uma atividade bastante representativa de nosso sucesso.

Teletandem: conceitos e princípios
Ter a oportunidade de interagir verbalmente com outros falantes nativos além do professor "é um desejo, e muitas vezes uma necessidade, de conseguir fazer um pouco de prática de conversação em contextos reais de comunicação extraescolar" (ZORZI, 2006, p. 166). Nesta perspectiva nasceu o projeto *Teletandem Brasil*, cujo principal objetivo é oferecer atividades de *tandem* para estudantes universitários brasileiros e estrangeiros através de uma modalidade específica, a qual se deu o nome de *teletandem* (VASSALLO e TELLES, 2009).

Estudar línguas em tandem é um modo de aprendizagem aberto através do qual pessoas com diferentes línguas nativas trabalham em pares com o objetivo de[6]:
• aprender a língua do parceiro;
• conhecer o parceiro e sua cultura;
• trocar conhecimentos e informações.

Cada parceiro é, ao mesmo tempo, aprendiz da língua estrangeira que deseja aprender (a língua materna do seu parceiro) e professor da própria

---

[6] Informações presentes no site da *International Tandem Network*: http://www.slf.ruhr-uni-bochum.de/learning/infita11.html

língua (aquela que o parceiro quer aprender). Eles, no entanto, não possuem uma formação didática como professores de línguas: então não podemos esperar deles "uma preparação específica sobre os objetivos, os métodos e a avaliação de aprendizagem" (ZORZI, 2006, p. 167).

O tandem foi concebido na Alemanha no final dos anos sessenta (ROSANELLI, 1992; BAUMANN et al, 1999) e se difundiu em vários outros países dentro e fora da Europa. Hoje, o tandem é conhecido como uma alternativa ou um complemento da aprendizagem de línguas estrangeiras em sala de aula nas instituições particulares de ensino de línguas, nas universidades e nas escolas. Uma das maiores vantagens dos projetos tandem é a flexibilidade (VASSALLO e TELLES, 2009). Eles podem ser organizados tanto pela estrutura educacional, tanto de forma independente; podem ter um professor que controla as sessões em tandem dos estudantes; podem ter atividades pré-determinadas a serem desenvolvidas; podem ser realizados por um período curto ou longo.

O nome *teletandem* é dado ao *contexto virtual, autônomo* e *colaborativo* em que o ensino-aprendizagem de línguas estrangeiras é praticado à distância pelo computador, através do uso das funções de escrita, leitura, áudio e vídeo de programas de mensagem instantâneas, como o *Skype* (TELLES, 2009). Desta forma, ele transferiu a filosofia e os princípios da aprendizagem de línguas estrangeiras em *tandem* (BRAMMERTS, 2003) para o meio virtual, ampliando assim a oportunidade de usar a língua-alvo em uma comunicação real. Essa nova modalidade de aprendizagem de línguas é estudada no projeto "Teletandem Brasil: foreign languages for all"[7] por professores e pesquisadores do Brasil e do exterior[8].

O projeto foi idealizado em 2006 pelo linguista João Telles, Professor de Práticas de Ensino de Línguas da UNESP - Universidade Estadual Paulista (Brasil) - de Assis e traz com consigo uma agenda educativa, política e intercultural, tanto na área de ensino-aprendizagem de línguas assistido por computador, quanto na área de formação de professores. Trata-se de um projeto interdepartamental e interinstitucional de pesquisa sobre o ensino de línguas à distância, que envolve alunos da Graduação e da Pós-graduação da UNESP.

Muitas das características teóricas e práticas sobre a aprendizagem em tandem também são válidas para o teletandem. A diferença entre as duas modalidades está, porém, nas condições concretas de realização:

> De fato, a possibilidade de realizar um tandem presencial é restrita às pessoas que compartilham o mesmo contexto geográfico; [...] O teletandem, por sua vez, proporciona as ferramentas apropriadas

---

[7] http://www.teletandembrasil.org/
[8] O projeto envolve pesquisadores-colaboradores dos Departamentos de Língua Portuguesa de diferentes Universidades nos Estados Unidos, no México, na Colômbia, na Itália e na Alemanha: http://www.teletandembrasil.org/partner-institutions.html

para praticar a produção e a compreensão oral, mesmo a distância, sem excluir as outras habilidades e, ainda, acrescenta os aspectos não verbais da comunicação, por meio da câmera (VASSALLO e TELLES, 2009).

Portanto, com relação aos recursos humanos e técnicos, para realizar o teletandem são necessários: (a) um par de falantes de diferentes línguas que desejam falar a língua um do outro; (b) um computador conectado à Internet com Skype; (c) um microfone e um fone de ouvido; (d) uma webcam. A interação é de forma gratuita.

A prática de Teletandem na Universidade de Bolonha

Diante das necessidades comunicativas do aprendiz, tendo em vista a situação geral do ensino-aprendizagem da língua portuguesa na Itália e, em particular, a dificuldade de apresentar a variedade brasileira, o *teletandem* coloca-se como um projeto de integração das práticas de ensino tradicionais, que, valendo-se com grande proveito das novas tecnologias de comunicação, otimiza a aprendizagem da língua falada no Brasil e coadjuva o professor no ensino.

No âmbito de nossas atividades científico-didáticas no Departamento de Línguas, Literaturas e Culturas Modernas (LILEC) da Universidade de Bolonha, realizamos o teletandem em 2015 e em 2016 com os estudantes de Mestrado do leitorado Brasileiro[9].

Do ponto de vista da pesquisa, a prática da teletandem na UNIBO teve principalmente os seguintes objetivos:

(a) verificar o potencial das novas tecnologias na aprendizagem da língua e da cultura brasileira;

(b) conhecer as opiniões dos alunos sobre o processo de aprendizagem e sobre a prática online do português do Brasil.

As interações aconteceram na Faculdade de Línguas de Bolonha, em uma sala de aula equipada com 14 computadores com webcams e programa de mensagens instantâneas (Skype).

---

[9] Vale notar que o projeto Teletandem fez parte de nossa pesquisa de Doutorado e, dessa forma, também foi realizado por nós na Universidade de Bolonha nos anos anteriores.

Figura 1: Interações em teletandem na UNIBO

Figura 2: Interações em teletandem na UNIBO

As interações entre os estudantes do leitorado Brasileiro da UNIBO e os estudantes de Italiano da UNESP de Araraquara foram realizadas durante o primeiro semestre do ano acadêmico italiano, ou seja, de outubro a dezembro, considerando a diferença de fuso-horário de apenas 3 horas entre os dois países naquele período. Nos dois semestres em que realizamos o teletandem na UNIBO, 13 estudantes participaram das interações em cada semestre.

As sessões de aprendizagem interativa duraram cerca de uma hora: na primeira meia hora, um grupo de estudantes falava na própria língua nativa, dialogando naquela que para o outro grupo era a língua-alvo; na meia hora seguinte se invertiam os papéis. Depois de uma hora de interação, era feita uma reunião com o professor-mediador na qual eram discutidos os objetivos de aprendizagem, os resultados atingidos e os próximos passos a serem traçados pelo aprendiz.

A prática de teletandem na UNIBO exigiu um trabalho complexo no qual tiveram um papel importante uma ampla gama de fatores; os estudantes, com efeito, além de competências linguísticas, tiveram que colocar em prática competências comunicativas, interpessoais, interculturais, organizacionais, gerenciais e estratégicas.

A capacidade de promover encontros interculturais em uma língua estrangeira é um dos grandes potenciais pedagógicos do projeto; por meio das Tecnologias da Informação e Comunicação – TICs – são articulados contextos interacionais e pedagógicos virtuais em que os aprendizes não só colocam em prática a língua que estão aprendendo, mas também alargam os horizontes hermenêuticos (GADAMER, 1994) em suas interpretações e representações da cultura do "outro", além de sua própria cultura e identidade. Nada mais importante para a educação intercultural de línguas estrangeiras (BELZ e THORNE, 2006), que requer não só a competência comunicativa, mas também estratégias de competências interculturais para lidar com a transculturalidade do mundo atual.

A avaliação dos estudantes

Como sabemos, abordagens pedagógicas baseadas na centralidade do estudante colocam em evidência uma série de variáveis individuais: cada aprendiz tem uma própria técnica de estudo, uma diferente concepção de como se aprende uma língua estrangeira, um diferente peso que se atribui ao conhecimento de gramática, ou às capacidades expressivas etc. (NUNAN, 1988). Tendo isso em mente, por meio de um questionário, exploramos as percepções dos estudantes italianos sobre a prática online do português brasileiro para verificar o impacto desta nova prática de aprendizagem.

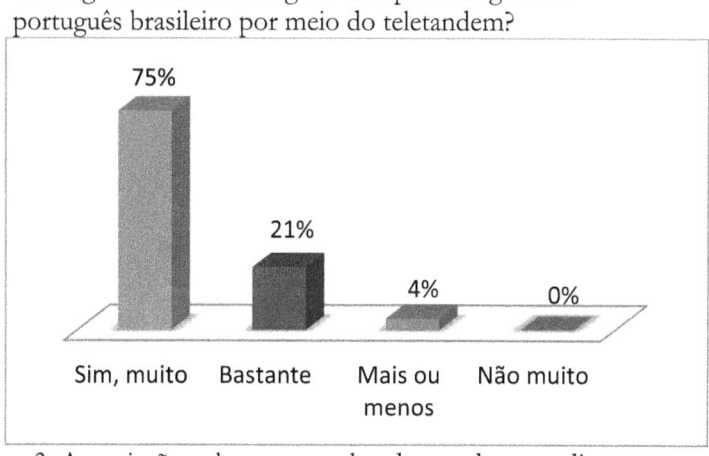

Figura 3: Apreciação sobre a nova abordagem de aprendizagem

Pelas respostas dos estudantes indicadas na figura acima, podemos ver um resultado muito positivo, em que 96% dos participantes julga positivamente a sua experiência em teletandem (75% gostou muito e 21% gostou bastante); por sua vez, 4% deles a avalia em maneira mais ou menos positiva. Como justificativa para essas respostas, alguns estudantes declararam o seguinte[10]:

"É uma maneira fácil de aprender, acessível a todos. Além disso, dá a possibilidade de falar português, o que nem sempre é possível durante as aulas, e de ajudar alguém a aprender italiano. Ele abre a mente para a cultura brasileira e vai além dos estereótipos."

"Foi maravilhoso poder interagir com pessoas que vivem a milhares de quilômetros de onde eu estou e que pertencem a uma outra cultura, colocando em prática o que havia aprendido nas aulas em um contexto diferente do de sala de aula."

"É uma iniciativa maravilhosa porque permite que você entre em contato com a língua real, a língua falada."
"A atmosfera era descontraída e fez com que eu me expressasse melhor do que em aula."

"É muito mais direto em comparação ao estudo baseado em um livro didático e se compreendem melhor outros aspectos."

"Eu gostei porque me deu a possibilidade de aprender muitas palavras novas e expressões que eu não conhecia anteriormente, e ao mesmo tempo me diverti e fiz novas amizades."

"É simpático, certamente estimulante, mas acho que é necessário ter mais sessões para se acostumar a esse novo método de aprendizagem e para torná-lo realmente útil."

"Acho que foi útil para me confrontar com uma outra cultura e aprender "ao vivo" as diferenças entre o português europeu e português brasileiro."

A partir dos comentários dos estudantes, nota-se que eles gostaram fundamentalmente da possibilidade de colocar em prática o que aprendem em sala de aula e, sobretudo, da oportunidade de falar com um falante nativo brasileiro e de conhecer a sua cultura. Observa-se ainda que o contexto descontraído do teletandem não só facilita a comunicação, mas permite uma participação ativa do aluno que, durante as sessões de teletandem, utiliza a

---

[10] Todas as opiniões dos estudantes são tradução nossa.

língua estrangeira por muito mais tempo do que em uma aula tradicional. É também evidente que o teletandem promove uma abertura para a dimensão internacional e a educação intercultural. Por outro lado, observamos que alguns estudantes sublinham a necessidade de várias sessões de teletandem para um resultado eficaz.

Com a intenção de conhecer as opiniões dos alunos sobre o modo de compreender o estudo e a prática online do português brasileiro, bem como para refletir sobre os resultados da aprendizagem em teletandem, indagamos quais foram as características mais positivas e negativas da sua prática de teletandem. A seguir, apresentamos as respostas de alguns estudantes:

"Através de uma conversa espontânea e não planejada, percebi quais são meus pontos fracos em relação à língua e aprendi muitas expressões idiomáticas e informações sobre a cultura brasileira que através dos livros eu não teria aprendido."

"A conversa em si, a possibilidade de me comunicar em uma língua que não falo com frequência. Mas também o contato com pessoas de outra cultura e a agradável surpresa de ter mais coisas em comum do que você imagina."

"O fato de eu ter encarado a situação sem medo, ter conhecido duas meninas da minha idade com quem eu conversei com muito prazer sem ficar envergonhado ou ter medo de lançar-me na conversa."

"Tudo! Pude aprender muitas coisas novas sobre a cultura brasileira e testar o meu português."

"Os pontos positivos foram a oportunidade de interagir face a face e ter vários meios disponíveis (chat, internet, possibilidade de procurar imagens) para se comunicar da melhor maneira possível."

"Eu consegui superar a minha dificuldade em me expressar em português."

"Finalmente falei com um falante nativo da língua portuguesa, mas sobretudo com alguém que vive no exterior, que tem uma cultura totalmente diferente da minha...a magia é ver como, apesar da distância física, cultural, da diferença de idade e de problemas linguísticos, a hora voa!"

"O teletandem foi útil para eu tentar falar e melhorar a fluência em português, sem pensar muito nos erros gramaticais."

Vemos através dessas observações que, além de promover espaços de encontros interculturais em uma língua estrangeira, o teletandem promove a aquisição de capacidades de aprender, escolher, experimentar e desenvolver boa disposição psicológica para a aprendizagem contínua. Confirma-se também que um dos pontos mais positivos das interações é a oportunidade de ouvir e praticar o português brasileiro. O desenvolvimento da competência linguística por meio do teletandem revela-se sem dúvida importante. No entanto, evidencia-se que a aprendizagem de uma língua não se limita à forma, mas inclui aspectos relativos à competência comunicativa (CANALE e SWAIN, 1980; CANALE, 1983) e à competência intercultural (BYRAM, 1997; DEARDORFF, 2008), igualmente importantes na educação de línguas estrangeiras.

A seguir, vemos em contrapartida os aspectos negativos da prática do teletandem detectados pelos estudantes.

"Eu tive um colega que era tímido e falava pouco. Gostaria também de ter sido mais corrigida quando eu não falava português corretamente."

"O pânico de passar vergonha quando eu não sabia uma palavra ou não sabia conjugar os verbos. Talvez a única falha tenha sido termos apenas poucas oportunidades de fazer teletandem. Seria muito bom fazer isso regularmente."

"Alguns problemas técnicos."

"Nenhum."

"Continuei um pouco insegura, pois é difícil armazenar e lembrar tudo o que aprendemos durante a hora da conversa."

"Além de alguns problemas técnicos, particularmente o áudio não é sempre perfeito, não houve aspectos negativos."

"Às vezes a conversa estagnava porque não tínhamos um esquema para seguir e às vezes nos parecia não ter muito a dizer sobre um determinado assunto."

"Até agora a menina com quem falei não respondeu aos meus e-mails, me impedindo assim de continuar a relação para além do teletandem."

Observa-se a partir dos comentários dos estudantes a importância de uma boa preparação de ordem organizativa e técnica, onde os estudantes tenham acesso a computadores com boas conexões à Internet e outros dispositivos, como microfone, fone de ouvido e webcam[11]. A falta de um sólido planejamento curricular/institucional e de um espaço adequado e tecnologicamente equipado pode afetar negativamente a prática e aprendizagem da língua estrangeira.

Do ponto de vista pedagógico, é interessante notar o desejo de receber explicitamente correção dos erros. De acordo com Santos (2009), em contextos de aprendizagem natural como o teletandem, há geralmente uma atenção direcionada a não interromper o fluxo da conversa, onde as correções/reparos ocorrem através do mecanismo de feedback, em vez da imputação do erro. O uso de estratégias para manter aberto o fluxo de conversação atinge muitas vezes o efeito colateral de promover a aprendizagem. O feedback linguístico, assim, tem a função de motivar e manter o andamento da conversa, e ocorre principalmente com propósitos comunicativos, em vez de exclusivamente linguísticos.

Além disso, observa-se uma certa dificuldade em gerir a própria autonomia e a necessidade de ser guiado tanto do ponto de vista operacional quanto argumentativo. A autonomia do aprendiz constitui, portanto, um dos objetivos fundamentais do ensino de línguas atual e implica o desenvolvimento de estratégias operacionais adequadas e da capacidade reflexiva de observação e de avaliação dos resultados obtidos (NUNAN, 1988).

Nesse sentido, como sabemos, o papel do professor é essencial não só para o ensino da língua-alvo, mas, principalmente, para fornecer estratégias de aprendizagem e favorecer o desenvolvimento da autonomia do aprendiz, que se consolida com o tempo e a prática. Nas atividades em teletandem o professor assume, assim, o papel de "facilitador", enquanto o estudante assume o papel central no processo de ensino- aprendizagem.

Dessa forma, para garantir o sucesso da aprendizagem de línguas à distância, o professor-mediador deve ter uma formação adequada para orientar e facilitar a autonomia dos aprendizes no novo contexto, e para fazer com que os participantes reflitam sobre o que aprenderam juntos. Durante interações em teletandem também acontece muitas vezes, por exemplo, que os estudantes falam muito e anotam pouco. Falar, prestar atenção ao desenvolvimento da conversa e tomar notas simultaneamente constituem habilidades necessárias durante as interações de teletandem. Essas habilidades são necessárias não só para registrar vocabulário novo, mas também para rever, relembrar e explorar sucessivamente as novas informações linguísticas e culturais que são adquiridas durante e através da interação com o parceiro. Vamos ver mais detalhadamente quais são os

---

[11] Recomenda-se o uso de todos os equipamentos para garantir que a cooperação possa, de fato, ser caracterizada como uma parceria de teletandem em vez de um chat ou e-tandem via e-mail.

novos saberes adquiridos durante o teletandem.

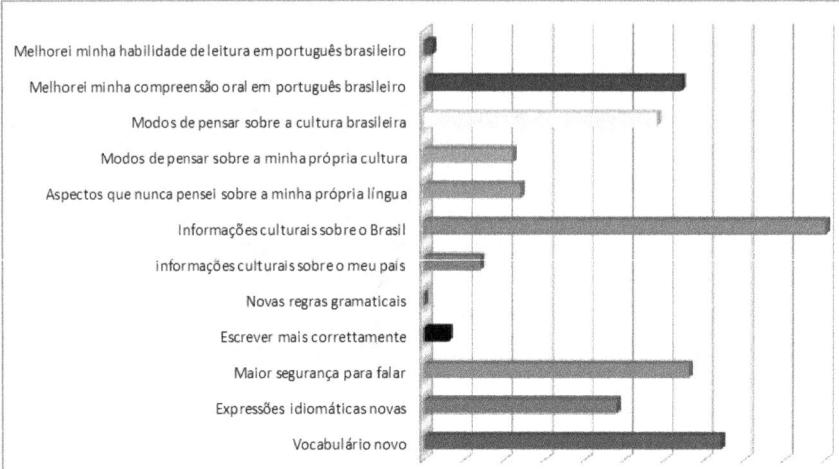

Figura 4: Os novos saberes adquiridos durante o teletandem

A dimensão cultural, como podemos ver na figura acima, é muito recorrente durante as sessões de teletandem. O contato com pessoas de outras línguas e culturas promove a reflexão e autoavaliação de si mesmos e das concepções que temos do mundo (HOLMES e O'NEILL, 2012). Muitas vezes, os encontros interculturais ocorrem com base na identificação das diferenças. É através das diferenças que as identidades são construídas (WOODWARD, 2003). Os estudantes não apenas praticam a língua estrangeira, as suas formas e regras, mas eles exercitam, avaliam, refletem e compartilham as suas ideias e a capacidade de identificar essas diferenças. Assim, por meio das interações de teletandem os estudantes se colocam perguntas críticas que contribuem para descobrir a própria identidade, as próprias fraquezas e os próprios pontos fortes.

É, talvez, do ponto de vista multimodal dos recursos tecnológicos utilizados no teletandem que residem as suas qualidades de reforço e enriquecimento da educação intercultural de línguas estrangeiras. A utilização de Skype permite o livre exercício, simultaneamente, dos diferentes aspectos da linguagem, em uma orquestra de múltiplos recursos linguísticos e discursivos que a linguagem oferece. Do ponto de vista essencialmente linguístico, o estudante pode aprender vocabulário novo (um dos aspectos linguísticos mais recorrentes nas interações de teletandem), praticar a compreensão e a produção oral em português brasileiro por meio dos recursos de áudio, conseguindo, assim, mais confiança ao falar essa língua estrangeira. Pode, também, praticar leitura e produção escrita através do chat e do recurso de envio de documentos e links da Internet. Vários tipos de feedback linguísticos podem ser dados de maneira síncrona e assíncrona (mensagens via e-mail) pelo seu interlocutor.

Em seguida vemos as opiniões dos estudantes sobre a utilidade e a validade dessa nova modalidade didática para a aprendizagem dos aspectos linguísticos e culturais do Brasil.

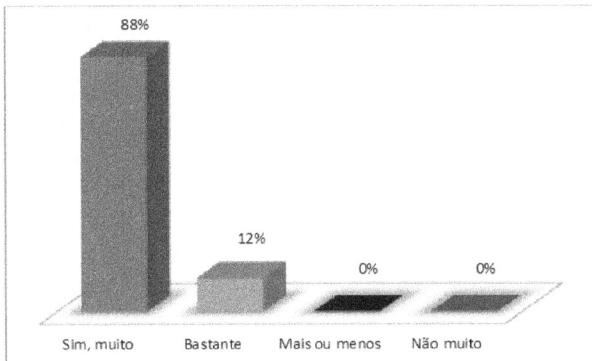

Figura 5: Aspectos linguísticos e culturais do Brasil no teletandem

A partir da figura acima vemos que a prática de teletandem para a finalidade específica de aprendizagem da língua e da cultura brasileira na UNIBO foi aprovado por todos os estudantes (88% deles acredita ter sido muito útil e 12% acredita ter sido bastante útil). É importante também lembrar que a reflexão do estudante sobre os resultados obtidos, através do julgamento sobre o quanto o teletandem seja útil para melhorar o próprio conhecimento do português brasileiro, comporta uma consciência dos processos operacionais adequados e eficazes para o ensino/aprendizagem de uma língua estrangeira, e, desse modo, ele emprega competências e habilidades necessárias para o desenvolvimento da sua autonomia.

A aprovação do projeto também é comprovada pelo desejo de todos os estudantes em continuar a aprendizagem do português brasileiro através da prática de teletandem, como declarado por eles:

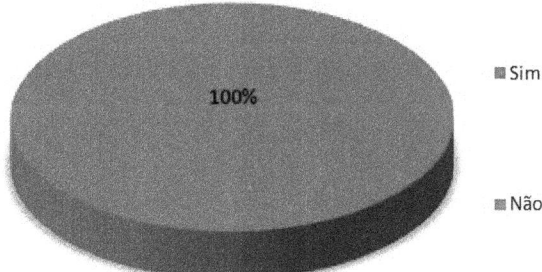

Figura 6: Desejo de continuar a prática de teletandem

Assim sendo, o teletandem se coloca como um projeto de integração das práticas tradicionais de ensino do português brasileiro na Itália, servindo de auxílio no processo de aprendizagem e no desenvolvimento das habilidades cognitivas do aluno. Criatividade, autonomia, habilidade de investigação, capacidade de aprender através das relações com o outro e capacidade de se relacionar com a complexidade são as competências necessárias para usufruir dessa nova perspectiva didática que a tecnologia torna possível. A finalidade educativa fundamental das interações em teletandem na Universidade de Bolonha foi favorecer o desenvolvimento de habilidades essenciais para a construção de novos conhecimentos sobre a língua e a cultura brasileira.

Através da pesquisa realizada entre os alunos de língua portuguesa da UNIBO foi possível constatar o grande sucesso das atividades de teletandem, principalmente no que diz respeito à oportunidade de praticar a habilidade oral da língua e de conhecer nativos brasileiros. Vemos também que a aprendizagem dos aspectos linguísticos e sobretudo culturais são de grande relevância nessa atividade.

Comentários conclusivos e algumas propostas para o Programa de Leitorado

No breve panorama que procuramos traçar aqui do leitorado brasileiro na Itália, ficou claro que o sucesso do nosso idioma e cultura neste país ainda tem grandes entraves a superar. Há, como vimos, uma situação mercadológica pouco convidativa para os discentes que iniciam seus estudos de português na Itália. É mesmo louvável que muitos ainda o façam, o que se explica pelo genuíno interesse e, por vezes, até por uma genuína paixão que muitos demonstram pela nossa língua e cultura.

Tal interesse do alunado, como que contra todas as expectativas, serve de consolo para alguns dissabores com que o leitor tem de se defrontar. Por exemplo, este tipo de profissional não goza de grande prestígio na academia local. Como vimos, nas universidades italianas o leitor está oficialmente equiparado a um funcionário técnico, uma posição certamente muito menos prestigiosa do que a de "Professor". E, no entanto, as funções que o leitor efetivamente desempenha são as de um professor, pois é ele que, ao fim e ao cabo, realmente ensina a língua-alvo.

Se, por um lado, o leitor pode sentir-se por vezes subvalorizado, é preciso reconhecer, por outro lado, que muitos desses leitores têm uma formação relativamente deficiente. Mesmo que o governo brasileiro exija dos candidatos a leitor a titulação mínima de mestre (embora em algumas universidades, como na Universidade de Bolonha, por exemplo, seja exigida a titulação mínima de doutor), seria, por certo, desejável que se exigisse formação específica em Letras, e, preferencialmente, também na área de ensino de português para estrangeiros.

Com relação às práticas pedagógicas do leitorado brasileiro, através da experiência do teletandem na Universidade de Bolonha pudemos confirmar que o uso das TICs pode tornar o ambiente de aprendizagem de línguas estrangeiras mais estimulante, pois é capaz de criar novas formas de interação e colaboração entre os alunos. Os envolvidos neste tipo de atividade têm a oportunidade de praticar e desenvolver os vários tipos e níveis de significado (fonológico, gramatical, sintático, semântico, pragmático, discursivo) da língua efetivamente usada no Brasil. Esta característica faz com que o teletandem constitua um contexto especial para a aprendizagem, uma vez que, para além dos aspectos estruturais da língua, ele leva em consideração os aspectos ligados ao uso, em suma, ao discurso autêntico. O teletandem se revelou como um espaço para o exercício da interculturalidade e se destacou como um contexto inovador para o ensino-aprendizagem do português do Brasil como língua estrangeira na Itália.

Por fim, gostaríamos de salientar que embora o Programa de Leitorado do Itamaraty constitua, sem dúvida, uma excelente iniciativa do governo brasileiro, existem algumas medidas importantes para que se continue a manter o bom nível do leitorado, e quem sabe se possa ainda aperfeiçoá-lo. Como evidenciamos anteriormente, nem sempre os candidatos selecionados pela CAPES/Itamaraty possuem uma formação especificamente voltada para o ensino de português como língua estrangeira, coisa que deveria ser certamente priorizada.

Ademais, apesar de o Brasil vir ampliando significativamente a atuação na promoção da língua portuguesa através da *Rede Brasil Cultural*[12], se faz necessário que o governo brasileiro potencialize a política de promoção da língua e da cultura brasileira no exterior através duma significativa ampliação da rede de leitorados. O Brasil tem conseguido consolidar-se como o maior embaixador do idioma, porquanto para cada dez falantes lusófonos do planeta, pelo menos sete são brasileiros. Mas o que fez com que o interesse pela língua portuguesa tenha recentemente crescido aos olhos dos estrangeiros foi a relevância política, econômica e cultural atingida pela Comunidade dos Países de Língua Portuguesa, grupo em que o Brasil ocupa posição de destaque.

Mas não podemos nos dar ao luxo de confiar apenas em nossa superioridade numérica, nem nas instáveis marés de interesse em nosso país, uma vez que essas tendem a depender fortemente da frágil conjuntura de indicadores econômicos. Sem dúvida o Brasil viveu nos últimos anos um período de destaque na Europa quase sem precedentes, graças ao seu pujante desenvolvimento econômico. Mas agora que tal crescimento se extinguiu, grande é o risco de que a "moda Brasil" evapore-se tão rapidamente quanto surgiu. Para evitá-lo, e reivindicar a posição que por direito nos cabe no

---

[12] Cf. http://redebrasilcultural.itamaraty.gov.br/

panorama das línguas mundiais, se faz preciso que o governo brasileiro atue de modo mais decidido e incisivo, preparando-se para colher com proveito o fruto das sementes que foram lançadas nestes últimos anos. Para atingir tal desiderato deve-se principiar, sem dúvida, com o fortalecimento da presença brasileira nas universidades estrangeiras, sendo um dos instrumentos privilegiados para tanto o incremento do Programa de Leitorado.

Para além do aumento das vagas para leitores, cremos ser preciso implementar algumas mudanças no funcionamento atual do sistema. Um dos aspectos fulcrais nos parece ser o exíguo prazo do contrato dos leitores: apenas dois anos, prorrogáveis por mais dois anos. A verdade é que tal prazo é insuficiente para que se atinja resultados mais duradouros, e uma revisão nesse aspecto da política do leitorado nos parece ser urgente para a consolidação da própria instituição do leitorado Brasileiro.

Referências Bibliográficas
ANNOVAZZI, A. *Parlo Brasiliano*. Manuale di conversazione. Milano: Antonio Vallardi Editore, 2000.
BAUMANN, I. *et al; Die tandem-Methode. Theorie und Praxis in deutsch-französischen Sprachkursen*. Herausgegeben vom Deutsch-Französischen Jugendwerk, Stuttgart: Klett, 1999.
BELZ, J. A.; THORNE, S. L. (Orgs.). *Internet-Mediated Intercultural Foreign Language Education*. Boston, MA: Heinle & Heinle, 2006.
BRAMMERTS, H. *Autonomous Language Learning in tandem:* The development of a concept. In: LEWIS, Tim; WALKER, Lesley (Org.). *Autonomous Language Learning in tandem*. Sheffield: Academy Electronic Publications, 2003, p. 27-36.
BYRAM, M. *Teaching and Assessing Intercultural Communicative Competence*, Clevedon: Multilingual Matters, 1997.
CANALE, M. From communicative competence to communicative language pedagogy. In: RICHARDS, J. C.; SCHMIDT, R. W. (Orgs.), *Language and Communication*. Londres: Longman, 1983, p. 2-27.
CANALE, M.; SWAIN, M. Theoretical bases of communicative approaches to second language teaching and testing. *Applied Linguistics*, 1, 1980, p. 1-47.
CECILIO, L. A. *L'insegnamento della Lingua Portoghese nelle Università italiane*. 2013. 248f. Tese (Doutorado em Linguística) – Dipartimento di Interpretazione e Traduzione, Alma Mater Studiorum Università di Bologna, Bolonha, Itália.
_____. *Um panorama do ensino da língua portuguesa nas universidades italianas*. In: MEYE, R. M. B.; ALBUQUERQUE, A. F. S. (Org.). *Português:* uma língua internacional. Rio de Janeiro, RJ: Editora PUC-Rio, 2015, p. 95-110.
CILIBERTI, A. *Glottodidattica*. Per una cultura dell'insegnamento linguistico.

Roma: Carocci, 2012.
COOK, M. *Impara il portoghese e il brasiliano con Zanichelli*. Bologna: Zanichelli, 2013.
DEARDORFF, D. Intercultural competence: A definition model, and implications for studying abroad. In: SAVICKI, Victor (Org.). *Developing Intercultural Competence and Transformation: Theory, research, and application in international education*. Sterling, VA: Stylus, 2008, p. 297-321.
GADAMER, H. *Truth and Method*. New York: Continuum Publishing Company, 2nd Revised Edition, 1994.
HOLMES, P.; O'NEILL, G. Developing and evaluating intercultural competence: Ethnographies of intercultural encounters. *International Journal of Intercultural Relations*, 36, 2012, p. 707-18.
LANCIANI, G.; FARIA, C. V. S.; PIPPA, Salvador. *Corso di brasiliano*. Milano: Hoepli, 2015.
NUNAN, D. *The Learner-Centred Curriculum: A Study in Second Language Teaching*. Cambridge: Cambridge university Press, 1988.
ROSANELLI, M. (Org.). *Lingue in tandem. Autonomie and Spracherwerb*, III International tandem Congress, Alpha & Beta, Meran/Merano, 1992.
SANTOS, G. R. (2009), O que acontece durante as interações de Teletandem: investigando os dados. In: TELLES, João Antônio (Org.). *Teletandem: Um contexto virtual, autônomo e colaborativo para aprendizagem de línguas estrangeiras no século XXI*. Campinas, SP: Pontes Editores, 2009, p. 123-147.
SANTOS, J. G.; HALLBERG, M.; MAZÉAS, M. *Il Portoghese brasiliano*. Torino: ASSiMiL (Collana Senza Sforzo), 2011.
TELLES, J. A. (Org.). *Teletandem: Um contexto virtual, autônomo e colaborativo para aprendizagem de línguas estrangeiras no século XXI*, Campinas, SP: Pontes Editores, 2009.
VASSALLO, M. L.; TELLES, J. A. *Ensino e aprendizagem de línguas em tandem*: princípios teóricos e perspectivas de pesquisa. In: TELLES, João Antônio (Org.). *Teletandem:* Um contexto virtual, autônomo e colaborativo para aprendizagem de línguas estrangeiras no século XXI. Campinas, SP: Pontes Editores, 2009, p. 21-42.
WOODWARD, K. *Identidade e diferença: Uma introdução teórica e conceitual*. In: SILVA, T. T.; HALL, S.; WOODWARD, K. (Orgs.). *Identidade e Diferença: A perspectiva dos Estudos Culturais*. Petrópolis, RJ: Editora Vozes, 2003, p. 7-72.
ZORZI, D. *Parlare in classe, parlare con tutti*. In: NOBILI, Paola (Org.). *Oltre il libro di testo*. Multimedialità e nuovi contesti per apprendere le lingue. Roma: Carocci Faber, 2006, p. 141-170.

11
O ENSINO DO PORTUGUÊS NO INSTITUTO POLITÉCNICO NACIONAL (MÉXICO): CONQUISTAS E DESAFIOS

TEACHING PORTUGUESE AT INSTITUTO POLITÉCNICO NACIONAL (MEXICO): ACHIEVEMENTS AND CHALLENGES

Andressa Dorásio Parreira[1]

Introdução

Para entender a situação do ensino do português no México, mais concretamente através da experiência do Programa de Leitorado no Instituto Politécnico Nacional, os desafios enfrentados atualmente e as metas estabelecidas, é importante deixar claro tanto as circunstâncias anteriores à implementação do Programa, quanto o contexto dos primeiros anos de seu exercício, além de determinar os avanços que foram alcançados durante a sua primeira experiência no país.

Este artigo se centrará de forma especial no contexto de ensino e aprendizagem do português no Centro de Línguas Estrangeiras do Instituto Politécnico Nacional (CENLEX), que está localizado no Campus Zacatenco, na região norte da Cidade do México, e que atualmente acolhe o Programa de Leitorado. De acordo com informações disponibilizadas pela própria instituição em sua página na internet, o CENLEX-Zacatenco é o único Centro de Línguas do IPN que conta com uma coordenação de português, parte do Departamento de Línguas Indo-Européias. Além desta unidade, o IPN possui outro Centro de Línguas, localizado no Campus Santo Tomas. Os CENLEX unidade Zacatenco e Santo Tomas fazem parte da Direção de

---

[1] Professora Leitora no Instituto Politécnico Nacional – Cenlex Zacatenco (México). Doutorado em Linguística: Análise do Discurso – Universidade de Salamanca (Espanha). andressadorasio@gmail.com.

Formação em Línguas Estrangeiras (DFLE), órgão administrativo da universidade, responsável pela administração dos Centro de Línguas e dos Cursos Extracurriculares de Línguas Estrangeiras (CELEX), oferecidos nas diversas unidades acadêmicas do IPN.

O Instituto Politécnico Nacional é considerado por diversas instituições de avaliação nacionais e internacionais, como QS World University Rankings, como a segunda melhor instituição de ensino superior no México. Sua oferta educativa está enfocada nas ciências médico-biológicas, físico-matemática, sociais, administrativas e engenharias. A instituição conta com 261 programas acadêmicos, entre os quais 65 são programas de nível médio superior, 78 são de nível superior e 118 são de pós-graduação; e uma comunidade discente em torno a 160.000 estudantes. Seu principal objetivo é contribuir para o desenvolvimento econômico e social da nação, através da formação integral, da pesquisa, do desenvolvimento tecnológico e da inovação. É uma instituição reconhecida internacionalmente por sua qualidade e impacto social. É, também, a instituição educativa pioneira da educação tecnológica pública no México e opera nos níveis médio-superior, superior e pós-graduação; atua nas áreas de ciências biológicas, ciências da saúde, medicina e homeopatia, comércio e administração, computação, economia, enfermagem e obstetrícia, física e matemática, engenharias, arquitetura, turismo, biotecnologia e ciências sociais; e com unidades em 17 estados da República Mexicana.

O Programa de Leitorado no Instituto Politécnico Nacional foi uma iniciativa de um dos antigos reitores da instituição que, devido às relações acadêmicas que mantinha com algumas instituições de ensino superior brasileiras, propôs um acordo de cooperação com o Governo Brasileiro, por meio do qual foram estabelecidas uma série de iniciativas de colaboração acadêmica, entre elas o leitorado.

Por ser uma universidade centrada no ensino politécnico, o IPN não possui uma Faculdade de Letras ou cursos de graduação e pós-graduação nessa área ou em qualquer área de Humanas. Sendo assim, determinar o local de atuação do leitorado em sua primeira implementação foi algo complexo. Naquela ocasião, foi determinado que a base de atuação do Programa seria o CENLEX-Zacantenco, a única unidade da instituição que contava com um curso de português. Na prática, o CENLEX funciona como um Centro de Extensão de Línguas que oferece cursos tanto para a comunidade acadêmica (alunos, ex-alunos, professores e funcionários) como para a comunidade em geral.

Nos anos anteriores à implementação do leitorado no IPN, a Coordenação de Português do CENLEX estava formada por apenas dois professores, ministravam-se aulas a aproximadamente cento e vinte alunos que formavam as dez turmas que havia em total. Nesse período os professores de português que atuavam no CENLEX não possuíam formação específica em ensino de línguas estrangeiras, ou eram nativos sem formação, ou eram mexicanos que conheciam a língua mas com limitado conhecimento sociocultural. Não havia disponibilidade nem investimento por parte da instituição em cursos de capacitação ou reciclagem para os professores e se privilegiava o investimento nos cursos com maior procura, como o inglês e o francês. Esse contexto justifica as deficiências presentes no curso com relação ao material didático, ao currículo, aos exames, aos critérios de avaliação, à escassez de material complementar, à abordagem metodológica, ao ensino de conteúdos culturais, entre outros aspectos. Este panorama persistiu até os anos de 2008 e 2009, quando alguns fatores contribuíram para as primeiras mudanças na Coordenação de Português do CENLEX, entre os quais podemos citar os seguintes: acordo de cooperação entre o IPN e o Governo Brasileiro para a abertura da vaga interina de leitor; aposentadoria de antigos professores, abrindo lugar para a renovação do corpo docente; ampliação do número de vagas, propiciando a entrada de novos professores; chegada do primeiro leitor; abertura de cursos aos sábados; e projeção internacional que o Brasil adquiriu durante esses anos.

Impulsionado por essas mudanças, o curso de português como língua estrangeira oferecido pelo CENLEX passou a contar com dois professores mais, o que permitiu dobrar o número de alunos, de cento e vinte para mais de trezentos. Começou-se a organizar eventos para divulgar o idioma e a cultura do Brasil entre a comunidade acadêmica, tais como festas e celebrações tipicamente brasileiras; consolidou-se o Cenlex-Zacatenco do IPN como centro aplicador do exame de proficiência Celpe-Bras; e culminou-se com a abertura da Cátedra em História e Ciências Sociais "Manoel Wenceslau Leite de Barros".

No entanto, a partir de 2015, as crises políticas e econômicas ocorridas no Brasil provocaram a contração na promoção da língua e da cultura brasileira no México. Desde então, o número de alunos e o interesse da comunidade reduziram sensivelmente e a visibilidade do país diminuiu. Somado a esses fatores, está a constante batalha para lidar com a grande rotatividade de professores, com a defasagem na formação dos docentes de português como língua estrangeira (PLE) e com a falta de atualizações na base curricular, como a carga horária, os exames, os critérios de avaliação, a metodologia empregada em sala de aula e os materiais didáticos regulares e complementares.

Tendo em conta o panorama descrito, este artigo pretende descrever a trajetória dos professores de português no CENLEX-Zacatenco do IPN durante o primeiro período do Programa de Leitorado (2009-2013) e primeiro ano do segundo período do Programa (2015-2016) quando houve a mudança de leitor e o posto foi assumido por mim. A partir de algumas experiências docentes, será apresentada também uma análise do currículo de português, do perfil e das necessidades específicas dos alunos de português do IPN, do material didático adotado pela instituição e, finalmente, por em manifesto as contribuições do Programa de Leitorado tanto para a universidade em questão como para todos aqueles que se beneficiam do curso de português oferecido pelo CENLEX.

A língua de Camões e a língua de Cervantes

A proximidade existente entre o português e o espanhol é um fato já bastante discutido no campo da Linguística entre alguns estudos estão Marrone (1990), Almeida Filho (1995), Duarte (1999), Masip (2000), Benedetti (2002), Moreno e Fernández (2007), Meyer e Albuquerque (2011) e Carvalho e Bagno (2015). O parentesco entre os dois idiomas é, de fato, um dos grandes atrativos para aqueles mexicanos que desejam aprender uma segunda língua. Este é um argumento que pode e deve ser explorado pelos professores em suas aulas e materiais didáticos, pois a língua materna é um fabuloso recurso de aprendizagem (CASADO E GUERRERO, 1993; WIDDOWSON, 1980), sempre que for bem empregado.

O espanhol pode facilitar o aprendizado de conteúdos gramaticais importantes do português, como é o caso das orações coordenadas e algumas estruturas subordinadas, certos tempos verbais, aquisição de vocabulário, emprego dos determinantes, uso dos artigos, entre outros aspectos em que as duas línguas possuem o mesmo funcionamento (MORENO E FERNÁNDEZ, 2007). Mas também há contrastes entre elas, como os heterogenéricos, os heterossemânticos, os heterotônicos, as formas masculina e feminina dos possessivos, a pronuncia das vogais /e/ e /o/ abertas e fechadas, o emprego de alguns indefinidos, irregularidades de alguns verbos, o futuro do subjuntivo, o infinitivo flexionado, o emprego do verbo ter como auxiliar, etc. (CARVALHO E BAGNO, 2015). Com relação à abordagem didática desses dois idiomas, o Prof. Xoan Carlos Lagares, na apresentação da *Gramática Brasileña para Hablantes de Español* (CARVALHO E BAGNO, 2015) afirma o seguinte:

> A proximidade estrutural entre as línguas não deve confundir-se com uma certa identidade conflitiva ou negativa, mesmo que no imaginário coletivo a relação entre o castelhano e o português se entenda, às vezes, como se um fosse exatamente o contrário do outro, sua versão perfeitamente invertida. (...) Outro lugar comum muito frequente para referir-se à relação entre ambas línguas é aquele que reduz suas diferenças ao léxico (LAGARES APUD CARVALHO E BAGNO, 2015, p. 16) [tradução da autora][2].

---

[2] La proximidad estructural entre las lenguas no debe confundirse con una cierta identidad conflictiva o negativa, aunque en el imaginario colectivo la relación entre castellano y portugués se entienda, a veces, como si uno fuese exactamente lo contrario del otro, su versión perfectamente invertida. (...) Otro lugar común muy frecuente para referirse a la

Contudo, é preciso ter certa precaução ao ressaltar contrastes como os citados previamente, pois alguns professores tendem a enfatizar as diferenças entre as duas línguas que, na realidade, são minoritárias, como é o caso dos "falsos amigos", se comparadas com as semelhanças estruturais. Possivelmente, esta tendência de exaltar as diferenças do português se deve à intenção de valorizar a língua, um hábito que teve início com as primeiras gramáticas pedagógicas do português escritas a partir do século XVII e se manteve presente nas gramáticas publicadas no Brasil durante o século XIX (DORASIO, 2011; GONÇALVES, 2002 e 2005). Inclusive, García Martín (2010) chama a atenção para a carência de estudos sobre os castelhanismos presentes no português, a autora afirma que se deve em parte a uma tradição, que remonta a 1606[3], e que tende a negar essas influências. Porém esta prática termina desmotivando o aluno falante de espanhol e minando um dos maiores argumentos que torna a língua portuguesa atrativa: requer menos investimento de tempo e dinheiro quando comparada com outros idiomas.

Fatores geográficos, políticos e econômicos permitiram o espanhol alcançar a posição de destaque no Brasil. O espanhol possui o caráter de língua de contato e segunda língua nas regiões de fronteira e é estudado como língua estrangeira em grande parte do restante do país. Através da Lei do Espanhol (Lei n. 11.161 de 2005), o seu aprendizado passou a ser promovido tanto por instituições públicas como privadas. No México, por outro lado, em poucas ocasiões, e devido a escolhas muito particulares, o português é considerado como a primeira opção para estudar uma língua estrangeira, uma vez que os mesmos fatores mencionados anteriormente estimulam na realidade aprendizado do inglês e do francês, de acordo com dados fornecidos pela Universidad Pedagógica Nacional. No entanto, o aumento do interesse econômico do Brasil no México, a abertura de empresas brasileiras no país – mais de seiscentas atualmente –, a promoção da cultura e do turismo e a notoriedade adquirida através de eventos esportivos como a Copa do Mundo de Futebol e os Jogos Olímpicos contribuíram nos últimos anos para o aumento do interesse dos mexicanos no aprendizado do português. Atualmente, em toda a República Mexicana é bastante considerável o número de instituições que oferecem cursos de português como língua estrangeira e de universidades que oferecem licenciatura em língua portuguesa. Também há 3 cátedras de português em universidades mexicanas, 4 centros aplicadores do exame Celpe-Bras – com grande número de inscrições –, muitos alunos que optam por fazer sua mobilidade em universidades brasileiras e mais de 300 alunos de português matriculados somente no IPN.

---

relación entre ambas lenguas es el que reduce sus diferencias al léxico (LAGARES APUD CARVALHO E BAGNO, 2015, p. 16).
[3] Data de publicação da famosa Origem da Língua Portuguesa de Duarte Nunes de Leão.

O Brasil no México e as motivações dos alunos de português do CENLEX

Da mesma forma que seus idiomas, o Brasil e o México possuem características que os aproximam e, ao mesmo tempo, características que os tornam muito diferentes. Ambos países são reconhecidos pela riqueza de sua natureza, sua culinária tão particular e suas grandes celebrações; pela alegria, a empatia, a solidariedade e a hospitalidade de seu povo; pelo seu apego à família; e, finalmente, pelo seu orgulho nacionalista.

Porém, muito além das características culturais mencionadas – por sinal bastante evidentes e inclusive estereotipadas –, há outros aspectos mais bem subjetivos que podem influenciar o processo de ensino-aprendizagem do português como motivações pessoais, percepção da cultura da língua alvo, estereótipos, gostos e preferências com relação ao conteúdo, atividades, metodologia, etc., metas pessoais que dependam do aprendizado do idioma, entre outros. Sendo assim, para determinar o perfil e as necessidades dos alunos de português do CENLEX-Zacatenco, foram feitas entrevistas aos discentes e docentes de português do Centro. Ambos foram questionados sobre os argumentos que pesam no momento de escolher um idioma, as razões que os fizeram optar pelo português (motivações e metas para o futuro que incluam o idioma), os conceitos que têm da cultura e do povo brasileiro, as semelhanças e diferenças com o México, sobre o curso de maneira geral (currículo, avaliação, estrutura, professores, comprometimento do alunos, material didático, etc.).

Ao avaliar o carácter dos dois povos, curiosamente não foram apontados os esteriótipos que comumente se difundem sobre os brasileiros no exterior. O resultado das entrevistas mostrou que tanto professores como alunos acreditam que as diferenças mais marcantes entre as duas nacionalidades são o fato de os brasileiros parecerem melhor informados sobre a economia, a política, a cultura e a história de seu país – e de outros países, inclusive o México –. Também afirmam que os brasileiros são mais críticos, admiram a forma como fazem valer os seus direitos, pois são mais questionadores em contraste com a passividade e o conformismo da maioria dos mexicanos. Os professores de nacionalidade mexicana também destacaram que, em sua opinião, os brasileiros também valorizam mais suas oportunidades de estudo, fazendo da educação um recurso para crescimento profissional, pessoal e social, enquanto que os mexicanos costumam considerá-la como um compromisso, uma exigência imposta pelo mercado e, por esta razão, carecem de iniciativa e motivação para os estudos.

O resultado das entrevistas também revelou dados relevantes sobre o perfil dos estudantes de português e as razões pelas quais escolheram estudar este idioma. No CENLEX-Zacatenco temos alunos em sua maioria jovens, provenientes dos cursos de graduação e pós-graduação do IPN. São alunos entre 18 e 30 anos que estão cursando ou concluíram algum curso nos campos científico, tecnológico, biológico ou da engenharia. Uma minoria dos estudantes está composta por funcionários da área administrativa do IPN.

Em geral, os alunos do CENLEX possuem um baixo poder aquisitivo, por isso optam pelos cursos de língua de baixo custo oferecidos pelo IPN. Os estudantes afirmam que decidiram estudar português porque buscam novas e melhores oportunidades fora do México. Eles sustentam que o Brasil constitui uma grande potência em suas respectivas áreas de atuação: são atraídos pelas oportunidades de bolsas de estudo oferecidas pelos diversos convênios do Politécnico com universidades brasileiras e órgãos de incentivo à educação do México e do Brasil; pelo número de empresas brasileiras no México e empresas multinacionais com sede em ambos os países; pela representatividade do Brasil no comércio exterior; pela ampla oportunidade no campo do turismo; e, por último, por ampliar as vantagens no mercado de trabalho sobre outros candidatos que somente falam inglês.

Com relação às aulas, os alunos de português se queixam de que o curso somente supre parcialmente as necessidades de seu aprendizado. Questionados a respeito dessas necessidades, eles detalharam os aspectos positivos e negativos de sua experiência nas aulas de português. Por um lado, os alunos destacaram positivamente somente os aspectos referentes aos professores da instituição, como o fato de serem brasileiros nativos, jovens e ensinarem sobre a cultura, expressões, conteúdo e vocabulário próprios do país que não são encontrados em livros. Por outro lado, ressaltam como aspectos negativos a falta de professores e opções de horários, este último é a maior razão de desistência do curso. Atualmente somos 5 professores, 3 nativos e 2 mexicanos: um nativo e um mexicano trabalhando aos sábados, dois nativos e um mexicano trabalhando pela semana no turno matutino e um mexicano trabalhando pela semana no turno vespertino. Outros fatores negativos mencionados foram a falta de recursos da universidade como computadores, projetores, quadros digitais, etc. e a escassez de material didático como livros, áudios, multimídia, tecnologia, etc. desenhado para o aprendizado de português. Como a maioria dos alunos estuda mais de um idioma, é inevitável que haja comparações com os recursos disponíveis em outras línguas e a atualidade dos seus materiais didáticos.

Tendo em conta o panorama descrito, é importante justificar a necessidade de melhorar os aspectos ressaltados pelos alunos, uma vez que os fatores mencionados coincidem com as variáveis citadas por Palacios Martínez (2014) que influenciam o processo de aquisição e aprendizagem:

> Na aprendizagem de uma LE (língua estrangeira) (...)incidem de modo particular e se entrecruzam um elevado número de variáveis individuais, contextuais ou sociais, e pedagógicas. Dentro das primeiras nos encontramos com (...) a inteligência, a idade, o estilo

cognitivo, as estratégias de aprendizagem, a personalidade, as crenças ou opiniões sobre a aprendizagem de línguas e a aptidão. Também, dentro das contextuais podemos referir-nos às possibilidades de uso da língua alvo (...), o contexto específico no qual se produz a aprendizagem (...) e as atitudes da sociedade e da comunidade na qual está integrado o aluno diante do estudo e estatus dessa LE. (...) Igualmente, os fatores pedagógicos estão relacionados com o perfil profissional e pessoal do professor, sua formação didática, a metodologia utilizada, os materiais de ensino, a organização curricular educativa e da LE em questão assim como dos recursos existentes. (PALACIOS MARTÍNEZ, 2014, p. 20, tradução da autora)[4]

É bastante evidente que a falta de motivação pode chegar a ser uma grande barreira para a aprendizagem. Mas antes de mais nada é necessário definir este conceito, ao retomar Gardner (1985), Palacios Martinez (2014) resume a definição proposta pelo autor:

A motivação se pode definir como o interesse ou inclinação individual por aprender. É, pois, um impulso interno, uma força interior que nos move a atuar de um modo determinado. Normalmente, existe um componente atitudinal que vem acompanhado de uma disposição positiva para o aprendizado e que, por sua vez, se traduz em um maior esforço e trabalho e, na maior parte dos casos, em melhores resultados. (PALACIOS MARTÍNEZ, 2014, p. 21, tradução da autora)[5]

Além das motivações pessoais, que, como foi citado, podem estar relacionadas a razões econômicas, acadêmicas, profissionais, sociais e, inclusive, afetivas, a prática docente também contribui substancialmente a

---

[4] En el aprendizaje de una LE (lengua extranjera) [...] inciden de modo particular y se entrecruzan un elevado número de variables individuales, contextuales o sociales, y pedagógicas. Dentro de las primeras nos encontramos con [...] la inteligencia, la edad, el estilo cognitivo, las estrategias de aprendizaje, la personalidad, las creencias u opiniones sobre el aprendizaje de lenguas y la aptitud. Asimismo, dentro de las contextuales podemos referirnos a las posibilidades de uso de la lengua meta [...], el contexto específico en el que se produce el aprendizaje [...] y las actitudes de la sociedad y de la comunidad en la que está integrado el alumno hacia el estudio y estatus de esa LE. [...] De igual forma, los factores pedagógicos tienen que ver con el perfil profesional y personal del profesor, su formación didáctica, la metodología utilizada, los materiales de enseñanza, la organización curricular educativa y de la LE en cuestión así como de los recursos existentes. (Palacios Martínez, 2014, p. 20)

[5] La motivación se puede definir como el interés o inclinación individual por aprender. Es pues un impulso interno, una fuerza interior que nos mueve a actuar de un modo determinado. Normalmente existe un componente actitudinal que viene acompañado por una disposición positiva hacia el aprendizaje y que, a su vez, se va a traducir en un mayor esfuerzo y trabajo y, en la mayor parte de los casos, en mejores resultados. (PALACIOS MARTÍNEZ, 2014, p. 21)

própria atividade de ensino, pois "determinadas formas de apresentar e praticar a língua atraem o interesse de nossos alunos em maior o menor medida"[6] (DÖRNYEI, 2008 APUD PALACIOS MARTÍNEZ, 2014, p.23). De acordo com Dörnyei (2008) e Palacios Martínez (2014), algumas técnicas podem promover a motivação dos estudantes: é aconselhável que os alunos sejam responsáveis pela sua aprendizagem e que possam tomar decisões sobre o processo de aprendizagem; estabelecer uma relação entre o ensino da LE e o mundo real; utilizar a língua alvo sempre que possível, além de materiais autênticos como mapas, folhetos, revistas, etc.; ter em conta as preferências, necessidades e opiniões dos alunos sobre a nossa forma de ensinar; a aula deve ser agradável, um lugar onde os alunos estejam à vontade; estimular a autonomia dos alunos, proporcionando ferramentas para que possa aprender sem a presença do professor; ter cuidado com a seleção do material que se utilizará em sala de aula.

Para motivar o aprendizado de português, é importante que professores, alunos e instituição trabalhem juntos para empregar as técnicas sugeridas. Através do leitorado tem se desenvolvido atividades que tratam de cobrir as deficiências das variáveis motivacionais que podemos controlar, a saber, as variáveis contextuais e pedagógicas. Para melhorar contextualizar o ensino, tratamos de criar situações significativas para o aprendizado da língua, criando possibilidades de uso real da língua como conferências em português, eventos culturais com a participação ativa dos alunos, ambiente de aula que motiva a comunicação em português. Porém, alguns fatores pedagógicos parecem ser os mais difíceis de reformular, devido à burocracia da instituição, a resistência de professores mais antigos e aos recursos e materiais de ensino disponíveis na escola e no mercado mexicano.

Para entender as barreiras que enfrenta este leitorado para solucionar as dificuldades citadas, é importante ter em conta a situação em que se encontrava o curso de português até a chegada da leitora. Pois bem, em novembro de 2015, quando assumi o posto de leitora no CENLEX, encontrei a seguinte situação: um curso de português composto por 2 níveis básico, 4 níveis intermediário, 6 níveis avançado, somando 480 horas de curso; durante o bimestre há dois procedimentos avaliativos, com exames enfocados em aspectos gramaticais e lexicais descontextualizados (tabela de verbos, múltipla escolha para vocabulário, atividades de áudio inapropriadas para os níveis, ausência de critérios de correção para produção escrita, exames orais facultados ao professor); falta de colaboração entre os professores, pois não compartilham atividades ou material; ausência de um currículo que determine o conteúdo obrigatório para cada nível; o currículo poderia se

---

[6] "determinadas formas de presentar y practicar la lengua atraen el interés de nuestros alumnos en mayor o menor medida" (DÖRNYEI, 2008 APUD PALACIOS MARTÍNEZ, 2014, p.23)

resumir no índice dos livros didáticos adotados, por essa razão é importante avaliar o material didático adotado. Ao concluir o curso, o aluno deveria sair com um nível B2 de acordo com o Marco Comum Europeu de Referência[7], mas eram poucos os alunos que chegavam a este nível.

Portanto, parece ser que o curso nunca chegou a ter um currículo como tal, sua estruturação permanece a mesma desde a sua fundação, e as únicas mudanças permitidas pela instituição foram a mudança no processo de avaliação, inserção de material complementar ao livro, criação de oficinas para atender às necessidades conversacionais, de leitura, escrita e ampliação de conteúdo específico (vocabulário relativo às áreas de atuação dos estudantes, redação técnica, Celpe-Bras). Sendo assim, o leitorado espera contribuir com a elaboração de um currículo do curso de português, ajudar a estabelecer critérios uniformes de avaliação e elaborar um material didático que promova um aprendizado significativo, motivador e efetivo para os estudantes do CENLEX.

Experiências bem-sucedidas

Algumas atividades desenvolvidas durante meu primeiro ano de leitorado no CENLEX-Zacatenco merecem ser destacadas, pois conseguiram aumentar o interesse da comunidade acadêmica pelo português, além de aumentar a motivação dos estudantes, fato que pode ser comprovado pela redução no número de faltas durante o curso, pelo comprometimento dos estudantes com as aulas, pela sua presença e participação nos eventos promovidos pelo Programa.

A seguir estão listadas as atividades e mudanças que constituem os maiores impactos do Programa de Leitorado durante o ano de 2016:

    a) Sexta-Feira Cultural: esta é a principal atividade desenvolvida pelo leitorado e que, atualmente, já integra o calendário anual da coordenação de português. A última sexta-feira de cada mês está dedicada à apresentação conteúdos sócio-linguísticos, pragmáticos, comunicativos, literários ou culturais relativos ao português ou ao Brasil. Esta atividade vem cumprir com vários objetivos como fornecer aos estudantes um conteúdo significativo para a aprendizagem do português, suprir certas carências de conteúdo que por falta de tempo e deficiência do material não é possível sanar em sala de aula, permitir a integração de estudantes de diferentes níveis, proporcionar ao professor a oportunidade de conhecer novas estratégias de ensino e compartilhamento de material, romper com

---

[7] O *Marco Comum Europeu de Referência para as línguas: aprendizagem, ensino, avaliação* faz parte do projeto de política linguística do Conselho da Europa. Este documento pode ser consultado no seguinte link: http://cvc.cervantes.es/ensenanza/biblioteca_ele/marco/cvc_mer.pdf (última consulta: 17/04/2017).

a rotina dos estudantes sem comprometer seu aprendizado. Os resultados foram muito positivos, pois os conteúdos até o momento trabalhados (gestos, linguagem não-verbal, história, diferenças entre o português do Brasil e de Portugal, etc.) foram melhor aprendidos desta forma.
b) Oficina de portugues técnico e desenvolvimento de habilidades específicas: tendo em conta que os alunos de português são majoritariamente estudantes ou graduados do IPN, muitos deles possuem formação superior em alguma das áreas citadas na introdução deste artigo. Por esta razão, foi elaborado um curso de português que atendesse as necessidades específicas destes alunos, como a escrita técnica, a conversação, a leitura e a aquisição de vocabulário técnico em português.
c) Festas típicas brasileiras: em conjunto com outros professores e objetivando a integração dos estudantes de diferentes grupos, são celebradas datas comemorativas brasileiras, como o carnaval, a festa junina, o dia da independência, entre outras. Nessas ocasiões, os alunos têm a oportunidade de utilizar a língua portuguesa de maneira mais real, estabelecendo conversas com professores e estudantes de outros níveis e conhecer mais da culinária, música e danças típicas.
d) Tarefa Celpe-Bras: na tentativa de estabelecer uma ponte entre o curso de português e o Celpe-Bras e de divulgar esse exame de proficiência, foram elaboradas atividades adaptadas – simulados orais e escritos – que chamamos de "Tarefa Celpe-Bras". Estas atividades estão integradas ao currículo do curso na forma de exames orais e provas parciais de português. As produções orais e escritas dos estudantes são avaliadas seguindo os critérios de correção do exame, que são claramente estabelecidos. Assim, os estudantes podem ter acesso a uma formação contínua e crescente e, quando concluem o curso, sabem que estão aptos a fazer o exame com a certeza de alcançar bons desempenhos. Além de todas essas vantagens, o exame Celpe-Bras vem cobrir uma demanda por parte dos estudantes de obter ao final do curso uma titulação que comprove seu nível de português, já que o CENLEX somente pode oferecer um atestado de estudos, não um certificado de proficiência.
e) Mudanças na estrutura do curso: a principal mudança no sistema de avaliação de português foi a reformulação dos exames parciais e finais para modelos mais comunicativos e em consonância com as atividades desenvolvidas em sala de aula; e a mudança nos critérios de avaliação, somando valores qualitativos à base quantitativa vigente até então.

Esta última contribuição do leitorado merecer ser ressaltada, pois tem sido a medida de mais rápido impacto no aprendizado dos alunos. De acordo com as normas estabelecidas pelo Centro de Línguas, durante um bimestre (40 horas de aula), o aluno será submetido a duas avaliações, ambas com o objetivo de obter dados quantitativos que comprovem a eficácia do que se ensina. Tendo em vista que esta norma deve ser seguida, foram sugeridas modificações na estrutura das provas que pudessem atender sua finalidade administrativa (obter dados quantitativos), mas que também pudessem contemplar o processo de aprendizagem, ou seja, avaliar as diferentes habilidades dos estudantes e seu aproveitamento em cada atividade de aprendizagem, considerar a sua evolução como estudante desse idioma. É notório que o tipo de avaliação que se adota deve estar em consonância com a prática pedagógica (BRIZ, 1998).

Pois bem, anteriormente os exames parciais e finais estavam formulados da seguinte forma: divididos em quatro habilidades: gramática, compreensão escrita, compreensão auditiva e produção escrita; a parte gramatical estava composta por questões descontextualizadas: tabela de verbos, frases para completar, questões de múltipla escolha cujas opções eram espanhol, português e "portunhol" (interlíngua); a compreensão escrita estava composta por textos pouco significativos, com baixo conteúdo cultural e que não tinham relação com as temáticas tratadas em sala de aula, acompanhado de questões de múltipla escolha; a produção escrita não possuía diretrizes sobre número de palavras/ linhas, objetivo do texto ou critérios de correção; os áudios estavam relacionados com o tema das unidades, mas não eram apropriados para os níveis, já que são mostras reais da língua, enquanto que o material didático ao que os alunos têm acesso não apresenta áudios com os mesmos níveis de dificuldade.

Portanto, se pode concluir que os exames careciam de conteúdos significativos para o aprendizado do aluno, centravam-se em aspectos estruturais da língua e não em aspectos comunicativos ou funcionais, não possuíam critérios definidos de correção e algumas atividades não estavam de acordo com o nível, ora muito baixo, ora muito alto.

Atualmente, muitas mudanças já foram implementadas, mais concretamente nos exames parciais e finais do nível básico e nos exames parciais dos níveis intermediário e avançado. Primeiramente, optamos por utilizar as atividades do Celpe-Bras nos exames parciais de intermediário e avançado porque foi detectada no dia a dia com os alunos a necessidade de melhorar a sua produção escrita. Os alunos se queixavam de que sabiam o conteúdo, mas tinham dificuldades de aplicá-lo em contextos significativos. Sendo assim, foi sugerido adotar os exemplos de produção textual do Celpe-Bras – sempre respeitando o nível do aluno e coordenando com o tema das aulas – tanto em sala de aula, através das tarefas Celpe-Bras, como nas provas parciais. Desta forma, os alunos aprendem a utilizar a língua em contexto, trabalham com mostras reais do português – escrita para intermediário e vídeo para avançado[8] – e se preparam para no final do curso se titularem com uma certificação oficial. As provas de básico foram reformuladas e agora trazem um contexto, as questões estão relacionadas tematicamente, as diferentes habilidades agora tem o mesmo valor (gramática, vocabulário, produção e compreensão), os temas dos textos orais e escritos são mais relevantes e consonantes com o nível de compreensão dos alunos.

Porém, ainda há muito trabalho pela frente, pois o leitorado pretende que a prática pedagógica se reflita nos exames aos que os alunos precisam se submeter. Assim, queremos alcançar aulas cada vez mais comunicativas, com conteúdo cada vez mais significativo e avaliações cada vez mais coerentes.

A resposta dos alunos a todas estas iniciativas tem sido muito positiva. Os estudantes tendem a comprometer-se mais ao longo dos seus estudos, mostram-se mais interessados ao ver que seu aprendizado vai além das fronteiras da sala de aula, e alguns já concluíram o curso de português com habilidades linguísticas, comunicativas e sociais melhor desenvolvidas.

O material didático, um caso à parte

Adotar um material didático adequado e que cubra as necessidades dos estudantes do IPN tem sido um dos maiores desafios da coordenação de português e, por conseguinte, do leitorado. Em primeiro lugar, porque o poder aquisitivo dos estudantes é bastante limitado, e a maioria dos materiais vendidos no México são importados e chegam às mãos do alunos a preços muito elevados. Em segundo lugar, os materiais disponíveis no mercado estão defasados e não cumprem satisfatoriamente com requisitos do curso de português, como é o caso da carga horária e o público alvo, a saber alunos jovens hispano-falantes.

O primeiro material empregado no IPN para o ensino de português foi o livro *Falar... Ler... Escrever... Português*, de 1999, que esteve vigente até 2008 quando foi substituído pela coleção de três volumes do *Novo Avenida Brasil*, de 2008. Este livro foi adotado para os níveis básico e intermediário. Para o nível avançado se manteve o livro *Português via Brasil: um curso avançado para estrangeiros*, de 2005.

Os alunos foram questionados sobre a sua experiência com os o material didático adotado e foram unânimes ao ressaltar diversos pontos negativos: o livro custa muito caro; os temas tratados são obsoletos; as atividades

---

[8] A seleção das mostras de língua escrita para intermediário e oral ou vídeo para avançado se deve ao nível de dificuldade para cumprir tarefas integradoras como as do Celpe-Bras. No caso da mostra de língua escrita, o aluno pode recorrer ao texto quantas vezes forem necessárias durante a resolução da tarefa. Porém, a compreensão das mostras de língua oral ou vídeo requer maior esforço e conhecimento de características para-linguísticas e códigos não-verbais, além dos alunos somente poderem recorrer às suas anotações para resolver a tarefa.

propostas não são dinâmicas; o livro não é desafiante; os áudios não são atuais e nem reais; o layout não é atrativo; não possui jogos interessantes nem boas atividades de conversação; o livro torna a aula muito técnica e centrada na gramática; o único ponto positivo destacado pelos alunos foi que o livro conta com um bom resumo gramatical.

Cabe ressaltar que, com exceção da leitora, os professores do CENLEX são nativos sem formação na área de Letras ou mexicanos que estudaram português, mas não possuem formação acadêmica no ensino de PLE. Rodrigues (2016) afirma que "a questão da má formação do professor não diz respeito apenas à sua formação linguístico-comunicativa, mas toca também à própria prática pedagógica" (RODRIGUES, 2016, p. 18). Em algumas ocasiões esses docentes não são capazes de distinguir o vocabulário que um livro ensina e que já não é utilizado, expressões que já caíram em desuso, usos gramaticais específicos de certas regiões brasileiras, questões de preconceito linguístico, variações regionais, etc. Como nem todos os professores que utilizam um livro didático são nativos, é importante que o material seja o mais atualizado possível, contenha o maior número de recursos (exercícios, jogos, "role-playing", áudios mais reais, etc.) que cubram suas limitações por não serem nativos. Um livro didático nunca será completo, e um bom professor tem a responsabilidade de modificar e suprir as carências do material, mas o livro servirá de apoio, influenciando inevitavelmente na prática pedagógica. Por outro lado, se um professor, nativo ou não, não possui a formação nem o conhecimento para criar atividades complementares, possivelmente suas aulas serão mais apegadas ao material que a de um professor que sente a liberdade e a segurança de modificar o livro.

Uma breve análise dos livros demonstrou que nenhum deles cumpre totalmente com as necessidades dos estudantes do curso. O *Novo Avenida Brasil* implicou um progresso, pois consiste em um método que contempla um pouco mais o enfoque comunicativo. Porém, o livro possui muitas falhas na linguagem, erros de ortografia, desenho pouco atrativo e inadequado para o público alvo, atividades de áudio mal exploradas e atividades de conversação pouco atrativas, em alguns casos inclusive pouco relevantes, pelos temas tratados nas lições.

Quanto ao uso do *Português via Brasil* nos níveis avançados, se faz notória a mudança de metodologia dos primeiros níveis para este. Este fato foi inclusive ressaltado pelos próprios estudantes, uma vez que o livro está centrado basicamente em temas gramaticais e interpretação de textos e carece de atividades de interação e áudios. Por esta razão, se o professor decide basear suas aulas somente no livro, as aulas inevitavelmente se tornam mais monótonas e excessivamente enfocadas na gramática. O método foi adotado há pelo menos quinze anos e desde então não foi substituído. O livro não conta com nenhum material auditivo, os temas de conversação são pouco atrativos ou irrelevantes e os assuntos culturais estão defasados.

Tendo em conta a necessidade de cobrir essas carências relativas aos materiais, foi imprescindível criar atividades complementares ao material. Inclusive, foi necessário reestruturar unidades inteiras dos livros e reformular a proposta gramatical e comunicativa, quando há. Foram sugeridas para a coordenação duas saídas viáveis: a elaboração de um material didático próprio e enquanto esse material não é disponibilizado para os estudantes, desenvolver um compêndio de atividades complementares que cobrissem as deficiências dos métodos adotados.

Tratando de cumprir com as expectativas dos alunos, o enfoque por tarefa foi o marco metodológico utilizado para reforçar o conteúdo comunicativo presente no livro e introduzir mais dinamismo às aulas. Assim, para não comprometer a carga horária, foram descartadas algumas atividades do livro (ou deixadas como tarefa de casa) e, utilizando a temática, o vocabulário e a gramática, foram organizadas tarefas menores que tem por objetivo preparar o estudante para, ao terminar cada lição, desenvolver uma tarefa final que engloba todo o conteúdo aprendido. Por exemplo, na lição 3, "Comer e Beber" do livro 1 do *Novo Avenida Brasil*, os alunos aprendem o vocabulário de alimentação, aprendem a pedir em um bar ou restaurante, conhecem a comida típica brasileira, os verbos irregulares, e com o objetivo final de preparar um almoço em casa, terão que ir a feira, ao supermercado, pedir, comprar, escolher, pagar, preparar os alimentos, por a mesa e convidar os amigos.

Atividades deste tipo, não somente repercutem no aprendizado dos alunos, mas também tem um efeito duradouro em suas trajetórias como estudantes de português. Disso se trata a aprendizagem significativa e o uso da língua em contexto.

Considerações finais

Durante este primeiro ano de leitorado no México, os desafios foram múltiplos, os resultados obtidos têm sido muito positivos e ainda há muito trabalho pela frente. O Instituto Politécnico Nacional abriu as suas portas para mais uma jornada do Programa de leitorado e, desde então, sua direção tem sido muito receptiva e encorajadora. Tanto a direção acadêmica quanto a coordenação de português e os professores se mostraram abertos a melhoras e todas as sugestões e mudanças têm sido bem acolhidas. As carências do currículo, as demandas dos estudantes e as necessidades da instituição abriram uma oportunidade para aplicar novas estratégias de aprendizagem, para utilizar novos recursos para a aproximação com os alunos e para inovar na promoção da língua e da cultura do Brasil dentro da instituição.

As mudanças curriculares, a adaptação dos métodos de ensino, a inovação na metodologia e nas formas de avaliação, a inserção de conteúdo sóciocultural relevante e a aplicação de técnicas de motivação significativas receberam por parte dos estudantes uma ótima resposta, não somente com relação ao aprendizado e nível de produção linguística, mas também na satisfação e no interesse relativos ao curso. Tendo em vista o exposto, podese afirmar quea experiência do leitorado no México contribui não somente para o desenvolvimento da instituição, dos professores e dos estudantes, mas também para o crescimento profissional e acadêmico e, por que não dizer, pessoal, do leitor.

Referências Bibliográficas:
ALMEIDA FILHO, J. C. P. Uma metodologia específica para o ensino de línguas próximas?. In _____ (Org). *Português para Estrangeiros: Interface com o Espanhol.* Campinas, SP: Pontes,1995.
ALVES, S. M. D.; LOUREIRO, V. J. S. La nasalización: procesos y dificultades de estudiantes cariocas. *Actas del IX Seminario de Dificultades Específicas de la Enseñanza del Español a Lusohablantes.* Consejería de Educación de la Embajada de España en Brasil: São Paulo, pp. 188 -191, 2002.
BENEDETTI, A. M. El portugués y el español frente a frente: aspectos fonético- fonológicos y morfosintácticos. *Carabela,* 51, p. 147-171, 2002.
BRIZ, E. La evaluación en el área de lengua y literatura. In MENDOZA, A. (coord.). *Conceptos clave en didáctica de lengua y la literatura.* Barcelona: SEDLL, ICE Universitat de Barcelona, p. 115-140, 1998.
CARVALHO, O. L. S. Variação linguística e ensino: uma análise dos livros didáticos de português como segunda língua. In BAGNO, M. (Org). *Norma Linguística.* São Paulo: Edições Loyola, 2001.
CARVALHO, O. L. S.; BAGNO, M. *Gramática brasileña para hablantes de español.* São Paulo: Parábola, 2015.
CASADO, A. B.; GUERRERO, M. D. C. La traducción como estrategia cognitiva en el aprendizaje de segundas lenguas. In MONTESA S.; GARRIDO, A (eds). *Actas del Tercer Congreso de la ASELE-El español como lengua extranjera: de la teoría al aula.* Málaga: ASELE, p. 393-402, 1993.
DORASIO A. *Contribución a la Historia de la Gramática Brasileña del siglo XIX.* Tese de Doutorado. Salamanca, 2011.
DÖRNYEI, Z. *Estrategias de Motivación en el aula de lenguas.* Barcelona: Editorial UDC, 2008.
DUARTE, C. A. *Diferencias de usos gramaticales entre portugués/español.* Colección Temas de español. Madrid: Edinumen, 1999.
GARCÍA MARTÍN, A. M. El bilingüismo luso-castellano en Portugal: estado de la cuestión. In *Aula Ibérica Online.* Publicação eletrônica: http://www.filologiaportuguesa.es/aulaIbericaActual1.asp?cod=3, 2010.
GARDNER, R. C. *Social Psychology and Second Language Learning. The role of*

Attitude and Motivation. Londres: Edward Arnold, 1985.

GONÇALVES, F. La doctrina de António das Neves Pereira: purismo, vernaculidad y perfección en el siglo XVIII. In M. A. ESPARZA TORRES, B. FERNÁNDEZ SALGADO y H. J. NIEDEREHE (eds.), SEHL 2001 – *Estudios de Historiografía Lingüística (Actas del III Congreso Internacional de la Sociedad Española de Historiografía Lingüística – Vigo, 7-10 de febrero de 2001)*. Hamburg: Helmut Buske Verlag, p.549-558, Tomo 2, 2002.

GONÇALVES, F. Da „francezia" ou o problema das palavras afrancesadas no século XVIII: as idéias de António das Neves Pereira. In *Estudios Portugueses 5 – Revista de Filología Portuguesa*. Salamanca: Luso-Española de Ediciones. p. 45-62, 2005.

LIMA, E. E. O. F.; IUNES S. A. *Português via Brasil: um curso avançado para estrangeiros*. São Paulo: Editora Pedagógica e Universitária Ltda., 2005.

LIMA, E. E. O. F.; IUNES S. A. *Falar... Ler... Escrever... Português. Um curso para estrangeiros*. São Paulo: Editora Pedagógica e Universitária Ltda., 1999.

LIMA, E. E. O. F.; ROHRMANN L.; ISHIHARA, T.; IUNES S. A; BERGWEILER C. G.. *Novo Avenida Brasil 1: curso básico para estrangeiros*. São Paulo: Editora Pedagógica e Universitária Ltda., 2008.

LIMA, E. E. O. F.; ROHRMANN L.; ISHIHARA, T.; IUNES S. A; BERGWEILER C. G.. *Novo Avenida Brasil 2: curso básico para estrangeiros*. São Paulo: Editora Pedagógica e Universitária Ltda., 2008.

LIMA, E. E. O. F.; ROHRMANN L.; ISHIHARA, T.; IUNES S. A; BERGWEILER C. G.. *Novo Avenida Brasil 3: curso básico para estrangeiros*. São Paulo: Editora Pedagógica e Universitária Ltda., 2008.

MARRONE, C. S. *Português-Español: aspectos comparativos*. São Paulo, SP: Editora do Brasil, 1990.

MASIP, V. *Gramática española para brasileños: morfosintaxis*. Tomo I. 2ª ed. Madrid: Difusión, 2000.

MEYER, R. M. de B.; ALBUQUERQUE, A. (Orgs). *O pretérito perfeito composto no português para estrangeiros: fronteiras com outras línguas*. Rio de Janeiro: Livre Expressão, 2011.

MORENO, C.; FERNANDEZ, G. E.. *Gramática contrastiva del español para brasileños*. Madrid: SGEL, 2007.

PALACIOS MARTÍNEZ, I. M. La motivación en el aprendizaje de una lengua extranjera ¿Qué podemos hacer con alumnos desmotivados? In *Mosaico – Revista para la promoción y apoyo a la enseñanza del español*, Madrid: Subdirección General de Documentación y Publicaciones, n. 32, p. 20-28, 2014.

RODRIGUES, L. C. B.. A formação do professor de língua estrangeira no século XXI: entre as antigas pressões e os novos desafios. In *SIGNUM Estud. Ling*, Londrina, n 19/2, p. 13-34, 2016.

WIDDOWSON, H. G. *Teaching language as communication*. Oxford University Press, 1980.

12
EXPERIÊNCIAS DO LEITORADO BRASILEIRO: VIVER A LÍNGUA PORTUGUESA NA REPÚBLICA THCECA

BRAZILIAN LECTURESHIP EXPERIENCES: LIVING THE PORTUGUESE LANGUAGE IN CZECH REPUBLIC

Graziela Zanin Kronka[1]

Introdução

Em julho de 2016 fui convidada para participar do programa *Abrace uma Carreira,* da Radio USP[2]. Eu deveria conceder uma entrevista - sobre minha experiência enquanto leitora de língua portuguesa em Praga – para o episódio "Ensino de Português para Estrangeiros no Exterior". Dentre outras questões, os produtores do programa me pediram para falar sobre as "vantagens" e "desvantagens" de se ensinar o português para falantes de outras línguas no exterior. Eu, que tenho muitas reservas diante de dicotomias, logo recusei aquela que me foi proposta e disse que me sentiria mais à vontade para falar sobre "desafios" e "conquistas" do que sobre aspectos positivos e negativos da atividade que exerço. E é exatamente sobre isso que vou discutir neste texto, centrando-me mais em relatos de minha experiência do que em discussões teóricas e/ou análises linguísticas complexas. Desculpo-me desde já se essa minha opção possa parecer menos "científica" do que se esperava. E prometo que tentarei fazer com que o provável tom informal não prejudique a seriedade que esse tema requer.

Sinto enorme prazer – certo orgulho, diria - no fato de que minha experiência enquanto leitora do programa do Ministério das Relações

---

[1] Leitora do governo brasileiro na Universidade Carolina de Praga (República Tcheca). Doutora em Linguística pela UNICAMP. E-mail: grazielazk@yahoo.com.br
[2] Cf. http://www.radio.usp.br/?page_id=4897

Exteriores do Brasil se (con)funde com a própria história do leitorado brasileiro na Universidade Carolina (Karlova Univerzita) de Praga, na República Tcheca. Cheguei à universidade em outubro de 2006 para ser a primeira professora a assumir o posto recém-criado, o qual selava o início da cooperação oficial entre o Itamaraty e a Carolina. Nesse posto permaneci por quatro anos, até setembro de 2010. Para esse posto voltei em 2013, depois de cumprir o interstício obrigatório de dois anos estabelecido pelo Programa de Leitorados do governo do Brasil e de ser aprovada em um novo concurso organizado pela Coordenação de Aperfeiçoamento de Pessoal de Nível Superior (CAPES) em parceira com a Divisão de Promoção da Língua Portuguesa (doravante, DPLP) do Itamaraty.

Ser a primeira leitora a assumir um posto me colocou os primeiros desafios dessa atividade. Em primeiro lugar, eu iria criar a imagem e as diretrizes do leitorado brasileiro em Praga, sem nenhum parâmetro em que me apoiar e com a responsabilidade de mostrar que o programa teria futuro nesse país[3]. Além disso, eu caía de paraquedas em um domínio onde a presença no ensino da língua portuguesa era quase exclusivamente europeia (pela formação dos professores; pelas possibilidades de estágios aos estudantes em Portugal; pela presença significante do então recém-inaugurado Centro de Língua Portuguesa de Praga, vinculado ao Instituto Camões, do Ministério dos Negócios Estrangeiros de Portugal). Para completar, não sabia nada da língua tcheca e não conhecia ninguém no país.

Junto a esses desafios, quase se misturando a eles, vários fatores contavam (e contam) a meu favor. Sendo a primeira leitora, eu tive carta branca para elaborar os programas dos cursos e as atividades, atendendo, claro, a algumas diretrizes do currículo do Curso de Letras[4] – especialização em Língua Portuguesa (ou Curso de Português). Eu sempre ministrei cursos voltados para estudantes de nível avançado (de 3º e 4º anos, na primeira vez que trabalhei na universidade; de 3º ano e de Mestrado, a partir de 2013), o que me permitiu (e permite) trabalhar com atividades e discussões mais complexas no que diz respeito à língua e à cultura do Brasil. Os alunos são, de um modo geral, extremamente cultos, bastante ávidos por informações, e consistentemente críticos, o que me possibilita partir de questões que ultrapassem os clichês a respeito do Brasil. Ressalto ainda o fato de que algo que parece um problema para muitos colegas meus – leitores no exterior ou

---

[3] As negociações e os trâmites burocráticos para a abertura de um posto de leitorado têm longa duração, por conta de questões administrativas dos dois lados envolvidos (o governo do Brasil e a universidade estrangeira). Um posto que se fecha é quase automaticamente um posto que se perde. Tomei conhecimento sobre postos que se fecharam em universidades estrangeiras – por problemas referentes aos leitores e/ou à relação conflituosa entre leitores e universidade – e que nunca mais foram reabertos.
[4] Neste texto, a palavra "Curso"- com letra maiúscula – corresponde ao Curso de Letras - especialização em Língua Portuguesa. A mesma palavra grafada com letra minúscula ("curso") corresponde às disciplinas ministradas no âmbito desse Curso.

professores no Brasil -, é, para mim, mais um elemento de um quadro propício de trabalho: as turmas para que leciono são, geralmente, relativamente pequenas, o que me dá condições de realizar um trabalho quase individual com os alunos. De um modo geral, eu conheço as habilidades (e consequentes dificuldades) de cada aluno, e consigo observar como os cursos funcionam (ou não) para cada um.

A circunstância favorável de, em um primeiro momento, ter sido a primeira professora a ocupar o posto de leitora da Universidade Carolina de Praga e de, posteriormente, poder dar prosseguimento ao trabalho por mim começado sete anos antes, me colocou diante da possibilidade de participar ativa e intensamente da configuração e da reconfiguração do ensino da língua portuguesa nessa universidade. Considero mais do que justo compartilhar os desafios desse processo com aqueles que se interessam pelo ensino de português para falantes de outras línguas, de um modo geral, e com os meus colegas leitores do governo brasileiro, em especial. É essa partilha o objetivo maior deste texto. Objetivo este que se desdobra em outros, tais como contribuir para dar visibilidade ao trabalho dos leitores, que, em muitos aspectos, é tão silencioso quanto rico; expor o arsenal teórico-metodológico que tenho construído (e reconstruído) ao longo da atividade como leitora; apresentar os resultados obtidos e, mais ainda, as muitas questões suscitadas nesses anos de trabalho com o ensino de português como língua estrangeira; criar condições para se discutir o impacto provocado no ensino da língua portuguesa nos países de atuação pelos leitores, individualmente, e em relação ao contexto mais amplo do Programa de Leitorados do Itamaraty.

Para tal, este texto se inicia com uma breve apresentação da Universidade Carolina e dos estudos do português nessa instituição. Em seguida, comento currículo do Curso de Português e o papel do leitor brasileiro dentro do Departamento de Estudos Luso-Brasileiros. O texto ainda apresenta as abordagens teórico-metodológicas por mim adotadas e/ou desenvolvidas para desempenhar minhas atividades em Praga. Nas considerações finais, mostro alguns dos impactos do leitorado brasileiro na difusão da língua portuguesa na República Tcheca e na minha própria vida.

Breve apresentação da Universidade Carolina de Praga[5]

A Carolina (Univerzita Kazolina v Praze), mais antiga universidade da Europa Central, foi fundada em 1348, pelo rei Karel IV (em português, Carlos), de quem ganhou o nome. Conta hoje com mais de 50.000 estudantes e 8.000 funcionários. Dentre as dezessete faculdades - todas localizadas em Praga - que oferecem cursos nas mais diferentes áreas do conhecimento, encontra-

---

[5] Disponível em: https://www.cuni.cz/, http://www.ff.cuni.cz/ e http://urs.ff.cuni.cz/. Acesso em 1 de julho de 2016.

se a Faculdade de Filosofia e Letras, umas das quatro primeiras fundadas pelo rei Karel IV.

Com 21 departamentos e sete centros especializados, essa faculdade conta com 70 áreas de estudo e disponibiliza aos estudantes a possibilidade de 700 combinações de « dupla graduação ». Além de oferecer a formação em História, Sociologia, Psicologia, Ciências Políticas, Letras, entre outros, a faculdade abriga centros de pesquisa, bibliotecas, midiatecas, centros de documentação, e publicações referentes às diferentes áreas das Ciências Humanas. No âmbito do ensino de línguas, a faculdade oferece mais de 100 opções de cursos de idiomas. Desde o século XX, quando ganhou autonomia em relação ao Centro dos Estudos das Humanidades dentro da Universidade Carolina, a Faculdade de Filosofia e Letras é reconhecida como um dos mais importantes centros de estudos dos domínios das Ciências Humanas na República Tcheca e na Europa Central. No âmbito dos estudos das letras, vale destacar que a faculdade foi o berço do Círculo Linguístico de Praga, na década de 1920.

É esta faculdade, que já nasceu grande e é dotada até hoje de grande prestígio, que abriga o Instituto de Estudos Românicos. Formado pelos departamentos de Filologia Francesa, de Estudos Hispânicos, de Estudos Italianos, e de Estudos Luso-brasileiros (onde se situam as atividades do leitorado do Itamaraty), o Instituto oferece aos estudantes as seguintes possibilidades de formação nos graus de Bacharelado e Mestrado: Filologia Francesa, Estudos Hispânicos, Estudos Italianos e Estudos Luso-brasileiros; e, no grau de Doutorado: Línguas Românicas e Literaturas Românicas. Discorrerei a seguir brevemente sobre a história dos estudos portugueses na Universidade Carolina.

Os estudos de português na Universidade Carolina

O ensino e o aprendizado da língua portuguesa na Universidade Carolina tiveram início na década de 1960, em grande parte graças ao professor Zdeněk Hampl, que se formou em filologia românica na Universidade Carolina em 1952, passou por estágio de pós-graduação no Brasil, e, em 1965, foi o primeiro romanista a receber o título de Docente (um dos mais altos na carreira acadêmica tcheca) em língua e literatura portuguesas na Faculdade de Letras. Foi membro da Academia Brasileira de Filologia, da Academia de Letras de Ilhéus e da Academia Alagoana de Letras. Além disso, traduziu muitos livros das literaturas de língua portuguesa, escreveu artigos, redigiu e publicou um manual, uma gramática e dois dicionários de português (GALVÃO, 2013). Seu sucessor foi Jaromír Tláskal, um de seus ex-alunos que dedicou grande parte de sua vida aos estudos e ao ensino de linguística (românica e geral).

Formado em 1972 na Faculdade de Letras da Universidade Carolina, o professor Tláskal se especializou em filologias portuguesa e francesa e foi o mestre de muitos dos atuais professores do Departamento de Estudos Luso-brasileiros da mesma faculdade, na qual ingressou como docente na década de 1980. Sabe-se que:

> Devido à sua convicção pessoal e política não pôde seguir a carreira científica no ambiente académico da Faculdade de Letras; porém, nunca deixou de acompanhar as novas correntes e tendências na linguística. (...) Pouco tempo depois da Revolução de Veludo em 1989, foi convidado para trabalhar no Instituto de Línguas Românicas da Faculdade de Letras em Praga, nos primeiros anos como assistente e mais tarde como professor associado. Embora a sua especialização fosse linguística francesa (morfologia e sintaxe), Jaromír Tláskal dava igualmente aulas de fonética, fonologia e lexicologia aos alunos de Estudos Portugueses (JINDROVÁ, 2008,p.259).

Além de ministrar aulas e de se dedicar aos trabalhos de pesquisa, o professor Tláskal

> representou a filologia portuguesa também no estrangeiro e nessa qualidade foi convidado para trabalhar na equipa dos autores da enciclopédia monumental de línguas românicas Lexikon der romanistischen Linguistik (I-VIII), publicada em Tübingen sob a orientação do professor Günter Holtus, para a qual escreveu a parte de morfologia flexional portuguesa (JINDROVÁ, 2008, p.260).

Os primeiros manuais adotados baseavam-se na variante brasileira e alguns professores que se formaram na Universidade Carolina e, posteriormente lá ensinaram (ou ainda ensinam) a língua portuguesa e a literatura, tiveram, portanto, primeiramente, o contato com o português do Brasil, até que, por motivos políticos, a variante europeia começou a ganhar espaço, como atesta o depoimento da professora Šárka Grauová, que é a atual chefe do Departamento de Estudos Luso-brasileiros:

> Usávamos um manual escrito por Zdeněk Hampl, pai fundador dos estudos portugueses, para o português do Brasil. O livro saiu em 1965, mas com a ditadura militar no Brasil e a virada do regime em Portugal, o qual depois de 25 de abril tinha claras tendências socialistas, o português do Brasil passou a ser, como se diz hoje, politicamente incorreto. No início de cada aula riscávamos as palavras e maneiras de dizer brasileiras e escrevíamos por cima delas equivalentes portugueses (GALVÃO, 2013, p.2).

Os leitores externos de língua portuguesa – ou seja, provenientes dos programas de intercâmbio com os governos do Brasil e de Portugal - ensinam na universidade desde a década de 1980, por meio de um convênio estabelecido entre Portugal e a antiga Tchecoslováquia, de modo que, a partir dessa época, começou a se firmar o ensino da variante europeia da língua. É importante, porém, ressaltar que, mesmo diante da ausência de leitores brasileiros na Universidade Carolina, muitos profissionais que nela se formaram – alguns hoje professores desta ou de outras universidades tchecas – consagraram-se como tradutores da literatura brasileira para a língua tcheca e também atuam como tradutores juramentados. A tradutora Vlasta Dufková, ex-aluna e professora do Curso de Português da universidade por muitos anos, recebeu, em 2008, o prêmio Josef Jungmann[6], pela tradução do "Buriti", de Guimarães Rosa, a qual foi também indicada ao prêmio Magnesia Litera[7].

Essa carência de tantos anos de uma ligação oficial foi suprida por um acordo estabelecido entre o governo brasileiro e a Universidade Carolina, que possibilitou a abertura, em 2006, do primeiro posto de leitor do governo brasileiro para ensinar língua portuguesa e cultura brasileira na República Tcheca. Desde então a Universidade Carolina conta novamente com o ensino da variante que iniciou os estudos em língua portuguesa em suas aulas. Como afirmei no início deste texto, tive a honra de ocupar esse posto, assumindo, assim, a responsabilidade de um trabalho, de certa forma, pioneiro no país e ocupando o único posto da universidade atribuído oficialmente a um professor latino-americano. Sobre esse trabalho comentarei de forma mais detalhada à continuação.

O currículo do curso de português

O curso de Bacharelado em Português tal como se configura atualmente foi criado como um curso autônomo em 2009, mesmo ano em que foi adotada na Universidade Carolina a Declaração de Bolohna[8]. Os estudos portugueses oferecem as seguintes possibilidades de formação aos estudantes: Bacharelado em Estudos Portugueses, Mestrado em Estudos Luso-brasileiros e Doutorado em Línguas Românicas (com especialização em Português) ou em Literaturas Românicas (com especialização em Literaturas de Língua Portuguesa).Pode-se resumir o conteúdo de formação dos estudantes na explicação da professora Grauová, em entrevista a um

---

[6] Prêmio que, há mais de 20 anos, recompensa os melhores trabalhos de tradução de prosa, poesia, teatro e literatura de não ficção publicados para a língua tcheca. É nomeado em homenagem ao linguista Josef Jungmann.
[7] Outro prêmio literário de prestígio que existe na República Tcheca desde 2002.
[8] Documento assinado no dia 19 de Junho de 1999, pelos Ministros da Educação de 29 países europeus (hoje, mais de 40 países aderiram à Declaração), que resultou no denominado Processo de Bolonha, por meio do qual se propõe unificar o sistema universitário europeu, visando à constituição do Espaço Europeu de Ensino Superior (EEES). Segundo a Delcaração, os graus e diplomas acadêmicos obtidos são automaticamente aceitos por todos os Estados aderentes, com o intuito de facilitar e promover a mobilidade dos profissionais.

periódico brasileiro:
> Do ponto de vista do conteúdo, o currículo está dividido em quatro partes. No curso de licenciatura são: língua prática (português de Portugal), prevalente nos primeiros anos (...); Linguística Teórica; e, por fim, História, Cultura e Literatura portuguesas e brasileiras; da quarta parte constam disciplinas obrigatórias para todo aluno da Faculdade de Letras (filosofia, línguas estrangeiras e educação física). No terceiro ano há dois semestres de português do Brasil dado pelo leitor brasileiro, encarregado também de dois semestres de conversação. Na área da História e Cultura, os alunos passam por dois semestres de História de Portugal e do Brasil, quatro semestres de Civilização portuguesa, brasileira e da África lusófona, têm um ano de História de Literatura Portuguesa e outro de Literatura Brasileira, com o terceiro ano dedicado ao século 20. No curso de mestrado reformulado que oferecemos em 2012 pela primeira vez, decidimos dar maior realce ao contexto ibero-americano. Além disso, os alunos podem escolher entre orientação linguística ou histórico-cultural (GALVÃO, 2013, p.7).

Para serem admitidos no curso de graduação, os candidatos devem ter um conhecimento prévio mínimo da língua portuguesa e das literaturas brasileira e portuguesa. Os ingressantes já no primeiro ano da graduação têm cursos ministrados, integralmente em português, por professor falante nativo de Portugal[9]. Os alunos graduados terminam o curso com nível C1 de proficiência em língua portuguesa e os de mestrado com nível C2[10].

Muitas possibilidades profissionais se abrem aos estudantes quando terminam o curso de graduação. É verdade que, dados os baixos salários pagos nas universidades tchecas, poucos alunos seguem os estudos de mestrado, e menos ainda os estudos de doutorado. Mas grande parte dos estudantes exercem atividades nas quais utilizam, direta ou indiretamente, a língua portuguesa, tais como: atividades ligadas ao turismo (em postos como guias turísticos ou empregados de agências de viagens), atividades em

---

[9] Por motivos que desconheço, o leitor brasileiro ministra cursos para os alunos de terceiro ano e de mestrado, mas nunca para os do primeiro ano.
[10] Os níveis de referência europeus de aprendizagem das línguas estrangeiras classificam a proficiência ados falantes em A1, A2, B1, B2, C1, C2. Para informações mais detalhadas dessa classificação, o leitor pode consultar o *Quadro Europeu Comum de Referências para as Línguas* (disponível em: http://cvc.instituto-camoes.pt/fichaspraticas/formulario/quadro_niveiscomuns.html. Acesso em: 25 de janeiro de 217). O CELPE-BRAS – exame oficial de proficiência em língua portuguesa no Brasil – certifica quatro níveis de proficiência: Intermediário, Intermediário Superior, Avançado, Avançado Superior. Informações mais detalhadas podem ser encontradas no *Manual do examinando CELPE-BRAS* Disponível em:
http://download.inep.gov.br/outras_acoes/celpe_bras/estrutura_exame/2015/manual_do_examinando.pdf. Acesso em: 25 de janeiro de 2017).

empresas multinacionais (na República Tcheca ou em outros países da União Europeia), atividades acadêmicas em universidades brasileiras ou portuguesas. Há também aqueles que se aventuram em países africanos de língua portuguesa. E alguns ingressam na área de ensino de línguas (na maior parte, em escolas providas de línguas estrangeiras).

Dentro desse quadro, as tarefas do leitor brasileiro na universidade são: ministrar disciplinas ligadas à língua e à cultura do Brasil, orientar alunos nas redações de trabalhos, colaborar na programação cultural e acadêmica do Departamento, entre outras. Apresentarei, em seguida, algumas discussões sobre como tenho tentado desempenhar essa minha função em Praga.

O leitorado brasileiro na Universidade Carolina

Conforme mencionei no início deste texto, um dos desafios que encontrei em meu trabalho em Praga foi me inserir em um contexto até então quase predominantemente voltado para a variante da língua portuguesa falada em Portugal. Gostaria de deixar claro que tal fato nunca me colocou nenhum tipo de problema na relação profissional nem com meus colegas tchecos nem com os leitores portugueses. Muito pelo contrário. O Centro de Língua Portuguesa (CLP) do Instituto Camões de Praga sempre me acolheu e sempre abraçou as minhas propostas – por mais "loucas" que pudessem parecer -, e nossos laços se fortaleceram à medida que se fortaleceram também os laços entre Embaixada do Brasil e Embaixada de Portugal em Praga no que toca à divulgação da língua portuguesa e da literatura e cultura dos países de língua portuguesa[11]. Mas quebrar a fronteira entre Brasil e Portugal não é sempre fácil.

Quando cheguei a Praga com uma nova variante do português, por um lado, encontrei alunos muitos ávidos por conhecer o Brasil, por outro, me deparei com alunos bastante resistentes e desconfiados. E este quadro ainda se repete, uma vez que os alunos começam a estudar o português do Brasil apenas no terceiro ano, depois de passarem dois anos debruçados no português europeu, quando se encontram no momento de conclusão de seus estudos, onde as preocupações com seus trabalhos e exames finais e seus futuros profissionais são, às vezes, maiores do que a disposição em refletir sobre aspectos diferentes da língua que estão aprendendo.

Minha primeira tarefa é mostrar para esses estudantes que meu trabalho não consiste em substituir o ensino da língua portuguesa de Portugal, mas sim somar mais uma variante do português para o repertório deles, proporcionando-lhes, assim, uma visão mais rica sobre a língua que eles

---

[11] Não posso deixar de mencionar o empenho – e o êxito – do Embaixador George Monteiro Prata para o sucesso dessa parceria entre governos do Brasil e de Portugal via embaixadas em Praga.

escolheram como especialidade de formação.

A esse desafio, acrescento outro, que corresponde à predominância da ideia de que o bom aprendizado da língua se resume ao domínio das normas gramaticais cultas do registro escrito. A esse respeito, o que procuro fazer é mostrar aos estudantes que o conhecimento de uma língua vai muito além do estudo das normas gramaticais cultas; que é preciso pensar a língua em uso; que não podemos desconsiderar as diferentes manifestações de um mesmo fenômeno nas diversas variantes do português.

Ao localizar essa lacuna, encontrei na reflexão sobre as várias facetas da língua em uso o elemento norteador de minhas atividades enquanto leitora. E para enfrentar – e tentar vencer – esses desafios, estipulei algumas metas que tenho seguido à risca (com as adaptações que os imprevistos pedem): a) Determinar programas e propostas para cada disciplina mostrando aos estudantes o percurso que se pretende traçar e os objetivos que se pretende alcançar; b) promover o diálogo entre todas as disciplinas (visto que a maior parte dos alunos cursam no mesmo semestre todas as disciplinas que ministro), de modo que fique claro que os aspectos linguísticos e os aspectos culturais se sustentam por um eixo comum: a língua portuguesa. Com isso, procuro mostrar aos estudantes que, se, por um lado, a cultura e a história explicam os caminhos que a língua portuguesa seguiu no Brasil para atingir sua atual configuração, por outro, a própria língua é um elemento da cultura brasileira; c) avançar o ensino da língua para além da esfera da gramática normativa culta, ao propor a introdução de questões teóricas discursivas provenientes de outras áreas linguísticas que a Gramática – como, por exemplo, a Sociolinguística, a Linguística Textual e a Análise do Discurso – para tratar das características do português do Brasil; d) explicar aos estudantes, a partir desse suporte teórico-metodológico sólido, que o português do Brasil não é um dialeto e menos ainda uma subversão do português europeu, assim como não é uma nova língua; é, na verdade, assim como é o português europeu, uma variante do português, que tem a configuração atual por causa das influências que recebeu ao longo da história do Brasil (assim como aconteceu com todas as outras variantes do português) e que o português informal falado no Brasil não é necessariamente "português errado ou pobre linguisticamente". Discuto a seguir sobre como tenho lidado com esses e outros desafios.

Uma abordagem personalizada para o ensino de português

Não sei se posso dizer que criei uma metodologia própria para ensinar português como língua estrangeira. Posso, porém, afirmar que os programas e os materiais foram todos elaborados por mim – a partir de muitas inspirações, é claro -, pensando especialmente no perfil e nas necessidades dos alunos da Universidade Carolina (o que não significa que esses programas e materiais não possam ser utilizados em outros contextos).

Para cumprir a missão de ensinar a variante brasileira do português, considerei que seria interessante partir da comparação com a variante europeia, com a qual a maioria dos estudantes têm contato nos dois primeiros anos do curso (refiro-me à maioria, pois, alguns cursos, mais voltados para questões culturais, também admitem estudantes de outras faculdades e mesmo de outros países que visitam Praga para estágio de estudos).

No que diz respeito ao âmbito do ensino da língua e da linguística para os alunos da graduação, a exposição e a discussão de características sintáticas, morfológicas, de tratamento, lexicais, fonético-fonológicas da variante brasileira são acompanhadas da apresentação aos alunos de diversas situações da realidade do Brasil que explicam a configuração da língua no país. Para tal, as atividades são realizadas especialmente em torno de textos impressos e de materiais audiovisuais autênticos (e não de exemplos simulados de fenômenos linguísticos e/ou gramaticais que, muitas vezes, nem ocorrem no Brasil - ou não ocorrem com frequência significativa).

Tendo por base um conjunto de textos relacionados a temáticas brasileiras, além da revisão das estruturas linguísticas já adquiridas (proporcionando, assim, a comparação entre as variantes europeia e brasileira da língua portuguesa), os cursos pretendem promover a introdução de estruturas mais complexas. Trata-se de considerar a diversificação de tarefas para o conhecimento e o domínio do português em várias de suas manifestações - oral, escrita, multimodal – assim como a expansão de vocabulário (principalmente no que diz respeito à variante do Brasil).

Os temas privilegiados nessas disciplinas são: aspectos sociolinguísticos e o português do Brasil; aspectos fonéticos e fonológicos; aspectos morfossintáticos do português do Brasil; aspectos de tratamento do português do Brasil; aspectos lexicais do português do Brasil; influências indígenas, africanas e estrangeiras no léxico do português do Brasil; aspectos históricos, sociais e culturais do Brasil e suas influências na língua; especificidades regionais do português do Brasil.

A base teórica inicial é a exposição sobre o *preconceito linguístico*, proposta por Bagno (1999), e seus desdobramentos para as reflexões sobre a língua. Para a discussão sobre as características do português do Brasil – e, consequentemente, sua comparação com o português europeu – são textos de referência (para o preparo das aulas e, eventualmente, para leitura e discussão em sala) as descrições e análises realizadas por Câmara (1977), Castro (2004), Ilari & Basso (2006), Noll (2008), e Teyssyer (2004), dentre muitas outras. Sobre as considerações da linguagem em uso, apoio-me em pesquisas que alertam para a necessidade de se considerar existência de diferentes áreas da gramática, e, ao mesmo tempo, mostram com maestria que a própria gramática normativa funciona de diversas formas de acordo com diferentes fatores. Dentre estes trabalhos, destaco Castilho (2010),

Neves (1999, 2003), Possenti (1983, 1996). Dentre as gramáticas tradicionais voltadas à norma culta, aprecio o trabalho de Cintra & Cunha (2001), por levar em consideração as diferentes variantes e por apresentar exemplos de variação para além das realizações que acontecem no Brasil e em Portugal.

No que se refere aos cursos ministrados para os alunos do Mestrado, procuro incentivar uma reflexão mais complexa do funcionamento da linguagem. Com um nível maios avançado de conhecimento da língua e com mais maturidade científica (pois esses alunos, a princípio, são aqueles que escolheram prosseguir na pesquisa acadêmica), esses estudantes estão mais aptos a discutir um conjunto de conceitos importantes para o reconhecimento, a análise e a produção de diferentes tipos de texto, familiarizando-se, assim, com diferentes atividades de escrita (verbal e não verbal) em língua portuguesa.

Já não se trata mais de trabalhar somente com questões ligadas à estrutura sintática e gramatical dos textos, mas sim de oferecer aos alunos: elementos para a reflexão sobre conceitos como *texto, sentido, modalidade, registro, erro*; elementos para a reflexão do funcionamento da linguagem em uso em suas mais diferentes facetas; o reconhecimento, a análise, e a redação de diferentes tipos de textos. Tudo isso, obviamente, com enfoque na realidade do Brasil (mas sem deixar de instigá-los a refletir sobre os textos portugueses e mesmo sobre os textos de seus países de origem). Nestes cursos, privilegio a abordagem de questões como: conceito(s) de texto; modalidade e registro de linguagem; coerência e coesão textuais; conceito(s) de erro em linguagem; gêneros e tipos textuais; recursos de construção de sentido (expressões idiomáticas, gírias, metáfora/metonímia, ironia etc.).

Para tal, parto de um arsenal teórico-metodológico centrado na discussão dos diversos elementos do texto. O ponto de partida são as discussões propostas por Costa Val (1994) a respeito da *textualidade*, assim como a concepção de texto desenvolvida por Maingueneau (1984). Ao falar de texto, é essencial abordar elementos de *coerência* e *coesão*, de modo que não poderiam ficar de fora o trabalho de pesquisa e produção cientifica de Koch, a precursora da Linguística textual no Brasil. Dentre seus trabalhos, destaco Koch (1989, 1993, 1997, 2002) e Koch & Travaglia (1997).

A proposta de uma nova concepção de texto a partir dos conceitos da Sociolinguística e da Análise do Discurso mostra aos alunos um novo horizonte linguístico, permitindo que reconheçam, não somente em textos escritos, mas também em textos orais, sonoros e pictóricos, manifestações legítimas da linguagem cujos mecanismos de construção de sentido não podem ser avaliados pelas normas da gramática culta da escrita. Assim, os alunos finalmente começam a se dar conta de que as situações informais de linguagem não são menos nobres do que aquelas que se verificam na escrita dita culta. E, ao lidarem com a noção de *variação linguística,* os estudantes estrangeiros de português podem compreender porque é tão difícil pensar em termos de um português padrão que funcione de fato em um país das dimensões territoriais do Brasil. Para tal, são fundamentais as discussões promovidas pelas disciplinas ligadas à cultura e história brasileiras, justificando, assim, a preocupação em manter o diálogo entre os cursos. Tento também, instigar a comparação dessa questão com o que se passa em Portugal e na própria República Tcheca. Se essa ideia de padrão não funciona nem mesmo nesses dois países, que têm aproximadamente o mesmo número de habitantes, quem dirá no Brasil.

Para concretizar as condições dessa proposta metodológica precisei e preciso vencer outro desafio: a elaboração de material didático. Os manuais de ensino da língua portuguesa – essenciais para o início do aprendizado do idioma - já não satisfazem as necessidades dos alunos em nível avançado, pois, além de não acompanharem com a mesma rapidez as mudanças da língua, abordam poucas questões que ultrapassem o nível gramatical e as fórmulas básicas de conversação cotidiana.

Para esses estudantes, do qual já se espera a fluência no português, procuro trabalhar com materiais autênticos– e não mais – ou apenas minimamente – com exercícios simulados e descontextualizados típicos dos manuais. Se, por um lado, a elaboração do material didático parece mais trabalhosa, por outro se mostra mais eficaz, pois os textos são escolhidos de acordo com cada programa levando, ao mesmo tempo, em consideração as necessidades e interesses efetivos de cada turma. Nesse sentido, a princípio, tudo o que remete à manifestação da linguagem pode servir de material de discussão sobre a língua: textos teóricos, textos literários, textos jornalísticos, textos humorísticos, textos publicitários; extraídos de todos os tipos de fontes: livros, jornais, revistas, folhetos, músicas, filmes, emissões de rádios, fotos, quadros.

Ao lado desses textos, procurei estimular as atividades de escrita – especialmente de textos longos, nos moldes científicos, para exercitar a língua portuguesa e, ao mesmo tempo, introduzir aos alunos a metodologia do texto acadêmico. Pude notar uma forte tradição oral nas atividades das Ciências Humanas nas universidades tchecas. No próprio departamento em que trabalho, alguns professores dão bastante peso às avaliações orais. E mesmo o exame de admissão por que passam os estudantes é oral. Para minha surpresa, muitos alunos do terceiro ano, já em fase de redação das monografias de conclusão sobre algum tema ligado aos países de língua portuguesa, chegam aos meus cursos sem nunca ter escrito um texto longo em português, além de desconhecerem as questões metodológicas básicas do texto acadêmico, apesar de o currículo do Curso prever que os alunos concluem a graduação com nível C1 de proficiência.

No que concerne às aulas de língua, procuro, por exemplo, trabalhar com propostas de práticas escritas e, a partir dos textos dos estudantes, levo para a sala de aula atividades de reconhecimento dos possíveis problemas gramaticais ou de âmbitos textuais mais amplos (como problemas e interpretação e de argumentação). Ao refletir sobre seus problemas concretos, ou sobre problemas que aparecem em seu entorno, os alunos sentem maior proximidade com suas reais dificuldades e desmancham preconceitos que tinham a respeito de seu próprio conhecimento da língua. Também procuro levar para sala textos brasileiros com possíveis problemas no que se refere à gramática culta para que os alunos detectem esses problemas, criem hipóteses para a existência desses problemas e proponham soluções para corrigi-los, sempre de acordo com as circunstâncias em que esses textos se inserem.

Tanto com os alunos da graduação quanto com os do mestrado procuro também propor a produção de diferentes tipos de textos: argumentativos, descritivos, publicitários, literários. Nos cursos de cultura e de conversação, procuro organizar debates sobre temas atuais do Brasil e dos demais países de língua portuguesa. Além disso, há espaços em que os alunos devem se responsabilizar por apresentações de seus trabalhos aos colegas. Quase todos os trabalhos orais devem ser acompanhados de um texto escrito, sendo que ambos têm o mesmo peso na avaliação final.

Para além dos textos do cotidiano, encontrei suporte para a elaboração dos materiais didáticos em Abaurre, Pontara & Fadel (2005), Correia (2002), Faraco & Tezza (1992), Maingueneau, Possenti (2003), e Savioli & Fiorin (2005), dentre outros. Esses textos são fonte de embasamento para o preparo das aulas e, sempre que pertinente, são utilizados como material de leitura e discussão em sala. No que diz respeito à metodologia científica do trabalho acadêmico, busco minha inspiração, especialmente em Machado (2004a, 2004b, 2005, 2007).

Ao lado das atividades pedagógicas, e não menos importante que elas, menciono a realização de atividades culturais, mais precisamente a organização, em colaboração com a Embaixada do Brasil de Praga, de exposições culturais sobre temas ligados ao Brasil e à língua portuguesa. Destas exposições, destaco: *Isto não é uma declaração de amor* (2010), sobre minha relação com a língua portuguesa; *100 anos de Vinícius de Moraes* (2013); *460 garoas, infinitas sensações* (2014), sobre o aniversário da cidade de São Paulo; *Descobertas do meu Brasil* (2014), sobre as experiências de alunos e ex-alunos que estiveram no Brasil; e *Rio de Janeiro: 450 anos e as maravilhas que os clichês não revelam* (2015). Também colaborei com a professora Šárka Grauová na organização de uma exposição sobre os principais estudiosos e pesquisadores da língua, da literatura e da cultura lusófonas na República Tcheca. A exposição também recebeu contribuições da Universidade Masaryk de Brno e foi inaugurada na abertura da 4ª edição das Jornadas de Língua Portuguesa e Culturas Lusófonas da Europa Central e de Leste, em setembro de 2014.

Concluirei este texto expondo aqueles que considero os principais impactos da presença do leitorado brasileiro em Praga, tanto para a

Universidade Carolina quanto para minha própria vida.

Considerações Finais

O primeiro impacto importante da presença do leitorado brasileiro na Universidade Carolina de Praga foi, a meu ver, a oficialização da presença do Brasil na vida acadêmica deste país. Uma evidência desse fato é que, por conta da chegada do leitor brasileiro, o departamento mudou seu nome, em 2007, de Departamento de Estudos Portugueses para Departamento de Estudos Luso-brasileiros.

Em 2010, a Faculdade de Letras da Universidade Carolina e a Faculdade de Filosofia Letras e Ciências Humanas da Universidade de São Paulo (USP) assinaram um acordo de cooperação. Posteriormente, o Departamento de Estudos Luso-Brasileiros firmou um acordo de com o Instituto de Estudos Brasileiros (IEB) da USP. Estes intercâmbios abriram aos alunos novas possibilidades de estudar o idioma em meio a falantes nativos (até então, a única possibilidade era o estágio nas universidades portuguesas via programa ERASMUS[12]) e muitos dos nossos estudantes puderam conhecer o Brasil por esse meio, o que têm refletido em progressos notáveis em seus desempenhos, tanto no que diz respeito ao modo como passam a apreender a língua quanto em suas próprias produções em português.

Sobre as contribuições em um âmbito mais restrito, porém não menos importante, menciono o impacto resultante do contato dos estudantes com um novo e mais amplo arsenal teórico-metodológico (único em todo o país) para se refletir sobre a linguagem e, consequentemente, apre(e)nder o idioma de forma mais eficiente e produtiva. É o que mostram os depoimentos dos alunos sobre os pontos positivos dos cursos, extraídos dos formulários de avaliação dos cursos preenchidos ao final de cada semestre:

> "Não fazemos ó a gramática, mas também coisas que são importantes para compreender um texto."

> "Apresentação de alguns textos teóricos brasileiros, treinamento da escrita."

> "Gosto de pensar sobre a língua de maneira diferente."

---

[12] Trata-se de um programa estabelecido em 1987 de apoio de mobilidade de estudantes e docentes universitários entre Estados-membros da União Europeia e outros Estados associados, que permite a alunos estudarem em um país estrangeiro por um período de tempo entre 3 e 12 meses, e aos professores de lecionarem e pesquisarem em outras universidades por um período mais curto. (informações extraídas de https://pt.wikipedia.org/wiki/Programa_Erasmus)

"Gostei de ler os textos dos linguistas brasileiros."

"Gosto de escrever os textos em português, assim praticar o português. Não temos nenhum outro seminário onde aprendemos a escrever em português."

"Abordamos coisas muito interessantes do Brasil que não receberemos em qualquer outro lugar."

"Interessantes artigos sobre o português do Brasil e aulas interativas."

"A preparação para os cursos é ótima, e eu diria mesmo uma exceção. Acho os textos interessantes e também o comentário que você faz é muito útil. É o ponto de vista duma brasileira sobre as questões do Brasil. E isto nunca podíamos receber de qualquer outra pessoa. Agradeço-o muito."

"Preparação perfeita da professora, muitos documentos, a estrutura e o conteúdo do curso muito bem pensados."

"Várias atividades nas aulas – não é comum na Universidade Carolina , 80% das aulas eu considero um pouco passivo."

"Neste semestre gostei de ver os erros comuns de gramática no Brasil. Gostei de ouvir músicas e vídeos, também a banda desenhada era fixe! ... Aprendi muita coisa sobre o Brasil, o português do Brasil, o país e a cultura. Foi muito bom poder conversar com um nativo, ver como funciona o sistema de trabalho e avaliação no Brasil e também discutir o conceito de errado e correto na língua."

"Acho que melhorou o conhecimento do português brasileiro quotidiano, usado entre os falantes nativos."

"Outro ponto de vista sobre o que é a gramática."

Pelas aulas por mim ministradas nesses quase 10 anos, passaram não somente estudantes tchecos e estrangeiros que cursam regulamente o curso de português, mas também estudantes de universidade de outros países que mantém convênios com a Carolina, especialmente por meio do acima mencionado Programa Erasmus. Por meio de um intercâmbio específico do programa de língua portuguesa, recebemos regularmente estudantes da Universidade de Sófia da Bulgária. Mas recebemos também alunos de outros cursos, de vários lugares da Europa, como França e Espanha. Neste ano de

2016, pela primeira vez, recebi um aluno brasileiro, estudante de arquitetura de São Paulo em estágio em Praga, que se interessou pelo programa das aulas de Introdução à Cultura Brasileira. Para esses estudantes, de uma foram direta ou indireta, o contato com o leitorado brasileiro fez diferença, como mostram os depoimentos abaixo:

"Foi um dos cursos que mais gostei em todo o meu ano em Praga" (estudante espanhol)

"Só queria informar-lhe que me admitiram no programa de Estudios Brasileños na Universidade de Salamanca, sobre o qual lhe escrevi há uns meses. Acho também que a pesquisa individual que fiz para a sua aula de conversação também houve grande importância para a decisão final da comissão :)) Agradeço mais uma vez a sua ajuda e desejo um bom verão!" (estudante búlgaro)

"Apesar de ter alguns assuntos óbvios para mim por ser brasileiro também gostei bastante de participar das aulas" (estudante brasileiro) Como consequência desse meu esforço posso mencionar a participação – e os bons resultados – dos estudantes no concurso nacional intitulado Prêmio Iberoamericano, um concurso promovido já há 20 anos pelas embaixadas ibero-americanas em Praga[13]. Alguns alunos foram bem sucedidos, ficando seus trabalhos entre os três vencedores (para os quais há um prêmio em dinheiro). Houve também trabalhos que receberam menção honrosa no concurso. Desde 2010, quando os trabalhos do leitorado brasileiro se iniciaram em Praga, todos os alunos da Universidade Carolina que se inscreveram com trabalho em português nesse concurso foram por mim oficialmente orientados ou me procuraram para conversar sobre seus textos, mesmo quando abordavam temas ligados a Portugal.

Dentre as atividades extracurriculares por mim realizadas, a que me inspira maior carinho é o projeto *Encontros em Português*, criado em 2014 com o intuito de promover e/ou ampliar o contato dos estudantes, docentes e pesquisadores da Universidade Carolina de Praga com diferentes profissionais e tópicos ligados à cultura e à língua brasileiras. Os eventos acontecem dentro dos programas dos cursos e seminários por mim ministrados. Desse projeto já participaram ex-leitores do governo brasileiro – como o Prof. Dr. Marcelo Marinho (que, em 2009, proferiu uma conferência sobre o escritor Guimarães Rosa) -, pesquisadores brasileiros radicados no exterior – como o jornalista Plínio Ribeiro Júnior (que vive em Paris e, em 2014, proferiu conferência sobre a alteridade como elemento pertinente na construção da identidade brasileira) -, e pesquisadores de universidades brasileiras em estágio de pesquisa no exterior – como o

---

[13] Para mais informações, cf. http://www.premioiberoamericano.cz

Professor Dr. Érico de Oliveira (também ator e diretor de teatro), da Universidade Federal da Bahia (que, em 2009, apresentou aos alunos reflexões de sua pesquisa sobre o Cavalo Marinho, manifestação popular tradicional do nordeste brasileiro); a Professora Dra. Sanderléia Longhin, da Universidade Estadual Paulista (que, em 2010, ministrou cursos sobre fenômenos ligados à Semântica e à Sociolinguística); e da Professora Dra. Suzana Leite Cortez, da Universidade Federal de Pernambuco (que, em 2015, ministrou cursos sobre modalidade e gêneros textuais). O projeto *Encontros em Português* teve excelente aceitação não somente por parte dos estudantes de língua portuguesa da Universidade Carolina, mas também dos demais interessados na língua e na cultura do Brasil, o que me encorajou a investir mais e mais nessa ideia (a qual, além de promover o contato dos estudantes com pesquisadores de diferentes partes do Brasil, também se configura como uma possibilidade de partilhar experiências e de divulgar pesquisas financiadas pelo governo brasileiro.).

Em 2016, decidi levar os Encontros para fora de Praga e, ao mesmo tempo, reavivar o sonho de uma conexão entre leitores. Eu não costumo trabalhar em minhas viagens de férias, mas, ao confirmar uma visita à encantadora ilha de São Tomé, não resisti em entrar em contato com a Professora Dra. Eliane Oliveira, leitora do governo brasileiro na Universidade de São Tomé e Príncipe. A Profa. Eliane se mostrou de imediato entusiasmada com a possibilidade do encontro e, mesmo em período de férias, não mediu esforços para mobilizar professores e alunos da Universidade de São Tomé para um dia de atividades. Para além dos frutos resultantes dessa interação *in loco*, decidimos recorrer aos instrumentos virtuais para dar prosseguimento às possibilidades de atividades em parceria, visando à criação de uma agenda de encontros via internet para que não somente eu possa voltar a discutir com os professores e estudantes de São Tomé, como também a Profa. Eliane possa conversar com meus alunos, e, sobretudo, para que também os estudantes das duas universidades possam interagir dentro dos programas referentes aos cursos de responsabilidade de ambas as leitoras.

Tomo ainda a liberdade de apontar como eco da presença do leitorado brasileiro em Praga a realização, desde 2014, do *Kino Brasil*[14], um festival de filmes brasileiros organizado pela Associação Saudade, fundada por amantes da língua portuguesa, dentre os quais alguns ex-alunos da Universidade Carolina. De uma forma indireta, o leitorado brasileiro viu essa associação nascer, no momento em que, recém-criada, seus fundadores me convidaram para uma reunião de discussão sobre a possibilidade de se realizar aquela que viria a ser a primeira edição do festival. Desde então, ofereço à Saudade o trabalho voluntário de revisão de alguns textos

---

[14] Para mais informações, cf. www.kinobrasil.cz

publicados no site, além de consultorias informais sobre questões referentes aos filmes exibidos. Na edição de 2015, participei de um debate a respeito de questões abordadas no filme brasileiro de repercussão internacional "Que horas ela volta?", de Anna Muylaert.

Por fim, mas não menos importante, não poderia deixar de mencionar que, em março de 2016, a República Tcheca oficializou, junto do Secretariado Executivo da Comunidade de Países de Língua Portuguesa (CPLP), o pedido para receber o status de observador da instituição. Dentre as justificativas para tal solicitação, encontra-se a presença do ensino do português em diversas instituições de ensino neste país. Em uma nota, o governo tcheco alega:

> O português é ensinado em cursos de licenciatura e mestrado em três universidades checas e estamos muito satisfeitos pela presença de centenas de estudantes portugueses na República Checa e pela posição cada vez mais activa dos nossos empresários no Brasil ou nos PALOP (Países Africanos de Língua Oficial Portuguesa). É para nós uma honra estar ao lado do mundo lusófono e temos a consciência da sua crescente importância (AMARAL, 2016).

O pedido foi aceito ao final de outubro de 2016. Não é improvável que aumente a procura pela formação superior em Letras com especialização em Língua Portuguesa, o que terá reflexos, também, na atuação do leitorado brasileiro na República Tcheca.

Todos esses impactos (e muitos outros dos quais vou me lembrar somente depois que este texto estiver publicado) não podiam deixar de surtir efeitos sobre minha própria trajetória pessoal. Posso dizer que a maior conquista que me ofereceu essa oportunidade de ser professora de português para estrangeiros no exterior, para além da experiência de viver em outro país, de viver o "conflito" de aprender outra língua – que vai me trazer outras possibilidades, abrir outras janelas para o mundo –, é a reconstrução do meu olhar sobre o Brasil. Por conta dessa atividade, eu leio muitas coisas sobre o Brasil, e sempre descubro elementos novos sobre a cultura, sobre a literatura, sobre a língua desse meu país. Desde então, meu olhar para o Brasil, cada vez que o visito, é outro; eu tenho outra sede de conhecer a terra onde nasci e passei a maior parte da minha vida. Eu tenho outra gana de me reencontrar dentro desse Brasil e, mais do que isso, de reencontrar, a cada dia, esse Brasil dentro de mim. Para mim, é um presente sem preço poder ser essa mensageira que traz um pouco do Brasil para a República Tcheca.

Referências Bibliográficas
ABAURRE, M. L.; PONTARA, M.; FADEL, T. *Português: Língua e Literatura*. São Paulo: Editora Moderna, 2005.
AMARAL, A. República Checa solicitou estatuto de observador da CPLP. *Observador*, 30.3.2016. Disponível em:

http://observador.pt/2016/03/30/republica-checa-solicitou-estatuto-observador-associado-da-cplp/. Acesso em 30.6.2016.

BAGNO, M. *Preconceito lingüístico: o que é, como se faz*. São Paulo: Edições Loyola, 1999.

CÂMARA, J. M. *Estrutura da língua portuguesa*. Petrópolis, RJ: Editora Vozes, 1977.

CASTILHO, A. T. *Gramática do Português Brasileiro*. São Paulo: Editora Contexto, 2010.

CASTRO, I. *Introdução à História do Português*. Lisboa: Edições Colibri, 2004.

CINTRA, L.; CUNHA, C. *Nova Gramática do Português Contemporâneo*. Lisboa: João Sá da Costa, 2001.

CORREIA, M. L. G. *Linguagem & Comunicação Social*: visões da linguística moderna. São Paulo: Parábola, 2002.

COSTA VAL, M. da G. *Redação e Textualidade*. São Paulo: Martins Fontes, 1991.

FARACO, C. A., TEZZA, C. *Prática de texto para estudantes universitários*. São Paulo: Editora Vozes, 1992.

GALVÃO, W. N. Estudos Brasileiros extramuros. In: *Teoria e Debate*, Edição 110, 01 de março de 2013. Disponível em: http://www.teoriaedebate.org.br/materias/cultura/estudos-brasileiros-extramuros. Acesso em 3006.2016.

ILARI, R.; BASSO, R. *O português da gente: a língua que estudamos a língua que falamos*. São Paulo: Editora Contexto, 2006.

JINDROVÁ, J. Recordando o Professor Jaromír Tláskal. In: *Revista de Estudos Linguísticos da Universidade do Porto* - Vol. 3 – 2008, pp.259-62.

KOCH, I. V. *A coesão textual*. São Paulo: Editora Contexto, 1989.

_____. *Desvendando os segredos do texto*. São Paulo: Cortez, 2002.

_____. *A inter-ação pela linguagem*. São Paulo: Editora Contexto,1993.

_____. *O texto e a construção de sentidos*. São Paulo: Editora Contexto, 1997.

KOCH, I. V.; TRAVAGLIA, L. C. *A coerência Textual*. São Paulo: Editora Contexto, 1997.

MACHADO, A. R. (coord) *Trabalhos de Pesquisa*: Diários de leitura para a revisão bibliográfica. São Paulo: Parábola Editorial, 2007.

MACHADO, A. R. (coord) ; LOUSADA, Eliane; ABREU-TARDELLI, Lília. *Resenha*. São Paulo: Parábola Editorial. 2004a

_____. *Resumo*. São Paulo: Parábola Editorial. 2004b

_____. *Planejar gêneros acadêmicos*. São Paulo: Parábola Editorial. 2005

MAINGUENEAU, D. *Análise de Textos de Comunicação*. São Paulo: Cortez, 2002.

_____. *Gênese dos discursos*. Curitiba (PR): Criar Edições, 2005.

NEVES, M. H. de M. *Gramática de usos do Português*. São Paulo: Editora da UNESP, 1999.

_____. *Guia de uso do Português*: confrontando regras e usos. São Paulo: Editora da UNESP, 2003.

NOLL, V. *O português brasileiro*: formação e contrastes. Trad. de Mario Eduardo Viaro. São Paulo: Editora Globo, 2008.

POSSENTI, S. Gramática e Política. In: *Novos Estudos Cebrap*, ed. n° 7, novembro de 1983.

_____. *Por que (não) ensinar gramática na escola*. Campinas, Mercado de Letras, 1996

_____. *Um passeio gramatical dirigido,* 01/2003, ed. 1, Pueri Domus, Escolas Associadas, 2003

SAVIOLI, P.; FIORIN, F. *Lições de texto*: leitura e redação. 4. Ed. São Paulo: Ática, 2005.

SEIXAS, J. República Checa solicita estatuto de observador associado na CPLP. *Baía da Lusofonia*. Disponível em: http://baiadalusofonia.blogspot.cz/2016/04/republica-checa-solicita-estatuto-de.html. Acesso em 15.10.2016.

TEYSSYER, P. *História da Língua Portuguesa*. Trad. de Celso Cunha. São Paulo: Editora Martins Fontes, 2004.

13
O LEITORADO BRASILEIRO EM SÃO TOMÉ E PRÍNCIPE

THE BRAZILIAN LECTORATE IN SÃO TOMÉ AND PRÍNCIPE

Eliane Vitorino de Moura Oliveira[1]

Introdução: Para início de conversa

Mas o que é um professor leitor? Um professor que lê, seria a lógica. Também o é. Mas muito além disso, é um professor que fala. Fala estabelecido nesse papel social de portador de uma cultura e de uma variedade linguística, de divulgador, de propagador. Hoje, em especial, divulgadora do dialeto caipira, que é minha marca, minha identidade linguística, esse meu erre caipira do "porta, porteira, portão". Mas é um professor ouvinte também. Que chega no país e ouve a fala do povo, ouve a música do povo, ouve a cultura. E um professor que vê, vê as belezas, vê os rostos, vê os sorrisos, vê os olhares. E como é um professor pensador, logo se apropria do que lê, do que ouve, do que vê e do que vive, e se insere na cultura, na vida local. E isso aconteceu e vem acontecendo nesse tempo-vida em que por aqui estou. Impossível seria chegar aqui e não se contagiar pelo Crioulo Forro. Pela variedade são-tomense e seu erre marcado, a ausência dos conectores na fala, as inversões sintáticas que caracterizam tão bem o são-tomense "Quem deu mariana caneta" "Eu molhei chuva", "Che"! E, nesse viver, vamos trocando. Sambamos e dançamos o Bulawê juntos. Nos encantamos com o Tchiloli e mostramos A Folia de Reis. Nos emocionamos com Alda Espírito Santo e Conceição Lima e, em troca, apresentamos

---

[1] Docente na Universidade Federal de Alagoas. Doutora em Estudos da Linguagem pela Universidade Estadual de Londrina. liaoliver13@gmail.com

Guimarães Rosa, Machado de Assis, Paulo Leminski e tantos outros mestres de nossa Literatura. Ser Leitora é, então, viver a cultura. Viver a vida. Viver![2]

A República Democrática de São Tomé e Príncipe é um estado insular, localizado no Golfo da Guiné. É composta por duas ilhas principais (Ilha de São Tomé e Ilha do Príncipe) e várias ilhotas, num total de 1.001 km², com cerca de 184 mil habitantes, de acordo com o senso de 2012. O Arquipélago não tem fronteiras terrestres, mas situa-se relativamente próximo das costas do Gabão, Guiné Equatorial, Camarões e Nigéria.

Mata (2010) relata que os portugueses chegaram a São Tomé em 21 de dezembro de 1470 e em Príncipe em 17 de janeiro de 1471, encontrando ambas as ilhas desabitadas. As iniciativas de povoamento, entretanto, datam de 1493 com a alocação de colonos madeirenses, alguns degredados, crianças judias e escravos resgatados nas costas africanas para trabalhar nas plantações de açúcar. Em relação aos escravos, indícios históricos apontam para a origem principal a partir do Reino de Benin, hoje Nigéria. Povos do Congo, ainda que não muitos, também são escravizados e passam a compor os habitantes de São Tomé.

Em Hagemeijer (2009) conhecemos as duas fases de povoamento por que passa a colonização de São Tomé e Príncipe: i) fase de habitação, de 1493 até por volta de 1520, com a introdução de cana-de-açúcar; ii) fase de plantação, entre 1520 e o fim do século XVI. Já na fase de plantação, além dos escravos oriundos do Benin, o resgate de escravos parte para as Zonas Bantu, como o Congo e Angola, elevando São Tomé a se firmar como importante entreposto de escravos, devido à queda da produção de açúcar, ocasionada pela concorrência brasileira e as constantes rebeliões internas. A agricultura volta à tona a partir século XIX, em que há incentivo para o cultivo de café e cacau.

Independente desde 1975, São Tomé e Príncipe vive uma democracia, com um sistema semipresidencialista e multipartidário. Atualmente, vive da ajuda externa, basicamente. De acordo com o Banco Mundial (última atualização em abril de 2016), "a República de São Tomé e Príncipe é um pequeno estado insular em desenvolvimento, de rendimento médio baixo, com uma economia frágil. É extremamente vulnerável aos choques exógenos" e [...] "altamente dependente de ajuda." Os relatórios do Banco Mundial ainda falam sobre a ausência de qualquer atividade econômica movimentando o desenvolvimento efetivo do país, destacando o papel da agricultura, que tem tido bom desempenho, ainda que tímido, mas gradual aumento das exportações de cacau, café e óleo de palma. O incremento do turismo no país é um fator positivo, mas há ainda muito por fazer em relação

---

[2] Fala da Leitora Brasileira Eliane Vitorino de Moura Oliveira na cerimônia de comemoração aos cinco anos do Leitorado Brasileiro em São Tomé e Príncipe.

à infraestrutura de toda ordem. De qualquer maneira, o Banco Mundial frisa que, mesmo sendo uma atividade importante e em expansão, não é capaz de suportar o crescimento de toda a economia, que tem nas despesas públicas o principal motor do desenvolvimento no país.

Cooperações em diversas áreas são significativas. O Brasil atua em diferentes esferas dessa cooperação, entre elas a cooperação educacional, na qual se insere o Programa de Leitorado. O leitorado passou a existir em São Tomé e Príncipe em setembro de 2009, quando o extinto Instituto Superior Politécnico (ISP), hoje Universidade de São Tomé e Príncipe (USTP), na pessoa de seu reitor à época, o Professor Peregrino Sacramento da Costa, seguindo orientações de seu Conselho Científico, deliberou pela ampliação dos horizontes teóricos proporcionados aos alunos inscritos na instituição.

Nos primeiros quatro anos, o trabalho foi desenvolvido pela Professora Naduska Palmeira, cujo desempenho com eficiência e esmero foi determinante para uma nova representação. Em março de 2014, assumi a condução deste importante órgão de promoção cultural neste país arquipelágico, de beleza luxuriante e povo acolhedor.

O trabalho desenvolvido pelo leitorado em terras são-tomenses é primordial para a divulgação da cultura e da variedade brasileira do português, como em qualquer outro país, mas com a particularidade da lusofonia. A variedade europeia, ainda que com marcas características locais, é a utilizada para a expressão linguística do são-tomense, já que o português europeu é a língua oficial.

Neste trabalho, apresento um breve relato da experiência única de ser leitora em São Tomé e Príncipe, primeiramente falando do que foi desenvolvido na USTP; num outro tópico, a relação estreita entre o leitorado e o Centro Cultural Brasil São Tomé e Príncipe (CCBSTP); e, por fim, o desempenho em relação a outras entidades, outras vertentes do trabalho em São Tomé e Príncipe (STP) de uma forma geral, destacando a questão linguística, ou seja, a realidade de se ensinar língua em um país lusófono, com o português, língua oficial, convivendo com outras quatro línguas maternas, bem como o importante trabalho com a formação de professores.

Com toda a musicalidade, a energia, a garra e a alegria do povo são-tomense, esse relato não tinha como ser imparcial. Em cada linha, segue a emoção de ter vivido e trabalhado nesse país arquipelágico, não sem razão alcunhado de "Ilhas Maravilhosas".

O leitorado brasileiro na Universidade de São Tomé e Príncipe

Como já mencionado, o leitorado em São Tomé e Príncipe é recente. Há pouco mais de sete anos, o Brasil vem auxiliando os são-tomenses nesta vertente da cooperação educacional e cultural. Se comparado a Portugal, um tempo quase nada, visto que os patrícios por lá estão praticamente desde a implantação do Instituto Superior Politécnico.

Em junho de 2014, o ISP, por uma decisão governamental, tornou-se a USTP, entidade que engloba não só o referenciado Instituto, como também a Escola de Formação de Professores (EFOP) (hoje Instituto Superior de Educação e Comunicação [ISEC]) e o Instituto de Ciências da Saúde Victor Sá Machado, que forma profissionais da área de saúde. Incipiente, é uma universidade em formação, sem recursos e com sérios problemas de ordem diversa – falta de investimentos, estrutura, recursos didáticos, livros, formação continuada dos professores, entre outros.

São aproximadamente mil e quinhentos alunos divididos em dezessete cursos de graduação. No ISP, são ofertados os cursos de Licenciatura em Língua Portuguesa, História, Biologia, Relações Públicas e Comunicação, Direito, Agronomia, Engenharia Civil, Engenharia Informática, Engenharia de Telecomunicações, Geografia, Física, Matemática, Gestão Hoteleira, Gestão de Empresas, entre outros. No curso de Licenciatura em Língua Portuguesa, no qual atuei, estavam, em média, oitenta alunos. Alunos dedicados, interessados e ávidos por conhecimento, com algumas limitações, mas muita vontade de crescer, estudando numa universidade recém-criada e com poucos recursos, foram minha realidade diária.

As cadeiras de Sintaxe, Semântica, Morfologia e Introdução aos Estudos Linguísticos estiveram sob minha responsabilidade, como leitora Brasileira, desde o início do desenvolvimento dos trabalhos por lá. No primeiro semestre de 2015, além das citadas, também me foi imputado o trabalho com a Metodologia do Ensino de Língua Portuguesa.

Partindo da Metodologia, a Direção do Departamento de Ciências Sociais e Humanas da USTP destinou-me uma cadeira de relativa importância para o leitorado Brasileiro: a Prática Pedagógica-Estágio Supervisionado. Dessa maneira, a formação de professores de língua portuguesa no país esteve sob a responsabilidade do Brasil, firmando o leitorado Brasileiro na história de São Tomé e Príncipe por ter sido a primeira vez que essa cadeira foi ministrada por uma professora brasileira, visto ter sido, nos últimos anos, direcionada ao leitorado português.

Formar professores é uma tarefa de alcance inimaginável, por ser um dos principais pontos quando se busca melhorar a qualidade da educação, além de ser um dos pilares de maior importância dentro de um país que tem 49% de sua população representados por crianças e adolescentes. Como enfaticamente atesta Nóvoa (1992, p.28), "não há ensino de qualidade nem reforma educativa, nem inovação pedagógica, sem uma adequada formação de professores".

Ciente dessa responsabilidade, entendo, com Nóvoa (1992, p. 25), que "a formação deve estimular uma perspectiva crítico-reflexiva, que forneça aos professores os meios de um pensamento autónomo e que facilite as dinâmicas de auto-formação participada." Trabalhar a autonomia do professor de língua portuguesa foi um grande desafio, uma vez que a maioria se prende a uma concepção behaviorista de aquisição de conhecimento e concebe a língua alicerçada no estruturalismo, o que leva os docentes a pensar o ensino excluindo a língua em uso e, com isso, desconsiderando o sujeito usuário.

Em outras palavras, o ensino de língua portuguesa em STP invariavelmente é ainda orientado pelo ensino de nomenclaturas gramaticais por si só. Salvo raras exceções, não há diálogo em sala de aula, os alunos não são convidados a interagir, e o professor é o centro e base de todo o processo. Nesse sentido, parou-se num tempo em que o professor era considerado apenas como um reprodutor de conhecimentos, executando tarefas pré-estabelecidas, cujo domínio vinha de uma formação muito técnica, concebida como um fim em si mesma, em que os procedimentos eram aplicados ao ensino de maneira descontextualizada – no que tange ao ensino de línguas, uma visão estrutural sem levar em conta o funcionamento efetivo da língua. Como se lê em Oliveira (2010, p. 34), "o professor que vê a língua segundo a concepção estruturalista pouco ajuda seus alunos na tarefa de desenvolver os recursos linguísticos para interagir nas mais variadas situações sociocomunicativas."

Portanto, o maior impacto que se pode determinar em relação à atuação do leitorado Brasileiro na Universidade de São Tomé e Príncipe consistiu na fixação da importância de um ensino de base interacionista (ou sociointeracionista), que foi a forma como trabalhei na Licenciatura em Língua Portuguesa – e em todos os demais contextos em que atuei.

Como observa Bakhtin (1992), a língua materna – sua composição vocabular, sua estrutura gramatical – não é aprendida a partir de dicionários e gramáticas, mas partindo de enunciações concretas que ouvimos e reproduzimos nas diferentes situações discursivas, com os interlocutores que nos rodeiam, por meio de enunciados relativamente estáveis, os gêneros discursivos. Essa percepção de língua como prática interativa é a base para teorias linguísticas atuais, relacionadas à necessidade de levar em conta muito além da estrutura para estudar a linguagem.

E esse entendimento foi sendo compartilhado com os alunos-professores desde o primeiro ano do curso, por meio da discussão de textos teóricos. No decorrer do curso, em especial nas disciplinas de Metodologia de Ensino de LP e Prática Pedagógica, um trabalho desenvolvido foi de grande proveito: a análise de atividades nos manuais didáticos em uso no país, pois além de servir para firmar os conceitos teóricos, foi basilar para a prática, pois os alunos puderam avaliar os exercícios propostos e buscar novos meios de realizar as atividades. Concluímos, por exemplo, que o Manual da 5º classe apresentava propostas de atividades condizentes com a visão de língua dialógica e responsiva que nos apresenta Bakhtin (1992.1997), o que deixava de acontecer nos manuais da 7ª classe e nas sebentas da 12ª.[3] Diante dessa constatação, em grupos, discutimos crenças, posicionamentos, embasamentos e todas a possíveis motivações para essa diferença. Tal análise foi importante para fazê-los perceber que o ensino de língua portuguesa deve levar em conta o funcionamento das línguas como uma atividade interativa entre dois ou mais interlocutores e que se realiza sob a forma de textos orais e escritos organizados em gêneros, com diferentes propósitos comunicativos e em conformidade com fatores socioculturais e contextuais.

Assim, o que o leitorado Brasileiro buscou foi trabalhar em conformidade com o que orientam os Parâmetros Curriculares Nacionais (Brasil, 1998), ou seja, levando os alunos-professores a perceberem o ensino reflexivo como mais eficaz e a análise linguística como uma ferramenta poderosa para um aprendizado efetivo, uma vez que, ao priorizar conteúdos, objetivos e práticas pedagógicas que privilegiem a dimensão mais ampla e mais funcional da linguagem, suas práticas terão alcance e favorecerão uma aprendizagem eficiente por parte de seus alunos.

De fato, se o que se busca é promover a inclusão social dos alunos, se há ambição de construir cidadãos pensantes e aptos a interagir eficientemente em qualquer prática social, urge incluí-los no mundo da escrita, da análise e da reflexão crítica e criadora, ou, nas palavras de Antunes (2009), é urgente que lhes seja dada a posse da palavra, e, para tal, o melhor caminho é por meio de um trabalho interativo, em que o professor seja um mediador e oportunizador do acesso ao conhecimento. Diante de tal perspectiva, uma das tarefas docentes seria criar situações interativas e pedagógicas, de modo a abrir espaços para o confronto e a reflexão sobre diferentes discursos/saberes. Geraldi (1997) lembra bem que, ao assim atuar, mais do que repassar informações a serem reproduzidas nos momentos de avaliação, o professor tem quer ser aquele que orienta o aluno a correlacionar textos, lendo-os e produzindo-os numa cadeia interativa didaticamente organizada.

Assim sendo, concordo com Suassuna e Bezerra (2010) quando concedem ao professor o papel de dinamizador do processo de circulação de discursos. Para as autoras, ele é o interlocutor principal do aluno, um coautor de suas produções, na medida em que interpreta, opina, sugere, corrige, orienta, atribui valor. E é isso que busquei ser todos os dias quando entrei nas salas de aulas da USTP e me deparei com os seres de luz que me esperavam em busca de aperfeiçoamento e orientação, ou quando orientei os seus trabalhos de conclusão de curso.

Outra vertente bastante produtiva do trabalho do leitorado Brasileiro na USTP concentrou-se nos cursos para os colegas do Departamento de Língua Portuguesa. Éramos em dez professores no Departamento. Oito são-

---

[3] O resultado das análises dos livros didáticos está em fase de conclusão, assim como a produção de um artigo relativo ao tema a ser publicado posteriormente.

tomenses, uma portuguesa (leitora do Instituto Camões, I.P) e uma brasileira. Sete efetivos e três, incluídas aí as leitoras, contratados. Todos professores mestres, apenas o leitorado Brasileiro apresentando Doutorado, havendo dois professores em período de Doutoramento em Educação – um curso oferecido em parceria com a Universidade de Évora, presencial, para o qual os professores portugueses ficam na Ilha para ministrar as cadeiras necessárias para a conclusão da parte curricular. Os mestrados foram feitos, em sua maioria, a distância – apenas três realizaram sua formação na Universidade de Lisboa – e já há mais de dez, quinze anos, sem terem buscado aperfeiçoamentos ou continuidade em seus estudos.

Essa informação é relevante para mostrar que as necessidades teóricas são imensuráveis. Os colegas de Departamento não tinham acesso às novidades dos estudos linguísticos – por falta de tempo ou de oportunidades –, o que determinou o papel fundamental do leitorado Brasileiro nesse sentido. Desde minha chegada, efetuei minicursos em períodos estratégicos para formação continuada dos Professores do Departamento de Língua Portuguesa. Em cada semestre letivo, a coordenadora do Departamento questionava os professores sobre o interesse em determinado tema. Com isso, capacitações[4] para o ensino de Português como Língua Estrangeira, Língua Segunda e Língua de Herança; Linguística Textual; Gêneros Textuais; Sociolinguística; Semântica(s); Variação Linguística e Ensino; Análise do Discurso foram introduzidas no Departamento por intermédio do leitorado Brasileiro. As aulas compreenderam apresentação de teoria, numa dinâmica de leitura e discussão de textos. Os colegas eram convidados, ao final de cada capacitação, a produzir uma síntese do que fora apresentado nas aulas, no gênero resenha crítica.

Para além disso, palestras e conversas em sala de aula foram realizadas nas escolas de ensino fundamental e médio, um trabalho de grande impacto por direcionar-se não só aos alunos, como também aos professores do ensino básico e secundário. A importância da leitura, da produção de textos adequados, do conhecimento da variedade padrão, da escola como formadora de criticidade, da língua como identidade e cultura e o preconceito linguístico foram temas recorrentes nessas "conversas".

Não havia auxílio financeiro para as atividades do leitorado vindo da USTP ou de outra qualquer fonte – a não ser o apoio irrestrito do CCBSTP – mas isso não se tornou um limite. Imaginação, boa vontade e parceria com o Centro Cultural favoreceram o bom desempenho e a realização de eventos – simples, mas eficazes – para um eficiente trabalho por lá. Aproveitar professores de outras cooperações, artistas de outros eventos, profissionais

---

[4] Utilizo o termo "capacitação" pois o que faço é atualizar os conhecimentos dos colegas de departamento, complementando ou ampliando as habilidades necessárias para o desempenho de suas funções letivas.

de áreas afins que pudessem enriquecer os programas do leitorado foram uma estratégia. Apresentar palestras de especialistas disponíveis na internet para os alunos em sala de aula também favoreceram o acesso a outras vozes, a outros pontos de vista sobre os temas discutidos.

Foi um trabalho gratificante, de grande importância e com retornos concretos, e que não se concentrava apenas no universo acadêmico. A parceria com o CCBSTP também foi efetiva, forte e dinâmica.

O leitorado brasileiro e o CCBSTP

Em relação à divulgação cultural, o Centro Cultural Brasil São Tomé e Príncipe age de maneira magistral, e o leitorado entrou como um parceiro, auxiliando em atividades já constantes do calendário do Centro e promovendo outras, especialmente na área de literatura e na formação de professores. O CCBSTP e o leitorado trabalharam em conjunto, o que intensificou as ações. Cursos aos professores do ensino básico, palestras aos alunos do primário e secundário, cursos de férias, preparatório para o Celpe-Bras, apoio no aperfeiçoamento para professora do Centro, responsável pelo ensino de português para estrangeiros, tardes literárias e atividades diversas foram promovidas pelo Centro Cultural com a participação do leitorado. Uma parceria positiva para ambos.

Um exemplo de sucesso foi a atividade intitulada Café com Letras. Tratava-se de uma conversa informal sobre um livro da literatura brasileira, aliada a um bom café são-tomense e alguma delícia da culinária brasileira. A ideia surgiu num café em Barcelona, nas férias, ao ouvir duas senhoras conversando sobre um livro. Uma contava a outra a história, com detalhes, e sem chegar ao final, para incentivar a outra à leitura da obra. Sensacional!

Chegando em São Tomé, expus a ideia à Diretora do Centro Cultural e estava criado o evento que movimentou a capital são-tomense. Dessa maneira, quinzenalmente, às quartas-feiras, um convidado apresentava um livro da literatura brasileira a um público composto pela comunidade diversa de São Tomé – alunos da USTP, alunos do CCBSTP, amigos e público em geral de são-tomenses, brasileiros, portugueses, franceses, espanhóis, italianos, nigerianos, caboverdianos, angolanos, enfim. O Centro Cultural era decorado com pôsteres sobre a obra e o autor, informações também entregues aos participantes.

Após a apresentação leiga e descontraída – não se tratava de análise literária ou palestra, focada em correntes ou pressupostos teóricos – um debate com perguntas, contribuições e detalhes era realizado, no qual eu participava como suporte para respostas mais técnicas ou detalhadas. E, ao final, o momento do café com a guloseima brasileira, em que se intensificavam os comentários sobre o livro e o bate-papo informal rolava solto.

O sucesso se deveu, além da parceria Centro Cultural e leitorado, à participação dos convidados. O primeiro a apresentar foi o Embaixador do Brasil em São Tomé e Príncipe, Sr. José Carlos de Araújo Leitão, frequentador assíduo do Café com Letras, falando de Memórias Póstumas de Brás Cubas, de Machado de Assis. Também coube ao Embaixador encerrar a primeira edição, ao apresentar Vinícius de Moraes. Entre estas, foram apresentadas obras de Carlos Drummond de Andrade, Clarice Lispector, Machado de Assis novamente – com Dom Casmurro –, Jorge Amado duas vezes, Ariano Suassuna, Mário de Andrade, Guimarães Rosa, Mário Quintana, Chico Buarque e Augusto Cury, sempre com casa cheia, muita discussão e descontração.

O convite feito aos apresentadores não impunha uma obra específica. Apenas era solicitado que fosse uma obra integrante do acervo do leitorado ou do CCBSTP, ou disponível online, para que todos pudessem ter acesso à obra. Com o intuito de promover a literatura brasileira e a leitura como fruição, a atividade divertida e descontraída obteve grandes resultados: a procura por livro do acervo do leitorado aumentou consideravelmente desde o início do Café.

Outra ação de grande peso nessa parceria teve relação com o exame Celpe-Bras. Cheguei ao país justamente no momento em que o CCBSTP tornava-se Posto Aplicador do exame e, com experiência no assunto, uma vez que já atuava nesse segmento na Universidade Estadual de Londrina, pude participar de maneira efetiva. Desde então, atuei como entrevistadora e observadora nas provas aplicadas no posto, além de, sempre que possível, presenciar a prova escrita.

Para além da atuação efetiva nas provas, um primeiro passo para estabelecer o exame no país de maneira eficiente foi criar um Curso de Preparação para o Celpe-Bras aos são-tomenses e estrangeiros lá residentes. Ofertado o curso, foram formadas duas turmas basicamente de jovens são-tomenses interessados nos programas Programa de Estudantes – Convênio de Graduação – PEC-G e Programa de Estudantes – Convênio de Pós-Graduação PEC-PG. No ano de 2014, trinta e dois alunos foram preparados para o exame.

Além de preparar os interessados para as provas de certificação, o curso também serviu como formação continuada para a professora efetiva de língua portuguesa no CCBSTP, numa ação proposta pelo Centro Cultural ao leitorado, uma vez que a professora necessitava de formação atualizada nesse sentido. Atualmente, a preparação para o Celpe-Bras no CCBSTP está consolidada e tem grande procura.

Além de preparar os interessados para as provas de certificação, o curso também serviria como formação continuada para a professora regente, numa ação proposta pelo Centro cultural ao Leitorado, uma vez que a profissional necessitava de formação atualizada. Vale ressaltar que isso apenas viria a ampliar e solidificar o conhecimento adquirido de forma autodidata pela profissional que, mesmo com dúvidas quanto à aplicação das novas tendências e concepções, em especial no nível básico, sempre agiu em busca de formas adequadas de ensinar. De maneira autônoma, efetuava leituras e buscava recursos hodiernos.

Esse programa de formação continuada serviu, também, como base para o ensino de Português como Língua Estrangeira, uma vez que foram utilizadas novas abordagens de ensino de PLE, mais especificamente em relação à abordagem comunicativa e a intercultural, efeito retroativo do exame Celpe-Bras.

É possível notar, dois contextos de ensino em STP: o ensino de PLE e a preparação para o Celpe-Bras, diferentes devido às caracterísscticas do público, já que há os são-tomenses, falantes de uma variedade muito particular do português, e os estrangeiros, de países vários, falantes de línguas diversas. Mas o embasamento de ambos está no respeito à cultura, no entendimento da língua como instrumento de interação, variável e dinâmica.

Os resultados estão se mostrando a cada dia mais satisfatórios. Os alunos continuam enchendo as salas de aula do CCBSTP, nossa língua e nossa cultura vem se disseminando a cada dia mais, sempre alinhadas à história dos aprendentes, ou seja, interculturalmente, além de entrecruzadas com a cultura e as peculiaridades desse lindo país de nome santo.

É possível afirmar, ademais, que o ensino de PLE em São Tomé e Príncipe passou por reformulações necessárias, acompanhando hoje as linhas teóricas atualizadas do ensino, não só pelo efeito do exame Celpe-Bras, ainda que fundamental para essa mudança, mas, em especial, pela dinâmica e pela autonomia da professora regente do CCBSTP.

Conforme orienta Almeida Filho (1993), a abordagem comunicativa é mais eficaz por focar no sentido, no significado e na interação proposta entre os sujeitos que estão aprendendo uma nova língua, organizando as experiências de aprender em termos de atividades ou tarefas de real interesse e concernentes às necessidades do aprendiz. Ensinar de forma comunicativa significa levar o aluno a ser capaz de usar a língua-alvo para realizar ações autênticas na interação com outros usuários dessa língua.

Todas as ações, vale lembrar, foram conjuntas. A relação entre leitorado Brasileiro e o Centro Cultural foi de parceria, em que se buscou o crescimento e fortalecimento mútuo. Um casamento exitoso, bem-sucedido! Essa conexão forte serviu como base também para outras atividades desenvolvidas no país. Sobre isso, falo no próximo item.

O leitorado brasileiro e a educação básica

A Universidade, em processo ainda de estruturação, como já dito, deve ter um papel importante dentro do contexto de melhoria e consolidação de um ensino básico eficiente. Nesse sentido, o Ministério da Educação, Cultura e Ciência (MECC) do país vinha empreendendo esforços não só para a consolidação da Universidade, como também para a melhoria do sistema de ensino no país de uma forma geral – em especial em relação aos problemas sérios de infraestrutura e formação de professores. Visando melhorar as condições profissionais dos professores do ensino básico – infantil até o 6º ano, o Governo elaborou um projeto, intitulado "PADE – Programa acelerar o desempenho educativo 2015 – 2018", convidando a Embaixada do Brasil em STP a cooperar neste trabalho. Para tanto, o leitorado brasileiro foi convidado a dar um curso aos professores do ensino básico de São Tomé e Príncipe para auxiliar na melhoria da "proficiência linguística"5 em português.

O trabalho iniciou-se em junho de 2016, com a atuação de uma equipe multidisciplinar por mim coordenada, formada por técnicos do MECC, para o levantamento de dados e a avaliação das reais necessidades dos professores. No início de outubro, iniciaram-se os cursos para professores selecionados por região, os quais atuarão como multiplicadores do conhecimento internalizado, sendo responsáveis pela disseminação a todos os demais professores do país. Um trabalho ousado que tem programação até meados de 2018. Uma grande responsabilidade. Um legado ímpar para o leitorado em STP. Foram duas turmas que totalizaram 24 formandos, estando entre eles supervisores de ensino, delegados de ensino e professores. O curso teve como objetivo, nas palavras do MEEC, "capacitar e formar docentes dos diversos níveis do ensino", e foi denominado pelo mesmo órgão como curso de proficiência em língua portuguesa para os professores do ensino básico.

A labuta começou partindo da própria desconstrução desse nome. Antes de qualquer debate sobre análise linguística, a conversa gerou em torno do conceito de proficiência. Não eram todos proficientes em sua própria língua? Não se faziam entender e não entendiam qualquer processo interativo por meio da língua em que participavam? E, com isso, fomos nos deparando com crenças e atitudes linguísticas enraizadas. Para esclarecer alguns pontos, trouxemos para o debate, mais uma vez, Bakhtin (1997, p. 95), para quem "a palavra está sempre carregada de um conteúdo e de um sentido ideológico ou vivencial. A separação da língua de seu conteúdo ideológico constitui um dos erros mais grosseiros do objetivismo abstrato."

Depois de esclarecida a questão, o trabalho partiu para a consolidação dos conhecimentos em fonética/fonologia, morfologia e sintaxe. Além disso, a preocupação de mostrar a importância de trabalhar a gramática de forma contextualizada, partindo do texto e não a usando como pretexto, como comumente trabalhavam os professores da formação, foi uma constante. Nesse sentido, usei como base as análises de atividades realizadas por

---

5 Falarei sobre o termo "proficiência" mais adiante neste artigo.

professores e as propostas de adequação a um ensino reflexivo apresentadas no livro organizado por Bortoni-Ricardo e Machado (2013), "Os doze trabalhos de Hércules: do oral para o escrito", como também a relevante discussão empreendida por Irandé Antunes (2014), principalmente em sua obra "Gramática contextualizada: limpando o pó das ideias simples".

Os resultados iniciais pareceram-me favoráveis, entretanto, o trabalho de formiguinha foi apenas iniciado. Como deixei o país, não conhecerei de perto os frutos finais, mas sei que foi implantada uma boa semente. A reflexão sobre uso da língua antes de qualquer mera preocupação com a forma ficou gravada nas mentes dos professores cursistas.

Mas não é só essa a questão que faz do ensino em São Tomé e Príncipe algo peculiar. Ou seja, não obstante o ensino ser ainda focado na gramática puramente, como já dito, em que prima o ensino de nomenclaturas e sem que haja um trabalho efetivo com leitura e a produção de textos, há outra questão no universo educacional do país que diz respeito à existência de outras línguas convivendo com a língua oficial. Para algumas pessoas, o português é segunda língua – quase estrangeira, visto terem, como identidade, como língua materna, um dos quatro crioulos falados nas ilhas.

Em relação ao surgimento de línguas crioulas em STP, Hagemeijer (2009, p. 2) relata ter havido "a necessidade iminente de comunicação que implicava uma aproximação, por parte dos escravos, ao código linguístico utilizado pelos povoadores portugueses." Além da percepção da língua do colonizador, era necessário contato, interação, ou seja, urgia a criação de uma maneira comum de comunicação, uma linguagem que favorecesse o intercâmbio entre os diversos povos que construíram o país. Dessa língua de contato, surgiram os Crioulos de São Tomé e Príncipe, ou seja, por força do seu processo de constituição, o país tem quatro línguas crioulas convivendo em seu espaço arquipelágico: o Crioulo Forro (também chamado de Santomé e Dialeto), o Lungu'iê (falado somente na Ilha do Príncipe), o angolar e o cabo-verdiano.

Afonso (2008) esclarece que o Crioulo Forro é um crioulo de base lexical portuguesa, surgido no século XVIII, fruto do contato entre a língua portuguesa e diversas línguas do continente africano. Inicialmente falada pelos escravos libertos ou forros, é, hoje, a língua usada nos contatos sociais em praticamente toda a ilha de São Tomé. Mesmo assim, não goza estatuto de oficial, o qual recai unicamente sobre o idioma de Camões, adotado oficialmente em 1975, com o advento da Independência. Desde então, a língua portuguesa em São Tomé e Príncipe tem adquirido características específicas, consequência de sua coexistência com as outras línguas faladas nas ilhas, e, em especial, da influência do Crioulo Forro.

Essa característica é relevante para o ensino. Entendo, com base em estudos sociolinguísticos como os de Labov (2008), essa como uma das possíveis causas dos desafios na escola no que se refere ao domínio da língua portuguesa padrão. Os alunos dominam uma variedade da língua e, ao chegarem à escola, deparam-se com outra totalmente diferente. Os professores, despreparados, atuam no sentido de erradicar o "erro", muitas vezes vendo esses alunos como incapazes ou inaptos.

Por isso o trabalho do leitorado Brasileiro com a formação de professores teve tanto peso e responsabilidade. Foi preciso discutir com os professores essa peculiaridade linguística do país, a aceitar as variedades como legítimas e, então, compreender a importância da oferta aos alunos das classes menos favorecidas da variedade mais bem aceita socialmente, pois é seu direito ter acesso aos meios de promoção social. E só a partir disso discutido, tratar da "proficiência linguística" desses docentes que, em sua maioria, também são falantes de uma variedade distante do padrão.

Esse trabalho exige, obviamente, políticas linguísticas. Pudemos frisar e reforçar a importância desse tema no país, mas não muito mais que isso. Agimos nas crenças e atitudes dos professores. Atuamos no sentido de amansar conceitos e pré-conceitos, o que já tinha sido iniciado no trabalho da Professora Naduska Palmeira. Trilha aberta, eles têm agora de a percorrer.

O confortador é crer ter alcançado algum êxito nesse sentido. Tomo como ponto de partida a mensagem enviada por um professor, formado durante minha estada na USTP, pela qual ele me diz:

> A professora não imagina como as pessoas se surpreendem com a abordagem que faço sobre a educação. Chamam-me "vanguardista". Por cá, ainda impera o "Behaviorismo". Quando falo do carácter "incentivador", "mediador", "orientador" ou "moderador" do ensino, vêem-me como um "sonhador". Por cá, para muitos professores, os problemas do ensino são da administração e dos alunos. Sequer querem dividir as responsabilidades. Muitos desses professores nunca ouviram falar de Sócio-interaccionimo ou construtivismo, nunca tiveram Didática ou Metodologia. Ainda assim, culpam os alunos de tudo o que dá errado no processo de ensino e aprendizagem. Pensam que é suficiente ser licenciado para ser professor. Continuarei minha luta. Ajudarei a construir uma educação melhor. Obrigada por nos ajudar a perceber isso.[6]

Considerações finais

Para além dos eventos culturais organizados ou co-organizados pelo leitorado, seja na USTP, no Centro Cultural ou no Centro de Língua Portuguesa do Instituto Camões, I.P., na Universidade – vale ressaltar que as

---

[6] O professor em questão deu-me autorização para usar parte de sua mensagem neste artigo. Foi aluno da Licenciatura em Língua Portuguesa da USTP, na turma formada em julho de 2016.

ações realizadas com o leitorado português foram também bastante recorrentes e produtivas, – participei de eventos em literatura, música, dança, teatro, artes plásticas, ou seja, eventos culturais realizados na Capital, com o intuito de conhecer melhor o modo de viver local e, com isso, interagir e socializar nessas terras de nome santo.

Uma forma utilizada pelo leitorado para obter alcance maior foi utilizar as Redes Sociais. Para tanto, uma página virtual na rede Facebook7 foi criada para a divulgação cultural, linguística e literária. Diariamente, foram postadas notícias e outras mensagens relativas aos temas de domínio do leitorado. A página conta hoje com mais de três mil curtidas e foi uma forma de levar o leitorado para além das fronteiras daquele país arquipelágico.

Certamente, com maior apoio, melhores seriam os resultados. Sempre busquei navegar com o barco que tive, mesmo que tivesse que parar, em alguns momentos, para fazer evaporar o excesso de água. E assim segui. E seguir por lá não foi tão difícil. Por mais que existissem limitações, o são-tomense não para de sorrir nunca. Sorri com os olhos, os mesmos olhos que mostram uma infinita vontade de aprender, de conhecer, de ultrapassar seus limites.

Eles, já apaixonados pelas músicas e pelas novelas brasileiras, apaixonam-se pela literatura, pelos sotaques, pelo teatro, pelo cinema, pela arte, enfim, por tudo o que representa o Brasil e o brasileiro. E isso não só contagia, mas ensina. Ensinei a eles nossa língua e apresentei nossa cultura. Aprendi a deles. Trocamos nossas marcas e nossas identidades. Enriquecemo-nos mutuamente. Aprendemos todos, portanto.

Para encerrar, registro que foram dois anos e onze meses de um trabalho prazeroso, fértil e feliz. Tanto a Universidade de São Tomé e Príncipe, como o Centro Cultural Brasil São Tomé e Príncipe me proporcionaram grandes possibilidades de mostrar o meu trabalho. Foi uma partilha enriquecedora, profícua e muito valorosa. Aliás, devo enaltecer mesmo o papel da Diretora e da professora regente do CCBSTP, pois a realização, a consolidação e o sucesso de grande parte do meu trabalho se deve ao apoio e à parceria dessas duas grandes profissionais.

Hoje, apesar do pouco tempo, já sofro as ausências de toda a vivacidade que é São Tomé e Príncipe, do carisma e olhar doce, povoado de sonho e vontade de vencer tudo, dos meus alunos. Tenho o coração saudoso dos colegas e de toda a gente de alma nobre que enche aquele país insular. Tenho novos desafios agora - e o que farei de ora em diante será impregnado da alma que adquiri em São Tomé. Não sou mais a mesma mulher, a mesma professora, a mesma profissional que aterrou nas ilhas de nome santo e

---

7Disponível em https://www.facebook.com/pages/Leitorado-Brasileiro-STP/428826747254420. (atualmente a página se chama Letras do Agreste)

natureza luxuriante. Sou hoje muito melhor, completa em sonhos e confiança, pois vivi ao lado de pessoas nobres - sobretudo mulheres - que me ensinaram o que jamais consegui aprender em toda a leitura que já fiz.

E assim aconteceu o leitorado em São Tomé e Príncipe: uma experiência rica, repleta de desafios, plena de descobertas e de conquistas. Uma experiência ímpar, que só fez concluir que valeu – e que vale muito a pena!

Referências Bibliográficas

AFONSO, B. *A Problemática do Bilinguismo e Ensino da Língua Portuguesa em São Tomé e Príncipe*. Lisboa: Universidade Nova de Lisboa. Dissertação de Mestrado, 2008.

ALMEIDA FILHO, J. C. P. *Dimensões comunicativas no ensino de línguas*. Campinas: Pontes, 1993.

ANTUNES, I. *Aula de português: encontro e interação*. 7. ed. São Paulo: Párabola Editorial, 2009.

_____. *Gramática contextualizada: limpando o pó das ideias simples*. São Paulo: Parábola Editoral, 2014.

BANCO MUNDIAL. *São Tomé e Príncipe*: aspectos gerais. Disponível em http://www.worldbank.org/pt/country/saotome/overview. Acesso em 20.set.2016.

BAKHTIN, M. *Estética da criação verbal*. São Paulo: Martins Fontes, 1992.

_____. *Marxismo e Filosofia da Linguagem*. 8ª ed. São Paulo: Hucitec, 1997

BRASIL. Ministério da Educação e Cultura. Secretaria de Educação Fundamental. Parâmetros curriculares nacionais: terceiro e quarto ciclos do ensino fundamental. Brasília: MEC/SEF, 1998.

BORTONI-RICARDO, S. M; MACHADO, V. *Os doze trabalhos de Hércules: do oral para o escrito*. São Paulo: Parábola Editorial, 2013.

GERALDI, J. W. Da redação à produção de textos. In: CHIAPPINI, L. (Coord.). *Aprender e ensinar com textos* – v.1. São Paulo: Cortez, 1997, p. 17-24. Aprender e ensinar com textos de alunos.

HAGEMEIJER, T. As Línguas de S. Tomé e Príncipe. *Revista de Crioulos de Base Lexical Portuguesa e Espanhola*, Volume 1, Universidade de Macau, 2009, 1-27.

LABOV, W. Padrões sociolinguísticos. São Paulo: Parábora Editorial, 2008.

MATA, I. *Polifonias Insulares: cultura e literatura de São Tomé e Príncipe*. Lisboa: Edições Colibri, 2010.

NÓVOA, A. (org.). *Os professores e a sua formação*. Lisboa: Dom Quixote, 1992.

OLIVEIRA, L. A. *Coisas que todo professor de português precisa saber*: a teoria na prática. São Paulo: Parábola Editorial, 2010.

SUASSUNA, L.; BEZERRA, M. B.. *Avaliação da produção escrita e desenvolvimento de sequências didáticas*. Est. Aval. Educ., São Paulo, v. 21, n. 47, p. 611-628, set./dez. 2010.

14
PROGRAMA DE LEITORADO E EDUCAÇÃO INTERCULTURAL: RELATO DE EXPERIÊNCIA NA UNIVERSIDADE DE HANÓI

LECTURESHIP PROGRAM AND INTERCULTURAL EDUCATION: REPORT OF THE EXPERIENCE AT HANOI UNIVERSITY

Pamela Andrade[1]

Introdução

O Programa de Leitorado é uma importante política linguística do governo brasileiro que tem como objetivo enviar professores de língua e cultura brasileira para universidades no exterior. Tal programa tem apresentado grande sucesso na promoção da língua portuguesa e da cultura brasileira em universidades pelo mundo, além de oferecer oportunidades para o desenvolvimento de uma educação intercultural. Neste artigo, descrevemos o Programa de Leitorado na Universidade de Hanói, no Vietnã, e refletimos sobre como a relação entre leitor, professores locais e estudantes estabelece práticas interculturais e de como podemos utilizar essa oportunidade para criar um ambiente de ensino de português intercultural.

O objetivo deste artigo, portanto, é descrever a prática da autora como leitora brasileira na Universidade de Hanói, no Vietnã, e, para tal, serão apresentadas informações sobre o departamento de português da referida universidade e reflexões sobre o ensino de português em contexto intercultural. Por meio da discussão sobre o atual contexto, apresentamos propostas para implementar um ensino intercultural de português.

---

[1] Leitora na Universidade de Hanói. Mestre em língua portuguesa pela Universidade de São Paulo. E-mail: pamela.add@gmail.com.

Programa de Leitorado na Universidade de Hanói

A Universidade de Hanói é famosa no Vietnã pelo oferecimento de cursos de graduação em diversas línguas estrangeiras, por isso, antigamente, era conhecida como Universidade de Línguas Estrangeiras de Hanói. Ao longo do tempo, outros cursos de graduação, tais como turismo, finanças e *business*, passaram a ser oferecidos em língua inglesa. A partir de então, a universidade mudou seu nome para Universidade de Hanói, simplesmente. Atualmente, a universidade oferece cursos em diversas línguas estrangeiras, como russo, japonês, coreano, chinês, alemão, inglês, italiano, espanhol e português. Além dos cursos de graduação mencionados, há cursos livres de outras línguas, como tailandês, por exemplo.

A criação do departamento de português na Universidade de Hanói foi aprovada pelo Ministério de Educação e Formação do Vietnã em 2004. Já em julho do mesmo ano, começaram as inscrições para o primeiro curso, que teve início em setembro do mesmo ano e contou com um total de dezenove estudantes. A responsável pela criação do departamento foi a professora Do Thi Thanh (conhecida como Tânia), ex-Chefe da Formação da Universidade, que contou com a ajuda e apoio do embaixador do Brasil no Vietnã naquela época, Alcides Prates. Até hoje, a Universidade de Hanói é a única a oferecer um curso de licenciatura em língua portuguesa no Vietnã.

Atualmente, o curso de português oferece 120 vagas por ano. São formadas duas turmas a cada ano letivo, que se alternam entre os períodos da manhã e da tarde. O curso tem duração total de quatro anos; durante os dois primeiros anos, os estudantes desenvolvem quatro habilidades básicas em português: compreensão oral, produção oral, compreensão escrita e produção escrita. A partir do terceiro ano, são oferecidas disciplinas específicas, como literatura, cultura, fonética, sintaxe, lexicologia, morfologia e tradução e interpretação.

Após a graduação, os estudantes têm oportunidades de trabalho no próprio departamento como professores. As oportunidades também estão nas embaixadas dos países lusófonos no Vietnã e em outros países (em Hanói, há as embaixadas do Brasil, de Angola, de Moçambique e do Timor Leste; em Bangkok, há a embaixada de Portugal). As empresas de tradução e interpretação também oferecem vagas aos estudantes, bem como o setor de turismo. Além disso, existem oportunidades no próprio governo vietnamita, como no Ministério dos Negócios Estrangeiros, e em empresas locais interessadas em desenvolver negócios com países de língua portuguesa. Há ainda estudantes que têm a oportunidade de trabalhar em empresas de *telemarketing* em Moçambique e Angola.

Além das oportunidades de trabalho, há bolsas de estudo para os estudantes vietnamitas nos dois países africanos e em Portugal. A cada ano, alguns estudantes viajam para fazer intercâmbio nesses países. Apesar de haver muito interesse no Brasil por parte dos estudantes, o processo de intercâmbio para o Brasil ainda é muito difícil, pois falta a assinatura de um acordo entre os governos brasileiro e vietnamita para que estudantes da universidade tenham direito a bolsas de estudo em nosso país. Como a distância entre os dois países é muito grande e os custos da viagem e de vida no Brasil são altos, é fundamental que os estudantes contem com o apoio das bolsas. Há, portanto, expectativa de que tal acordo seja assinado em breve entre os países.

Os estudantes que optam pelo curso de português são jovens vietnamitas entre 18 e 21 anos, com interesse em aprender línguas estrangeiras. Os maiores departamentos da universidade, o de inglês e o de chinês, têm as vagas mais concorridas, e muitos estudantes elegem essas línguas como primeira opção, e terminam cursando o curso de português como segunda ou terceira opção por não terem obtido nota suficiente para as primeiras opções. Desse modo, só passam a conhecer mais sobre a língua e sua cultura e as oportunidades de trabalho com o português ao longo do curso.

A maioria dos estudantes vem com algum conhecimento básico da língua inglesa, mas raros possuem uma segunda língua em nível avançado. Como a língua materna deles (vietnamita) é monossilábica e possui uma estrutura muito diferente das línguas de origem latina, os estudantes[2] têm dificuldades gerais de produção e compreensão. O vietnamita, por exemplo, não possui variação de gênero e número, nem tampouco flexões verbais, e isso causa dificuldade quando os estudantes têm que escrever. A leitura de textos longos causa diversas dificuldades também, pois muitas vezes não conseguem compreender as relações sintáticas entre os termos das sentenças ou não compreendem o valor semântico de determinada palavra ou expressão no contexto. Na produção oral, a dificuldade com a estrutura da língua se repete, isto é, muitas vezes, os estudantes não conseguem organizar as palavras nas sentenças para se expressarem claramente. Em relação à compreensão oral, os estudantes têm contato com a língua falada durante as aulas, e mais recentemente em atividades extracurriculares promovidas em parceria com o leitor português do Instituto Camões, devido à criação e inauguração de um centro de língua portuguesa do Instituto Camões dentro da universidade. Há poucos falantes de português no Vietnã, e muitos estudantes não procuram por materiais fora das aulas, por isso acredito que com a criação das atividades extracurriculares haverá mais exposição ao português e, portanto, maior facilidade para compreensão oral.

Antes de passarmos para a discussão sobre o ensino e as atividades dentro e fora de sala de aula, faremos um breve histórico sobre o Programa de

---

[2] Neste caso, falo de minha experiência com os estudantes dos segundo, terceiro e quarto anos.

Leitorado na Universidade de Hanói e os leitores brasileiros que por ela passaram.

O Programa de Leitorado no Vietnã

A primeira vaga de leitor para a Universidade de Hanói foi aberta em 2007 devido à grande importância do departamento de português, que é o único no país. O professor Carlos Eduardo Bione foi selecionado e iniciou seu trabalho na universidade no dia 1º de agosto de 2007. O trabalho do professor Carlos Eduardo foi essencial, pois, na época, o departamento, já com cerca de 100 estudantes, só contava com a diretora e mais uma professora ainda sem formação acadêmica na área. O professor formou duas turmas, das quais foram contratados mais dois professores para o departamento. Sendo assim, além de lecionar boa parte das disciplinas do curso regular para os estudantes, Carlos Eduardo também ajudou a formar e preparar os demais professores do departamento.

Em agosto de 2009, o professor deixou o cargo para assumir uma posição na Université Sorbonne Nouvelle, tendo deixado grande contribuição para o departamento de português da Universidade de Hanói. Nesse mesmo mês, um novo edital foi aberto para a seleção de novos leitores. Em dezembro de 2009, quando foi divulgada a lista de pré-selecionados, a diretora do departamento de português, Ha Nguyen (conhecida como Rita), solicitou a vinda de dois leitores, um para trabalhar nos cursos regulares com os estudantes e outro com a função específica de formar e acompanhar os professores vietnamitas. Tal pedido foi aprovado e, em fevereiro de 2010, chegaram as leitoras selecionadas: a professora Ângela Satomi Kajita e a professora Clarissa Verônica Mastro.

A professora Ângela ficou responsável pela formação dos professores, e a professora Clarissa pelos cursos regulares. No entanto, devido à grande demanda, ambas as professoras lecionaram nos cursos regulares para os estudantes. Na época, em parceria com a diretora do departamento e com o leitor português enviado do Instituto Camões, as duas leitoras ainda ajudaram a elaborar um livro didático de ensino de português, específico para o contexto vietnamita. Em 2011, a professora Clarissa também trouxe ao departamento material didático brasileiro e uma coleção de revistas em quadrinhos para trabalhar com os estudantes, além de iniciar um projeto com cinema brasileiro, exibindo alguns filmes brasileiros para os estudantes do departamento, seguidos de uma atividade de escrita.

Em 2012, a professora Ângela deixa o cargo para assumir uma posição na Universidade de Malaya, em Kuala Lumpur, na Malásia, e a professora Clarissa renova seu contrato como leitora por mais dois anos. Em junho de 2014, a professora Clarissa tem de deixar o cargo, pois já havia completado o máximo de quatro anos como leitora permitido pelo programa. Apesar dos pedidos do departamento e da embaixada do Brasil em Hanói, um novo edital não pôde ser aberto em 2014 por restrições orçamentárias.

Apenas em agosto de 2015, é aberta uma nova vaga, para a qual foi selecionada a presente autora, que assumiu a posição em março de 2016. Em seguida, há a discussão sobre a atual experiência de leitorado, juntamente com um breve resumo sobre a base teórica que norteia nossa prática docente.

Relato de experiência de ensino intercultural de português na Universidade de Hanói

A prática do ensino de línguas estrangeiras deve promover o pensamento crítico, a criatividade, a reflexão e a participação dos estudantes. Em nosso percurso prático-teórico, adotamos a visão da pragmática e da educação intercultural para promover o ensino de português para falantes de outras línguas.

A visão pragmática da linguagem mostra que não basta entender a língua como um sistema, mas que é preciso conhecer o falante e o ouvinte e suas expectativas em relação à situação específica na qual ocorre a comunicação (ALRED; BYRAM; FLEMING, 2003). Para que isso ocorra, é essencial que se leve em consideração os aspectos culturais no ensino de uma língua. De acordo com Novinger (2003, p. X),

> (...) a cultura afeta nossa comunicação principalmente de duas formas. **A história e a experiência de viver uma cultura moldam nossas percepções, o que filtra como interpretamos situações e entendemos pessoas.** A cultura também regula os processos verbais e não-verbais da interação comunicativa. Todos os elementos da cultura interagem na comunicação. Uma mudança em um elemento afeta todos os outros elementos, assim como uma leve rotação em um caleidoscópio cria uma nova imagem.[3] (grifo nosso)

As atitudes interculturais que devem ser desenvolvidas pelo falante e mediador intercultural de acordo com Byram, Nichols e Stevens (2001), também chamadas de *savoir être*, envolvem curiosidade e flexibilidade. Segundo os autores, isso significa que o falante deve estar pronto para superar a sua descrença sobre outras culturas e para rever as crenças sobre sua própria cultura, isto é, deve estar aberto a relativizar seus próprios valores, crenças e comportamentos. Isso quer dizer que o falante intercultural não deve assumir seus próprios valores como os únicos possíveis e naturalmente corretos; ele

---

[3] "Culture affects our communication in two major ways. The history and the experience of living a culture shape our perceptions, which in turn filter how we interpret situations and understand persons. Culture also regulates the processes of communication interaction, both verbal and nonverbal. All of the elements of culture interact in communication. A change in one element affects all the others, just as a slight rotation of a kaleidoscope creates a new picture".

deve ser capaz de ver com outros olhos seus próprios valores, crenças e comportamentos, ou seja, deve ser capaz de se colocar no lugar de alguém de outra cultura.

Desse modo, o primeiro desafio do atual leitorado foi lidar com a própria inserção cultural, pois primeiramente era preciso passar e lidar com o choque cultural para poder desenvolver um trabalho intercultural mais consistente em sala de aula. Isso envolveu tanto o aspecto cotidiano quanto o profissional, pois além do novo contexto e ambiente de trabalho, há a adaptação ao novo "lar", com um espaço, rotina, cultura, língua e pessoas diferentes.

Outro componente essencial da competência intercultural é o conhecimento. Nesse caso, não se trata apenas do conhecimento primário sobre uma cultura específica, que muitas vezes reflete apenas visões muito generalizadas e estereótipos, mas o conhecimento de como grupos sociais e identidades sociais funcionam, o que significa entender sua própria identidade, assim como a dos outros. Isso envolve a compreensão de que, assim como si próprio, outras pessoas também têm identidades múltiplas.

Esse conhecimento também se constrói ao longo do tempo e conforme as experiências vividas, por isso acredito que o ensino intercultural consiste em um processo que se mantém em constante desenvolvimento. Quero dizer que a compreensão do novo contexto cultural e das múltiplas identidades se amplia e se modifica a cada dia, sendo, por essa razão, tão importante manter a visão crítica em relação à prática de ensino. Dessa forma, ainda que nos encontremos no início da experiência do atual leitorado, este relato, além de uma descrição das atividades desenvolvidas até o momento, propõe uma reflexão sobre o atual contexto, os desafios encontrados, as práticas propostas e os resultados esperados.

O atual leitorado teve início no dia 10 de março de 2016, quando aconteceu a primeira reunião no departamento de português. As primeiras atividades consistiram em apresentar-se para os professores e para as turmas de estudantes, e acompanhar as aulas de alguns professores para observar o contexto e a metodologia de ensino utilizada. Inicialmente, foi possível observar que o material utilizado em sala de aula sempre fazia referência ao português europeu, considerando que a maioria das professoras tem formação em Portugal, e que o departamento contava apenas com a presença de um leitor português, e já estava há dois anos sem um leitor brasileiro. Os estudantes também, em um primeiro momento, tiveram que se habituar a ouvir o português brasileiro – nova pronúncia, novos vocabulário e expressões etc.

Após a primeira semana de observação, pude assumir as aulas. As disciplinas são divididas em Práticas Linguísticas (disciplina em que se praticam as quatro habilidades linguísticas: produção e compreensão orais, produção e compreensão escritas), que é oferecida para os primeiro e segundo anos; e disciplinas específicas para os terceiro e quarto anos, a saber: Fonética, Lexicologia, Morfologia, Sintaxe, Civilização e cultura, e Literaturas portuguesa e brasileira. São designadas para mim a disciplina de Práticas Linguísticas para o segundo ano, as disciplinas de Lexicologia, Morfologia e Literatura brasileira para o terceiro ano, e a de Sintaxe para o quarto ano4. As disciplinas não dispõem de currículo fixo e foi-me dada liberdade para preparar os materiais e o conteúdo de cada aula.

Na disciplina de Práticas Linguísticas, a cada semana, há a proposta de um tema a partir do qual os professores preparam o material das aulas. As colegas que dividem a disciplina comigo pediram para que eu focasse na oralidade; a partir disso, uma das propostas criadas foi a de organizar apresentações em grupos para treinar os estudantes não só na oralidade, mas também na pesquisa e preparação de material de apresentação. Primeiramente, organizei apresentações com tema livre e, conforme os grupos se apresentavam, fazia comentários e dava orientações sobre como poderiam melhorar. Em seguida, pedi para que eles preparassem outra apresentação, desta vez com três opções de tema: música, culinária ou destino turístico do Vietnã. O objetivo foi fazê-los falar sobre a própria cultura em português.

O resultado foi bastante positivo, já que pude observar a evolução de muitos estudantes, que conseguiram melhorar as apresentações com base na experiência anterior. Além disso, a prática da apresentação ajudou muitos estudantes a se tornarem mais confiantes e, consequentemente, desenvolverem sua habilidade de produção oral. A pesquisa sobre aspectos do país deles e a preparação do material pesquisado em português proporciona uma experiência de aprendizagem intercultural, pois eles devem refletir sobre aspectos da própria cultura para transmiti-los em uma língua estrangeira. Além disso, após as apresentações, foi possível fazer e responder perguntas e esclarecer dúvidas. A troca intercultural não ocorreu apenas comigo, que era a única estrangeira, mas também entre os próprios estudantes, que puderam discutir e compartilhar aspectos diversos da cultura vietnamita, de acordo com a região do país de onde vieram ou com a experiência de vida que trazem.

Quanto às demais disciplinas, inicialmente, houve um estranhamento em relação aos nomes das disciplinas de Morfologia, Lexicologia e Sintaxe, que preveem conteúdos focados somente na gramática. No entanto, como há flexibilidade para criar o conteúdo de cada disciplina, foi possível propor atividades de acordo com as necessidades dos estudantes. No primeiro curso de Morfologia que lecionei, pude observar que os estudantes já têm conhecimento de Gramática Normativa, adquirido nos dois primeiros anos

---

4 Há outras disciplinas, como a de tradução e interpretação, que só podem ser lecionadas pelos professores vietnamitas, embora seja possível ajudar com gravação de leitura em voz alta, correção de textos e resolução de dúvidas de professores e estudantes.

de curso; por outro lado, não são capazes de aplicar esse conhecimento para interpretar ou escrever um texto.

Por essa razão, incluí no conteúdo do curso, além do estudo sobre a classificação das palavras, atividades de interpretação e escrita de textos. Por exemplo, a primeira aula do curso consistiu na apresentação sobre os pronomes[5], seguida de atividades práticas. Em uma das atividades, pedi para eles encontrarem os pronomes indefinidos em um texto autêntico e observarem seu uso, em seguida, utilizei o mesmo texto para orientá-los sobre como fazer um resumo. Primeiramente, trabalhamos juntos esclarecendo dúvidas sobre vocabulário e expressões do texto; depois, pedi para eles destacarem as informações mais importantes de cada parágrafo e compartilharem com os colegas; posteriormente, discutimos as orientações sobre como fazer um bom resumo e solicitei que cada um escrevesse seu próprio resumo. Na aula seguinte, pedi para eles compararem os resumos escritos entre os colegas; e depois de esclarecer as dúvidas surgidas, eles tiveram que escrever uma versão final do resumo, desta vez em grupos.

O trabalho com o texto se demonstrou essencial, pois pude observar e ajudá-los com a dificuldade em compreender e interpretar textos, e incentivá-los à prática da escrita. Do ponto de vista intercultural, aprender a dialogar com textos é muito importante, já que, além da estrutura da língua, os estudantes entram em contato com aspectos da cultura. Ainda, o trabalho de escrita, individual e em grupos, fomenta a reflexão e o desenvolvimento da expressão em língua estrangeira. Como comentei anteriormente, eles já possuem uma base teórica gramatical dos primeiros anos do curso e têm facilidade para fazer atividades com perguntas fechadas (de preencher lacunas, por exemplo), mas não aplicam esse conhecimento na prática, isto é, quando precisam compreender um texto ou expressar uma visão em atividades com perguntas abertas.

Dessa forma, dentro da disciplina de Lexicologia (ensinada no primeiro semestre para o terceiro ano), introduzi temas sobre semântica e sobre interpretação de textos; já na disciplina seguinte, de Morfologia (ensinada no segundo semestre para o terceiro ano), resolvi aprofundar o estudo sobre interpretação de textos, introduzindo mais atividades de práticas de escrita, para que, na disciplina de Sintaxe (ensinada para o quarto ano), possamos enfocar a prática escrita, juntamente com o estudo do funcionamento sintático da língua. O objetivo do ensino intercultural é que os estudantes sejam capazes de interagir de forma crítica com o que aprendem e para isso devem desenvolver suas habilidades de compreensão e expressão.

A partir dessa experiência, há a proposta de confecção de apostilas que

---

[5] O conteúdo gramatical das aulas é baseado na *Pequena Gramática do Português Brasileiro*, de Ataliba T. De Castilho e Vanda Maria Elias (São Paulo: Contexto, 2015), obra que explica os pontos mais importantes da gramática de forma concisa e direta e propõe atividades abertas para reflexão em sala de aula.

possam ser utilizadas futuramente pelos outros professores e que contenham uma parte teórica consistente e adequada ao contexto dos estudantes, e uma parte com sugestões de atividades práticas que tornem o aprendizado teórico significativo. O mesmo deverá ser feito em relação à disciplina de Literatura Brasileira, sobre a qual não mencionamos exemplos de práticas pelo motivo de o primeiro curso só estar previsto para o início do último bimestre deste ano letivo. Vale mencionar também a negociação sobre a criação da disciplina de Pragmática, que deve complementar o conteúdo teórico das outras disciplinas e oferecer mais oportunidades de praticar a língua em uso.

Fora as aulas, ainda há diversos eventos organizados pelas embaixadas dos países de língua portuguesa. Por exemplo, em abril de 2016, o embaixador do Timor-Leste deu uma palestra falando sobre seu país e as semelhanças e diferenças com o Vietnã; ao final, ainda respondeu as dúvidas dos estudantes. Nesse mesmo mês, no Vietnã, ainda houve uma palestra organizada pela embaixada da Angola para falar sobre a história da independência do país, ocasião em que também participaram estudantes e professores do departamento. Em 5 de maio comemorou-se o Dia da Língua Portuguesa com professores enviados pelo Instituto Camões falando sobre a influência de jesuítas portugueses no estudo e documentação do idioma vietnamita; no mesmo dia, a embaixada do Brasil organizou um coquetel para celebrar a reabertura do Programa de Leitorado. Sendo assim, pudemos observar que os estudantes e professores têm acesso a diversas atividades extras, oportunidade em que entram em contato com as variedades da língua portuguesa e com a cultura dos países de língua portuguesa.

Ao final do ano letivo 2015-2016, houve ainda a inauguração do Centro de Língua Portuguesa do Instituto Camões dentro da Universidade de Hanói, e o leitor português em Hanói, Pedro Sebastião, nos convidou para ajudar a criar e organizar atividades extras para os estudantes do departamento. Com início em setembro de 2016, as atividades consistiram em sessões de cinema, dando continuidade ao projeto iniciado pela ex-leitora, uma roda de leitura, para incentivar a leitura e a discussão sobre aspectos culturais, um desafio mensal aos estudantes, que devem preparar uma apresentação sobre um tema cultural da lusofonia, e uma roda de conversação com um convidado especial da comunidade falante de português em Hanói.

Até o momento, foram realizadas cinco sessões de cinema com filmes do Brasil, Angola, Portugal e Cabo Verde, a saber: *Não por acaso* (Brasil, Philippe Barcinski, 2007), *Na Cidade Vazia* (Angola, Maria João Ganga, 2004), *Bairro* (Portugal, Francisco Moita Flores, 2013), *O Testamento do Senhor Napumoceno* (Cabo Verde, Francisco Manso, 1997), e *Edifício Master* (Brasil, Eduardo Coutinho, 2002). Houve apenas uma roda de leitura para a discussão da crônica "Aula de inglês" de Rubem Braga e do conto "O aprendiz do mago" de Teófilo Braga. No entanto, como o formato da roda ficou muito semelhante com o de uma aula comum, estamos elaborando um novo projeto para atrair mais estudantes e tornar o evento mais dinâmico. Já contamos com três apresentações sobre os desafios lançados aos estudantes, sendo a primeira delas sobre música da lusofonia, quando tivemos apresentações sobre cantores do Brasil, de Cabo Verde, de Moçambique e de Portugal; a segunda sobre aspectos culturais da lusofonia, quando pudemos ouvi-los falar sobre samba, máscaras africanas, azulejos portugueses, entre outros assuntos; e na terceira os estudantes compartilharam suas dificuldades em aprender a língua portuguesa e propuseram soluções para superar os desafios. Já a roda de conversação contou com sete sessões e diversos convidados, como o estudante moçambicano Paulino Muebe, que falou sobre casamento em seu país; o ministro-conselheiro da Embaixada do Brasil no Vietnã, Arthur Nogueira, que trouxe mais informações sobre o português falado no Brasil; o diplomata da mesma embaixada, Luis Costa, que apresentou a culinária brasileira; a professora doutora da Universidade do Porto, Isabel Margarida Duarte, que falou sobre literatura infanto-juvenil, entre outros.

Houve ainda uma parceria com o leitor brasileiro presente na Tailândia, João Bernardo, para que meus alunos do segundo ano possam trocar cartas em português com os alunos do professor João, praticando leitura e escrita, e compartilhando suas experiências com a aprendizagem da língua. Todas as atividades extracurriculares foram muito positivas, trazendo mais diversidade para vida acadêmica dos estudantes do departamento de português. O objetivo é manter as atividades e as parcerias, e trazer mais estudantes para participarem dos eventos, já que o departamento conta com quase 300 alunos, mas ainda poucos são os que se envolvem em atividades fora da sala de aula.

Considerações finais

O Programa de Leitorado demonstra ser uma oportunidade ímpar para o desenvolvimento de um ensino intercultural da língua portuguesa, além de importante política linguística para a promoção da língua e cultura do Brasil. Este artigo contextualizou o leitorado na Universidade de Hanói, no Vietnã, a única a oferecer um curso de licenciatura em português no país e, portanto, de grande importância para a promoção da língua portuguesa na Ásia.

Neste artigo, trouxemos a descrição de nosso contexto de trabalho e das propostas que estão sendo implantadas no atual leitorado. O objetivo do nosso trabalho no departamento é criar condições favoráveis para que futuros leitores e demais professores vietnamitas possam seguir divulgando a língua e cultura dos países de língua portuguesa no Vietnã, especialmente a língua e cultura brasileiras. Além disso, a abertura do novo Centro de Língua Portuguesa e o início das atividades extras foram muito positivos para o departamento, que havia passado por dificuldades recentes, quando até cogitou-se o seu fechamento. Além da reabertura da vaga do leitorado brasileiro, em dezembro de 2015, houve a contratação de uma nova professora e, em setembro de 2016, dois novos professores estavam em fase de treinamento. Hoje, portanto, o departamento conta com seis professoras, entre elas, a diretora, dois estagiários, uma secretária e dois leitores, e com cerca de 300 estudantes.

Ressaltamos assim a importância do leitorado brasileiro na Universidade de Hanói, que, desde sua abertura, tem trazido grandes contribuições para o departamento de português. Esperamos, no futuro, desenvolver mais trabalhos para divulgar os resultados da atual prática de ensino e de seus impactos para o departamento.

Referências Bibliográficas

ALRED, G.; BYRAM, M.; FLEMING, M. (eds.). Introduction. In: *Intercultural experience and education. Language for Intercultural Communication and Education 2*. Clevedon: Multilingual Matters, 2003.

BYRAM, M.; NICHOLS, A.; STEVENS, D. *Developing Intercultural Competence in Practice*. Clevedon: Multilingual Matters, 2001.

NOVINGER, T. *Communicating with Brazilians: when "yes" means "no"*. Austin: University of Texas Press, 2003.

BOAVISTA PRESS

www.ingramcontent.com/pod-product-compliance
Lightning Source LLC
Chambersburg PA
CBHW050131170426
43197CB00011B/1792